Springer-Lehrbuch

Springer
Berlin
Heidelberg
New York
Hongkong
London
Mailand
Paris
Tokio

Theodor Ellinger · Günter Beuermann
Rainer Leisten

Operations Research
Eine Einführung

Sechste, durchgesehene Auflage

Mit 98 Abbildungen und 104 Tabellen

 Springer

Professor Dr.-Ing. Dr. Theodor Ellinger
Am Waldhang 15
51503 Rösrath

Professor Dr. Günter Beuermann
Universität zu Köln
Wirtschafts- und Sozialwissenschaftliche Fakultät
50923 Köln
beuermann@wiso.uni-koeln.de

Professor Dr. Rainer Leisten
Universität Duisburg-Essen in Duisburg
Institut für Logistik und Informationsmanagement
Lehrstuhl Produktionswirtschaft/Industriebetriebslehre
Lotharstraße 65
47057 Duisburg
leisten@uni-duisburg.de

ISBN 3-540-00477-7 Springer-Verlag Berlin Heidelberg New York
ISBN 3-540-41050-3 5. Auflage Springer-Verlag Berlin Heidelberg New York

Bibliografische Information Der Deutschen Bibliothek
Die Deutsche Bibliothek verzeichnet diese Publikation in der Deutschen Nationalbibliografie; detaillierte bibliografische Daten sind im Internet über <http://dnb.ddb.de> abrufbar.

Springer-Verlag Berlin Heidelberg New York
ein Unternehmen der BertelsmannSpringer Science+Business Media GmbH

http://www.springer.de

© Springer-Verlag Berlin Heidelberg 1998, 2001, 2003
Printed in Germany

Umschlaggestaltung: Erich Kirchner, Heidelberg

SPIN 10912300   43/3130-5 4 3 2 1 0 – Gedruckt auf säurefreiem Papier

Vorwort zur sechsten Auflage

Die sechste Auflage entspricht weitgehend der fünften Auflage. Lediglich einige kleinere Korrekturen, auf die wir durch interessierte Leser dankenswerterweise hingewiesen wurden, sind durchgeführt sowie das Literaturverzeichnis aktualisiert worden. Frau Dr. Martina Bihn vom Springer-Verlag danken wir wiederum für die hervorragende Zusammenarbeit.

Köln und Duisburg, im Februar 2003
Th. Ellinger
G. Beuermann
R. Leisten

Hinweis für Lehrende:
Folienvorlagen der Abbildungen des Buches sind erhältlich bei:
Prof. Dr. Rainer Leisten, Lehrstuhl Produktionswirtschaft/Industriebetriebslehre, Fakultät Wirtschaftswissenschaft, Universität Duisburg-Essen, Lotharstr. 65, 47057 Duisburg, Email leisten@uni-duisburg.de.

Vorwort zur vierten Auflage

Das Buch ist als Lehr- und Lernbuch konzipiert, das einen Beitrag für das Verständnis grundlegender Zusammenhänge der quantitativen Optimalplanung in der Wirtschaft vermitteln will. Bei der Abfassung des Buches wurde stets das Ziel verfolgt, insbesondere den Studierenden eine brauchbare Hilfe zu geben, sich - auch als Nichtmathematiker - wesentliche Grundlagen des Operations Research zu erschließen und Hintergründe zu verstehen. Es ist eine große Freude festzustellen, daß von Lernenden wie von Lehrenden der Wunsch geäußert wurde, daß das Werk neu aufgelegt werde.
Die vierte Auflage entspricht im wesentlichen den vorherigen Auflagen. An einigen Stellen wurden jedoch Überarbeitungen in der Darstellung und Aktualisierungen vorgenommen, so in den Kapiteln 2 und 4. Die Abschnitte über die DV-gestützte Anwendung der Verfahren wurden von der Großrechner-basierten Darstellung auf eine PC-basierte Darstellung umgestellt. Das Kapitel über die Parametrische Optimierung wurde herausgenommen, da es nur bedingt dem einführenden Charakter des Buches entsprach.

Der Erstautor dankt seinen Kollegen G. Beuermann, Köln, und R. Leisten, Greifswald, dafür, daß sie den Band durchgesehen, aktualisiert und drucktechnisch auf den mit der derzeitigen Verlags- und Drucktechnik bearbeitbaren Stand gebracht haben.

Die Autoren danken den fleißigen Händen und Köpfen, die uns bei der Neuauflage des Buches nach Kräften unterstützt haben, indem sie Texte erfaßt, Abbildungen gezeichnet, Manuskripte korrigiert und die vielen sonstigen 'Kleinigkeiten' erledigt haben, die bei der Erstellung eines Buches anfallen. Dies waren an der Universität Köln Frau Sandra Wagner und an der Universität Greifswald Frau Ilka Bernhardt, Herr Volker Cesinger, Frau Sabrina Courtois, Herr Ulf Prahm, Frau Kerstin Rose und Frau Anja Thorausch.

Frau Dr. Martina Bihn vom Springer-Verlag danken wir für die angenehme und vertrauensvolle Zusammenarbeit.

Köln und Greifswald, im Sommer 1998   Th. Ellinger
                                               G. Beuermann
                                               R. Leisten

Vorwort zur ersten Auflage

Das vorliegende Buch geht aus Vorlesungen über Operations Research hervor, die an der Universität Köln gehalten werden. Nicht zuletzt ermunterte das große Interesse der Studierenden der Wirtschaftswissenschaften und auch zum Teil der Mathematik den Verfasser nach vielen Jahren des Ausbaus und der Überprüfung, den Versuch zu unternehmen, auch durch das gedruckte Wort den Studierenden und Praktikern den Zugang zu effizienten Entscheidungsverfahren zu erleichtern.

Durch diese Arbeit soll auch dem mathematisch weniger geübten Leser der Gebrauch von Instrumenten nahegebracht werden, die eine rationelle Gestaltung von Handlungen und Abläufen auf den verschiedensten Gebieten erschließen.

Insbesondere sollen psychologische Sperren, die vielfach den Einsatz dieser Entscheidungshilfen verhindern oder verzögern, beseitigt werden. Die Erfahrung zeigt, daß auch Nicht-Mathematiker besondere Impulse für die Anwendung von OR-Verfahren erhalten, wenn sie selbst die optimale Lösung eines komplexen Problems erarbeiten können. Aus diesen Gründen behandelt die vorliegende Arbeit zentrale Verfahren des Operations Research, sowohl der Linearen als auch der Nichtlinearen und der Dynamischen Programmierung. Hierbei wurde Wert darauf gelegt, dem Leser dazu zu verhelfen, diese Verfahren selbst anwenden zu können. Aus diesem Grunde schien es wichtig, die Verfahren nicht nur im Überblick darzustellen, sondern auf die einzelnen Schritte einzugehen. Auch die Beurteilung eines rationellen Einsatzes fertiger Computerprogramme dürfte auf diese Weise gefördert werden.

Bei dieser Konzeption mußte unter den Verfahren eine Auswahl getroffen werden. Diese sollte vornehmlich unter dem Gesichtspunkt vollzogen werden, Schlüsselbereiche verständlich darzustellen und damit eine Hilfe zu geben, sich weitere Gebiete mit Hilfe der angegebenen Literatur selbst zu erschließen.

Bei der Beurteilung der Verfahren wird die Verbindung hergestellt zum praktischen Einsatz von Computern. Es konnten hier jedoch nur Hauptlinien aufgezeigt werden. Für diesen Bereich wird auf die entsprechende Literatur verwiesen (z. B. Schmitz/Schönlein [1978]).

Für die mathematisch stärker interessierten Leser wurden verschiedentlich Ergänzungen eingeschaltet, die jedoch auch übergangen werden können, ohne daß der Gesamtzusammenhang verloren geht.

Das Buch gliedert sich in acht Hauptabschnitte:

Im ersten Kapitel wird eine Einführung in die Grundlagen von Operations Research, seine Geschichte, Methoden und Probleme gegeben.

In den folgenden Hauptabschnitten (Kap. 2-6) werden wesentliche Gebiete der Linearen Programmierung behandelt. Bei der großen Bedeutung dieses Bereichs in Theorie und Praxis scheint es begründet, diesem Gebiet besondere Beachtung zu schenken.

Nach dem einführenden Kapitel 2, in dem die Lösung linearer Programmierungsprobleme graphisch und mit Hilfe der Simplexmethode behandelt wird, ist das dritte Kapitel der Darstellung und Lösung des Transportproblems gewidmet.

Die Darstellung der Sensitivitätsanalyse in Kapitel 4 kann in besonderer Anschaulichkeit den engen Bezug des OR mit technisch-wirtschaftlichen Problemen der Praxis aufzeigen. In unmittelbarem Zusammenhang mit diesem Abschnitt wird in Kapitel 5 ein Einblick in die Parametrische Programmierung gegeben.

In Kapitel 6 werden Verfahren zur Lösung ganzzahliger Optimierungsprobleme, wie sie in der Praxis häufig auftreten, vorgeführt.

Das siebte Kapitel führt in die Nichtlineare Programmierung ein.

Abschließend wird in Kapitel 8 das Prinzip der Dynamischen Programmierung nach einer Einführung in die Grundlagen an einem Beispiel veranschaulicht.

An der Verwirklichung des vorliegenden Buches ist eine Reihe früherer Mitarbeiter am Industrieseminar der Universität Köln wesentlich beteiligt. Sie haben über viele Jahre entscheidend dazu beigetragen, eine dreisemestrige Vorlesung mit Übungen über Operations Research aufzubauen und laufend zu ergänzen. Mein herzlicher Dank gilt hier in besonderer Weise den Herren Dr. Siegfried Schaible (Professor an der University of Alberta Edmonton/Kanada) und Priv.-Doz. Dr. Günter Liesegang (z. Zt. Professor an der California State University, Fresno/ USA). Bei der Überarbeitung und Ergänzung des Manuskripts hat Herr Dipl.-Math. R. Leisten unter großem persönlichen Einsatz in vorbildlicher Weise tatkräftig geholfen. Er war mir ein wichtiger Gesprächspartner und gab wertvolle Anregungen zum Ausbau und zur Vertiefung der Arbeit. Dafür darf ich ihm meinen herzlichen Dank aussprechen. Weiterhin danke ich vielmals den Mitarbeiterinnen und Mitarbeitern, die ebenfalls zur Fertigstellung dieses Buches beigetragen haben. An erster Stelle sei hier Frl. S. Schumann erwähnt, die bei der Erledigung von Schreib- und Korrekturarbeiten eine außerordentliche Arbeitsfülle mit Sorgfalt bewältigte. Mein Dank gilt weiterhin den Herren, die sich bei der Erstellung der Zeichnungen verdient gemacht haben: Herrn B. Longerich, Herrn Th. Rommelfanger, Herrn H. Thiel, Herrn W. Zimmermann, sowie Frl. I. Hartung und Herrn Dr. P. Noé für die Hilfe beim Korrekturlesen.

Schließlich möchte ich meinen ersten Mitarbeiter auf dem Gebiet des Operations Research, Herrn Dr. M. Käppeler, der sich beim Aufbau der ersten Konzeption zur Linearen Programmierung außerordentlich einsetzte, in meinen herzlichen Dank mit einschließen.

Köln, im Herbst 1983   Th. Ellinger

Inhaltsverzeichnis

1 Einführung

1.1 Entwicklung und Begriff des Operations Research

Die rasche technische und wirtschaftliche Entwicklung brachte und bringt in allen Unternehmensbereichen komplexe Probleme mit sich, die allein mit den traditionellen Verfahren zur Entscheidungsfindung nicht mehr zu lösen sind. Es fehlte zunächst eine Methodik, um die verschiedenartigen Probleme und Problemverknüpfungen - wie z. B. die Verknüpfung des Losgrößenproblems der Lagerhaltung mit den Fragen der Produktions- und Absatzplanung - mit quantitativen, mathematischen Methoden zu behandeln.

Aus den Versuchen, diese Probleme systematisch zu lösen, hat sich seit dem 2. Weltkrieg Operations Research als Anwendung mathematischer Methoden in der Planung entwickelt. Vor dem 2. Weltkrieg gab es nur vereinzelt Arbeiten, die man heute dem Operations Research zuordnen würde, wie z. B. das Warteschlangenmodell für das Kopenhagener Telefonnetz von Erlang [1909], die Losgrößenformeln von Andler [1929] u. a. und Untersuchungen von Levinson in den 20er Jahren (s. Levinson [1953]).

Levinson arbeitete in einem Versandhaus. Er bemerkte bei seiner Arbeit dort, daß eine große Anzahl von Nachnahmesendungen zurückkam, da die Empfänger die Annahme verweigert hatten *(Problemerkennung)*. Die Aufdeckung der Abhängigkeit dieser Annahmeverweigerungen von der Zeitverzögerung zwischen Bestellzeitpunkt und Versandzeitpunkt *(Problemstrukturierung)* ließ ihn nach einem optimalen zeitlichen Abstand zwischen Bestellungseingang und Warenversand suchen *(Problemlösung)*.

In größerem Umfang wurde OR erstmals während des 2. Weltkriegs im militärischen Bereich systematisch betrieben, insbesondere in Großbritannien und in den USA. Man beschäftigte sich beispielsweise mit der optimalen Größe von Geleitzügen und der optimalen Verteilung der vorhandenen Begleitschiffe zur U-Boot-Abwehr. Es wurde unter anderem erkannt, daß größere Geleitzüge relativ weniger Begleitschutz benötigten und dadurch eine Erhöhung der Einsatzreserve möglich war. Beim Heer führte z. B. optimale Arbeitsteilung beim Minenlegen zu einer Zeitersparnis von bis zu 25%. OR-Gruppen bei der Luftwaffe befaßten sich mit der Treffgenauigkeit von Bombern sowie mit der Größe von Bombenteppichen. Eine genaue Analyse der deutschen Luftangriffe auf England unterstützte die Planung der britischen Luftangriffe auf Deutschland (vgl. hierzu etwa: Brusberg [1965, S. 29ff.]).

Nach dem 2. Weltkrieg verlagerten sich die Schwerpunkte der OR-Anwendungen deutlich von militärischen auf wirtschaftliche Probleme.

Im Laufe der letzten Jahrzehnte hat man im Rahmen der betriebswirtschaftlichen Forschung vielfach versucht, den in den 40er Jahren im anglo-amerikanischen Sprachraum geprägten Begriff "Operations Research" (OR) zu definieren

und ins Deutsche zu übertragen. Übersetzt wurde OR z. B. mit "Unternehmens-
forschung" oder "(mathematische) Optimalplanung" (Müller-Merbach [1963,
S. 201]). Meist wird jedoch auch im deutschen Sprachraum der amerikanische
Originalausdruck verwendet (der englische Ausdruck ist "Operational Research").
Eine Übersicht über verschiedene Definitionen von OR und deren Diskussion
findet man bei Müller-Merbach [1963], Brusberg [1965, S. 5ff.] und Kern [1987,
S. 12f.]. Müller-Merbach z. B. kennzeichnet OR als "die Anwendung mathematischer Methoden zur Vorbereitung optimaler Entscheidungen" (Müller-Merbach
[1992, S. 1]) oder, etwas weniger auf die Mathematik abhebend, als "die modell-
gestützte Vorbereitung von Entscheidungen zur Gestaltung und Steuerung sozio-
technischer Systeme" (Müller-Merbach [1989]). Die (deutsche) Fachvereinigung,
die Gesellschaft für Operations Research (GOR), definiert in ihrer Mitgliederzeitschrift OR News: "Operations Research ist ein auf praktische Anwendung mathematischer Methoden ausgerichteter Wissenszweig und befaßt sich mit der Pro-
blemanalyse und Vorbereitung optimaler Entscheidung in Organisationen. Operations Research ist geprägt durch die Zusammenarbeit von Mathematik, Wirtschaftswissenschaften und Informatik." (GOR [1998]).

Obige Definitionen und im wesentlichen auch alle anderen umfassen die drei
folgenden Charakteristika von OR:

1. Entscheidungsvorbereitung
2. Anstreben einer optimalen Entscheidung
3. Verwendung mathematischer Methoden

(vgl. Müller-Merbach [1992, S. 2]).

Dabei wird die Verwendung mathematischer Methoden in der Regel durch die
Nutzung moderner EDV-Anlagen unterstützt.

1.1.1 Entscheidungsvorbereitung

Die Methoden des Operations Research (OR) liefern nur die Unterlagen zur Entscheidungsfindung; OR dient also zur Entscheidungsvorbereitung. Die Entscheidung selbst wird in der Regel nicht von OR-Experten, sondern von anderen Orga-
nen der Unternehmung getroffen, welche die Unterlagen, die ihnen das Operations
Research bietet, beurteilen.

1.1.2 Optimierung der angestrebten Lösung

Unter den möglichen Lösungen eines Problems wird die optimale Lösung gesucht.
Dies setzt eine Vergleichbarkeit der möglichen Lösungen im Hinblick auf ein
übergeordnetes Ziel voraus. So ist z. B. für das übergeordnete Ziel der Gewinn-
maximierung das optimale Produktionsprogramm dasjenige, welches den maximalen Gewinn liefert (s. Abb. 1-1).

Das Prinzip der Arbeitsteilung führt zu Teilproblemen und -zielen, die als selb-
ständige Optimierungsprobleme formuliert werden können. So will z. B. das Lager

bei der Bestimmung der Losgröße eine vollkommene Anpassung an die Absatz-
kurve erreichen, während gleichzeitig die Produktion eine gleichmäßige Aus-
lastung der Produktionsmittel anstrebt. Offensichtlich muß eine Lösung, die für
einen Bereich optimal ist, für einen anderen durchaus nicht mehr optimal sein.

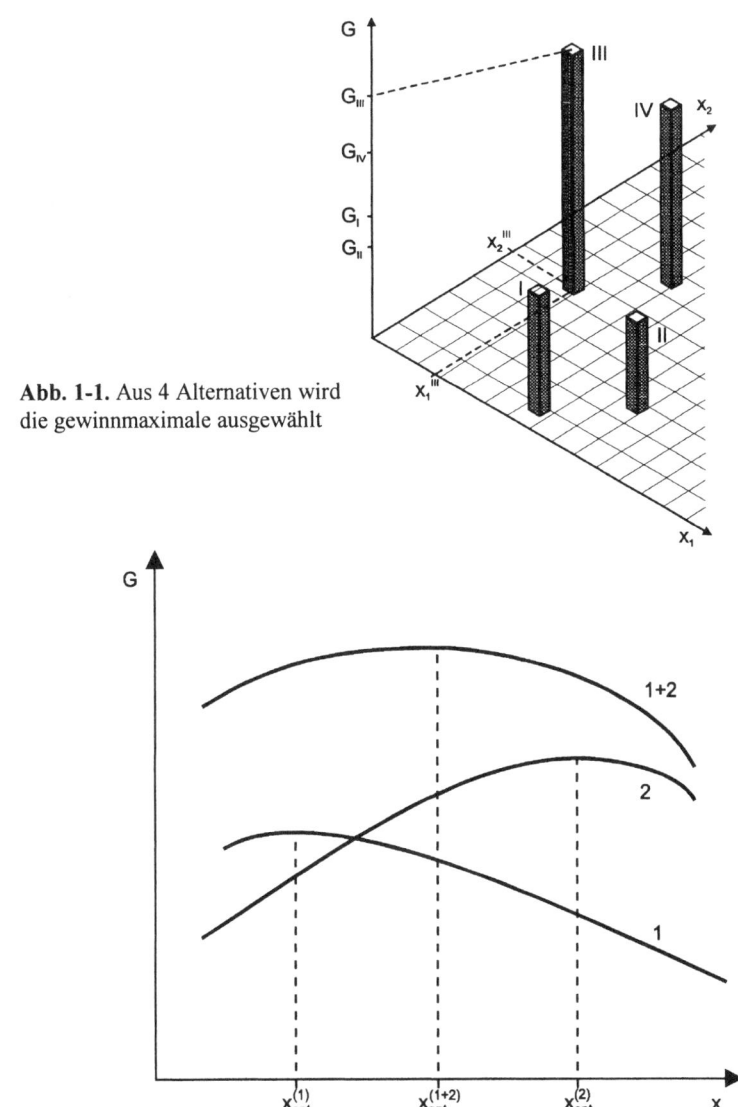

Abb. 1-1. Aus 4 Alternativen wird
die gewinnmaximale ausgewählt

Abb. 1-2. Gesamtoptimum ↔ Teiloptima

Bei der optimalen Lösung für das Gesamtproblem (im Beispiel: der Festlegung des optimalen Produktionsprogramms) handelt es sich in den meisten Fällen um einen Kompromiß hinsichtlich der Teilprobleme, bei dem kein Teilproblem als einzelnes optimal gelöst ist, aber trotzdem das Gesamtproblem nicht besser gelöst werden kann (s. Abb. 1-2).

1.1.3 Verwendung mathematischer Methoden

Will man eine rechnerische Lösung eines Problems ermöglichen, so bedarf es einer mathematischen Formulierung des Lösungsansatzes. Das bedeutet, daß das zu lösende Problem (Realproblem) in ein mathematisches Problem (Formalproblem) überführt werden muß.

Da ein mathematisches Modell die Realität nicht vollständig erfassen kann, wird man einen solchen Teil aus der Realität ausschneiden, der sich in einem Modell nachbilden läßt. Dieser Ausschnitt sollte alle für das gegebene Problem relevanten Realtatbestände erfassen.

Anschließend muß der Realitätsausschnitt in ein mathematisches Modell übertragen werden. Dieses Modell kann im allgemeinen keine vollkommene Nachbildung des Realitätsausschnitts bieten, da es dann meist viel zu kompliziert wäre. Es soll vielmehr die tragenden Hauptlinien aufzeigen, die gewährleisten, daß eine Strukturgleichheit (Isomorphie) zwischen der formalen Struktur des Modells und der Struktur der zugehörigen realen Situation zustande kommt (vgl. Kosiol [1961, S. 321]).

Überträgt man die Fragestellung des Realproblems auf das Modell (das selbst noch keine Fragestellung enthält), so entsteht ein Formalproblem. Auf dieses Formalproblem lassen sich mathematische Methoden anwenden, die zu einer Lösung des Formalproblems führen. Dieses Resultat kann dann auf die Realität zurückübertragen werden, und man erhält die Lösung des Realproblems, die als Entscheidungsvorschlag auf die Realität einwirkt (Abb. 1-3).

Unterscheidet man OR-Modelle nach ihrem Untersuchungszweck, so kommt man zu folgender Aufteilung von Modellen:

a) Beschreibungsmodelle
b) Erklärungsmodelle
c) Entscheidungsmodelle

(vgl. Köhler [1975, Sp. 2710], Angermann [1963, S. 15]).

Zu a): Mit einem Beschreibungsmodell kann man bestimmte Größen (z. B. Einzelkosten, interner Zinsfuß, Kapitalwert etc.) rechnerisch ermitteln und Zielabweichungsgrade feststellen, um Vergleichswerte zu liefern. Analysen und Erklärungen werden von Beschreibungsmodellen nicht verlangt. Typisches Beispiel ist die Buchhaltung.

Zu b): Ein Erklärungsmodell basiert auf logisch-deduktiven Überlegungen mit der Absicht, den Ablauf eines Prozesses in Ursachen und Wirkungen zu zerlegen und für den menschlichen Verstand faßbar darzustellen (etwa bei Prognosen).

Zu c): Entscheidungsmodelle versuchen, aus einer gegebenen Menge von Lösungen eines Problems die optimale Lösung zu ermitteln. Dabei wird die Menge der Lösungen in der Regel durch Restriktionen (Nebenbedingungen) wie z. B. Kapazitäts- oder Absatzgrenzen in der Produktionsprogrammplanung beschrieben und die Bewertung der einzelnen Lösungen durch eine Zielfunktion übernommen, die zu optimieren, d. h. zu maximieren bzw. zu minimieren ist.

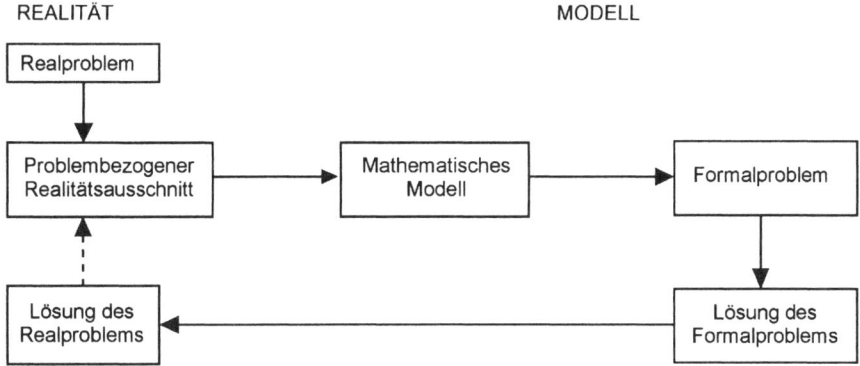

Abb. 1-3. Schematische Vorgehensweise der Planung mit mathematischen Methoden (Müller-Merbach [1992, S. 14])

Ein solches Modell beinhaltet variable Größen (Entscheidungsalternativen) und konstante Größen (vorgegebener Datenkranz).

Bemerkt sei an dieser Stelle, daß einige Autoren OR-Modelle auf Entscheidungsmodelle beschränken und (wie z. B. Gal/Gehring [1981, S. 7]) ökonomische Erklärungsmodelle der Ökonometrie zuordnen. Die Einteilung der OR-Modelle hängt dabei wesentlich von der verwendeten Definition von OR und ihrer Interpretation ab (vgl. auch Hax [1974, S. 11ff.]).

Eine andere Unterscheidungsmöglichkeit für OR-Modelle bieten die Annahmen über den Informationsstand des Entscheidungsträgers (vgl. Bamberg/ Coenenberg [2002, S. 43ff.]). So kann man unterscheiden in:

a) Deterministische Modelle (bei den unterstellten Daten und Modellzusammenhängen existiert keinerlei Unsicherheit bzw. die Sicherheit aller Daten und Modellkomponenten wird unterstellt; entsprechend wird auch für die aus dem Modell abgeleiteten Ergebnisse völlige Sicherheit unterstellt),

b) Stochastische Modelle (bei den unterstellten Daten und Modellzusammenhängen können Unsicherheiten [Risiko] in Form von Wahrscheinlichkeitsaussagen auftreten; das Eintreten der abgeleiteten Ergebnisse ist daher auch nur mit gewissen Wahrscheinlichkeiten bekannt) und

c) Spieltheoretische Modelle (Ungewißheitssituation: die möglichen Ergebnisse sind zwar bekannt, über ihr Eintreten bzw. die Eintrittswahrscheinlichkeiten liegen jedoch keine Informationen vor).

Die Vorgehensweise bei der Anwendung von Operations Research kann man allgemein in 7 Schritte unterteilen (vgl. Kern [1987, S. 18]):
1. Formulierung des (Real-)Problems einschließlich der Ziele
2. Analyse und Quantifizierung der relevanten Zusammenhänge des Realproblems
3. Entwickeln eines dem Realproblem isomorphen mathematischen Modells
4. Datenbeschaffung und -aufbereitung sowie Konzipieren der Lösungsmethode
5. Suchen von Modellösungen
6. Kontrolle der Ergebnisse hinsichtlich möglicher Veränderungen
7. Übertragen der Lösungen auf das Realproblem
(Zu anderen Einteilungsmöglichkeiten vgl. etwa Bamberg/Coenenberg [2002, S. 3ff.]), Schneeweiß [1991, S. 93ff., 1992, S. 61ff.], Adam [1996, S. 81ff.]).

1.1.4 Die Bedeutung der EDV bei der Anwendung von OR

Besondere Bedeutung für die Anwendbarkeit der Methoden des Operations Research kommt der elektronischen Datenverarbeitung zu. Durch die kontinuierliche und weiterhin erhebliche Erhöhung der Leistungsfähigkeit, insbesondere hinsichtlich Geschwindigkeit, Menge der verarbeitbaren Daten und Nutzeradäquanz von Hard- und Software, können sehr komplexe Probleme in vertretbarer Zeit gelöst werden (vgl. Ellinger [1981, S. 317], Hax [1974, S. 15f.]). So stellen inzwischen für Optimierungssoftware oft nur noch die Hardware-Dimensionen von Computern wirksame Beschränkungen hinsichtlich der Problemlösung dar, da Variablen und Nebenbedingungen lediglich durch den Arbeitsspeicher bzw. den Festplatten-speicherplatz in ihrer Zahl begrenzt werden. Standard-PC-Software ist in der Regel in der Lage, lineare Optimierungsmodelle (vgl. die Folgekapitel) mit mehreren tausend Variablen und mehreren tausend Nebenbedingungen zu handhaben. Sind allerdings Anforderungen hinsichtlich der Ganzzahligkeit von Variablen zu beachten (vgl. Kapitel 5), so sind der Variablenzahl engere Grenzen gesetzt.

Die Entwicklung leistungsfähiger und kostengünstiger Personal Computer und Workstations macht OR auch für Klein- und Mittelunternehmen interessant, die sich oft bisher zurückhielten, wenn es darum ging, ihre speziellen Probleme mit Methoden des OR anzugehen. Allerdings ist zu beachten, daß viele Benutzer vor der Anwendung formal-optimierender Methoden eine gewisse Hemmschwelle besitzen. Die potentielle Hemmschwelle kann zum einen durch bessere Kenntnis über Vorgehensweisen und Möglichkeiten von OR-Methoden reduziert werden. Diesem Ansatz fühlt sich dieses Buch verpflichtet. Zum anderen werden, insbesondere in standardisierte Software, zunehmend Optimierungsmodule integriert, die der Nutzer explizit nicht als solche wahrnimmt bzw. nicht wahrnehmen muß.

Hinsichtlich der Optimierungssoftware für PCs können aus der Sicht der Benutzer zunächst zumindest vier Gruppen unterschieden werden:
1. Lehr- und Lernsoftware, welche unter anderem die in diesem Buch präsentierten Vorgehensweisen anhand von kleinen Beispielen demonstriert und dabei häufig auch eine graphische Unterstützung bietet,

2. Software, welche die Lösung von Optimierungsproblemen in Verbindung mit Standardprogrammen, etwa zur Tabellenkalkulation oder für Datenbanken, durchführt, und in diese Standardprogramme integriert ist,
3. spezielle Optimierungssoftware, die isoliert Optimierungsprobleme löst, jedoch meist Schnittstellen zu anderer Software, z. B. zu Standardprogrammpaketen, beinhaltet und
4. Optimierungsprogramme, die speziell für einen Problemtyp entwickelt worden sind, um immer wiederkehrende Probleme gleichen Typs zu behandeln (z. B. die optimale Tourenplanung für ein Handelsunternehmen, das Waren von Lägern zu täglich variierenden Kunden transportiert). Diese Programme bedienen sich häufig der Standardsoftware, die unter 2. und 3. erwähnt wurden.

Vielfach werden inzwischen auch interaktive Programmsysteme angeboten, die dem Benutzer nicht mehr nur "stur" die Optimallösung "vorsetzen", sondern die es ihm erlauben, während der Rechnung aktiv ins Programm einzugreifen, um nicht der Realität entsprechende Lösungen von vornherein zu eliminieren.

1.2 Einsatzbereiche des Operations Research

Nachdem OR während des 2. Weltkriegs ausschließlich militärisch genutzt wurde (vgl. Abschn. 1.1), wird es seit der Zeit nach dem 2. Weltkrieg vorwiegend im Bereich der Wirtschaft und der öffentlichen Verwaltung eingesetzt.
Im industriellen Bereich wird Operations Research am häufigsten in folgenden Zweigen angewandt (vgl. Brusberg [1965, S. 189ff.]; Heinhold/Nitsche/Papadopoulos [1978, S. B205]):
   1. Erdölindustrie
   2. chemische Industrie
   3. Eisen- und Stahlindustrie
   4. Elektroindustrie
   5. Flugzeugindustrie
   6. Automobilindustrie
   7. Bergbau
   8. Papierindustrie.
Innerhalb der einzelnen Unternehmen kann man folgende acht Anwendungsbereiche unterscheiden (vgl. zum Beispiel Hax [1974, S. 16ff.], Müller-Merbach [1992, S. 504ff.]):
   1. Absatz
   2. Produktion
   3. Beschaffung
   4. Lagerhaltung
   5. Personalwesen
   6. Investitionen und Finanzierung
   7. Steuerwesen
   8. Integrierte Gesamtmodelle.

In deutschen Industriebetrieben ist die Tendenz festzustellen, daß OR stärker angewendet wird, je größer der Betrieb ist und je größer die Fertigungslose sind. Ausnahmen bilden die Produktionsplanung und Produktionssteuerung, wo keine Abhängigkeit von der Betriebsgröße festzustellen ist. Außerdem ist in Abhängigkeit vom Organisationstyp der Fertigung festzustellen, daß OR überwiegend bei Großserien- und Massenfertigung eingesetzt wird, wobei allerdings bemerkt werden muß, daß Produktionsplanung und -steuerung meist bei Einzel- und Werkstattfertigung mit OR angegangen werden (vgl. Heinhold/Nitsche/Papadopoulos [1978, S. B191ff.]). Die Studie erfaßte nur Unternehmen, die mindestens 750 Beschäftigte hatten. Mittlere und kleine Unternehmen nutzen OR oft nur in begrenztem Umfang. Daß auch hier erhebliche Einsparungsmöglichkeiten durch den Einsatz von OR bestehen, zeigen entsprechende Untersuchungen (vgl. z. B. Ellinger/Krins/Neitzel [1980], Ellinger/Asmussen/Schirmer [1980a,b, 1981a,b, 1982a,b,c], Späth [1978a,b,1980]). So zeigte sich z. B. bei einem Unternehmen der Futtermittelbranche, daß durch Einsatz von OR in der Mischfutterherstellung die Rohstoffkosten um 1,5% bis 3% gesenkt werden konnten. Da die Rohstoffkosten dort etwa 85% des Gesamtumsatzes ausmachen, entstanden Einsparungen von etwa 1%-2,5% des Umsatzes. Abb. 1-4 zeigt, daß die Amortisationsdauer des Einsatzes von OR hier weniger als 1½ Monate betrug (Ellinger/Asmussen/Schirmer [1980b, S. 75]).

1.3 Problemtypen des Operations Research

Das Operations Research kennt eine Vielzahl verschiedener Problemtypen, von denen die wichtigsten im folgenden aufgeführt werden (vgl. hierzu auch Brusberg [1965, S. 64ff.]).

1.3.1 Kombinatorische Probleme

a) Reihenfolgeprobleme

aa) Wegeprobleme
Das klassische Beispiel für ein Wegeproblem bildet das Travelling-Salesman-Problem (Flood [1956]), bei dem es darum geht, daß ein Handelsreisender seine Route vom Ausgangsort über eine bestimmte Anzahl zu bereisender Orte zum Ausgangsort zurück optimal abstimmen will, um eine minimale Wegstrecke zu erreichen. Ähnliche Probleme treten bei der Routenplanung für ein Transportmittel, z. B. für Nahrungsmittel auf (vgl. etwa Domschke [1995, 1997], Domschke/Drexl [1996], Ellinger/Krins/Neitzel [1980], Stahlknecht [1970]).

ab) Auftragsreihenfolge
In der betrieblichen Praxis treten Reihenfolgeprobleme bei der Maschinenbelegungsplanung auf, wenn es darum geht, mehrere Aufträge in optimaler Reihenfolge auf den Aggregaten zu bearbeiten (vgl. Brucker [2001], Domschke/Scholl/Voß [1997, S. 279ff.], Stahlknecht [1970, S. 212ff.]). Ein weiteres Beispiel aus der

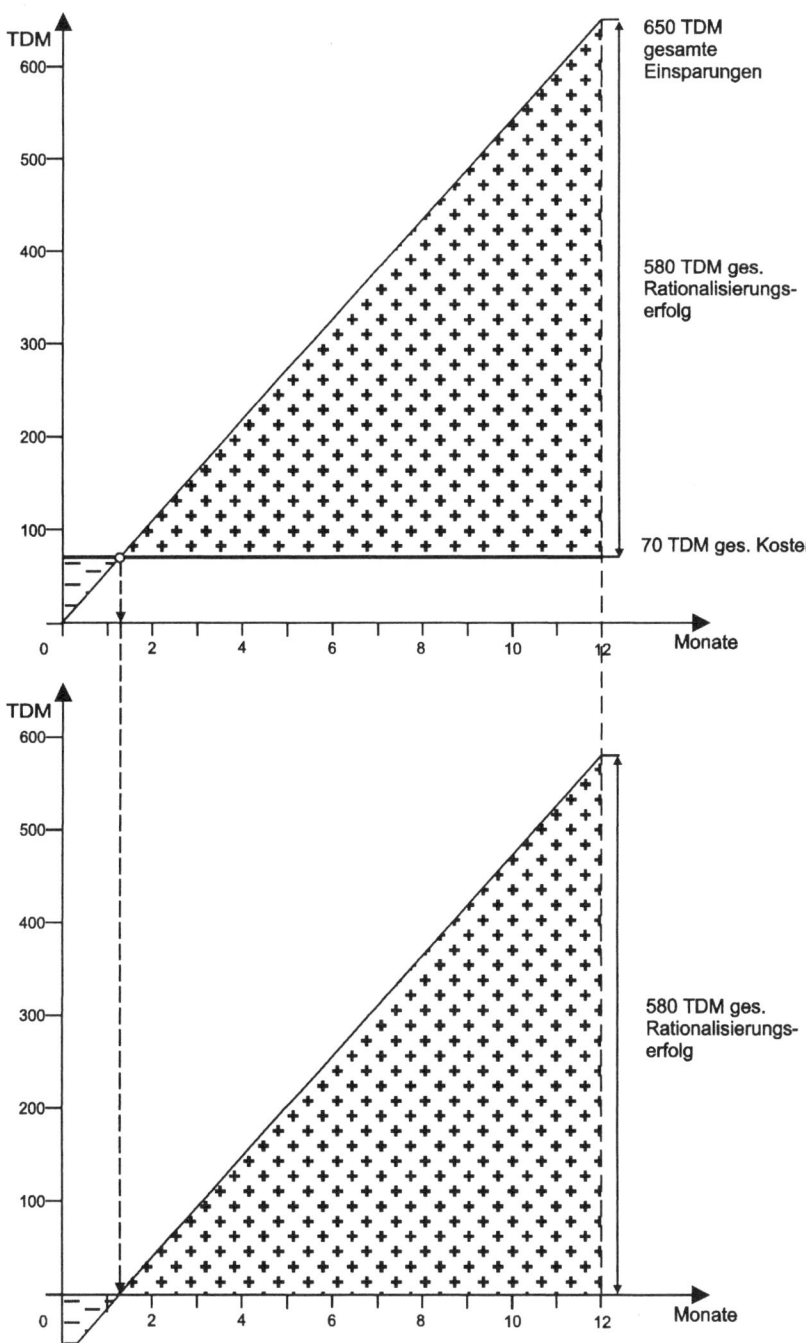

Abb. 1-4. Rationalisierungserfolg durch Mischfutteroptimierung

Belegungsplanung ist die Bearbeitung von Aufträgen im Bereich der Verwaltung, wobei hier jedoch im allgemeinen die fehlende Quantifizierbarkeit der benötigten Daten (z. B. Arbeitsgeschwindigkeit) zu Problemen führt.

b) Zuordnungs- und Zuteilungsprobleme

ba) Transportprobleme
Als Transportprobleme werden Probleme bezeichnet, bei denen die von m verschiedenen Angebotsorten angebotenen Gütermengen an n verschiedene Nachfrageorte zu liefern sind, wobei die Transportkosten minimiert werden sollen. Eine spezielle Form des Transportproblems stellt das Zuordnungsproblem dar, wie es zum Beispiel auftreten kann, wenn n Kandidaten bestmöglich n offenen Stellen zugeordnet werden sollen. Vgl. zu Transportproblemen z. B. Hillier/Liebermann [1996, S. 173ff.], Domschke [1995], Neumann/Morlock [2002, S. 325ff.].

bb) Optimales Produktionsprogramm
Bei diesem Problem geht es darum zu bestimmen, welches Produktionsprogramm den maximalen Gewinn oder Deckungsbeitrag bzw. die minimalen Kosten verspricht (vgl. Corsten [2000, S. 199ff.], Domschke/Scholl/Voß [1997, S. 9ff.], Hoitsch [1993, S. 274ff., 311ff.], Schneeweiß [1999, S. 139ff.]). Es tritt in dieser Form in Fertigungsbetrieben auf. Als Mischungsproblem ist es in der Erdöl- und in der chemischen Industrie bekannt.

1.3.2 Lagerhaltungsprobleme

Hier sucht man nach optimalen Lagerbeständen und damit verbunden nach optimalen Bestellmengen und Bestellterminen (vgl. z. B. Hillier/Liebermann [1996, S. 601ff.], Neumann/Morlock [2002, S. 621ff.], Stahlknecht [1970, S. 273ff.], Zimmermann/Stache [2001, S. 385ff.]).

1.3.3 Ersatzprobleme

Dieser Problembereich befaßt sich mit der Lösung von Instandhaltungs- und Wartungsproblemen, wie sie bei größeren Maschinen, auch z. B. bei Flugzeugen, auftreten. Dabei versucht man, optimale Inspektionsstrategien und optimale Ersatzzeitpunkte für Maschinen, Anlagen und maschinelle Einzelteile zu ermitteln, die auch zufallsabhängig in einer Periode ausfallen können (vgl. z. B. Stahlknecht [1970, S. 289ff.]).

1.3.4 Wartezeitprobleme

In diesem Problemkomplex sollen mit Hilfe von OR Engpässe so dimensioniert werden, daß die Wartezeiten an den Engpässen bestimmte Grenzen nicht überschreiten. Praktische Fälle dafür liefern z. B das Verkehrsaufkommen im Straßennetz, die Stillstandzeiten beim Ausfall von Maschinen oder der Anfall von

Versicherungsfällen. Vgl. zu Wartezeitproblemen z. B. Hillier/Liebermann [1996, S. 502ff.], Neumann/Morlock [2002, S. 661ff.], Zimmermann/Stache [2001, S. 361ff.].

1.3.5 Konkurrenzprobleme

Unter Konkurrenzproblemen versteht man Probleme, bei denen die Wirksamkeit von zu treffenden Maßnahmen von den (Gegen-)Maßnahmen konkurrierender Subjekte abhängt. Derartige Problemstellungen werden z. B. beim Absatz von Konsumgütern behandelt.

Bem.: Die oben angeführten Probleme treten teilweise gleichzeitig auf. So entstehen z. B. bei Wartezeitproblemen i. a. auch Reihenfolgeprobleme sowie eventuell auch Zuordnungsprobleme.

1.4 Verfahren des Operations Research

Nach der Darstellung der verschiedenen Problemtypen des Operations Research soll nun ein kurzer Überblick über die Verfahren gegeben werden, die zur Lösung der Probleme bisher entwickelt wurden. Allen Verfahren ist gemeinsam, daß sie ein mathematisch formuliertes Problem zu lösen versuchen. Dabei soll i. d. R. eine Funktion maximiert oder minimiert werden (die Zielfunktion), wobei in diese Funktion nur bestimmte Werte eingesetzt werden dürfen, deren Beschränkungen sich aus Nebenbedingungen (Restriktionen) ergeben.

Unterschieden werden die Verfahren auch nach dem von ihnen behandelten Modelltyp in deterministische bzw. stochastische Verfahren (vgl. Abschn. 1.1.3).

1.4.1 Statische Optimierung

Die folgenden Verfahren heißen statisch, weil alle Daten und Zusammenhänge der von ihnen gelösten Modelle während des gesamten Betrachtungszeitraums konstant bleiben.

1.4.1.1 Lineare Optimierung

Unter Linearer Optimierung versteht man Rechenverfahren zur Lösung von Modellen aus linearen Gleichungen und Ungleichungen, in denen eine lineare Zielfunktion unter Berücksichtigung von linearen Nebenbedingungen zu minimieren bzw. zu maximieren ist (vgl. die Kapitel 2 bis 5).

1.4.1.2 Nichtlineare Optimierung

In der Nichtlinearen Optimierung sind Zielfunktion und/oder Nebenbedingungen nichtlinear. Zur Lösung nichtlinearer Modelle existiert derzeit kein generelles

Verfahren, wenn auch für bestimmte Probleme Algorithmen vorhanden sind. Einige von ihnen werden in Kap. 6 vorgestellt.

1.4.1.3 Ganzzahlige und gemischt-ganzzahlige Optimierung

Unter (Gemischt-) Ganzzahliger Optimierung werden solche Verfahren der Linearen oder Nichtlinearen Optimierung verstanden, in denen alle oder nur einige Variablen ganzzahlige Werte annehmen müssen. Probleme dieser Art werden in Kap. 5 behandelt.

1.4.2 Dynamische Optimierung

Läßt sich ein Problem in mehrere Stufen aufteilen und gilt dabei, daß der Zustand des Systems, in dem das Problem formuliert ist, zu Beginn einer Stufe nur vom Zustand zu Beginn der vorhergehenden Stufe und den Entscheidungen in der vorhergehenden Stufe abhängt, so spricht man von einem dynamischen Problem. Wesentlich ist dabei der stufenweise Aufbau der Gesamtentscheidung aus den Einzelentscheidungen. Die Dynamische Optimierung wird in Kap. 7 vorgestellt.

1.4.3 Entscheidungsbaumverfahren

Die Entscheidungsbaumverfahren bestehen in einer Aufzählung (Enumeration) und Berechnung aller möglichen Lösungen und der Auswahl der besten Lösung, wobei eventuell im Laufe des Enumerationsprozesses solche Lösungen oder Teillösungen ausscheiden können, deren Nichtoptimalität man bereits erkennen kann, ohne daß man sie vollständig berechnet hat (vgl. z. B. Zimmermann [1992, S. 193ff.]). Nach der Art des Suchverlaufs lassen sich drei Gruppen von Verfahren unterscheiden:
1. Vollständige Enumeration
   Bei Anwendung der vollständigen Enumeration werden sämtliche möglichen Lösungen berechnet und aus ihnen die beste ausgewählt.
2. Begrenzte Enumeration
   In der begrenzten Enumeration wird die Berechnung einer neuen Lösung jeweils schon dann unterbrochen, wenn abzusehen ist, daß der Zielfunktionswert dieser Lösung schlechter sein wird als der Zielfunktionswert der besten bisher bekannten Lösung.
3. Branch and Bound
   Bei Branch and Bound-Verfahren wird die Menge der möglichen Lösungen geteilt (Branching) und für jede der so entstandenen Teilmengen eine Grenze bestimmt (Bounding), unter (bei Minimierungsaufgaben) bzw. über (bei Maximierung) welcher der optimale Zielfunktionswert der jeweiligen Teilmenge liegen soll. Dieses Verfahren führt man dann für die einzelnen Teilmengen wieder durch. Lösungszweige, welche die an sie gestellten Anforderungen an den Zielfunktionswert nicht erfüllen, werden aus der weiteren Be-

trachtung ausgeschlossen. Ein spezielles Branch and Bound-Verfahren wird im Rahmen der ganzzahligen Optimierung in Abschn. 5.2.2 behandelt.

1.4.4 Netzplantechnik

Die Netzplantechnik wird ebenfalls zum Operations Research gerechnet. Sie ordnet die verschiedenen Tätigkeiten, die ein bestimmtes Projekt erfordert, in einem Netzplan, indem ihre gegenseitigen Abhängigkeiten (d. h. ihre zeitliche Aufeinanderfolge) und die Zeitvorgaben für ihre Realisation festgehalten werden. Der Netzplan kann als ein Ermittlungsmodell angesehen werden, in dem die Engpässe durch den „kritischen Pfad" gekennzeichnet werden, der die Tätigkeiten verbindet, bei denen kein Spielraum in der Terminierung besteht, wenn man die Optimallösung verwirklichen will. Netzpläne finden z. B. im Großanlagenbau Verwendung. Zur Netzplantechnik vgl. z. B. Altrogge [1996], Bergen/Bubolz [1974], Domschke/Drexl [1998, S. 88ff.], Gal [1992b, S. 165ff.], Hillier/Liebermann [1996, S. 278ff.], Johnson [1974], Neumann/Morlock [2002, S. 226ff.], Schwarze [1994], Stahlknecht [1970, S. 300ff.], Waschek/Weckerle [1967], Zimmermann [1992, S. 319ff.], Zimmermann/Stache [2001, S. 6ff.].

1.4.5 Warteschlangentheorie

Warteschlangen treten auf, wenn entweder abzufertigende Einheiten oder Bedienungsstellen Wartezeiten in Kauf nehmen müssen. Mit Hilfe wahrscheinlichkeitstheoretischer Annahmen werden diese Warteschlangen analysiert, um z. B. Engpässe oder durchschnittliche Wartezeiten zu ermitteln (vgl. Domschke/Drexl [1998, S. 200ff.], Gal [1992b, S. 253ff.], Hillier/Liebermann [1996, S. 502ff.], Krampe/Kubat/Runge [1974], Neumann/Morlock [2002, S. 661ff.], Saaty [1972], Zimmermann [1992, S. 229ff.], Zimmermann/Stache [2001, S. 361ff.]).

1.4.6 Spieltheorie

Mit der Spieltheorie lassen sich (theoretisch) Konkurrenzprobleme lösen, wobei die interdependenten Entscheidungen von Konkurrenten berücksichtigt und aufgrund empirischer Daten und psychologischer Momente (in der Vorhersage) ausgewertet werden, so daß man zu optimalen Strategien für Entscheidungen kommt. Praktisch läßt sich die Spieltheorie selten anwenden, da bereits "einfache" Probleme schnell den Rahmen des Rechenbaren sprengen. Dennoch können spieltheoretische Modelle lehrreich für die Analyse der Denkweise von Entscheidungsträgern sein, da sie die Richtung des Denkens und das Gespür für das Ziel fördern können (vgl. Müller-Merbach [1992, S. 470]). (Vgl. hierzu auch Burger [1966], Gal [1992b, S. 1ff.], Hillier/Liebermann [1996, S. 352ff.], v. Neumann/Morgenstern [1973], Owen [1971], Vajda [1973], Vorobjoff [1972], Zimmermann [1992, S. 29ff.], Zimmermann/Stache [2001, S. 313ff.].)

1.4.7 Simulation

Es gibt Probleme, die zu kompliziert sind, um sie als geschlossen lösbare Formalprobleme darstellen zu können. Hier können (Teil-)Lösungen durch zielgerichtetes Experimentieren (Simulieren) an Modellen, die der Wirklichkeit nachgebildet sind, gefunden werden. Wesentlich an der Simulation ist dabei, daß nicht nur die Struktur der Realität, sondern auch das Verhalten der Realität nachgeahmt wird. (Vgl. Domschke/Drexl [1998, S. 213ff.], Gal [1992c, S. 290ff.], Hillier/Liebermann [1996, S. 773ff.], Komarnicki [1980], Krüger [1975], Müller-Merbach [1992, S. 451ff.], Neumann/Morlock [2002, S. 697ff.], Niemeyer [1972], Zimmermann/Stache [2001, S. 336ff.].)

1.4.8 Heuristische Verfahren

Unter heuristischen Verfahren werden bestimmte Vorgehensregeln zur Lösungsfindung verstanden, die hinsichtlich des angestrebten Ziels unter Berücksichtigung der Problemstruktur erfolgversprechend erscheinen. Sie führen im allgemeinen nicht zur mathematisch optimalen Lösung, sondern nähern diese nur an. Sie dienen vor allem zur Lösung komplexer Probleme, bei denen die Rechenbarkeit der anderen Verfahren nicht mehr möglich oder nicht mehr wirtschaftlich ist. Vgl. z. B. Domschke/Drexl [1998, S. 120ff.], Zimmermann [1992, S. 258ff.].

2 Grundlagen der Linearen Optimierung

Die Lineare Optimierung, in der englischsprachigen Literatur "Linear Programming" genannt, wird im deutschen Sprachraum auch als *Lineare Planungsrechnung* bezeichnet. Synonyme Verwendung findet im deutschen Sprachgebrauch auch noch die wörtliche Übersetzung "Lineare Programmierung", jedoch hat die Verwechslungsmöglichkeit mit dem Begriff der Programmierung aus der Datenverarbeitung diese Bezeichnung verdrängt. Aufgrund der Einfachheit der Darstellung und der Lösungsmöglichkeiten sind im Rahmen der Linearen Optimierung die meistbehandelten OR-Probleme mit den höchstentwickelten Lösungsalgorithmen zu finden.

Eine erste systematische Darstellung linearer Planungsmodelle einschließlich der Angabe eines Lösungsweges gab 1939 L. V. Kantorovich. Diese Arbeit wurde jedoch lange Zeit nur wenig berücksichtigt und erst 1960 ins Englische übersetzt (Kantorovich [1960]). 1947 entwickelte George B. Dantzig die Simplexmethode zur Lösung linearer Optimierungsmodelle (Dantzig [1966, S. 18]). Diese Methode ist seitdem zu einem der wichtigsten OR-Verfahren geworden.

Im folgenden sollen zunächst die Lineare Planungsrechnung und die Simplexmethode anhand zweier Beispiele ausführlich erläutert werden. Dabei werden sowohl eine Methode zur graphischen Darstellung und Lösung bei sehr kleinen Problemen als auch die Rechnung am Simplextableau vorgeführt (2.1, 2.2). Nach einer Behandlung modifizierter Probleme der Linearen Planungsrechnung (2.3) wird die Simplexmethode zusammenfassend dargestellt (2.4), wobei auch ein formaler Algorithmus angegeben wird. Das Problem der Dualität bei linearen Programmen wird in 2.5 untersucht. Schließlich wird gezeigt, wie ein lineares Optimierungsproblem mit Hilfe von Standardsoftware auf einem Personal Computer gelöst werden kann (2.6).

2.1 Optimales Produktionsprogramm

Im folgenden wird zunächst ein Beispiel beschrieben, anhand dessen später die Wege zur Ermittlung der Optimallösung erläutert werden:

Eine Unternehmung verfüge über drei Produktionsfaktoren:

(1) Maschine M, die in der Planungsperiode 1200 Std. eingesetzt werden kann,
(2) Rohstoff R, von dem in der Planungsperiode 3000 Mengeneinheiten zur Verfügung stehen.
(3) Arbeitskräfte A, die bei der Bedienung der Maschine M nicht zu berücksichtigen sind (da sie nicht knapp sind), die jedoch in der Abteilung Qualitätskontrolle Q mit höchstens 125 Std. während der Planungsperiode eingesetzt werden können.

(4)   Mit diesen Faktoren sind die Produkte P_1 und P_2 herstellbar. Der Faktorverbrauch pro ME für P_1 und P_2 ist unabhängig von den Herstellmengen der Produkte (konstante Produktionskoeffizienten).

(5)   Für die Fertigung einer Mengeneinheit des Produktes P_1 werden benötigt:
       3 Maschinenstunden (h) von Maschine M sowie
       5 Mengeneinheiten (ME) des Rohstoffs R;

(6)   für die Fertigung einer ME von P_2 werden benötigt:
       2 h von M sowie 10 ME von R.

(7) P_2 muß einer arbeitsintensiven speziellen Qualitätsprüfung (Probelauf etc.) unterzogen werden, wobei je ME von P_2 0,5 Std. Arbeitskraft benötigt werden.

(8)   Der Stückerlös und die variablen Stückkosten für P_1 und P_2 seien mengenunabhängig. Es seien folgende Werte bekannt (GE = Geldeinheiten):

	P_1	P_2
Stückerlös (GE/ME)	20	30
variable Stückkosten (GE/ME)	17	26

Daraus ergeben sich als (Stück-)Deckungsbeiträge:
3 GE/ME für P_1 und 4 GE/ME für P_2.

(Stückdeckungsbeitrag = Stückerlös - variable Stückkosten; da der Gesamtgewinn maximiert werden soll, können die fixen Kosten aus der Betrachtung ausgeklammert werden. Sie bilden bei der Ermittlung des Gesamtgewinns $G = E - K_v - K_f$ (E = Gesamterlös, K_v = gesamte   variable   Kosten, K_f = gesamte fixe Kosten) einen nicht beeinflußbaren Sockel. Daher ist die Maximierung von G äquivalent zur Maximierung des Deckungsbeitrags $D = E - K_v$ (vgl. Kilger [1992, S. 65ff.], Kloock/Sieben/Schildbach [1999, S. 241f.], Riebel [1959])).

(9)   Gesucht ist nun das Produktionsprogramm mit maximalem Deckungsbeitrag, d. h. diejenigen Mengen von P_1 und P_2 sind zu ermitteln, die mit M, R und Q herstellbar sind und abgesetzt werden können und für welche die Summe der Deckungsbeiträge maximal wird.

Dieses Beispiel soll nun als mathematisches Modell formuliert werden.
Dazu seien:

       x_1 die Menge, die von P_1 produziert werden soll,
       x_2 die Menge, die von P_2 produziert werden soll.

Mit Hilfe dieser zwei Variablen und der Bedingungen (1) - (9) formuliert man (die Nummern der entsprechenden Bedingungen sind angegeben):

a)   Maschinenkapazitätsbeschränkung:
       Da nur 1200 h zur Verfügung stehen (1) und je ME von P_1 3 h (5) bzw. je ME von P_2 2 h (6) benötigt werden, ergibt sich:

$3x_1 + 2x_2 \leq 1200.$

b) Rohstoffbeschränkung:
Analog ergibt sich für den Rohstoff R (2), (5), (6):

$5x_1 + 10x_2 \leq 3000.$

Bem.: Bedingung (4) ist in a) und b) enthalten.

c) Da nur P_2 der arbeitsintensiven Qualitätsprüfung unterzogen werden muß, ergibt sich als Arbeitskräftebeschränkung (7):

$\frac{1}{2}x_2 \leq 125\,^{*}.$

d) Natürlich wird im Modell vorausgesetzt, daß die produzierten Mengen von P_1 und P_2 nicht negativ werden dürfen, d. h.

$x_1 \geq 0,\ x_2 \geq 0.$

e) Der Gesamtdeckungsbeitrag ergibt sich als

$G = 3x_1 + 4x_2$ (8).

Dieser soll maximiert werden, also:

Maximiere $G = 3x_1 + 4x_2.$

Faßt man die Bedingungen a) - e) zusammen, so ergibt sich für das Produktionsplanungsproblem das folgende mathematische Modell:

(2.1) Maximiere
$$G\ =\ 3x_1\ +\ 4x_2$$

unter den Nebenbedingungen

(2.2) $\qquad 3x_1\ +\ 2x_2\ \leq\ 1200$ (Maschinenkapazitätsbeschränkung)

(2.3) $\qquad 5x_1\ +\ 10x_2\ \leq\ 3000$ (Rohstoffmengenbeschränkung)

(2.4) $\qquad \frac{1}{2}x_2\ \leq\ 125$ (Arbeitskräftebeschränkung)

(2.5) $\qquad x_1 \geq 0,\ \ x_2 \geq 0$ (Nichtnegativitätsbedingung)

Da sowohl in dem als Zielfunktion bezeichneten Ausdruck (2.1) als auch in den Nebenbedingungen jede Variable linear ist, handelt es sich um ein lineares Planungsmodell.

Durch Probieren ist schon dieses sehr einfache System nur schwer zu lösen.

---

* Ähnliche Ungleichungen, bei denen nur eine Variable auftritt, ergeben sich z. B. bei Marktbeschränkungen (Höchstmengen für den Absatz eines Produkts).

Wird nur P_1 gefertigt und nicht P_2 (also $x_2 = 0$), so erhält man als maximalen Deckungsbeitrag G = 1200 GE (durch Einsetzen in obige Ungleichungen sieht man, daß $x_1 \leq 400$ gelten muß bei $x_2 = 0$; damit ist G = $3 \cdot 400 + 4 \cdot 0 = 1200$).

Wird andererseits nur P_2 gefertigt (also $x_1 = 0$), so führt dies zu einem maximalen Deckungsbeitrag von G = 1000 GE (durch Einsetzen erhält man $x_2 \leq 250$ bei $x_1 = 0$; damit ist G = $3 \cdot 0 + 4 \cdot 250 = 1000$).

Es scheint somit günstiger zu sein, beide Produkte zu fertigen. Dann würde P_2, das den höheren Deckungsbeitrag pro Einheit (4 GE/ME) liefert, in maximaler Menge (250; A erschöpft) gefertigt. Es blieben danach auf M noch 700 h frei und von R noch 500 ME übrig. Damit könnten noch 100 ME P_1 gefertigt werden; dann wäre R aufgebraucht, während M noch 400 h nicht genutzte Kapazität aufwiese. Der Deckungsbeitrag dieses Produktionsprogramms betrüge dann 1300 GE (G = $3 \cdot 100 + 4 \cdot 250 = 1300$).

Wie sich später zeigen wird, ist damit aber noch nicht das optimale Produktionsprogramm gefunden.

Man ahnt jetzt, wie schwierig das optimale Produktionsprogramm bei Vorliegen von mehr als 2 Produkten und mehr als 3 Beschränkungen zu bestimmen ist, wenn man versucht, die optimale Lösung nur durch Probieren zu ermitteln.

2.1.1 Graphische Lösung

Das Problem aus 2.1 ist graphisch darstellbar und lösbar; denn aufgrund der Voraussetzung, daß nur 2 Produkte P_1 und P_2 betrachtet werden, sind die Mengen x_1 und x_2 dieser Produkte als Zahlenpaare bzw. Punkte in einem (x_1, x_2)-Koordinatensystem darstellbar. Dabei werden die x_1-Werte auf der Abszisse und die x_2-Werte auf der Ordinate abgetragen. Jeder Punkt (x_1, x_2), der die Ungleichungen (2.2) bis (2.5) erfüllt, stellt ein herstellbares und absetzbares Produktionsprogramm dar. Unter diesen Punkten ist nun ein solcher gesucht, der den Gesamtdeckungsbeitrag G = $3x_1 + 4x_2$ (2.1), d. h. die Zielfunktion, maximiert.

Durch jede als Ungleichung gegebene Nebenbedingung wird im rechtwinkligen Koordinatensystem eine Hälfte gekennzeichnet, die durch die graphische Darstellung der Nebenbedingungen begrenzt wird. Diese Hälfte wird als *Halbebene* bezeichnet. Der zulässige Bereich erweist sich dann als derjenige Bereich, in dem alle Restriktionen erfüllt sind, d. h., wo sich alle Halbebenen überlappen (aus der Mengenlehre: Schnittmenge aller Halbebenen).

So besteht z. B. die Halbebene, die durch die Ungleichung (2.2) beschrieben wird, gerade aus denjenigen Punkten, die auf oder "unterhalb" der Geraden $3x_1 + 4x_2 = 1200$ liegen. Entsprechend beschreibt die Ungleichung (2.3) die Halbebene, die gerade aus denjenigen Punkten auf oder "unterhalb" der Geraden $5x_1 + 10x_2 = 3000$ besteht.

Jede Halbebene H_i schließt hier die begrenzende Gerade mit ein, da die Punkte auf den jeweiligen Geraden auch die zugehörige Restriktion erfüllen.

Dieser Zusammenhang läßt sich mengentheoretisch folgendermaßen schreiben:

$$Z = \bigcap_{i=1}^{5} H_i \quad (= H_1 \cap H_2 \cap H_3 \cap H_4 \cap H_5), \text{ wobei}$$

$H_1 = \{(x_1, x_2) \in \mathbb{R}^2 \mid \quad 3x_1 + 2x_2 \leq 1200\}$

$H_2 = \{(x_1, x_2) \in \mathbb{R}^2 \mid \quad 5x_1 + 10x_2 \leq 3000\}$

$H_3 = \{(x_1, x_2) \in \mathbb{R}^2 \mid \quad \frac{1}{2}x_2 \leq 125\}$

$H_4 = \{(x_1, x_2) \in \mathbb{R}^2 \mid \quad x_1 \geq 0\}$

$H_5 = \{(x_1, x_2) \in \mathbb{R}^2 \mid \quad x_2 \geq 0\}$

Zeichnerisch erhält man die Z definierenden Halbebenen H_1 bis H_5, indem man in jeder Restriktion das "≤"- bzw. das "≥"-Zeichen durch das "="-Zeichen ersetzt und die zu dieser Gleichung gehörige Gerade in das Koordinatensystem einzeichnet. Dann entscheidet man durch Einsetzen in die zugehörige Ungleichung, ob der Punkt $(x_1, x_2) = (0,0)$ die Ungleichung erfüllt. Wenn ja, so gehört diejenige Halbebene zur Restriktion, die $(0,0)$ enthält, wenn nein, so die andere Halbebene. Liegt $(x_1, x_2) = (0,0)$ selbst auf der Geraden, so wählt man einen anderen Punkt (der nicht auf der Geraden liegt) und entscheidet entsprechend (H_4 und H_5). Im Beispiel ist $(0,0)$ jeweils in den Halbebenen H_1, H_2 und H_3 enthalten.

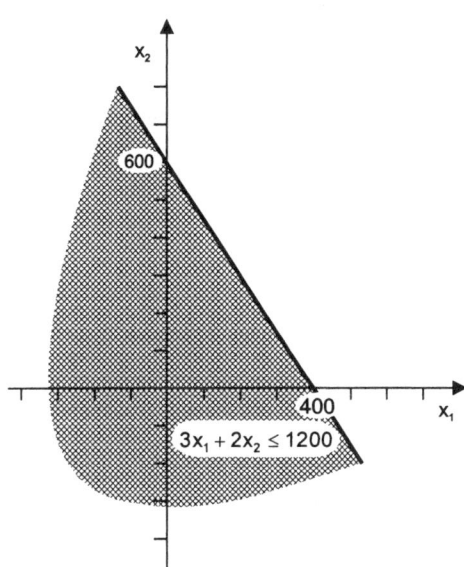

Abb. 2-1. Graphische Darstellung der Restriktion $3x_1 + 2x_2 \leq 1200$

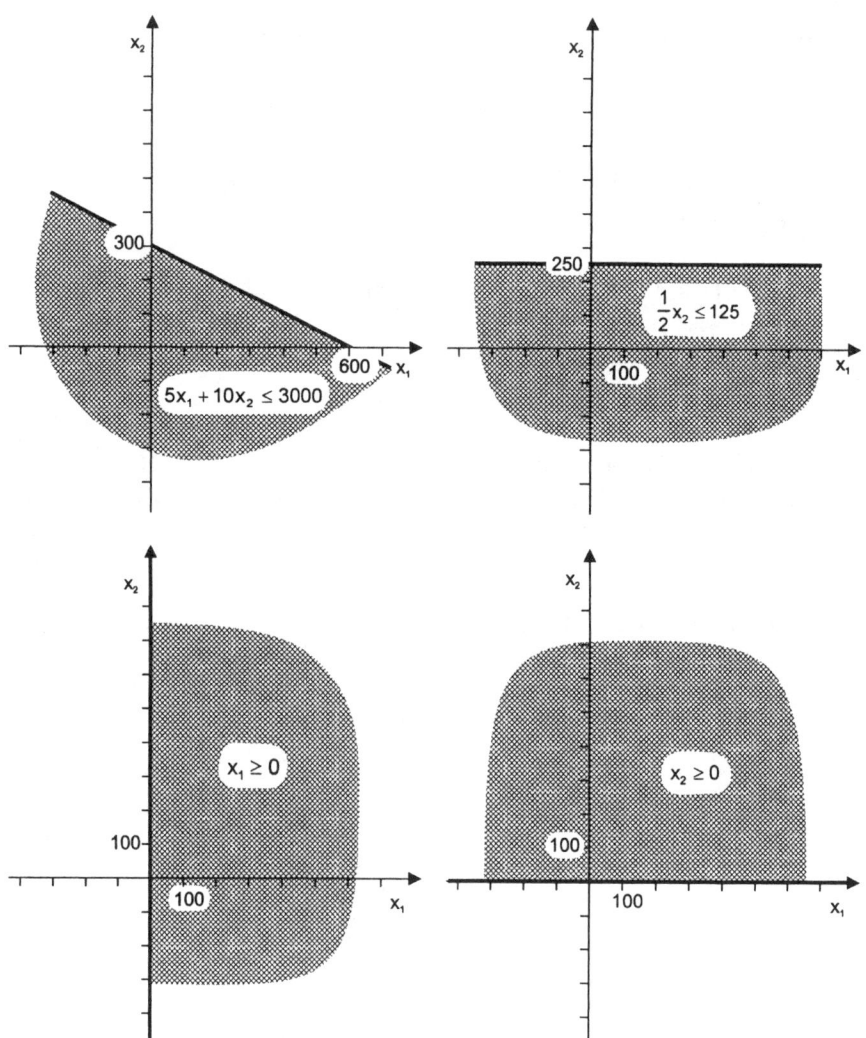

Abb. 2-2. Graphische Darstellung der anderen Restriktionen des Beispiels

Für (2.2) verfährt man beispielsweise wie folgt:

1. Ersetze das "≤" durch ein "=":

$$3x_1 + 2x_2 = 1200. \qquad (2.2')$$

2. Bestimme die durch diese Gleichung festgelegte Gerade, indem zwei Punkte dieser Geraden bestimmt und dann verbunden werden:

2.1. Setze $x_1 = 0$. Dann wird (2.2') zu $3 \cdot 0 + 2x_2 = 1200$.
    Es ergibt sich $x_2 = 600$. Somit ist $(x_1,x_2) = (0,600)$ erster Geradenpunkt.

2.2. Setze $x_2 = 0$. Dann wird (2.2') zu $3 \quad x_1 + 2 \cdot 0 = 1200$.
Es ergibt sich $x_1 = 400$. Somit ist $(x_1,x_2) = (400,0)$ zweiter Geradenpunkt.

2.3. Verbinde die beiden Punkte.

3. Erfüllt der Punkt $(x_1,x_2) = (0,0)$ die Ungleichung (2.2)? Ja, denn es gilt
$3 \cdot 0 + 2 \cdot 0 < 1200$.
Also stellt die Halbebene die gesuchte dar, die (0,0) enthält (vgl. Abb. 2-1).

Für die anderen Restriktionen erhält man analog je eine Halbebene (vgl. Abb. 2-2).

Legt man nun diese 5 Bilder übereinander und bildet die Schnittmenge der Halbebenen, so erhält man die graphische Darstellung von Z, die als *zulässiger Bereich* des linearen Programms bezeichnet wird, da sie die Menge der *zulässigen Lösungen,* im Beispiel also alle herstellbaren und absetzbaren Produktionsprogramme umfaßt (vgl. Abb. 2-3).

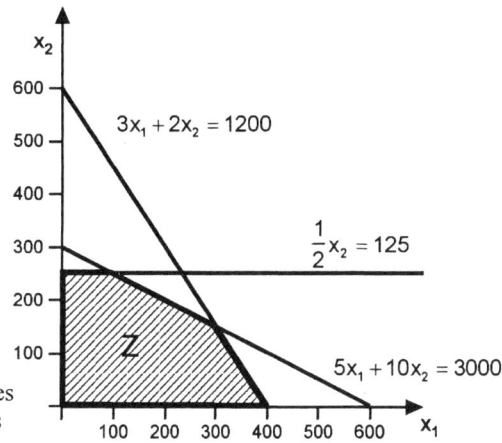

Abb. 2-3. Graphische Darstellung des zulässigen Bereiches Z des Beispiels

Z wird als Durchschnitt von endlich vielen Halbebenen ein konvexes Polyeder, d. h. eine von endlich vielen Geradenstücken begrenzte konvexe Menge der Ebene. Konvex bedeutet, daß die Verbindungsstrecke zwischen zwei beliebigen Punkten von Z an keiner Stelle Z verläßt. Dies ist für viele Rechenverfahren zur Bestimmung einer optimalen Lösung wichtig.

Als Lösung des Problems kommen nun alle Punkte des zulässigen Bereichs in Frage. Gesucht ist aber die Lösung, die den maximalen Deckungsbeitrag ergibt. Sie muß mit Hilfe der Zielfunktion (2.1) bestimmt werden.

Da die Zielfunktion aber außer den Variablen x_1 und x_2 die Größe G enthält, müssen für G als Parameter feste Werte vorgegeben werden, um die Funktion als Gerade zeichnen zu können.

Jeder feste Wert G der Zielfunktion (2.5) $G = 3x_1 + 4x_2$ erzeugt eine Deckungsbeitragsgerade. Diese wird auch als Isodeckungsbeitragslinie bezeichnet, da jede auf dieser Geraden liegende Mengenkombination (x_1, x_2) den gleichen Deckungsbeitrag erbringt.

Beispielsweise erhält man die Isodeckungsbeitragsgerade für $G = 600$ auf folgende Weise:

$$\text{In } G = 600 = 3x_1 + 4x_2 \text{ setzt man} \quad x_1 = 0 \text{ ein und erhält } x_2 = 150,$$
$$\text{sowie } x_2 = 0 \text{ und erhält } x_1 = 200.$$

(Man berechnet also die Schnittpunkte der Isodeckungsbeitragslinie mit der x_1- und mit der x_2-Achse.)

Die beiden Punkte $(0,150)$ und $(200,0)$ bestimmen nun eindeutig die gesuchte Gerade.

Für verschiedene Werte von G erhält man parallele Geraden, die sich mit wachsendem G vom Koordinatenursprung entfernen.

Die optimale Lösung ist diejenige zulässige Lösung, die auf einer Isodeckungsbeitragslinie liegt, die durch weitere Erhöhung des Wertes von G, d. h. durch Verschiebung vom Ursprung weg, keinen Punkt mehr mit dem zulässigen Bereich Z gemeinsam hätte.

Abbildung 2-4 zeigt das graphische Verfahren zur Lösung des Problems:

Die Deckungsbeitragsgerade G wird solange vom Ursprung parallel fortgeschoben, bis sie nur noch einen Punkt mit dem zulässigen Bereich Z gemeinsam hat.

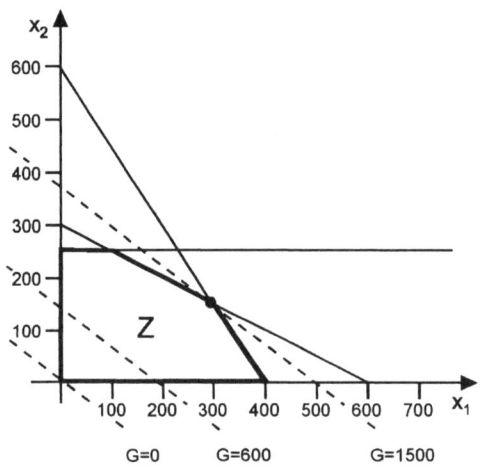

Abb. 2-4. Graphische Lösung einer Optimierungsaufgabe

Als optimaler Punkt ergibt sich $(x_1, x_2) = (300, 150)$, der auf der Isodeckungsbeitragsgeraden mit $G = 1500$ liegt. Das optimale Produktionsprogramm schreibt also vor, 300 ME von P_1 und 150 ME von P_2 zu produzieren. Der maximale Deckungsbeitrag beträgt dann 1500 GE.

In Abb. 2-4 ist die optimale Lösung ein Eckpunkt des zulässigen Bereichs Z. Der deckungsbeitragsmaximale Punkt liegt bei linearen Problemen immer auf dem Rand und normalerweise in zumindest einem Eckpunkt des zulässigen Bereichs. Im Falle, daß eine Begrenzungsgerade des zulässigen Bereichs parallel zu den Isodeckungsbeitragslinien verläuft, kann das Deckungsbeitragsmaximum entlang dieser ganzen Begrenzung verlaufen. In diesem Fall gibt es unendlich viele optimale Lösungen, da jeder auf diesem Geradenstück liegende Punkt eine optimale Lösung darstellt.

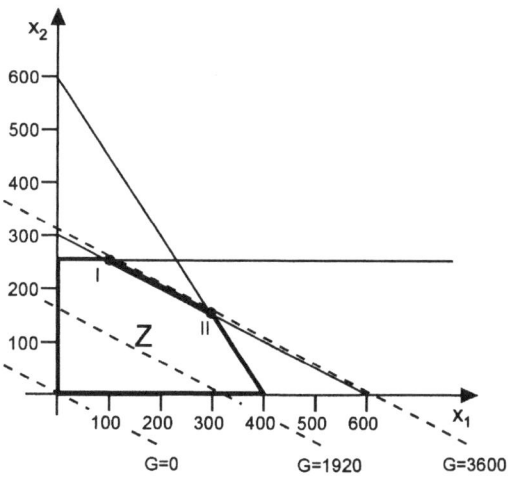

Abb. 2-5. Nichteindeutigkeit der optimalen Lösung

Lautete im Beispiel etwa die Zielfunktion (2.1):

Maximiere $G = 6x_1 + 12x_2$,

so erhielte man bei der graphischen Lösung Abb. 2-5. Hier wären alle Punkte auf der Strecke von I (100,250) nach II (300,150) optimale Lösungen mit Deckungsbeitrag G = 3600.

Die Fixkosten K_f, die bisher aus der Betrachtung ausgeklammert wurden, werden bei dem oben beschriebenen einfachen Programmplanungsproblem nicht berücksichtigt. Würde man sie mit einbeziehen, so änderte dies im Modell (2) nur die Zielfunktion, die dann

Maximiere $G' = G - K_f = 3x_1 + 4x_2 - K_f$

lautete. Da K_f eine Konstante ist, ergäbe sich in diesem Fall für die Isodeckungsbeitragslinien dieselbe Schar von Geraden wie in Abb. 2-4 und damit auch derselbe Punkt als Optimalpunkt, nur wäre der Zielfunktionswert um K_f vermindert:

$G' = 3 \cdot 300 + 4 \cdot 150 - K_f = 1500 - K_f$.

Da sich also qualitativ an der Optimallösung nichts geändert hätte (lediglich der Zielfunktionswert wäre kleiner geworden), wird der Fixkostenanteil im allgemeinen vernachlässigt. Bei einer Interpretation der Optimallösung müssen die Fixkosten natürlich berücksichtigt werden (indem sie bei der Gewinnermittlung vom Zielfunktionswert (Gesamtdeckungsbeitrag) subtrahiert werden).

Im Produktionsplanungsbeispiel sollte eine Zielfunktion (die Deckungsbeitragssumme) maximiert werden. Genauso kann aber auch eine Minimierungsaufgabe gestellt sein (z. B. die Minimierung der gesamten variablen Kosten).

Das folgende Beispiel beschreibt ein solches Problem, bei dem in den Nebenbedingungen gewisse Mindestgrenzen (das können Auslastungsuntergrenzen, Mindestabsatzmengen und ähnliches sein) vorgegeben sind:
Unter den Nebenbedingungen:

$$10x_1 + 3x_2 \geq 30$$
$$4x_1 + 12x_2 \geq 48$$
$$2x_1 + 2x_2 \geq 16$$
$$x_1 \geq 0, \quad x_2 \geq 0$$

sei folgende Zielfunktion zu minimieren:

$$K = 5x_1 + 10x_2.$$

Wie das erste Beispiel läßt sich dieses Problem graphisch lösen.

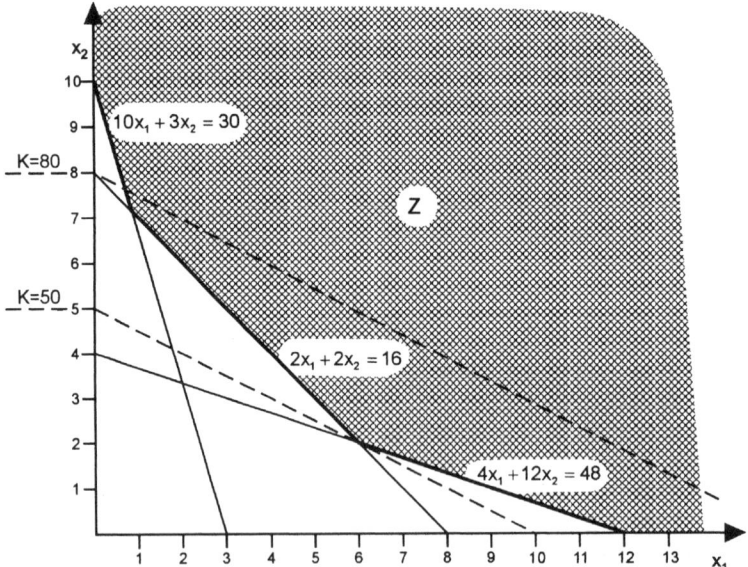

Abb. 2-6. Graphische Lösung einer Minimierungsaufgabe

Durch jede Nebenbedingung wird im rechtwinkligen Koordinatensystem eine Halbebene beschrieben. Der zulässige Bereich Z ergibt sich wieder als Durchschnitt dieser Halbebenen (vgl. Abb. 2-6).

Man bestimmt nun eine beliebige Isokostenlinie, z. B. K = 80 und verschiebt diese solange parallel in Richtung abnehmender Kosten (d. h. in Richtung Ursprung des Koordinatensystems, weil minimiert wird), bis sie den zulässigen Bereich nur noch in einem Punkt, dem Optimalpunkt, berührt.

Abbildung 2-6 zeigt die Ermittlung des Optimums mit $x_1 = 6$ und $x_2 = 2$ und den Minimalkosten von K = 50.

Daß der zulässige Bereich in diesem Beispiel nach rechts und nach oben offen ist, spielt hier keine Rolle, da die Minimierung der Kosten eine Verschiebung der Isokostenlinien in Richtung der Begrenzung (nach "links unten") auf den Ursprung hin bedeutet.

2.1.2 Simplexmethode

Die graphische Lösungsmethode, wie sie in Abschn. 2.1.1 unter anderem für das Programmplanungsbeispiel mit 2 Produkten gezeigt wurde, versagt bei mehr als 2 Produkten. Hier ist ein allgemeineres Lösungsverfahren erforderlich.

Ein Verfahren, mit dem für jedes Modell der Linearen Planungsrechnung eine Optimallösung berechnet werden kann, sofern eine solche existiert, ist die von Dantzig 1947 entwickelte *Simplexmethode* (s. Dantzig [1966, S. 110ff.]). Sie soll hier in ihrer einfachsten Form an dem schon erwähnten Programmplanungsbeispiel demonstriert werden.

Das bereits bekannte LP-Modell lautet:

(2.1)	$G =$	$3x_1$	$+$	$4x_2$	$\to$ Max	Zielfunktion

unter

(2.2)		$3x_1$	$+$	$2x_2$	≤ 1200	
(2.3)		$5x_1$	$+$	$10x_2$	≤ 3000	Restriktionen
(2.4)				$\frac{1}{2}x_2$	≤ 125	
(2.5)		$x_1 \geq 0,$		$x_2 \geq 0$		

Die Simplexmethode kann nun erst dann angewendet werden, wenn das LP-Modell

1. als reduziertes lineares Gleichungssystem vorliegt und
2. die zugehörige Basislösung zulässig ist.

zu 1.: Ein lineares Gleichungssystem liegt in reduzierter Form vor, wenn in jeder Gleichung eine Variable mit dem Koeffizienten 1 auftritt, die in den übrigen Gleichungen nicht mehr vorkommt. Diese Variablen nennt man *Basisvariablen* (BV). Sie bilden die sogenannte *Basis*. Alle anderen Variablen heißen *Nichtbasisvariablen* (NBV). Entsprechend bilden sie die sogenannte *Nichtbasis*.

Im Beispiel ist diese erste Bedingung verletzt. Durch Einfügen von sogenannten "Schlupfvariablen" y_i in die Ungleichungen kann diese Bedingung aber erfüllt werden. Man erhält dann folgendes Gleichungssystem:

$$(2.1a) \quad 3x_1 + 4x_2 \qquad\qquad\quad + (-G) = \quad 0 \,^*$$

$$(2.2a) \quad 3x_1 + 2x_2 + y_1 \qquad\qquad\quad = 1200$$

$$(2.3a) \quad 5x_1 + 10x_2 \qquad + y_2 \qquad\quad = 3000$$

$$(2.4a) \qquad\quad \frac{1}{2}x_2 \qquad\qquad + y_3 \quad = 125$$

$$(2.5a) \qquad x_1 \geq 0, x_2 \geq 0, y_1 \geq 0, y_2 \geq 0, y_3 \geq 0$$

(Die Schlupfvariablen geben dem Wert nach die in der jeweiligen Restriktion durch die Produktion von P_1 und P_2 in den Mengen x_1 und x_2 nicht verbrauchten ME an. Die Ungleichungen aus (2.5) werden nicht in Gleichungen überführt.) BV sind hier $-G$, y_1, y_2 und y_3, NBV sind x_1 und x_2.

zu 2.: Als zugehörige Basislösung (BL) wird diejenige spezielle Lösung des reduzierten Gleichungssystems bezeichnet, die man durch Nullsetzen der NBV (auch "unabhängige Variablen" genannt) und anschließende Auflösung nach den BV ("abhängige Variablen") erhält.

Im Beispiel ergibt sich das aus (2.1a) - (2.5a): Man setzt $x_1 = x_2 = 0$ und erhält $y_1 = 1200$, $y_2 = 3000$, $y_3 = 125$ und $-G = 0$.

Diese BL $(x_1, x_2, y_1, y_2, y_3, -G) = (0, 0, 1200, 3000, 125, 0)$ ist zulässig, da sie alle Bedingungen (2.1a)-(2.5a) erfüllt. In der graphischen Darstellung von Z (Abb. 2-3) befindet man sich mit der BL im Koordinatenursprung $(x_1, x_2) = (0, 0)$, einem Eckpunkt des zulässigen Bereichs, mit der Isodeckungsbeitragslinie $G = 0$.

Die Zielfunktion (2.1) schreibt nun vor, daß eine Lösung des Systems (2.1a)-(2.5a) zu bestimmen ist, bei der G möglichst groß ist.

Man weiß (s. Abschn. 2.1.1), daß das Optimum einer linearen Optimierungsaufgabe zumindest in einer Ecke des zulässigen Bereichs liegt. Die Simplexmethode macht sich diese Information zunutze, indem sie gewinnerhöhend (kostensenkend) eine Folge von nebeneinander liegenden Ecken abgeht, bis das Optimum erreicht ist.

Die Schlupfvariablen können dabei als ungenutzte "Kapazitäten" interpretiert werden.

Z. B. nimmt in Gleichung (2.2a) y_1 den Wert 1200 an, wenn $x_1 = x_2 = 0$ ist, d. h.: die zur Verfügung stehende Kapazität von 1200 h der Maschine M wird überhaupt nicht genutzt, da nichts gefertigt wird.

Andererseits wird in Gleichung (2.3a) $y_2 = 0$, wenn z. B. $x_1 = x_2 = 200$ gewählt wird, d. h.: der zur Verfügung stehende Rohstoff R wird bei der Produktion von 200 ME des Produkts 1 und 200 ME des Produkts 2 völlig aufgebraucht, die Restmenge an Rohstoff, die durch y_2 ausgedrückt wird, ist Null.

---

* Diese Schreibweise weicht von der häufig zu findenden ursprünglichen Formulierung von Dantzig ab. Dort lautete (2.1a): $-3x_1 - 4x_2 + G = 0$. Damit wäre zwar der Zielfunktionswert positiv, aber die Zielfunktionskoeffizienten negativ ausgewiesen.

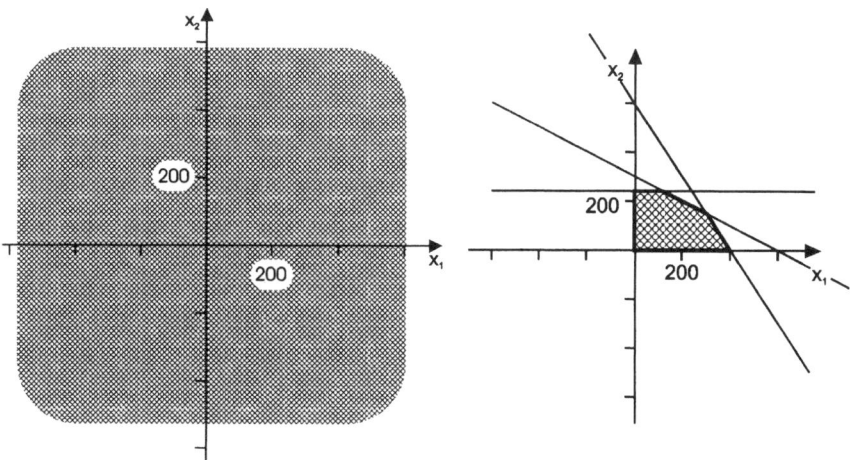

Abb. 2-7. Graphische Darstellung der (x_1,x_2)-Paare, die das Gleichungssystem (2.2a) - (2.4a) lösen

Abb. 2-8. Graphische Darstellung der (x_1,x_2)-Paare, die das Gleichungssystem (2.2a) - (2.5a) lösen

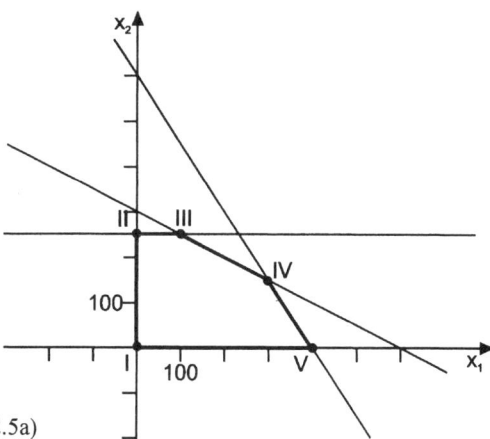

Abb. 2-9. Graphische Darstellung der zulässigen Basislösungen von (2.2a)-(2.5a)

Während bei einem beliebigen linearen Gleichungssystem alle Lösungen interessieren, konzentriert man sich bei dem hier vorliegenden reduzierten System - die Schlupfvariablen y_1, y_2 und y_3 treten jeweils nur in einer Gleichung auf und haben zunächst alle den gleichen Koeffizienten 1 - auf genau diejenigen Lösungsvektoren $(x_1,x_2,y_1,y_2,y_3,-G)$, die zulässig sind, in einer Ecke des zulässigen Bereiches liegen und dabei zum Schluß noch den maximalen Gewinn G liefern.

Bei dem speziellen, in ein Gleichungssystem umgewandelten Restriktionensystem (2.2a)-(2.4a) heißt das:

a) Suchte man alle Lösungen dieses Systems, so erhielte man als graphische Darstellung der möglichen (x_1,x_2)-Kombinationen die gesamte (x_1,x_2)-Ebene (denn für jedes Paar (x_1,x_2) erhält man Werte für (y_1,y_2,y_3); s. Abb. 2 7). Diese Lösungen sind aber im allgemeinen nicht zulässig, da x_1 und/oder x_2 in den "meisten" Lösungen einen negativen Wert annehmen.

b) Berücksichtigt man in a) zusätzlich die Vorzeichenbedingung (2.5a), so erhält man als graphische Darstellung der möglichen (x_1,x_2)-Kombinationen genau den zulässigen Bereich Z (denn genau für diese (x_1,x_2)-Paare sind die zugehörigen Werte (y_1,y_2,y_3) nicht negativ wie auch x_1 und x_2 selbst (s. Abb. 2-8)).

c) Die Simplexmethode schließlich ist nur an den zulässigen Basislösungen interessiert. Diese sind identisch mit den Ecken des zulässigen Bereichs (s. Abb. 2-9). (Dort haben im Beispiel jeweils mindestens 2 (= Gesamtzahl der Variablen – Zahl der Restriktionen ohne Vorzeichenbedingung) Variablen den Wert 0 (die NBV), während die übrigen Variablen (BV) nicht negativ sind. Dies liegt daran, daß auf den jeweiligen Geraden der Wert der zugehörigen Schlupfvariablen Null ist. In einem Schnittpunkt von zwei Geraden sind also jeweils mindestens zwei Schlupfvariablen Null.)

Die folgende Tabelle zeigt alle Basislösungen (BL) des Beispiels (das sind alle Schnittpunkte der Geraden in Abb. 2-10):

Punkte in Abb. 2-10		x_1		x_2		y_1		y_2		y_3	BL
I	N	0	N	0	B	1200	B	3000	B	125	zulässig
II	N	0	B	250	B	700	B	500	N	0	zulässig
III	B	100	B	250	B	400	N	0	N	0	zulässig
IV	B	300	B	150	N	0	N	0	B	50	zulässig
V	B	400	N	0	N	0	B	1000	B	125	zulässig
VI	N	0	B	300	B	600	N	0	B	-25	nicht zulässig
VII	N	0	B	600	N	0	B	-3000	B	-175	nicht zulässig
VIII	B	233,3	B	250	N	0	B	-666,6	N	0	nicht zulässig
IX	B	600	N	0	B	-600	N	0	B	125	nicht zulässig

(B = Variable ist in der dem Punkt entsprechenden Basislösung Basisvariable,
N = Variable ist in der dem Punkt entsprechenden Basislösung Nichtbasisvariable)

Bei der *Durchführung der Simplexmethode* ist nun zuerst zu prüfen, ob die Ausgangslösung optimal ist. Dazu verwendet man die Zielfunktion:

(2.1a) $3x_1 + 4x_2 - G = 0$

Dort treten die Variablen x_1 und x_2, die in der Basislösung den Wert Null hatten, mit positivem Koeffizienten auf. Das bedeutet, daß der Gewinn G größere Werte als den augenblicklichen Wert Null erreichen könnte, wenn diese Variablen positive Werte annähmen (z. B. G = 3 für den (zulässigen) Punkt $(x_1,x_2) = (1,0)$). Die bisherige Lösung ist also nicht optimal.

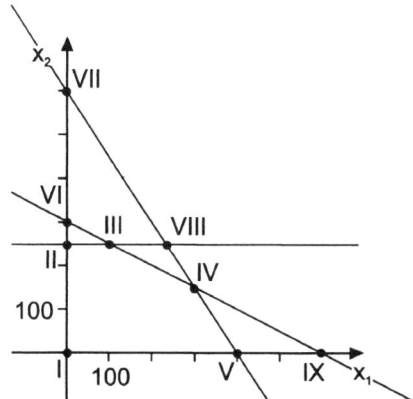

Abb. 2-10. Graphische Darstellung aller Basislösungen von (2.2a)-(2.4a)

Diese Überlegung zeigt zugleich, wie eine verbesserte Lösung berechnet werden kann:

Man erteilt einer Variablen, die in der bisherigen Lösung Nichtbasisvariable ist (d. h. den Wert 0 annimmt) und einen positiven Zielfunktionskoeffizienten hat, einen positiven Wert (d. h. man nimmt sie in die Basis auf). Bei mehreren derartigen Variablen entscheidet man sich für eine solche, die den größten positiven Zielfunktionskoeffizienten hat, denn sie sichert den größtmöglichen Gewinnzuwachs pro ME.

Damit ist das sogenannte *1. Simplexkriterium* entwickelt, das lautet:
"Wähle die Variable als *in die Basis eintretende Variable*, die den größten positiven Zielfunktionskoeffizienten hat."

Im Beispiel entscheidet man sich daher für die Variable x_2 (denn der Zielfunktionskoeffizient von x_2 ist 4, während der von x_1 nur 3 beträgt). Erteilt man x_2 einen positiven Wert und läßt die übrigen Nichtbasisvariablen (hier x_1) weiter Null sein, so müssen gleichzeitig die bisherigen Basisvariablen (y_1, y_2, y_3) angepaßt werden, damit die Restriktionen erfüllt bleiben.

Man ist bestrebt, einen größtmöglichen Zuwachs von G zu erzielen und wird daher x_2 so groß wie möglich werden lassen. Eine Grenze wird dadurch gesetzt, daß keine der angepaßten bisherigen Basisvariablen einen negativen Wert annehmen darf (wegen (2.5a)). Das bedeutet:

$$y_1 = 1200 - 2x_2 \geq 0 \text{ aus (2.2a), d. h. } x_2 \leq \frac{1200}{2}$$

$$y_2 = 3000 - 10x_2 \geq 0 \text{ aus (2.3a), d. h. } x_2 \leq \frac{3000}{10}$$

$$y_3 = 125 - \frac{1}{2}x_2 \geq 0 \text{ aus (2.4a), d. h. } x_2 \leq \frac{125 \cdot 2}{1}$$

$$\text{Also: } x_2 = \text{Min}\left(\frac{1200}{2}, \frac{3000}{10}, \frac{125 \cdot 2}{1}\right) = 250$$

Würde $x_2 > 250$, so würde y_3 in Gleichung (2.4a) negativ und damit die Nichtnegativitätsbedingung (2.5a) verletzt.

Die Fertigung von P_2, die pro ME einen Deckungsbeitrag von 4 GE erbringt, wird also dadurch beschränkt, daß Maschine M nur die Herstellung von $\frac{1200}{2}$ ME, Rohstoff R die Herstellung von $\frac{3000}{10}$ ME und die Arbeitskräfte nur die Qualitätsprüfung von $\frac{125 \cdot 2}{1}$ ME erlauben.

Es dürfen also nur höchstens 250 ME von P_2 gefertigt werden, wenn keine dieser Beschränkungen verletzt werden soll. Bei dem hier dargestellten sogenannten 2. Simplexkriterium geht es also um die Bestimmung des *Engpaßsektors* bzw. der *Engpaßrestriktion.*

Dieses *2. Simplexkriterium* lautet somit:
„Wähle die Variable als *aus der Basis austretende Variable,* für die der Quotient aus (nichtnegativer) rechter Seite der jeweiligen Gleichung und positivem Koeffizienten der in die Basis eintretenden Variablen (in dieser Gleichung) minimal wird."

1. Simplexiteration
Mit dem 1. Simplexkriterium wurde bestimmt, daß die bisherige Nichtbasisvariable x_2 Basisvariable wird, mit dem 2. Kriterium, daß die bisherige Basisvariable y_3 Nichtbasisvariable wird, denn sie wird 0, wenn x_2 den maximal möglichen zulässigen Wert 250 annimmt. Dabei ist y_3 die BV der Gleichung, die die stärkste Einschränkung beim Anwachsen von x_2 darstellt.

Man bezeichnet abkürzend
x_2 als die eintretende Variable (tritt in die Basis ein),
y_3 als die austretende Variable (tritt aus der Basis aus).

Zur Vereinfachung der nun folgenden Umrechnung wird das reduzierte Gleichungssystem in einem Tableau erfaßt:

Tableau I

BV	x_1	x_2	y_1	y_2	y_3	-G	RS	
y_1	3	2	1	0	0	0	1200	(2.2a)
y_2	5	10	0	1	0	0	3000	(2.3a)
y_3	0	$\frac{1}{2}$	0	0	1	0	125	(2.4a)
-G	3	4	0	0	0	1	0	(2.1a)

austretende Variable → (2. Kriterium)

↑
eintretende Variable
(1. Kriterium)

(BV = Basisvariable, RS = rechte Seite des Gleichungssystems. Sie gibt zu Beginn der Anwendung des Simplexalgorithmus' die Kapazitäten der einzelnen Beschränkungen an, die durch die Werte der Schlupfvariablen ausgedrückt werden.)

Die durch die Bestimmung der eintretenden Variablen festgelegte Spalte heißt *Pivotspalte*, die durch die Bestimmung der austretenden Variablen festgelegte Zeile heißt *Pivotzeile*. Das Tableauelement, das im Schnitt von Pivotspalte und Pivotzeile steht, heißt *Pivotelement* (pivot, französisch: Drehpunkt, Angelpunkt). Im Beispiel ist dies die $\frac{1}{2}$ im Schnitt von 2. Spalte und 3. Zeile.

Es beginnt nun die *Pivotoperation,* d. h. der Austausch von y_3 gegen x_2 und die Anpassung der Basisvariablen.

Um den Austausch durchzuführen und um die verbesserte Lösung zu bestimmen, muß im ersten Schritt das Pivotelement den Wert 1 erhalten.

Das geschieht dadurch, daß die Pivotzeile durch das Pivotelement dividiert wird.

Alle übrigen Elemente der Pivotspalte müssen den Wert 0 annehmen (da die Pivotspalte im neuen Tableau Einheitsspalte werden muß). Dies erreicht man, indem man die Pivotzeile jeweils so erweitert, daß in der Pivotspalte jeweils eine 0 auftritt, wenn die mit dem entsprechenden Element der Pivotspalte multiplizierte Pivotzeile von der entsprechenden Zeile subtrahiert wird.

Zur Veranschaulichung sei die Umrechnung beim Übergang von Tableau I auf Tableau II ausführlich dargestellt:

Umrechnung der Pivotzeile (Zeile 3):

Pivotzeile in Tableau I:	0	$\frac{1}{2}$	0	0	1	0	125 $\mid :\frac{1}{2}$
umgeformte Pivotzeile:	0	1	0	0	2	0	250

(Division durch das Pivotelement)

Umrechnung von Zeile 1:

umgeformte Pivotzeile:	0	1	0	0	2	0	250
Zeile 1 in Tableau I:	3	2	1	0	0	0	1200
mit (-2) erweiterte umgeformte Pivotzeile:	0	-2	0	0	-4	0	-500
Zeile 1 in Tableau II:	3	0	1	0	-4	0	700

Damit ist Zeile 1 umgerechnet.

Umrechnung von Zeile 2:

umgeformte Pivotzeile:	0	1	0	0	2	0	250

Zeile 2 in Tableau I:	5	10	0	1	0	0	3000
mit (-10) erweiterte umgeformte Pivotzeile:	0	-10	0	0	-20	0	-2500

Zeile 2 in Tableau II:	5	0	0	1	-20	0	500

Damit ist Zeile 2 umgerechnet.

Umrechnung von Zeile 4:

umgeformte Pivotzeile:	0	1	0	0	2	0	250

Zeile 4 in Tableau I:	3	4	0	0	0	1	0
mit (-4) erweiterte umgeformte Pivotzeile:	0	-4	0	0	-8	0	-1000

Zeile 4 in Tableau II:	3	0	0	0	-8	1	-1000

Damit ist Zeile 4 umgerechnet und das neue Tableau vollständig berechnet.

Tableau II

BV	x_1	x_2	y_1	y_2	y_3	-G	RS
y_1	3	0	1	0	-4	0	700
y_2	5	0	0	1	-20	0	500
x_2	0	1	0	0	2	0	250
-G	3	0	0	0	-8	1	-1000

(Man beachte, daß entsprechend dem Austausch von y_3 und x_2 auch in der Spalte BV y_3 durch x_2 ersetzt worden ist.)

Die neue Basislösung kann direkt aus Tableau II abgelesen werden (die NBV haben den Wert 0, für die BV liest man den Namen der Variablen in der Spalte BV und ihren Wert in derselben Zeile in der Spalte RS ab):

$$x_1 = \quad 0 \quad \text{(da NBV)}$$
$$x_2 = 250$$
$$y_1 = 700$$
$$y_2 = 500$$
$$y_3 = \quad 0 \quad \text{(da NBV)}$$
$$G = 1000 \quad \text{(in der unteren rechten Ecke des Tableaus steht der Wert } -G).$$

(In der Spalte RS stehen also immer die Werte der jeweiligen Basisvariablen sowie der Zielfunktionswert.)

Das 1. verbesserte Produktionsprogramm besteht also in der Fertigung von 250 ME von P_2. Produkt P_1 wird (noch) nicht gefertigt.

Ökonomische Interpretation der 1. Simplexiteration

Der zu x_2 gehörige Zielfunktionswert von 4 in Tableau I sagt aus, daß durch Vergrößerung von x_2 der Gesamtdeckungsbeitrag um 4 GE/ME erhöht wird. Wenn nun x_2 erhöht, x_1 jedoch auf dem momentanen Niveau belassen wird, so bewegt man sich in Abb. 2-11 im zulässigen Bereich auf der x_2-Achse vom Ursprung aus in positiver Richtung (d. h. nach oben).

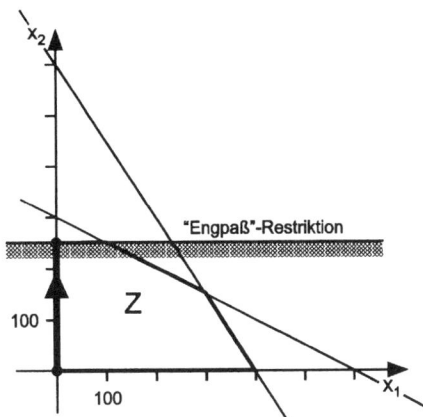

Abb. 2-11. Graphische Veranschaulichung der 1. Simplexiteration

Bei dieser Erhöhung darf der zulässige Bereich nicht verlassen werden. Die Grenze ist im Schnittpunkt der Geraden $\frac{1}{2}x_2 = 125$ mit der x_2-Achse, also im Punkt $(x_1, x_2) = (0, 250)$ erreicht. Eine weitere Vergrößerung von x_2 ist nicht möglich. Da die Lösung $x_1 = 0$, $x_2 = 250$ die 3. Nebenbedingung $\frac{1}{2}x_2 \le 125$ als Gleichung erfüllt, ist die zugehörige Schlupfvariable $y_3 = 0$ geworden.

Man ist mit dem momentanen Produktionsprogramm an die Grenze gestoßen. die durch die Arbeitskräftebeschränkung gegeben ist, d. h. eine weitere Erhöhung der Produktion von P_2 überschreitet die (personelle) Kapazität der Qualitätsprüfung und ist deshalb unzulässig.

Die übrigen Schlupfvariablen lassen sich nun berechnen zu

$$y_1 = 1200 - 3 \cdot x_1 - 2 \cdot x_2 = 1200 - 3 \cdot 0 - 2 \cdot 250 = 700 \quad \text{(aus (2.2a))}$$
$$y_2 = 3000 - 5 \cdot x_1 - 10 \cdot x_2 = 3000 - 5 \cdot 0 - 10 \cdot 250 = 500 \quad \text{(aus (2.3a))}$$

(Diese Werte stehen auch in der Spalte RS von Tableau II.)

$y_1 = 700$ entspricht dabei der Restkapazität der Maschine und $y_2 = 500$ gibt die noch zur Verfügung stehende Rohstoffmenge an.

In der graphischen Darstellung der Abb. 2-11 bedeutet diese 1. Simplexiteration den Sprung vom Eckpunkt (0,0) zum Eckpunkt (0,250) des zulässigen Bereichs. Die Simplexmethode macht sich dabei die Erkenntnis zunutze, daß die optimale Lösung in einem Eckpunkt des zulässigen Bereichs liegen muß (vgl. Abschn. 2.1.1).

2. Simplexiteration

Die Untersuchung der neuen Basislösung zeigt, daß sie noch nicht optimal ist, denn in der Spalte von x_1 ist noch ein positiver Zielfunktionskoeffizient vorhanden (nämlich 3). Das bedeutet, daß man den Gewinn noch steigern kann, und zwar um 3 GE je ME von x_1.

Dies sieht man auch, wenn man die Zielfunktionszeile von Tableau II als Gleichung schreibt

$$3x_1 - 8y_3 + (-G) = -1000$$

und diese nach G auflöst

$$G = 1000 + 3x_1 - 8y_3.$$

Hieraus erkennt man, daß eine Erhöhung von y_3 um 1 ME einen Deckungsbeitragsentgang von 8 GE (negativer Zielfunktionskoeffizient von y_3), während eine Erhöhung von x_1 um 1 ME eine Erhöhung des Deckungsbeitrags um 3 GE zur Folge hätte.

Es muß also ein weiterer Austauschschritt vorgenommen werden. Nach dem 1. Simplexkriterium ist die Spalte von x_1 als Pivotspalte festgelegt. Das 2. Simplexkriterium liefert nun den Engpaß. Es ist der kleinste nicht negative Quotient aus den Elementen der rechten Seite und der Pivotspalte auszuwählen (nichts anderes wird durch die Berechnung bei der Herleitung des 2. Simplexkriteriums (s.o.) gemacht). Dabei ist im Beispiel die 3. Zeile nicht zu berücksichtigen, denn der Koeffizient in der Pivotspalte ist 0, d. h. eine Erhöhung von x_1 läßt die Gleichung $x_2 + 2y_3 = 250$ unverändert, so daß x_1 von dieser Gleichung keine Beschränkung auferlegt wird. Dies ist auch ökonomisch einsehbar, da sich die Arbeitskräftebeschränkung $\frac{1}{2} x_2 \leq 125$ (d. h. $x_2 \leq 250$) nur auf Produkt 2 bezieht und für Produkt 1 keinerlei Beschränkung darstellt.

Von den Quotienten $\frac{700}{3}$ und $\frac{500}{5}$ ist der letztere der kleinere, so daß y_2 als austretende Variable und damit die 2. Zeile als Pivotzeile bestimmt ist.

Tableau II

	BV	x_1	x_2	y_1	y_2	y_3	-G	RS
	y_1	3	0	1	0	-4	0	700
austretende Variable → (2. Kriterium)	y_2	⑤	0	0	1	-20	0	500
	x_2	0	1	0	0	2	0	250
	-G	3	0	0	0	-8	1	-1000

↑
eintretende
Variable
(1. Kriterium)

Zuerst wird nun die Pivotzeile so umgerechnet, daß das Pivotelement 1 wird. Indem die Pivotzeile aus Tableau II durch 5 dividiert wird, erhalten wir die umgerechnete Pivotzeile und damit gleichzeitig die 2. Zeile aus Tableau III:

umgeformte Pivotzeile: 1   0   0   0,2   -4   0   100

Die erste Zeile wird umgerechnet, indem die umgerechnete Pivotzeile mit 3 erweitert und von der ersten Zeile subtrahiert wird.

Umrechnung von Zeile 1:

Zeile 1 in Tableau II: ⎰   3   0   1   0   -4   0   700
                              + ⎱
mit (-3) erweiterte   -3   0   0   -0,6   12   0   -300
umgeformte Pivotzeile:

Zeile 1 in Tableau III: 0   0   1   -0,6   8   0   400

Die 3. Zeile braucht nicht umgerechnet zu werden, da sie schon eine 0 in der Pivotspalte enthält.

Umrechnung von Zeile 4:

Die umgerechnete 4. Zeile wird durch Erweiterung der umgerechneten Pivotzeile mit 3 und Subtraktion von der alten 4. Zeile ermittelt.

Umgerechnete 4. Zeile: 0   0   0   -0,6   4   1   -1300

Damit ist das Tableau III vollständig bestimmt.

Tableau III

BV	x_1	x_2	y_1	y_2	y_3	-G	RS
y_1	0	0	1	-0,6	8	0	400
x_1	1	0	0	0,2	-4	0	100
x_2	0	1	0	0	2	0	250
-G	0	0	0	-0,6	4	1	-1300

Die neue Basislösung lautet:

$$x_1 = 100, \ x_2 = 250, \ y_1 = 400, \ y_2 = y_3 = 0, \ G = 1300.$$

Das 2. verbesserte Produktionsprogramm besteht demnach in der Fertigung von 100 ME P_1 und 250 ME P_2, wobei Maschine M noch ungenutzte Kapazität von 400 h hat, während der Rohstoff R vollständig verbraucht und die (personelle) Kapazität der Qualitätsprüfung von P_2 ebenfalls ganz genutzt wird. Der Gewinn beträgt 1300 GE.

Ökonomische Interpretation der 2. Simplexiteration

Der zu x_1 gehörige Zielfunktionskoeffizient von 3 in Tableau II signalisiert, daß durch Vergrößerung von x_1 der Gesamtdeckungsbeitrag G erhöht werden kann. x_1 soll daher so groß wie möglich gemacht werden. Es müssen aber wieder die Nebenbedingungen beachtet werden.

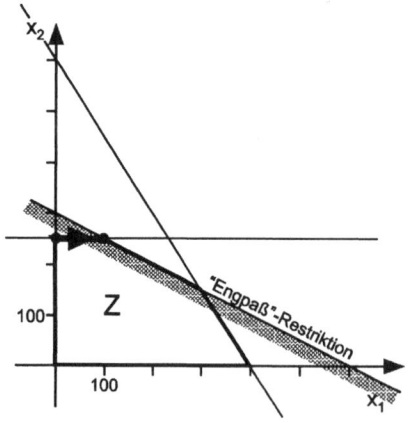

Abb. 2-12. Graphische Veranschaulichung der 2. Simplexiteration

Bei der Engpaßbestimmung sieht man, daß die Erhöhung von x_2 nur Einfluß auf die Größen y_1 und y_2 hat, es gilt (mit Tableau II, wenn man x_1 variabel läßt und die anderen NBV (hier nur y_3) 0 setzt):

$$
\begin{aligned}
y_1 &= 700 &- 3x_1 &+ 4y_3 &= 700 &- 3x_1 \\
y_2 &= 500 &- 5x_1 &+ 20y_3 &= 500 &- 5x_1 \\
x_2 &= 250 & &- 2y_3 &= 250 &
\end{aligned}
$$

Die Größe x_2 ist unabhängig von der Erhöhung von x_1.

Der Engpaß ist in diesem Fall also durch die 2. Nebenbedingung gegeben, da der Quotient vom Wert auf der rechten Seite dividiert durch den Wert der Pivotspalte in der Zeile von y_2 am geringsten ist. In der Graphik sieht man auch, daß man ausgehend von Punkt (0,250) in positiver Richtung parallel zur x_1-Achse zuerst auf die 2. Nebenbedingung stößt (vgl. Abb. 2-12). Der Grenzpunkt ist dabei (100,250).

Die neue Lösung $x_1 = 100$, $x_2 = 250$ erfüllt die 2. und 3. Nebenbedingung mit Gleichheit, d. h. die zugehörigen Schlupfvariablen y_2 und y_3 sind gleich 0. Die Schlupfvariable y_1 berechnet sich zu

$$y_1 = 1200 - 3 \cdot 100 - 2 \cdot 250 = 400 \text{ (aus dem Ausgangstableau).}$$

Ihr Wert kann jedoch auch direkt in Tableau III aus der Spalte RS in der Zeile von y_1 abgelesen werden.

Die 2. Simplexiteration stellt sich in Abb.2-12 als Sprung von Eckpunkt (0,250) zu Eckpunkt (100,250) dar. Die so gefundene neue Basislösung ist aber noch nicht optimal, da in der Spalte y_3 von Tableau III ein positiver Zielfunktionskoeffizient (nämlich 4) steht.

3. Simplexiteration

Der Gewinn läßt sich noch um 4 GE je freizusetzender ME von y_3 steigern. (Da y_3 angibt, wieviel weniger als 125 Arbeitsstunden zur Qualitätsprüfung von P_2 aufgewandt werden, bedeutet die Erhöhung von y_3 eine Verminderung von x_2. Der Gewinn kann folglich weiter gesteigert werden, wenn die Produktion von P_2 vermindert wird.)

Die Spalte von y_3 wird also durch das 1. Simplexkriterium als Pivotspalte festgelegt. Bei der Bestimmung der Pivotzeile nach dem 2. Simplexkriterium darf die zweite Zeile wegen des negativen Koeffizienten in der Pivotspalte nicht berücksichtigt werden. Ein Basistausch y_3 gegen x_1 würde zur Verletzung der Nichtnegativitätsbedingung für y_3 und damit in die unzulässige Basislösung (0,300) führen. Abgesehen von dem unzulässigen Basistausch kann für beliebige Lösungen entlang der Geradengleichung

$$x_1 + 0{,}2y_2 - 4y_3 = 100$$

für $y_2 = 0$ gefolgert werden, daß mit einem Anwachsen von y_3 der Wert von x_1 unbeschränkt im Verhältnis 1 : 4 wächst. (Allerdings nur solange, bis eine der anderen Restriktionen greift.) Das 2. Simplexkriterium bestimmt die 1. Zeile als Pivotzeile (denn es gilt min $\left(\frac{400}{8}, \frac{250}{2}\right) = 50$).

Die Division der Pivotzeile durch 8 ergibt die umgerechnete Pivotzeile. Diese wird

> mit 4 multipliziert von der 2. Zeile
> mit 2 multipliziert von der 3. Zeile und schließlich
> mit 4 multipliziert von der 4. Zeile subtrahiert,

so daß sich das neue Tableau ergibt.

Tableau IV

BV	x_1	x_2	y_1	y_2	y_3	-G	RS
y_3	0	0	0,125	-0,075	1	0	50
x_1	1	0	0,5	-0,1	0	0	300
x_2	0	1	-0,25	0,15	0	0	150
-G	0	0	-0,5	-0,3	0	1	-1500

Die neue Basislösung lautet:

$$x_1 = 300, \ x_2 = 150, \ y_1 = y_2 = 0, \ y_3 = 50, \ G = 1500.$$

Diese Lösung ist optimal, denn positive Werte für y_1 oder y_2 würden den Deckungsbeitrag G verringern, wie die Zielfunktionszeile zeigt:

$$-0{,}5y_1 - 0{,}3y_2 \ -G \ = -1500$$
bzw. $\quad\quad\quad\quad G \ = \ 1500 \ -0{,}5y_1 - 0{,}3y_2,$

d. h.: die zugehörige Basislösung läßt sich nicht mehr verbessern, wenn alle Zielfunktionskoeffizienten (bis auf den in der –G-Spalte) negativ oder Null sind (vgl. auch Dantzig [1966, S. 111f.]; allerdings bezieht sich dort das Optimalitätskriterium auf eine mit (–1) multiplizierte Zielfunktion, d. h. daß im Optimum die Zielfunktionskoeffizienten nicht negativ sein dürfen).

Ökonomische Interpretation der 3. Simplexiteration

Graphisch gedeutet, bestand die 3. (und in diesem Beispiel letzte) Simplexiteration im Sprung vom Eckpunkt (100,250) zum optimalen Eckpunkt (300,150), der durch den Schnittpunkt der beiden Geraden

$$3x_1 + 2x_2 = 1200 \quad \text{und} \quad 5x_1 + 10x_2 = 3000$$

gebildet wird (Abb. 2-13). Dieser Eckpunkt wird gerade von der Isodeckungsbeitragslinie G = 1500 durchlaufen, die sonst nur im unzulässigen Bereich verläuft.

Das optimale Produktionsprogramm besteht demnach in der Fertigung von 300 ME von P_1 und 150 ME von P_2. Dabei werden die Kapazität der Maschine und der vorhandene Rohstoff voll genutzt, während in der Qualitätsprüfung noch 50 Arbeitsstunden mehr eingesetzt werden könnten, über deren anderweitige Verwendung man sich Gedanken machen kann. Der Gewinn beträgt 1500 GE.

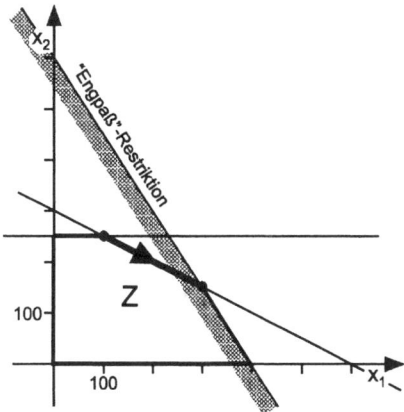

Abb. 2-13. Graphische Veranschaulichung der 3. Simplexiteration

Bem.: Es ist üblich, die Spalte für –G im Simplextableau wegzulassen, da sie während aller Austauschschritte unverändert bleibt (G ist grundsätzlich Basisvariable). Dies wird auch hier im folgenden geschehen.

Zusammenfassung des Simplexalgorithmus'

Voraussetzungen: Maximierungsproblem; alle Restriktionen (bis auf die Vorzeichenbedingungen) liegen in $\leq$-Form vor; die Werte der rechten Seite sind nicht negativ.
1. Stelle das dem Problem entsprechende Ausgangstableau auf.
2. Gibt es in der Zielfunktionszeile (außerhalb der –G-Spalte) noch positive Elemente?
    Wenn nein, so ist die gegebene Basislösung optimal.
        Stop.
    Wenn ja,   gehe zu 3.
3. Bestimme die Spalte mit dem größten positiven Zielfunktionskoeffizienten (außerhalb der –G-Spalte) als Austauschspalte (Pivotspalte).
4. Bestimme die Zeile als Austauschzeile (Pivotzeile), für die der Quotient aus (nichtnegativer) rechter Seite und positivem Element der Austauschspalte in der jeweiligen Zeile minimal wird.

5. Das Element im Schnitt von Pivotspalte und Pivotzeile ist das Pivotelement. Ersetze den Variablennamen vor der Pivotzeile durch denjenigen über der Pivotspalte.
6. Dividiere die Pivotzeile durch das Pivotelement. Dies ergibt die umgerechnete Pivotzeile.
7. Für alle anderen Zeilen führe die folgende Transformation durch:
7.1. Multipliziere die neue Pivotzeile mit dem Element in der Pivotspalte der zu transformierenden Zeile.
7.2. Subtrahiere die in 7.1. erhaltene Zeile von der zu transformierenden Zeile. Dies ergibt die transformierte Zeile.
8. Gehe zu 2.

Da von einer zulässigen Lösung ausgegangen wurde, führt das Verfahren nach einer endlichen Anzahl von Iterationen zu einer optimalen Basislösung oder zu der Erkenntnis, daß die Lösung unbeschränkt ist.

In der hier dargestellten Form des Simplextableaus tauchten immer genau so viele Einheitsspalten auf wie das Tableau Zeilen hatte (Einheitsspalten sind Spalten, in denen ein Element 1 ist und alle anderen 0 sind.). Unter anderem im Hinblick auf den Speicherbedarf in DV-Anlagen kann auf die Mitführung der Einheitsspalten verzichtet werden. Man hat dann nur noch Spalten für die jeweiligen Nichtbasisvariablen (welche alle Informationen über ein- und austretende Variablen enthalten).

Im Beispiel heißt das:

Aus dem **Tableau I**

BV	x_1	x_2	y_1	y_2	y_3	-G	RS
y_1	3	2	1	0	0	0	1200
y_2	5	10	0	1	0	0	3000
y_3	0	0,5	0	0	1	0	125
-G	3	4	0	0	0	1	0

wird das verkürzte **Tableau I'**

BV \ NBV	x_1	x_2	RS
y_1	3	2	1200
y_2	5	10	3000
y_3	0	0,5	125
-G	3	4	0

Der Simplexalgorithmus lautet dann in veränderter Form:

1. Stelle das dem Problem entsprechende verkürzte Ausgangstableau auf.
2. Gibt es in der Zielfunktionszeile noch positive Elemente?
   Wenn nein, so ist die gegebene Basislösung optimal. Stop.
   Wenn ja, gehe zu 3.
3. Bestimme die Spalte mit dem größten positiven Zielfunktionskoeffizienten als Pivotspalte.
4. Bestimme die Zeile als Pivotzeile, für die der Quotient aus (nichtnegativer) rechter Seite und positivem Element der Pivotspalte in der jeweiligen Zeile minimal wird.
5. Das Element im Schnitt von Pivotspalte und Pivotzeile ist das Pivotelement.
   (Bis hierher waren beide Algorithmen gleich. Die Unterschiede, die sich in den folgenden Punkten zu der oben beschriebenen Form des Simplexalgorithmus' ergeben, resultieren aus der verkürzten Schreibweise des Tableaus.)
   Tausche den Variablennamen vor der Pivotzeile mit demjenigen über der Pivotspalte.
6. Ersetze das Pivotelement durch seinen Kehrwert.
7. Dividiere alle übrigen Elemente der Pivotzeile durch das Pivotelement.
8. Multipliziere alle übrigen Elemente der Pivotspalte mit (-1) und dividiere sie durch das Pivotelement.
9. Berechne alle übrigen Zeilen des Tableaus wie folgt:
   Multipliziere die neue Pivotzeile mit dem der betrachteten Zeile zugehörigen Koeffizienten der alten Pivotspalte und subtrahiere sie von der betrachteten Zeile.
10. Gehe zu 2.

Als Ergebnis erhält man nach der ersten Simplexiteration das **Tableau II'**

BV \ NBV	x_1	y_3	RS
y_1	3	-4	700
y_2	5	-20	500
x_2	0	2	250
-G	3	-8	-1000

Um die größere Anschaulichkeit des Simplexalgorithmus' zu erhalten, wird im folgenden jedoch die "lange" Form des Tableaus beibehalten, auch wenn dadurch höherer Schreib- bzw. Speicheraufwand nötig ist.

2.2 Mischungsproblem (zulässige Ausgangslösung)

Nach dem Problem des optimalen Produktionsprogramms, das zur Simplex-methode führte, soll nun ein Mischungsproblem mit der Simplexmethode gelöst werden. Mischungsprobleme treten z. B. in der ölverarbeitenden, der chemischen und in der Futtermittelindustrie auf. Auch in der Stahlindustrie kommen sie in der Hochofenbeschickung vor, wenn es darum geht, dafür die optimale Zusammen-setzung zu ermitteln.

Mischungsprobleme sind häufig Gegenstand von OR-Anwendungen (insbeson-dere von LP-Modellen), da ihre Struktur, die im wesentlichen durch einfache naturgesetzliche Zusammenhänge gegeben ist, leicht quantitativ erfaßt werden kann. Dadurch wird ein hoher Isomorphiegrad zwischen Realität und Modell erreicht (Abschn. 1.1.3).

Hier soll ein Problem behandelt werden, das beispielsweise bei der Herstellung von Metallegierungen aus Erzen auftritt.

Ein (End-)Produkt E soll aus den Urprodukten U_1, U_2, U_3, U_4 produziert wer-den. (Die Urprodukte können verschiedene Erze, das Endprodukt die Metallegie-rung sein.)

Die 4 Urprodukte U_1,...,U_4 haben unterschiedliche Preise:

Urprodukt	U_1	U_2	U_3	U_4
Preis DM/ME	15	12	16	10

Aus den Urprodukten U_i werden zunächst die drei Zwischenprodukte Z_1, Z_2, Z_3 gewonnen. (Die Zwischenprodukte kann man sich als diejenigen Metalle vorstel-len, aus denen die Legierung zu fertigen ist.)

Die Ausbeute der Urprodukte läßt sich aus Tabelle I ablesen.

Tabelle I

	U_1	U_2	U_3	U_4
Z_1	0,2	0,5	0,4	0,3
Z_2	0,2	0,1	0,2	0,1
Z_3	0,2	0,4	0,3	0,2

Die Werte der Tabelle I sind folgendermaßen zu interpretieren: Aus 1 ME von U_3 lassen sich z. B. 0,4 ME von Z_1, 0,2 ME von Z_2 und 0,3 ME von Z_3 gewinnen, die restlichen 0,1 ME sind Füllstoffe, die bei der Umwandlung der Urprodukte in die Zwischenprodukte anfallen und nicht weiter eingesetzt werden.

Zur Herstellung des Endprodukts E werden die Zwischenprodukte in einem bestimmten Mengenverhältnis benötigt. Z_1 soll in E einen Anteil von 35%, Z_2 einen Anteil von 20% und Z_3 einen Anteil von 45% haben.

Man will 10 ME von E herstellen. Dazu benötigt man dann also mindestens 3,5 ME von Z_1, 2 ME von Z_2 und 4,5 ME von Z_3:

Tabelle II

E	Z_1	Z_2	Z_3
10	3,5	2	4,5

Die Beziehungen zwischen Ur-, Zwischen- und Endprodukten gehen aus Abb. 2-14 hervor, die mit Hilfe der Tabellen I und II erstellt ist.

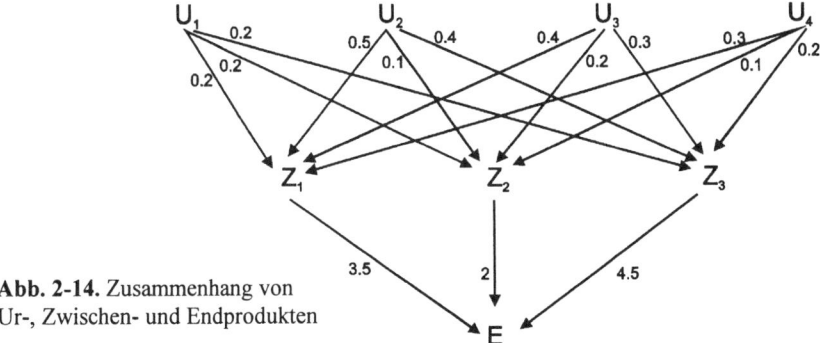

Abb. 2-14. Zusammenhang von Ur-, Zwischen- und Endprodukten

Gesucht sind die Mengen der Urprodukte $U_1,...,U_4$, die einzusetzen sind, um 10 ME des Endproduktes E herzustellen und dabei die Kosten zu minimieren.

Da die Preise der Urprodukte je ME und dazu noch die Anteile der Urprodukte an den Zwischenprodukten verschieden sind, läßt sich schon bei dieser sehr einfachen Situation die optimale Lösung des Problems nicht mehr durch "gesunden Menschenverstand" ermitteln. Mit Hilfe der Simplexmethode ist dies jedoch möglich.

Man stellt wie beim Programmplanungsproblem in Abschn. 2.1 zunächst das lineare Modell mit Nebenbedingungen und Zielfunktion auf.

Die Nebenbedingungen sollen gewährleisten, daß die Mengen der einzusetzenden Urprodukte so festgelegt werden, daß mindestens die zur Herstellung von 10 ME des Endproduktes benötigten ME der Zwischenprodukte zur Verfügung stehen.

Werden die Mengen der für die Produktion verbrauchten Urprodukte mit u_1, u_2, u_3 und u_4 bezeichnet, so ergeben sich aus den Tabellen I und II (bzw. aus Abb. 2-14) folgende Restriktionen:

(3.1) $0,2u_1 + 0,5u_2 + 0,4u_3 + 0,3u_4 \geq 3,5$

(3.2) $0,2u_1 + 0,1u_2 + 0,2u_3 + 0,1u_4 \geq 2$

(3.3) $0,2u_1 + 0,4u_2 + 0,3u_3 + 0,2u_4 \geq 4,5$

(3.4) $u_1 \geq 0,\ u_2 \geq 0,\ u_3 \geq 0,\ u_4 \geq 0$

Dabei ist (3.1) z. B. so zu verstehen:

Die Summe der Anteile von Z_1 in den verbrauchten Urprodukten:

$$0,2u_1 + 0,5u_2 + 0,4u_3 + 0,3u_4$$

muß mindestens so groß sein wie: $\geq$

die für 10 ME des Endproduktes benötigte Menge von Z_1:   3,5.

Zusätzlich muß wieder die Nichtnegativität aller Variablen gefordert werden.

Die Aufgabe besteht nun darin, das Endprodukt E kostenminimal aus den Urprodukten unter Berücksichtigung dieser Restriktionen herzustellen.

Damit ergibt sich mit den Beschaffungspreisen der Urprodukte folgende Zielfunktion:

(3.5) $K = 15u_1 + 12u_2 + 16u_3 + 10u_4 \rightarrow \text{Min}$

Während das Beispiel der Produktionsprogrammplanung in Abschn. 2.1 ein Maximierungsproblem darstellte, liegt hier ein Minimierungsproblem vor.

Will man das Problem mit der Simplexmethode mathematisch lösen, müssen die Restriktionen in Gleichungen umgewandelt werden.

Das geschieht durch Einführen der Schlupfvariablen y_i. Da es sich aber bei den Nebenbedingungen um $\geq$-Beziehungen handelt, müssen die (nichtnegativen) y_i von den linken Seiten der Ungleichungen jeweils subtrahiert werden, um die Werte auf der rechten Seite zu erhalten.

Es ergibt sich folgendes Gleichungssystem für die Restriktionen:

(3.1a) $0,2u_1 + 0,5u_2 + 0,4u_3 + 0,3u_4 - y_1 \qquad\qquad = 3,5$
(3.2a) $0,2u_1 + 0,1u_2 + 0,2u_3 + 0,1u_4 \qquad - y_2 \qquad = 2$
(3.3a) $0,2u_1 + 0,4u_2 + 0,3u_3 + 0,2u_4 \qquad\qquad - y_3 = 4,5$
(3.4a) $u_1 \geq 0,\ u_2 \geq 0,\ u_3 \geq 0,\ u_4 \geq 0,\ y_1 \geq 0,\ y_2 \geq 0,\ y_3 \geq 0$

Für die Schlupfvariablen $y_1,...,y_3$ gelten ebenso wie für die "Struktur"-Variablen $u_1,...,u_4$ die Nichtnegativitätsbedingungen.

(*Bem.*: Als *Strukturvariablen* werden die Variablen bezeichnet, die den der Realität entnommenen Variablen des jeweiligen Problems entsprechen (hier also den Urprodukten), deren Werte also zunächst in der Optimallösung interessant sind. Sie werden manchmal auch als Problemvariablen bezeichnet.)

Wählt man als Basisvariablen y_1, y_2 und y_3 und als Nichtbasisvariablen $u_1,...,u_4$, so erhält man durch Nullsetzen von $u_1,...,u_4$ die folgende Basislösung:

$y_1 = -3,5, \quad y_2 = -2, \quad y_3 = -4,5.$

Diese Lösung ist unzulässig, da die Nichtnegativitätsbedingungen für die Basisvariablen y_i verletzt sind.

Die Unzulässigkeit dieser Ausgangslösung kann man auch bei dem ähnlichen Problem in Abb. 2-6 sehen. Der entsprechende Punkt in dem dortigen Beispiel ist der Koordinatenursprung $(x_1, x_2) = (0,0)$, der außerhalb des schraffierten zulässigen Bereiches liegt.

Um also überhaupt die Simplexmethode wie im Produktionsplanungsbeispiel anwenden zu können, muß man zunächst einen Eckpunkt des zulässigen Bereiches Z erreichen (d. h. eine zulässige Basislösung finden).

Eine Möglichkeit, eine zulässige Ausgangslösung (d. h. zulässige Basislösung) zu finden, ist das Anwenden der sogenannten Zweiphasenmethode von Dantzig (vgl. Dantzig [1966, S. 118ff.]).

Die grundlegende Überlegung dabei ist, daß man sich durch Einführung von künstlichen Variablen w_i eine zulässige Basislösung des um diese Variablen erweiterten Problems erzeugt. Dadurch erhält man das neue Gleichungssystem

$$
\begin{array}{lllll}
(3.1b) & 0{,}2u_1 + 0{,}5u_2 + 0{,}4u_3 + 0{,}3u_4 - y_1 & + w_1 & & = 3{,}5 \\
(3.2b) & 0{,}2u_1 + 0{,}1u_2 + 0{,}2u_3 + 0{,}1u_4 & - y_2 & + w_2 & = 2 \\
(3.3b) & 0{,}2u_1 + 0{,}4u_2 + 0{,}3u_3 + 0{,}2u_4 & - y_3 & + w_3 & = 4{,}5 \\
(3.4b) & u_i, y_i, w_i \geq 0 \\
(3.5b) & 15u_1 + 12u_2 + 16u_3 + 10u_4 & & - K & = 0
\end{array}
$$

Nunmehr muß erreicht werden, daß die künstlichen Variablen in der Optimallösung nicht mehr auftreten. Das erreicht man dadurch, daß man eine zweite Zielfunktion einführt, die es in der ersten Phase zu minimieren gilt:

$$W = w_1 + w_2 + w_3 \rightarrow \text{Min.}$$

Wegen $w_i \geq 0$ gilt am Ende der ersten Phase entweder $w = 0$ (es gibt eine zulässige Lösung, denn alle künstlichen Variablen sind dann $= 0$) oder $w > 0$ (es gibt keine zulässige und somit auch keine optimale Lösung).

Durch Multiplikation mit (-1) erhält man die folgende zu maximierende Zielfunktion der ersten Phase:

$$-W = -w_1 - w_2 - w_3 \rightarrow \text{Max.}$$

Dies ist erlaubt, da es gleichgültig ist, ob man sich mit der Funktion K dem optimalen Wert K_{opt} nähert oder mit der Funktion $-K$ dem optimalen Wert $-K_{opt}$, wie es auch in Abb. 2-15 zu sehen ist.

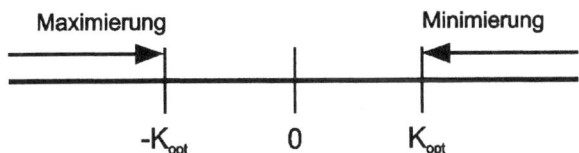

Abb. 2-15. Auswirkungen der Umwandlung einer Minimierungsaufgabe in eine Maximierungsaufgabe

Um die Zielfunktion der ersten Phase wie in Abschn. 2.1.2 als Gleichung mit konstanter rechter Seite zu erhalten, kann man sie wie dort umformen in:

(3.6b) $-w_1 - w_2 - w_3 + W = 0$ und $-W \to$ Max.

Damit ist das Problem (3.1) - (3.5) in eine Form gebracht, die der des Problems (2.1a) - (2.5a) entspricht. Man kann somit das entsprechende Ausgangstableau aufstellen:

Tableau 0

BV	u_1	u_2	u_3	u_4	y_1	y_2	y_3	w_1	w_2	w_3	K	W	RS
w_1	0,2	0,5	0,4	0,3	-1	0	0	1	0	0	0	0	3,5
w_2	0,2	0,1	0,2	0,1	0	-1	0	0	1	0	0	0	2
w_3	0,2	0,4	0,3	0,2	0	0	-1	0	0	1	0	0	4,5
K	-15	-12	-16	-10	0	0	0	0	0	0	1	0	0
W	0	0	0	0	0	0	0	-1	-1	-1	0	1	0

Tableau 0 entspricht allerdings keiner Basislösung, da die w_i in der zweiten Zielfunktion enthalten sind. Um sie zu eliminieren, muß jeweils das 1fache aller Zeilen des Tableaus (entsprechend den Koeffizienten unter w_i) zur zweiten Zielzeile addiert werden. Das bedeutet die spaltenweise Addition der Koeffizienten (unter Ausschluß der eigentlichen Zielzeilenkoeffizienten) einschließlich der RS-Spalte.

Für die u_4-Spalte heißt das etwa: $(0,3 + 0,1 + 0,2) = 0,6$

Damit ergibt sich das erste Tableau, das eine zulässige Ausgangslösung repräsentiert.

Tableau I

BV	u_1	u_2	u_3	u_4	y_1	y_2	y_3	w_1	w_2	w_3	K	W	RS
w_1	0,2	0,5	0,4	0,3	-1	0	0	1	0	0	0	0	3,5
w_2	0,2	0,1	0,2	0,1	0	-1	0	0	1	0	0	0	2
w_3	0,2	0,4	0,3	0,2	0	0	-1	0	0	1	0	0	4,5
K	-15	-12	-16	-10	0	0	0	0	0	0	1	0	0
W	0,6	1	0,9	0,6	-1	-1	-1	0	0	0	0	1	10

Nachdem jetzt eine zulässige Ausgangslösung des Hilfsproblems erreicht worden ist, werden in der Folge die Simplexiterationen durchgeführt, bei denen jeweils die Spalte als Pivotspalte gewählt wird, die den größten positiven Wert in der Zielfunktion W enthält.

Wie sich zeigen wird, werden dadurch die w_i der Reihe nach aus der Basis austreten.

Im obigen Tableau wählt man nach dem ersten Simplexkriterium also die u_2-Spalte als Pivotspalte. Nach dem zweiten Simplexkriterium wird w_1 als die Variable bestimmt, die die Basis verlassen muß. Somit ergibt sich:

Tableau II

BV	u_1	u_2	u_3	u_4	y_1	y_2	y_3	w_1	w_2	w_3	RS
u_2	0,4	1	0,8	0,6	-2	0	0	2	0	0	7
w_2	0,16	0	0,12	0,04	0,2	-1	0	-0,2	1	0	1,3
w_3	0,04	0	-0,02	-0,04	0,8	0	-1	-0,8	0	1	1,7
K	-10,2	0	-6,4	-2,8	-24	0	0	24	0	0	84
W	0,2	0	0,1	0	1	-1	-1	-2	0	0	3

Bem.: Es wurden wieder (wie beim ursprünglichen Simplexverfahren die G-Spalte (vgl. Abschn. 2.1.2)) die K- und die W-Spalte weggelassen, da sie sich während der gesamten Rechnung nicht ändern.

Im nächsten Schritt wird die Variable y_1 in die Basis aufgenommen. Die Variable w_3 verläßt die Basis. Man erhält Tableau III.

Tableau III

BV	u_1	u_2	u_3	u_4	y_1	y_2	y_3	w_1	w_2	w_3	RS
u_2	0,5	1	0,75	0,5	0	0	-2,5	0	0	2,5	11,25
w_2	0,15	0	0,125	0,05	0	-1	0,25	0	1	-0,25	0,875
y_1	0,05	0	-0,025	-0,05	1	0	-1,25	-1	0	1,25	2,125
K	-9	0	-7	-4	0	0	-30	0	0	30	135
W	0,15	0	0,125	0,05	0	-1	0,25	-1	0	-1,25	0,875

Im dritten Schritt wird die Variable y_3 in die Basis aufgenommen. Die Variable w_2 verläßt sie. Dies führt zu Tableau IV.

Tableau IV

BV	u_1	u_2	u_3	u_4	y_1	y_2	y_3	w_1	w_2	w_3	RS
u_2	2	1	2	1	0	-10	0	0	10	0	20
y_3	0,6	0	0,5	0,2	0	-4	1	0	4	-1	3,5
y_1	0,8	0	0,6	0,2	1	-5	0	-1	5	0	6,5
K	9	0	8	2	0	-120	0	0	120	0	240
W	0	0	0	0	0	0	0	-1	-1	-1	0

Die obige Basis u_2, y_3 und y_1 enthält keine der künstlichen Variablen w_1, w_2 oder w_3 mehr. Die w_i und damit W sind also gleich 0.

Die vorliegende Basislösung $u_2 = 20$, $y_1 = 6,5$, $y_3 = 3,5$ ist also eine zulässige Basislösung für das Ausgangsproblem (3.1a) - (3.4a) und (3.5). Man kann daher die zu den künstlichen Variablen w_i gehörigen Spalten und die W-Zeile streichen und erhält das Tableau IV'.

Die erste Phase der Zweiphasenmethode ist damit abgeschlossen.

Tableau IV'

BV	u_1	u_2	u_3	u_4	y_1	y_2	y_3	RS
u_2	2	1	2	1	0	-10	0	20
y_3	0,6	0	0,5	0,2	0	-4	1	3,5
y_1	0,8	0	0,6	0,2	1	-5	0	6,5
K	9	0	8	2	0	-120	0	240

Dieses Tableau ist nicht optimal. Es müssen noch einige „normale" Simplexiterationen durchgeführt werden.

Tableau V'

BV	u_1	u_2	u_3	u_4	y_1	y_2	y_3	RS
u_2	0	1	0,333	0,333	0	3,333	-3,333	8,333
u_1	1	0	0,833	0,333	0	-6,667	1,667	5,833
y_1	0	0	-0,067	-0,067	1	0,333	-1,333	1,833
K	0	0	0,5	-1	0	-60	-15	187,5

Tableau VI' (Optimaltableau)

BV	u_1	u_2	u_3	u_4	y_1	y_2	y_3	RS
u_2	-0,4	1	0	0,2	0	6	-4	6
u_3	1,2	0	1	0,4	0	-8	2	7
y_1	0,08	0	0	-0,04	1	-0,2	-1,2	2,3
K	-0,6	0	0	-1,2	0	-56	-16	184

Aus dem vorstehenden Tableau läßt sich nun die Optimallösung ablesen:

$u_1 = 0$, $u_2 = 6$, $u_3 = 7$, $u_4 = 0$ sowie K = 184.

Es werden also zur Herstellung von 10 ME der Metallegierung jeweils 6 ME von Urprodukt U_2 und 7 ME von Urprodukt U_3 benutzt. Dadurch fallen Kosten in Höhe von 184 GE an.

Beutet man die 6 ME von U_2 und die 7 ME von U_3 aus, so erhält man:

$0,5 \cdot 6 + 0,4 \cdot 7 = 5,8$ ME von Z_1 (Bedarf 3,5   ME) (vgl. (3.1))

$0,1 \cdot 6 + 0,2 \cdot 7 = 2$ ME von Z_2 (Bedarf 2   ME) (vgl. (3.2))

$0,4 \cdot 6 + 0,3 \cdot 7 = 4,5$ ME von Z_3 (Bedarf 4,5   ME) (vgl. (3.3))

Man erhält also 2,3 ME von Z_1 zuviel. Der Wert der Schlupfvariablen y_1 in Tableau VI' zeigt das an (vgl. (3.1a)).

Zusammenfassung der Zweiphasenmethode

Voraussetzungen: Es handelt sich um ein Problem, das nicht in der Standard-Maximumform vorliegt, also etwa - wie hier - in der Standard-Minimumform, d. h.
– Minimierungsproblem
– alle Restriktionen liegen in ≥-Form vor
(vgl. jedoch auch die Erweiterung in 2.3.1)
– die Werte der rechten Seite sind nicht negativ.

1.   Stelle das dem Problem entsprechende Ausgangstableau auf (einschl. der y_i und der Umformung zu einem Maximierungsproblem).

2.   Erweitere das Tableau um die Variablen w_i und die Zielfunktion:
$-W = -w_1 - w_2 - w_3 \to$ Max.

3.   Transformiere das Tableau in ein Basistableau, indem das 1fache jeder Zeile zur W-Zeile addiert wird.

4.   Führe solange Simplexiterationen durch, bis alle w_i Nichtbasisvariablen sind. (Wähle dabei als Pivotspalte jeweils diejenige mit dem größten positiven Koeffizienten in der W-Zeile.)
Ist in der Optimallösung noch eines der w_i Basisvariable, so ist der zulässige Bereich des Ausgangsproblems leer, d. h. es gibt keine zulässige Lösung des Ausgangsproblems.

5.   Streiche die zu den w_i gehörenden Spalten und die Zielfunktionszeile W aus dem Tableau. Eine zulässige Basislösung des Ausgangsproblems ist erreicht.

6.   Wende auf das in 5. entstandene Tableau das ursprüngliche Simplexverfahren (vgl. Abschn. 2.1.2) an.

An dieser Stelle sei bemerkt, daß es auch noch andere Verfahren gibt, eine zulässige Ausgangslösung zu konstruieren. So etwa die M-Methode oder Big-M-Methode (Charnes/Cooper/Henderson [1953, S. 15ff.]). Bei ihr wird die Beseitigung der künstlichen Variablen aus der Basis dadurch erreicht, daß die Variablen w_i mit sehr hohen unspezifizierten Kosten M in der Zielfunktion belastet werden. Die geänderte Zielfunktion (3.5) würde dann folgendermaßen lauten:

$$K = 15u_1 + 12u_2 + 16u_3 + 10u_4 + Mw_1 + Mw_2 + Mw_3 \to \text{Min}$$

Mit (-1) multipliziert würde man die zu maximierende Zielfunktion in impliziter Form mit

$$-15u_1 - 12u_2 - 16u_3 - 10u_4 - Mw_1 - Mw_2 - Mw_3 + K = 0$$

erhalten. Das Tableau 0 würde dann wie folgt aussehen:

BV	u_1	u_2	u_3	u_4	y_1	y_2	y_3	w_1	w_2	w_3	K	RS
w_1	0,2	0,5	0,4	0,3	-1	0	0	1	0	0	0	3,5
w_2	0,2	0,1	0,2	0,1	0	-1	0	0	1	0	0	2
w_3	0,2	0,4	0,3	0,2	0	0	-1	0	0	1	0	4,5
K	-15	-12	-16	-10	0	0	0	-M	-M	-M	1	0

In diesem Fall ist zur Herstellung eines Basistableaus jeweils das M-fache der Zeilen von der Zielfunktion zu subtrahieren, so daß sich das veränderte Tableau I ergibt:

BV	u_1	u_2	u_3	u_4	y_1	y_2	y_3	w_1	w_2	w_3	K	RS
w_1	0,2	0,5	0,4	0,3	-1	0	0	1	0	0	0	3,5
w_2	0,2	0,1	0,2	0,1	0	-1	0	0	1	0	0	2
w_3	0,2	0,4	0,3	0,2	0	0	-1	0	0	1	0	4,5
K	-15 +0,6M	-12 +M	-16 +0,9M	-10 +0,6M	-M	-M	-M	0	0	0	1	0 +10M

Nach den Regeln der Simplexmethode ist das Tableau nicht optimal, der größte positive Koeffizient ist bei u_2 ($-12 + M$). Die weitere Vorgehensweise richtet sich nach den Regeln der Simplexmethode. Ein erfolgreicher Abschluß ist dadurch gekennzeichnet, daß in der Zielzeile unter den Haupt- und Hilfsvariablen nur noch nichtpositive Koeffizienten stehen und unter den künstlichen Variablen –M.

2.3 Das allgemeine lineare Programm und Sonderfälle

2.3.1 Das allgemeine lineare Programm

Bisher wurden folgende Problemtypen der Linearen Planungsrechnung behandelt:

	Produktions-programmplanung	Mischungs-problem
Zielfunktion	Maximierung	Minimierung
rechte Seite	nicht negativ	nicht negativ
Restriktionen	≤	≥

Das waren aber nur Spezialfälle des allgemeinen linearen Programms mit

Zielfunktion	Maximierung oder Minimierung
rechte Seite	≥ 0 ≤ 0
Restriktionen	$\leq$ $\geq$ $=$

Ein solch allgemeines Programm versucht man in eine Form zu bringen, die (fast) den oben behandelten Beispielen entspricht:

1. Jedes lineare Programm kann in eine Maximierungsaufgabe umgewandelt werden (gegebenenfalls durch Multiplikation der Zielfunktion mit (–1) bei Minimierungsaufgaben).
2. Alle Elemente der rechten Seite können als nicht negativ unterstellt werden (ist ein Element negativ, so multipliziert man die ganze (Un-)Gleichung mit (–1) und beachtet, daß aus einem "≥" ein "≤" und umgekehrt aus einem "≤"ein "≥" wird).

Damit hat man den allgemeinen Fall reduziert auf:

Zielfunktion	Maximierung
rechte Seite	nicht negativ
Restriktionen	$\leq$ $\geq$ $=$

$\left.\begin{array}{c} \\ \\ \\ \end{array}\right\}$ (*)

Das Vorgehen sei an einem Beispiel erläutert.
Gegeben sei die Minimierungsaufgabe:

$$(4.1) \quad K = 3x_1 + 2x_2 + 2x_3 \rightarrow \text{Min}$$

unter

$$(4.2) \qquad -2x_1 - 4x_2 - 2x_3 \geq -5$$
$$(4.3) \qquad x_1 + x_2 + 2x_3 \geq 3$$
$$(4.4) \qquad x_1 + x_2 \qquad = 2$$
$$(4.5) \qquad x_1, \quad x_2, \quad x_3 \geq 0$$

Dieses Problem wird zu einem Problem der Form (*), die oben angegeben ist, umgeformt:

(4.1a) $-K = -3x_1 - 2x_2 - 2x_3 \rightarrow$ Max

unter

(4.2a) $2x_1 + 4x_2 + 2x_3 \leq 5$

(4.3a) $x_1 + x_2 + 2x_3 \geq 3$

(4.4a) $x_1 + x_2 = 2$

(4.5a) $x_1, \quad x_2, \quad x_3 \geq 0$

Um die Simplexmethode anwenden zu können, muß das Restriktionensystem aus Gleichungen und Ungleichungen zunächst in ein reduziertes Gleichungssystem umgewandelt werden:

3. Alle Ungleichungen werden durch Einführen von Schlupfvariablen y_i in Gleichungen überführt, im Beispiel:

(4.2b) $2x_1 + 4x_2 + 2x_3 + y_1 = 5$

(4.3b) $x_1 + x_2 + 2x_3 - y_2 = 3$

(4.5b) $x_i, \quad y_i \geq 0$

4. Alle Gleichungen des Restriktionensystems aus (*) und alle Gleichungen aus 3., die aus $\geq$-Restriktionen von (*) entstanden sind, werden um künstliche Variablen w_i ergänzt, im Beispiel:

(4.3c) $x_1 + x_2 + 2x_3 - y_2 + w_1 = 3$

(4.4c) $x_1 + x_2 + w_2 = 2$

(4.5c) $x_i, \quad y_i, \quad w_i \geq 0$

Entsprechend der Zweiphasenmethode wird nun die Zielfunktion in den künstlichen Variablen für die erste Phase formuliert:

(4.1c) $W = w_1 + w_2 \rightarrow$ Min

bzw. $-w_1 - w_2 + W = 0$ mit $-W \rightarrow$ Max

Auf das so umgeformte Problem

$$-K = -3x_1 - 2x_2 - 2x_3 \qquad\qquad\qquad \rightarrow \text{Max}$$
$$-W = \qquad\qquad\qquad\qquad\qquad -w_1 - w_2 \rightarrow \text{Max}$$

unter

$$2x_1 + 4x_2 + 2x_3 + y_1 \qquad\qquad\qquad = 5$$
$$x_1 + x_2 + 2x_3 \qquad - y_2 + w_1 \qquad = 3$$
$$x_1 + x_2 \qquad\qquad\qquad\qquad + w_2 = 2$$
$$x_i, \quad y_i, \quad w_i \geq 0$$

läßt sich jetzt die Zweiphasenmethode wie in Abschn. 2.2 anwenden.

Sind dann die w_i aus der Basis entfernt, streicht man wieder die Spalten der w_i und wendet auf das Resttableau den Simplexalgorithmus an, um zur Optimallösung zu kommen.

2.3.2 Nichtexistenz einer zulässigen (Basis-) Lösung

Es ist möglich, daß sich die Restriktionen eines linearen Optimierungsproblems widersprechen. So gibt es z. B. keine zulässige Lösung für das lineare Optimierungsproblem

$D = x_1 + 2x_2 \rightarrow Max$

unter der produktionstechnischen Nebenbedingung

$2x_1 + 4x_2 \leq 60$

und den Nebenbedingungen aufgrund eingegangener Lieferverpflichtungen der Art

$x_1 \geq 20$

$x_2 \geq 10$

In diesem Fall ist in diesen Nebenbedingungen die Nichtnegativitätsbedingung eingeschlossen.

In Abb.2-16 gibt es keinen Bereich, in dem sich alle Halbebenen überlappen. Folglich existiert kein zulässiger Punkt.

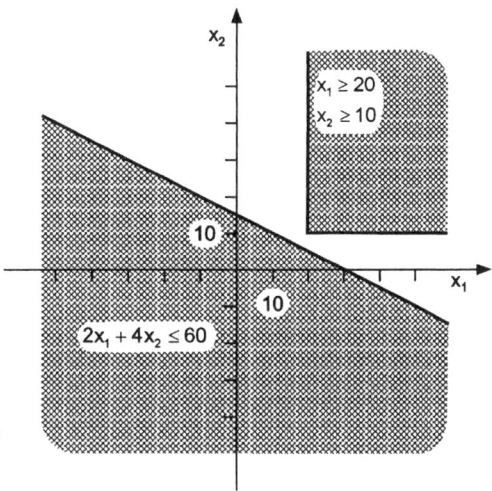

Abb. 2-16. Graphische Darstellung eines linearen Optimierungsproblems ohne zulässige Lösung

Ohne Rückgriff auf eine (i. a. gar nicht mögliche) graphische Darstellung stellt man dies während der Anwendung der Zweiphasenmethode dadurch fest, daß sich nicht alle künstlichen Variablen w_i aus der Basis entfernen lassen, d. h. es ergibt sich (für das erweiterte Problem) ein Optimaltableau, in dem mindestens eines der w_i noch in der Basis ist und damit im Optimum für $W > 0$ ist und nicht, wie gefordert, $W = 0$ gilt.

2.3.3 Nichtexistenz einer endlichen Optimallösung

Es gibt lineare Programme (vgl. Abbildung 2-17), bei denen keine (endliche) Optimallösung existiert, z. B.

$$x_1 + x_2 \to \text{Max}$$

unter

$$-2x_1 + x_2 \leq 4$$
$$x_1 - 2x_2 \leq 4$$
$$x_1, \quad x_2 \geq 0$$

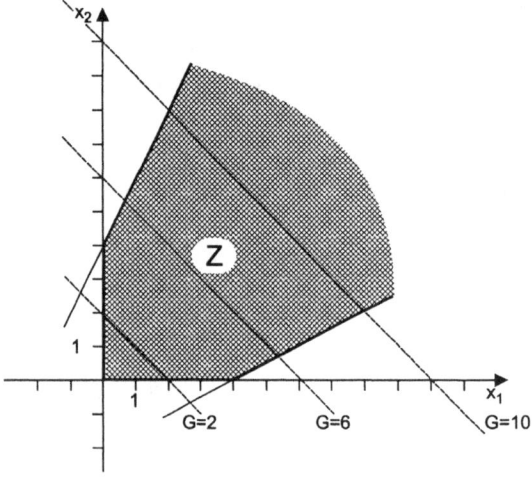

Abb. 2-17. Graphische Darstellung eines linearen Programms ohne endliche Optimallösung

Dies stellt man (ohne Vorhandensein einer graphischen Darstellung) während des Ablaufs des Simplexverfahrens fest, wenn alle Elemente (außerhalb der Zielfunktionszeile) einer nach dem 1. Simplexkriterium bestimmten Pivotspalte kleiner oder gleich 0 sind:

Im obigen Beispiel ergibt sich nach der 1. Simplexiteration das Tableau:

BV	x_1	x_2	y_1	y_2	RS
y_1	0	-3	1	2	12
x_1	1	-2	0	1	4
-G	0	3	0	-1	-4

Nach dem 1. Simplexkriterium müßte x_2 in die Basis eintreten. Mit dem 2. Simplexkriterium läßt sich aber keine aus der Basis zu entfernende Variable bestimmen.

2.4 Zusammenfassende Darstellung der Simplexmethode anhand eines Beispiels

Nachdem die Simplexmethode am Beispiel des Programmplanungs- und des Mischungsproblems dargestellt und auch modifizierte Probleme behandelt worden sind, soll im folgenden die Methode an einem Beispiel noch einmal allgemein vorgeführt werden.

Schematisch läßt sich die Vorgehensweise bei der Lösung von linearen Optimierungsproblemen mit Hilfe der Simplexmethode in einem Flußdiagramm darstellen:

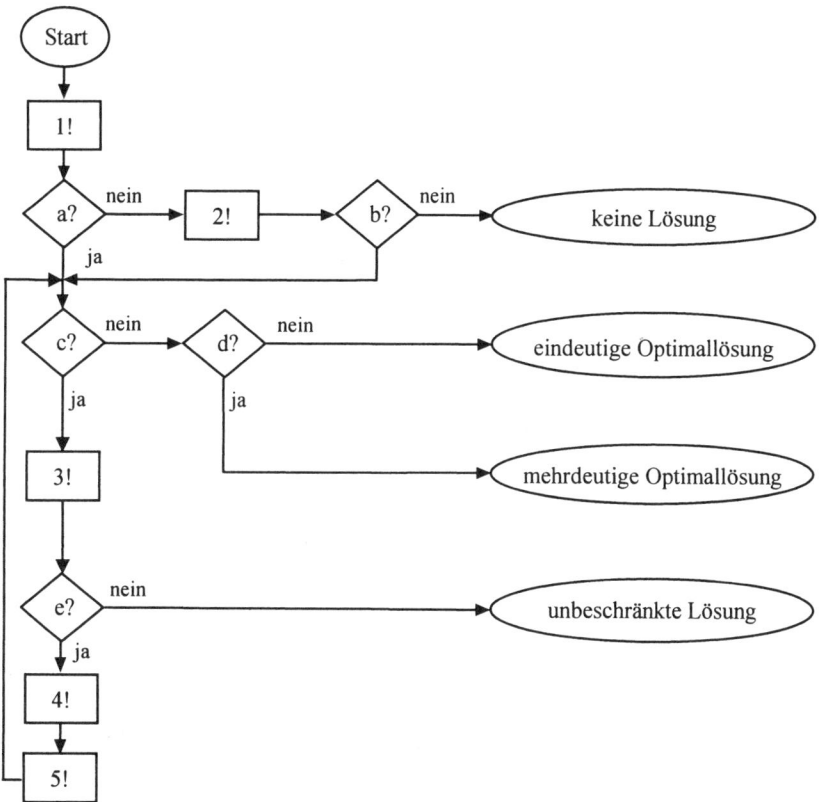

Abb. 2-18. Flußdiagramm zur Simplexmethode

Simplexalgorithmus:

1! Ausgangspunkt ist ein Standardmaximierungsproblem in kanonischer Form (s. Abschn. 2.3.1). Gegebenenfalls Überführung einer Minimalaufgabe durch

Multiplikation mit (−1) und Einführung von Hilfsvariablen, um alle Nebenbedingungen zu Gleichungen zu machen.

a? Ist die Ausgangslösung (Nullösung, $x_j = 0$) zulässig?

2! Erste Phase: Bestimmung einer künstlichen zulässigen Basis und Optimierung
von W.

b? Gibt es eine zulässige Ausgangslösung?

c? Gibt es in der Zielzeile einen Koeffizienten größer Null?

d? Gibt es unter einer Nichtbasisvariablen einen Zielfunktionskoeffizienten gleich
Null?

3! Die gefundene Spalte wird Pivotspalte.

e? Gibt es in der Pivotspalte einen Koeffizienten größer Null?

4! Bilde die Quotienten aus den Restriktionskoeffizienten (auf der rechten Seite)
und den positiven Koeffizienten der Pivotspalte. Die Zeile des kleinsten Quotienten wird Pivotzeile.

5! Das Kreuzungselement von Pivotspalte und Pivotzeile ist das Pivotelement.
Mit ihm wird das neue Simplextableau berechnet. Gehe zurück zu c?.

0. Gegeben sei das lineare Problem

$$K = 2x_1 - 4x_2 + 8x_3 \to \text{Min}$$

unter

$$
\begin{aligned}
2x_1 - 3x_2 &\geq 6 \\
x_1 + x_2 + x_3 &= 4 \\
-x_1 - x_2 + x_3 &\geq -4 \\
x_1, \quad x_2, \quad x_3 &\geq 0
\end{aligned}
$$

1. Das Problem wird in eine Maximierungsaufgabe überführt. Negative Werte auf
der rechten Seite der Restriktionen werden durch Multiplikation der entsprechenden Ungleichungen mit (−1) eliminiert.

$$G = -2x_1 + 4x_2 - 8x_3 \to \text{Max}$$

unter

$$
\begin{aligned}
x_1 + x_2 - x_3 &\leq 4 \\
2x_1 - 3x_2 &\geq 6 \\
x_1 + x_2 + x_3 &= 4 \\
x_1, \quad x_2, \quad x_3 &\geq 0
\end{aligned}
$$

2. Die Ungleichungen werden durch Einführung von Schlupfvariablen y_i in Gleichungen überführt.

$$
\begin{aligned}
x_1 + x_2 - x_3 + y_1 \quad\quad &= 4 \\
2x_1 - 3x_2 \quad\quad - y_2 &= 6 \\
x_i, \quad y_i &\geq 0
\end{aligned}
$$

3. In die Gleichungen, die aus $\geq$-Ungleichungen entstanden sind, und in die Gleichungen des ursprünglichen Problems aus 0. werden künstliche Variablen w_i eingeführt. Aus den w_i wird die Zielfunktion W gebildet.

$$
\begin{aligned}
2x_1 - 3x_2 \quad\quad\quad - y_2 + w_2 \quad\quad &= 6 \\
x_1 + x_2 + x_3 \quad\quad\quad\quad\quad + w_3 &= 4 \\
x_i, \quad y_i, \quad w_i \geq 0
\end{aligned}
$$

damit:

$$
\begin{aligned}
W &= \quad\quad\quad\quad\quad\quad\quad\quad - w_2 - w_3 \rightarrow \text{Max} \\
G &= -2x_1 + 4x_2 - 8x_3 \quad\quad\quad\quad\quad\quad \rightarrow \text{Max}
\end{aligned}
$$

unter

$$
\begin{aligned}
x_1 + x_2 - x_3 + y_1 \quad\quad\quad\quad\quad &= 4 \\
2x_1 - 3x_2 \quad\quad\quad - y_2 + w_2 \quad\quad &= 6 \\
x_1 + x_2 + x_3 \quad\quad\quad\quad\quad + w_3 &= 4 \\
x_i, \quad y_i, \quad w_i \geq 0
\end{aligned}
$$

4. Jetzt ist das Problem so umgeformt, daß man ein Ausgangstableau aufstellen kann:

BV	x_1	x_2	x_3	y_1	y_2	w_2	w_3	RS
y_1	1	1	-1	1	0	0	0	4
w_2	2	-3	0	0	-1	1	0	6
w_3	1	1	1	0	0	0	1	4
-G	-2	4	-8	0	0	0	0	0
W	0	0	0	0	0	-1	-1	0

5. Da das Ausgangstableau noch keiner Basislösung entspricht (in den Spalten der Basisvariablen w_2 und w_3 steht jeweils ein von 0 verschiedener Wert in der Zielfunktionszeile), wird die Zielfunktionszeile durch Addition der w_2- und der w_3-Zeile in die gewünschte Form überführt.

BV	x_1	x_2	x_3	y_1	y_2	w_2	w_3	RS
y_1	1	1	-1	1	0	0	0	4
w_2	2	-3	0	0	-1	1	0	6
w_3	1	1	1	0	0	0	1	4
-G	-2	4	-8	0	0	0	0	0
W	3	-2	1	0	-1	0	0	10

6. Auf das in 5. entstandene Tableau wird der Simplexalgorithmus angewendet.

BV	x_1	x_2	x_3	y_1	y_2	w_2	w_3	RS
y_1	0	$\frac{5}{2}$	-1	1	$\frac{1}{2}$	$-\frac{1}{2}$	0	1
x_1	1	$-\frac{3}{2}$	0	0	$-\frac{1}{2}$	$\frac{1}{2}$	0	3
w_3	0	$\frac{5}{2}$	1	0	$\frac{1}{2}$	$-\frac{1}{2}$	1	1
-G	0	1	-8	0	-1	1	0	6
W	0	$\frac{5}{2}$	1	0	$\frac{1}{2}$	$-\frac{3}{2}$	0	1

BV	x_1	x_2	x_3	y_1	y_2	w_2	w_3	RS
y_1	0	0	-2	1	0	0	-1	0
x_1	1	0	$\frac{3}{5}$	0	$-\frac{1}{5}$	$\frac{1}{5}$	$\frac{3}{5}$	$\frac{18}{5}$
x_2	0	1	$\frac{2}{5}$	0	$\frac{1}{5}$	$-\frac{1}{5}$	$\frac{2}{5}$	$\frac{2}{5}$
-G	0	0	$-\frac{42}{5}$	0	$-\frac{6}{5}$	$\frac{6}{5}$	$-\frac{2}{5}$	$\frac{28}{5}$
W	0	0	0	0	0	-1	-1	0

Jetzt sind alle künstlichen Variablen (w_2,w_3) NBV. Man streicht die zu den w_i gehörigen Spalten und die Zeile der Zielfunktion W.

BV	x_1	x_2	x_3	y_1	y_2	RS
y_1	0	0	-2	1	0	0
x_1	1	0	$\frac{3}{5}$	0	$-\frac{1}{5}$	$\frac{18}{5}$
x_2	0	1	$\frac{2}{5}$	0	$\frac{1}{5}$	$\frac{2}{5}$
-G	0	0	$-\frac{42}{5}$	0	$-\frac{6}{5}$	$\frac{28}{5}$

7. Jetzt wendet man auf dieses Tableau den Simplexalgorithmus mit der Zielfunktion G an. Da aber in diesem Beispiel bereits alle Zielfunktionskoeffizienten nicht positiv sind, stellt obiges Tableau bereits die Optimallösung dar, so daß sich weitere Iterationen erübrigen.

Die Optimallösung lautet somit:

$$x_1 = \frac{18}{5}, \; x_2 = \frac{2}{5}, \; x_3 = 0, \; G = -\frac{28}{5} \quad \text{bzw.} \quad K = \frac{28}{5}.$$

2.5 Dualität

Der Begriff Dualität taucht in den verschiedensten Bereichen auf. Er ist sowohl in den Naturwissenschaften als auch in den Geisteswissenschaften zu finden. Gilt zwischen zwei Größen (z. B. dem Begriffspaar "Punkt - Gerade" und dem Begriffspaar "Gerade - Punkt" in der ebenen Geometrie) das Prinzip der Dualität, so läßt sich eine Aussage über die eine Größe (hier z. B. "Zwei Punkte bestimmen eine Gerade.") durch Verwendung bestimmter Regeln (vertausche die Begriffe "Punkt" und "Gerade") in eine Aussage über die andere Größe transformieren ("Zwei Geraden bestimmen einen Punkt.") und umgekehrt.

Das Prinzip der Dualität bei linearen Optimierungsproblemen besagt, daß zu jedem primalen linearen Optimierungsmodell ein duales lineares Optimierungsmodell existiert, wobei die Lösung des einen Modells alle Aussagen der Lösung des anderen enthält. Das duale Problem des dualen Problems ist dabei wieder das primale Problem.

Dieser für die Theorie der Linearen Planungsrechnung zentrale Zusammenhang wurde erstmals 1947 von John v. Neumann behandelt (vgl. Dantzig [1966, S. 29]). Ab 1949 befaßten sich dann Gale, Kuhn und Tucker eingehend mit dem Begriff der Dualität (Gale/Kuhn/Tucker [1951]). Auf sie und im linearen Fall vor allem auch auf Koopmans geht die ökonomische Interpretation als gleichgewichtige Lösung eines Mengen- und zugehörigen Preisproblems zurück (Koopmans'sches Preistheorem, Koopmans [1957]).

Die Zusammenhänge zwischen primalem und dualem Modell lassen sich wie folgt formal darstellen:

Gegeben sei das folgende lineare Optimierungsproblem

$$G = c_1 x_1 + c_2 x_2 + \ldots + c_n x_n \rightarrow \text{Max}$$

unter

$$
\begin{aligned}
a_{11} x_1 + a_{12} x_2 + \ldots + a_{1n} x_n &\leq b_1 \\
a_{21} x_1 + a_{22} x_2 + \ldots + a_{2n} x_n &\leq b_2 \\
\vdots \qquad\qquad \vdots \qquad\qquad\qquad \vdots \qquad\quad & \\
a_{m1} x_1 + a_{m2} x_2 + \ldots + a_{mn} x_n &\leq b_m \\
x_1, \qquad x_2, \qquad \ldots, \qquad x_n &\geq 0
\end{aligned}
$$

Nun wird für jede der m Nebenbedingungen eine Variable z_i definiert und mit ihnen das folgende Optimierungsproblem formuliert:

$$K = b_1 z_1 + b_2 z_2 + \ldots + b_m z_m \rightarrow \text{Min}$$

unter

$$a_{11} z_1 + a_{21} z_2 + \ldots + a_{m1} z_m \geq c_1$$
$$a_{12} z_1 + a_{22} z_2 + \ldots + a_{m2} z_m \geq c_2$$

$$a_{1n} z_1 + a_{2n} z_1 + \ldots + a_{mn} z_m \geq c_n$$
$$z_1, \quad z_2, \quad \ldots, \quad z_m \geq 0$$

Das Maximierungsproblem wird dann das Primalproblem (kurz: das Primal) und das Minimierungsproblem das Dualproblem (kurz: das Dual) genannt. Die zugehörigen Variablen heißen Primal- bzw. Dualvariablen.

Bei der Bildung des Duals werden die n Zielfunktionskoeffizienten des Primals zu Restriktionskoeffizienten des Duals, die m Restriktionskoeffizienten des Primals zu Zielfunktionskoeffizienten des Duals und die (m×n) Matrixkoeffizienten des Primals in transponierter Form zu (n×m) Matrixkoeffizienten des Duals.

Die Ungleichheitszeichen der Nebenbedingungen des Primals kehren sich bei dieser Standardform im Dual genau um. Die Nichtnegativitätsbedingungen bezogen auf die Variablen bleiben erhalten. (Bei Abweichungen von der Standardform vergleiche die sehr ausführliche Darstellung bei Weber [1973, S. 7ff.]).

Liegt das ursprüngliche Problem als Minimierungsproblem vor (etwa als Mischungsproblem), so läuft die Argumentation genau umgekehrt.

Es läßt sich nun folgender Satz aufstellen (vgl. Dantzig [1966, S. 144ff.]; Kreko [1973, S. 71]; Burkard [1972, S. 46ff.]):

Dualitätssatz:

Besitzen zwei zueinander duale Probleme zulässige Lösungen, dann gilt:
1. Der Wert der Zielfunktion der Maximierungsaufgabe kann bei keiner zulässigen Lösung den Wert der Zielfunktion irgendeiner zulässigen Lösung der Minimierungsaufgabe überschreiten ($G \leq K$).
2. Beide Modelle besitzen endliche Optimallösungen.
3. Der Maximalwert der Zielfunktion der Maximierungsaufgabe ist gleich dem Minimalwert der Zielfunktion der Minimierungsaufgabe ($G_{max} = K_{min}$).
4. Aus einem gegebenen Optimaltableau des einen Problems läßt sich die optimale Lösung des anderen Modells ablesen:
   Die Lösungswerte der dualen Hauptvariablen z_i stehen (mit (-1) multipliziert) unter den primalen Hilfsvariablen in der Zielzeile des Optimaltableaus, die der dualen Hilfsvariablen (mit (-1) multipliziert) unter den primalen Hauptvariablen in der Zielzeile des Optimaltableaus.

Die Zielfunktionswerte beider Probleme lassen sich wie in Abb. 2-19 darstellen. Nimmt man den gesuchten Optimalpunkt auf einer Zahlengeraden mit 0 an, so bewegt man sich bei Maximierungsproblemen schrittweise von links (hier von negativen Werten) und bei Minimierungsproblemen von rechts (hier von positiven Werten) auf den Optimalpunkt 0 zu.

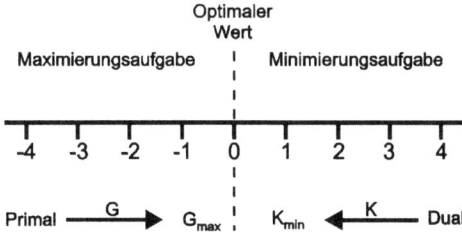

Abb. 2-19. Prinzip der Dualität

Zur Verdeutlichung soll noch einmal das Mischungsproblem herangezogen werden. Das primale Modell, hier ein Modell des oben beschriebenen Typs II, entnimmt man Abschnitt 2.2:

$$
\begin{array}{rlllll}
K = & 15u_1 + & 12u_2 + & 16u_3 + & 10u_4 & \rightarrow & \text{Min} \\
\text{unter} & 0{,}2u_1 + & 0{,}5u_2 + & 0{,}4u_3 + & 0{,}3u_4 & \geq & 3{,}5 \\
& 0{,}2u_1 + & 0{,}1u_2 + & 0{,}2u_3 + & 0{,}1u_4 & \geq & 2 \\
& 0{,}2u_1 + & 0{,}4u_2 + & 0{,}3u_3 + & 0{,}2u_4 & \geq & 4{,}5 \\
& u_1 \geq 0, & u_2 \geq 0, & u_3 \geq 0, & u_4 \geq 0.
\end{array}
$$

(*Bem.:* In der allgemeinen Darstellung wurden die Variablen mit z_i bezeichnet. Da sie hier aber Urproduktmengen darstellen, wird weiter die Bezeichnung u_i beibehalten.)

Die Variablen $u_1, .., u_4$ geben hier die Mengeneinheiten der Urprodukte $U_1, ..., U_4$ an, die für die Mischung genutzt werden sollen. Die Restriktionen tragen der Bedingung Rechnung, daß die Ausbeute dieser Mengen nach den Zwischenprodukten Z_1, Z_2 und Z_3 den jeweiligen Mindestforderungen entspricht.

Das duale Modell erhält man (wie oben angegeben) durch:
1. Definition der dualen Variablen
2. Formulierung als Maximierungsaufgabe
3. Umwandeln der Zeilen in Spalten
4. Ersetzen des "≥"- durch das "≤"-Zeichen
Also:

$$
\begin{array}{rlllll}
G = & 3{,}5p_1 + & 2\ p_2 + & 4{,}5p_3 & \rightarrow & \text{Max} \\
\text{unter} & 0{,}2p_1 + & 0{,}2p_2 + & 0{,}2p_3 & \leq & 15 \\
& 0{,}5p_1 + & 0{,}1p_2 + & 0{,}4p_3 & \leq & 12 \\
& 0{,}4p_1 + & 0{,}2p_2 + & 0{,}3p_3 & \leq & 16 \\
& 0{,}3p_1 + & 0{,}1p_2 + & 0{,}2p_3 & \leq & 10 \\
& p_1 \geq 0, & p_2 \geq 0, & p_3 \geq 0.
\end{array}
$$

Das in diesem Gleichungssystem dargestellte duale Problem soll nun ökonomisch gedeutet werden: Ein Konzern beabsichtigt, für die drei Zwischenprodukte Z_1, Z_2 und Z_3, die bei der Endproduktherstellung benötigt werden, konzerninterne Verrechnungspreise zu ermitteln. Der Konzern will die Preise p_1, p_2 und p_3 für diese Zwischenprodukte so festsetzen, daß die Abteilung (bzw. Kostenstelle), welche die Zwischenprodukte herstellt, möglichst viel erwirtschaftet. Dabei ist darauf zu achten, daß die Abteilung, welche die Zwischenprodukte zur Herstellung des Endprodukts einsetzt, die gewählte Preispolitik des Lieferanten akzeptiert und nicht auf Fremdbezug ausweicht.

Bewertet man nun die Zwischenproduktanteile *eines* Urprodukts mit diesen Preisen, so erhält man einen fiktiven Verrechnungspreis für eine Mengeneinheit dieses Urprodukts. Im Beispiel erhält man z. B. für das Urprodukt U_3 als Konzernpreis:

$$0,4 \quad \cdot \quad p_1 \quad + \quad 0,2 \quad \cdot \quad p_2 \quad + \quad 0,3 \quad \cdot \quad p_3$$

(Anteil Z_1 im   · Preis + Anteil Z_2 im   · Preis + Anteil Z_3 im   · Preis)
Urprodukt U_3 Urprodukt U_3 Urprodukt U_3

Um konkurrenzfähig zu sein, darf dieser Konzernpreis nicht höher als der jeweilige Marktpreis des Urproduktes sein, d. h. im obigen Fall muß gelten:

$$0,4p_1 + 0,2p_2 + 0,3p_3 \leq 16$$

Diese Überlegung ist für jedes Urprodukt zu machen. Auf diese Weise erhält man die Bedingungen des Duals.

Größter Gewinn wird erzielt, wenn der Erlös für die gesamte abzusetzende Menge maximal wird.

Da man weiß, daß für die Herstellung von 10 ME des Endproduktes 3,5 ME von Zwischenprodukt Z_1, 2 ME von Z_2 und 4,5 ME von Z_3 benötigt werden, werden die angebotenen Zwischenprodukte auch stets in diesem Verhältnis abgesetzt. Man erhält also als Zielfunktion die Summe aus den Erlösen der Zwischenprodukte multipliziert mit den von ihnen (konzernintern) abgesetzten Mengen. Die Zielfunktion lautet somit:

$$\text{Maximiere } 3,5p_1 + 2p_2 + 4,5p_3.$$

Die oben rein formal entwickelten Ausdrücke können somit auch aufgrund ökonomischer Überlegungen hergeleitet werden.

Insgesamt ergibt sich für den Konzern genau das Problem, welches mit dem oben aufgeführten Gleichungssystem beschrieben wird.

Da es sich jetzt um ein Standardmaximierungsproblem handelt, ist eine Lösung mit der einfachen Form der Simplexmethode möglich. Dazu werden die Ungleichungen durch Hinzufügen der Hilfsvariablen y_i in Gleichungen überführt und es läßt sich das Tableau I aufstellen.

Tableau I

BV	p_1	p_2	p_3	y_1	y_2	y_3	y_4	RS
y_1	0,2	0,2	0,2	1	0	0	0	15
y_2	0,5	0,1	0,4	0	1	0	0	12
y_3	0,4	0,2	0,3	0	0	1	0	16
y_4	0,3	0,1	0,2	0	0	0	1	10
-G	3,5	2	4,5	0	0	0	0	0

Während das primale Modell nach Einführung der Schlupfvariablen eine unzulässige Ausgangslösung aufwies (vgl. Abschn. 2.2), liegt hier eine zulässige Ausgangslösung vor (die Basisvariablen treten nur in jeweils einer Gleichung auf und nehmen bei Nullsetzen der Nichtbasisvariablen Werte ≥ 0 an).

Nun kann die Simplexmethode angewandt werden, und man erhält schließlich als Optimaltableau:

BV	p_1	p_2	p_3	y_1	y_2	y_3	y_4	RS
y_1	-0,08	0	0	1	0,4	-1,2	0	0,6
p_3	1,2	0	1	0	4	-2	0	16
p_2	0,2	1	0	0	-6	8	0	56
y_4	0,04	0	0	0	-0,2	-0,4	1	1,2
-G	-2,3	0	0	0	-6	-7	0	-184

Damit ist die Lösung des Maximierungsproblems erreicht:

$$p_1 = 0, \; p_2 = 56, \; p_3 = 16, \; G = 184.$$

Diese Lösung schreibt dem Konzern vor, den Verrechnungspreis für das Zwischenprodukt Z_2 mit 56 GE/ME festzulegen, für Zwischenprodukt Z_3 einen Preis in Höhe von 16 GE/ME zu fordern und bei einer Bestellung von 2 ME von Z_2 und 4,5 ME von Z_3 jeweils 3,5 ME von Z_1 kostenlos abzugeben.

Für das Zwischenprodukt Z_1 kann der Konzern deshalb intern keinen Preis verlangen, weil dieses Zwischenprodukt bei der Herstellung aus den Urprodukten zwangsläufig in einer Menge anfällt, die größer als die benötigte ist, und somit nicht knapp ist.

Man sieht die Aussagen 1., 2. und 3. des Dualitätssatzes verifiziert.

Bei jeder anderen Preisgestaltung wird
   entweder ein geringerer Gewinn erzielt (kleinerer Zielfunktionswert)
   oder es ist der Hersteller der Zwischenprodukte nicht konkurrenzfähig, da es

für den Abnehmer günstiger ist, Urprodukte einzukaufen und die Herstellung der Zwischenprodukte selbst zu übernehmen (Verletzung wenigstens einer der Restriktionen).
(Bei diesen Überlegungen wurde von einem vereinfachten Modell ausgegangen. Es wurden z. B. die Kosten für die Herstellung der Zwischenprodukte aus den Urprodukten nicht berücksichtigt. Diese Problematik kann in Linearen Optimierungsmodellen ohne weiteres berücksichtigt werden, jedoch werden diese dann komplexer und i. a. nicht mehr von Hand lösbar sein.)
Nach dem Dualitätssatz (4. Aussage) läßt sich nun auch die Lösung des Minimierungsproblems, das ja das duale zum vorliegenden Maximierungsproblem ist, ablesen.

Die Zielfunktionskoeffizienten unter den Schlupfvariablen des Maximierungsproblems geben die Werte der Strukturvariablen des Minimierungsproblems mit umgekehrtem Vorzeichen an.
Die Werte der Optimallösung des Minimierungsproblems lauten demnach:

$$u_1 = 0, \; u_2 = 6, \; u_3 = 7, \; u_4 = 0 \text{ und } K = 184.$$

Danach sind also zur Erzielung der Optimallösung nur die Urprodukte U_2 und U_3 einzusetzen.

Zusammenfassend kann man feststellen:
Greift man noch einmal auf die Formulierung des primalen Minimumproblems zurück und multipliziert das System mit (–1), so erhält man:

$$
\begin{array}{rrrrrll}
-K = & -15u_1 & - & 12u_2 & - & 16u_3 & - & 10u_4 & \rightarrow & \text{Max} \\
\text{unter} & -0{,}2u_1 & - & 0{,}5u_2 & - & 0{,}4u_3 & - & 0{,}3u_4 & \leq & -3{,}5 \\
& -0{,}2u_1 & - & 0{,}1u_2 & - & 0{,}2u_3 & - & 0{,}1u_4 & \leq & -2 \\
& -0{,}2u_1 & - & 0{,}4u_2 & - & 0{,}3u_3 & - & 0{,}2u_4 & \leq & -4{,}5 \\
& u_1 & \geq & 0, & u_2 & \geq 0, & u_3 & \geq 0, & u_4 & \geq 0.
\end{array}
$$

Führt man in dieses Standardmaximumproblem Hilfsvariablen v_1, v_2 v_3 ein, so erhält man als Ausgangstableau für die Anwendung der Simplexmethode:

BV	u_1	u_2	u_3	u_4	v_1	v_2	v_3	RS
v_1	-0,2	-0,5	-0,4	-0,3	1	0	0	-3,5
v_2	-0,2	-0,1	-0,2	-0,1	0	1	0	-2
v_3	-0,2	-0,4	-0,3	-0,2	0	0	1	-4,5
K	-15	-12	-16	-10	0	0	0	0

Dieses Tableau ist wegen der negativen Koeffizienten auf der rechten Seite unzulässig, aber wegen der nicht positiven Koeffizienten in der Zielzeile optimal. Die Aussage ist also dual zum Standardausgangstableau.

Statt das Problem zu dualisieren und darauf die normale (primale) Simplex-methode anzuwenden, wie oben geschehen, bietet es sich an, die Simplexmethode zu dualisieren und auf das unzulässige, aber optimale Tableau anzuwenden. Die sogenannte duale Simplexmethode unterscheidet sich folglich von der primalen in der Bestimmung von Pivotzeile und Pivotspalte.

1. Simplexkriterium (duale Simplexmethode):
Da die Unzulässigkeit beseitigt werden soll, ist im ersten Schritt die Pivotzeile (die austretende Basisvariable) zu bestimmen. Es wird jene Zeile gewählt, die den kleinsten negativen Koeffizienten auf der rechten Seite aufweist, in diesem Fall v_3.

2. Simplexkriterium (duale Simplexmethode):
Da die Optimalität erhalten bleiben soll, ist die Pivotspalte (die eintretende Nichtbasisvariable) entsprechend folgender Überlegung zu wählen: Es kommt nur eine Nichtbasisvariable (Spalte) in Betracht, in der der Matrixkoeffizient in der Pivotzeile negativ ist, da andernfalls die Unzulässigkeit beim Basistausch nicht beseitigt werden kann.
Gibt es keinen Koeffizienten < 0 in der Pivotzeile, so gibt es keine zulässige Lösung. Um die Optimalität zu erhalten, ist für alle Koeffizienten < 0 in der Pivotzeile der Quotient aus dem entsprechenden Zielfunktionskoeffizienten in der Spalte und dem Koeffizienten in der Pivotzeile zu bilden.
Gibt es mehrere Quotienten, so wird jene Spalte Pivotspalte, die dem Minimum der Quotienten entspricht (vgl. Zeilenauswahl der primalen Simplexmethode).

Das Kreuzungselement von Pivotzeile und Pivotspalte ist das Pivotelement, mit dem die Tableautransformation nach den Regeln der primalen Simplexmethode vorgenommen wird.
Auf das Beispiel angewandt führt die elementweise Division der Zielfunktionszeile durch die Pivotzeile (Zeile 3) zu:

$$\min \left(\frac{-15}{-0,2}, \frac{-12}{-0,4}, \frac{-16}{-0,3}, \frac{-10}{-0,2} \right) = \frac{-12}{-0,4} = 30$$

Pivotspalte ist also u_2 (neue Basisvariable). Die Pivotzeile ist nun durch das Pivotelement $(-0,4)$ zu dividieren und die weiteren Transformationen durchzuführen. Man erhält das folgende Tableau:

BV	u_1	u_2	u_3	u_4	v_1	v_2	v_3	RS
v_1	0,05	0	-0,025	-0,05	1	0	-1,25	2,125
v_2	-0,15	0	-0,125	-0,05	0	1	-0,25	-0,875
u_2	0,5	1	0,75	0,5	0	0	-2,5	11,25
K	-9	0	-7	-4	0	0	-30	135

Im nächsten Schritt wird v_2 Pivotzeile und wegen

$$\min \left(\frac{-9}{-0,15}, \frac{-7}{-0,125}, \frac{-4}{-0,05}, \frac{-30}{-0,25} \right) = \frac{-7}{-0,125} = 56$$

u_3 Pivotspalte. Das nächste Tableau lautet dann:

BV	u_1	u_2	u_3	u_4	v_1	v_2	v_3	RS
v_1	0,08	0	0	-0,04	1	-0,2	-1,2	2,3
u_3	1,2	0	1	0,4	0	-8	2	7
u_2	-0,4	1	0	0,2	0	6	-4	6
K	-0,6	0	0	-1,2	0	-56	-16	184

Das letzte Tableau ist zulässig und optimal. Man sieht, daß die Lösungswerte denen in der Zielzeile des Tableaus entsprechen, das mit der primalen Simplexmethode auf die duale Aufgabenstellung angewandt erzielt wurde. Auch die Koeffizienten des Tableaus entsprechen nach entsprechender Umordnung den mit (-1) multiplizierten transponierten Werten.

Die Bedeutung der dualen Simplexmethode ist vor allem dort zu sehen, wo einzelne Rechenschritte notwendig werden, da durch das Hinzufügen von neuen Restriktionen zu einem Optimaltableau dieses unzulässig wird (vgl. etwa die Sensitivitätsanalyse in Abschnitt 4 oder die Verfahren zur ganzzahligen Optimierung in Abschnitt 5) und auf diese Weise zulässig gemacht wird.

2.6 Die Lösung eines Problems der Linearen Optimierung mit dem PC

Die Modellierung von linearen Optimierungsproblemen bei realen Fragestellungen kann durchaus zu Modellen mit mehreren tausend Variablen und Nebenbedingungen führen. Schon bei Problemgrößen, die nur unwesentlich größer sind als die in den vorangehenden Abschnitten behandelten Probleme, wird die manuelle Lösung der zugehörigen Modelle sehr aufwendig, sie ist in der Regel unwirtschaftlich. Deshalb werden Optimierungsprobleme durchweg mit Computern gelöst. Waren früher ausschließlich Großcomputer mit speziellen Softwarepaketen in der Lage, Optimierungsprobleme für reale Fragestellungen zu lösen, so ist inzwischen die Lösung dieser Modelle auf handelsüblichen PCs mit entsprechender Software möglich.

Man kann den Ablauf der Bearbeitung durch den Computer wie in Abb. 2-20 darstellen.

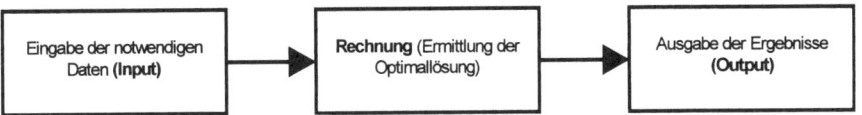

Abb. 2-20. Schema der Bearbeitung von Optimierungsproblemen durch den Computer

Der mittlere Kasten in Abb. 2-20 wird in diesem Abschnitt nicht genauer betrachtet. Dort wird nämlich die eigentliche Optimierungsrechnung durchgeführt, die in den vorangegangenen Abschnitten ausführlich dargestellt worden ist. Es sei allerdings bemerkt, daß der Computer die einzelnen Schritte meist etwas anders ausführt, als es hier beschrieben worden ist. Ausgefeilte Rechenmethoden ersparen viel an benötigter Rechenzeit und an Speicherplatz (revidierte Simplexmethoden, LU-Zerlegung etc.).

In diesem Abschnitt werden im wesentlichen die Kästen "Eingabe" und "Ausgabe" in Abb. 2-20 behandelt (vgl. hierzu etwa Schmitz/Schönlein [1978]).

2.6.1 Eingabe und Ausgabe (formalproblemnah)

In Bezug auf die Struktur der Eingabe läßt sich die Optimierungssoftware dahingehend unterscheiden, ob

a) das Modell (in Bezug auf Struktur und Parameterwerte) in einem Schritt eingegeben wird, also etwa im bislang behandelten Beispiel unmittelbar als

$$G = 3x_1 + 4x_2 \rightarrow \text{Max}$$

unter

$$
\begin{aligned}
3x_1 + 2x_2 &\leq 1200 \\
5x_1 + 10x_2 &\leq 3000 \\
0.5x_2 &\leq 125 \\
x_1 \geq 0, \quad x_2 &\geq 0,
\end{aligned}
$$

oder ob

b) die Modellstruktur zunächst abstrakt formuliert wird, also etwa im Beispiel

$$G = c^T x \rightarrow \text{Max}$$

unter

$$
\begin{aligned}
Ax &\leq b \\
x &\geq 0
\end{aligned}
$$

und dann in einem zweiten Schritt die Parameter spezifiziert werden:

$$c = (3, 4), \quad b = (1200, 3000, 125), \quad A = \begin{bmatrix} 3 & 2 \\ 5 & 10 \\ 0 & 0.5 \end{bmatrix}.$$

Die Alternative b) bietet den Vorteil, daß bei mehrfacher Lösung eines Optimierungsproblems mit gleicher Struktur, aber mit unterschiedlichen Problemdimensionen und/oder Parameterwerten jeweils nur die Parameter aktualisiert werden müssen, nicht aber auch die Problemformulierung selbst angepaßt werden muß. (Die Struktur des obigen Beispiels ändert sich nicht, wenn etwa noch ein drittes Produkt hinzukommt oder eine der Nebenbedingungen überflüssig wird und daher gestrichen werden kann.) Dagegen benötigt Alternative a) nur eine Stufe für die Eingabe, verlangt aber bei einer Veränderung der Problemdimensionen oftmals aufwendigere Anpassungen.

Im folgenden wird gezeigt, wie lineare Optimierungsprobleme mit einem um ein Zusatzprogramm erweiterten Tabellenkalkulationsprogramm auf einem PC gelöst werden können. Dies entspricht der zweiten Software-Gruppe aus Abschn. 1.1.4 mit der Eingabealternative a). Die Darstellung wird anhand des Tabellenkalkulationsprogramms Excel von Microsoft in Verbindung mit dem Zusatzprogramm (Add-In) What'sBest! von LINDO Systems durchgeführt. Andere Tabellenkalkulationsprogramme mit anderen Optimierungs-Add-Ins arbeiten prinzipiell ähnlich. (Es sei angemerkt, daß in Tabellenkalkulationsprogramme häufig schon Menüs für die lineare Optimierung in den Standardfunktionsumfang integriert sind. Zuweilen können jedoch bei deren Benutzung Probleme hinsichtlich der Zuverlässigkeit in bezug auf die Ermittlung und die Genauigkeit der Optimallösung auftreten. Deswegen wird hier der Weg über ein Optimierungs-Add-In gewählt.) What'sBest! kann je nach Ausstattungsversion und Speichervolumen des PCs lineare und gemischt-ganzzahlige Optimierungsprobleme mit bis zu 32.000 Variablen und 16.000 Nebenbedingungen auf einem üblichen PC lösen. Lehr- bzw. Lernversionen mit vollem Funktionsumfang, die jedoch nur kleinere Problemgrößen bearbeiten können, stehen ebenfalls zur Verfügung.

Abb. 2-21 beschreibt die Eingaben und als Ausgabe die Ergebnisse der Optimierung für das Programmplanungsproblem aus Abschnitt 2.1 in Form einer Tabelle, wie es in Tabellenkalkulationsprogrammen üblich ist. Dabei werden die Tabellenspalten über Großbuchstaben A,B,C,... und die Tabellenzeilen über ihre Zeilennummern identifiziert.

Zunächst (Abb. 2-21 a) müssen alle Problemparameter, also die Werte für die Matrix A der Produktionskoeffizienten (Zellen A3 bis B5) sowie die Vektoren b (Kapazitäten der rechten Seite, Zellen E3, E4 und E5) und c (Stückdeckungsbeiträge, Zellen A7 und B7) eingegeben werden. Dann werden die Werte der Variablen bzw. der Produktionsmengen x_1 und x_2 vorerst auf den Wert 0 gesetzt (Zellen A9 und B9).

Um die Modellstruktur in die Tabelle zu integrieren, müssen für What'sBest! drei Komponenten beachtet werden. Dies wird in Abb. 2-21 b) und c) dargestellt. (Die beiden Tabellen sind identisch. In Abb. 2-21 b) ist lediglich die Werte- bzw. Zeichendarstellung gewählt worden, während in Abb. 2-21 c) die Formeln explizit in ihren Zellen aufgeführt sind.)

	A	B	C	D	E	F
1	Prod. 1	Prod. 2			rechte Seite	
2						
3	3	2			1200	Maschine
4	5	10			3000	Rohstoff
5		0,5			125	Arbeitskräfte
6						
7	3	4				Deckungsbeitrag
8						
9	0	0				Produktmengen
10	x1	x2				

a)

	A	B	C	D	E	F
1	Prod. 1	Prod. 2	linke Seite		rechte Seite	
2						
3	3	2	0	<=	1200	Maschine
4	5	10	0	<=	3000	Rohstoff
5		0,5	0	<=	125	Arbeitskräfte
6						
7	3	4			0	Deckungsbeitrag
8						
9	0	0				Produktmengen
10	x1	x2				

b)

	A	B	C	D	E	F
1	Prod. 1	Prod. 2	linke Seite		rechte Seite	
2						
3	3	2	=+A3*A9+B3*B9	=WB(C3;"<=";E3)	1200	Maschine
4	5	10	=+A4*A9+B4*B9	=WB(C4;"<=";E4)	3000	Rohstoff
5		0,5	=+A5*A9+B5*B9	=WB(C5;"<=";E5)	125	Arbeitskräfte
6						
7	3	4			=+A7*A9+B7*B9	Deckungsbeitrag
8						
9	0	0				Produktmengen
10	x1	x2				

c)

Abb. 2-21a-c. Lösung eines Linearen Optimierungsproblems in einem Tabellenkalkulationsprogramm (fortgesetzt auf S. 70)

	A	B	C	D	E	F
1	Prod. 1	Prod. 2	linke Seite		rechte Seite	
2						
3	3	2	1200	=<=	1200	Maschine
4	5	10	3000	=<=	3000	Rohstoff
5		0,5	75	<=	125	Arbeitskräfte
6						
7	3	4			1500	Deckungsbeitrag
8						
9	*300*	*150*				Produktmengen
10	x1	x2				

d)

Abb. 2-21. Lösung eines linearen Optimierungsproblems in einem Tabellenkalkulations-programm: a) Eingabeparameter, b) Eingabeparameter und Modellstruktur (Werteschreib-weise), c) Eingabeparameter und Modellstruktur (Formelschreibweise), d) optimale Lösung

1. Es muß festgelegt werden, in welchen Zellen die (veränderbaren) Werte der Produktionsmengen resp. Variablen stehen. Dies kommt in Abb. 2-21 durch die kursiven Werte in den Zellen A9 und B9 zum Ausdruck. Sie entsprechen den Werten von x_1 und x_2.

2. Die Zelle, in welcher der zu maximierende Zielfunktionswert steht, muß definiert und markiert werden. In Abb. 2-21 ist dies die Zelle E7, in der die Formel E7 = +A7*A9+B7*B9 steht. Sie entspricht genau der Zielfunktion $G = 3x_1 + 4x_2$, denn die Deckungsbeiträge 3 und 4 stehen in den Zellen A7 und B7, während die Variablenwerte für x_1 bzw. x_2 in A9 bzw. B9 stehen.

3. Die Nebenbedingungen müssen beschrieben werden: Zunächst stehen die Werte (Kapazitäten) der rechten Seiten bereits in den Zellen E3, E4 und E5. Um nun die Nebenbedingungen vollständig zu beschreiben, werden zum einen in die Zellen C3, C4 und C5 die linken Seiten der Nebenbedingungen als For-meln eingetragen. So entspricht zum Beispiel die Formel = +A4*A9+B4*B9 in der Zelle C4 genau der linken Seite der Rohstoffrestriktion, nämlich $5x_1 + 10x_2$, also dem Rohstoffverbrauch der jeweiligen Lösung. Um zum ande-ren das "≤" der Nebenbedingungen abzubilden, muß in der Tabelle lediglich erfaßt werden, daß für alle ermittelten Lösungen die linke Seite der Neben-bedingungen (C3, C4 bzw. C5) kleiner oder gleich der rechten Seite (E3, E4 bzw. E5) sein muß. Dies erfaßt What's*Best!* durch die spezielle Funktion WB(linke Seite;"<=";rechte Seite), wie sie für alle drei Nebenbedingungen in Abb. 2-21 b) und c) in den Zellen D3, D4 und D5 aufgeführt ist.

(Die Vorzeichenbedingungen für die Variablen bzw. Produktionsmengen ($x_1 \geq 0$ und $x_2 \geq 0$) müssen nicht explizit erfaßt werden, da sie vom Optimierungspro-gramm immer implizit unterstellt werden.)

Wird nun die Optimierung gestartet (mittels eines Menü-Aufrufes), so ermittelt das Optimierungsprogramm die Optimallösung und gibt diese anschließend in der Tabelle aus (Abb. 2-21 d). Hier kann folgendes abgelesen werden: Zunächst beträgt der maximale Deckungsbeitrag 1500, wie in der zu maximierenden Zelle E7 ersichtlich. In den Zellen A9 und B9 stehen die optimalen Produktionsmengen $x_1 = 300$ und $x_2 = 150$. Die Maschinen- und die Rohstoffrestriktion sind in der Optimallösung mit Gleichheit erfüllt, d. h. bei beiden existiert keine Restkapazität. Dies kommt zum einen durch die Gleichheit von linker und rechter Seite dieser Nebenbedingungen zum Ausdruck (C3 = E3 und C4 = E4). Zum anderen gibt das Optimierungsprogramm in den Zellen D3 und D4 anstelle des "<=" nun ein "=<=" aus. Die Arbeitskräfterestriktion hat dagegen in der Optimallösung noch eine Restkapazität, da nur 75 Einheiten gebraucht werden (C5), während 125 Einheiten zur Verfügung stehen. (Es sei darauf hingewiesen, daß in der Regel die Optimierungsprogramme noch weitere Status- und Lösungsinformationen ausgeben, die Angaben über die Problemgröße und die Problemstruktur, über die Sensitivität der Optimallösung (vgl. Abschnitt 4.6) und über den Lösungsaufwand, gemessen in der Zahl der Iterationen und in der Rechenzeit, enthalten.)

2.6.2 Eingabe und Ausgabe (realproblemnäher)

Die 'computergerechte' Problemformulierung in der Art von Abschnitt 2.6.1 unterstellt implizit, daß der jeweilige Anwender über die formale Struktur linearer Optimierungsprobleme informiert ist und in der Lage ist, eine reale Problemsituation in ein formales Modell der linearen Optimierung zu übertragen, um schließlich aus der formalen Optimallösung den Rückschluß auf eine Lösung des Realproblems durchzuführen. Dieser Anspruch wird oftmals nicht in ausreichendem Maße erfüllt oder schreckt potentielle Nutzer von der Anwendung der Optimierungsprogramme ab.

Tabellenkalkulationsprogramme sind im Gegensatz dazu jedoch so angelegt - und unter anderem deshalb erfolgreich - als sie dem Nutzer vertraute und schon seit langer Zeit verbreitete, ursprünglich 'papierbasierte' Tabellenstrukturen adaptieren und diese in die Datenverarbeitung integrieren. Der Nutzer überträgt in den einfachsten Anwendungen der Tabellenkalkulation im wesentlichen Daten und Auswertungen, die früher 'auf Papier' erfaßt bzw. durchgeführt wurden, in den Computer. Dieser Orientierung an den üblichen, den Nutzern bekannten Tabellenstrukturen muß auch eine Optimierung innerhalb der Tabellenkalkulation folgen, soll sie nicht von vornherein auf Akzeptanzprobleme stoßen. In Abb. 2-22 ist daher das Problem aus den Abschnitten 2.1 bzw. 2.6.1 in einer Schreibweise aufgeführt, die sich stärker an der realproblemnahen Datenstruktur für die Produktionsplanung orientiert. Es sei hier ausdrücklich darauf hingewiesen, daß in bezug auf das zu lösende Optimierungsproblem beide Formulierungen, diejenige aus Abb. 2-21 und diejenige aus Abb. 2-22, gleichwertig sind.

Die Darstellung in Abb. 2-22 unterteilt - wie in der Produktionsplanung nicht unüblich - in

1. ausschließlich produktbezogene Informationen (Zeilen 1 bis 4: Produktionsmenge, Stückdeckungsbeitrag und produktbezogener Deckungsbeitrag als Multiplikation beider). Solche Informationen können beispielsweise in einer Produktdatenbank enthalten sein.
2. ausschließlich ressourcen- bzw. maschinenbezogene Informationen (insgesamt verfügbare Kapazität, verbrauchte Kapazität und Kapazitätsreserve als Differenz beider). Diese Informationen finden sich beispielsweise in Anlagendatenbanken oder in Kapazitätsübersichten.
3. Produkte und Ressourcen verbindende Informationen (Ressourcenverbräuche je Produkteinheit, d. h. Produktionskoeffizienten). Diese Informationen sind in der Regel aus Arbeitsplänen zu entnehmen.

Letztlich ist das Produktionsplanungsproblem in der in Abb. 2-22 dargestellten Form damit eine Verknüpfung von Produktdatenbank, von Ressourcendatenbank und von Arbeitsplänen. Ein expliziter Rückgriff in der Modellformulierung auf die klassische Darstellung eines linearen Optimierungsproblems in der Form

$$G = c^T x \rightarrow \text{Max}$$
$$\text{unter} \quad Ax \leq b$$
$$x \geq 0$$

wie in Abb. 2-21 unterbleibt. Eine eventuelle Hemmschwelle bei der Anwendung der Optimierung kann so gesenkt werden.

	A	B	C	D	E	F
1	**Produkte**	Menge	Stück-DB	Produkt-DB		
2	Produkt 1	*0*	3	0		
3	Produkt 2	*0*	4	0		
4				0	←Ges.-DB	
5						
6	**Ressourcen**	verfügbar		Verbrauch	Reserve	Einheit
7	Maschine	1200	>=	0	1200	Masch.-Stunde
8	Rohstoffe	3000	>=	0	3000	Rohstoff-ME
9	Arbeitskräfte	125	>=	0	125	Arbeitsstunde
10						
11	**Arbeitsplan**	Maschine	Rohstoff	Arbeit		
12	Produkt 1	3	5	0		
13	Produkt 2	2	10	0,5		

a)

Abb. 2-22a. Realproblemnähere Formulierung eines linearen Optimierungsproblems in einem Tabellenkalkulationsprogramm (fortgesetzt auf S. 73)

	A	B	C	D	E	F
1	**Produkte**	Menge	Stück-DB	Produkt-DB		
2	Produkt 1	*0*	3	=+C2*B2		
3	Produkt 2	*0*	4	=+C3*B3		
4				=+D2+D3	←Ges.-DB	
5						
6	**Ressourcen**	verfügbar		Verbrauch	Reserve	Einheit
7	Maschine	1200	=WB(B7;">=";D7)	=+B12*B2+B13*B3	=+B7-D7	Masch.-Stunde
8	Rohstoffe	3000	=WB(B8;">=";D8)	=+C12*B2+C13*B3	=+B8-D8	Rohstoff-ME
9	Arbeitskräfte	125	=WB(B9;">=";D9)	=+D12*B2+D13*B3	=+B9-D9	Arbeitsstunde
10						
11	**Arbeitsplan**	Maschine	Rohstoff	Arbeit		
12	Produkt 1	3	5	0		
13	Produkt 2	2	10	0,5		

b)

	A	B	C	D	E	F
1	**Produkte**	Menge	Stück-DB	Produkt-DB		
2	Produkt 1	*300*	3	900		
3	Produkt 2	*150*	4	600		
4				1500	←Ges.-DB	
5						
6	**Ressourcen**	verfügbar		Verbrauch	Reserve	Einheit
7	Maschine	1200	=>=	1200	0	Masch.-Stunde
8	Rohstoffe	3000	=>=	3000	0	Rohstoff-ME
9	Arbeitskräfte	125	>=	75	50	Arbeitsstunde
10						
11	**Arbeitsplan**	Maschine	Rohstoff	Arbeit		
12	Produkt 1	3	5	0		
13	Produkt 2	2	10	0,5		

c)

Abb. 2-22. Realproblemnähere Formulierung eines linearen Optimierungsproblems in einem Tabellenkalkulationsprogramm: a) Eingabeparameter und Modellstruktur (Werteschreibweise), b) Eingabeparameter und Modellstruktur (Formelschreibweise), c) optimale Lösung

Zur Interpretation von Abb. 2-22: Die veränderbaren Zellen sind die Produktionsmengen (B2 und B3). Die zu maximierende Zielfunktionszelle (D4) enthält die Summe der Deckungsbeiträge der einzelnen Produkte (= D2+D3), die sich jeweils aus der Multiplikation von Produktionsmenge und Stückdeckungsbeitrag ergeben (D2 = C2*B2 und D3 = C3*B3). Die Nebenbedingungen werden durch die rechten Seiten (B7, B8 und B9), die linken Seiten (D7, D8 und D9) sowie die Vergleichszellen (C7, C8 und C9) dargestellt. (Es sei angemerkt, daß in dieser Darstellung die Restriktionen als "rechte Seite $\geq$ linke Seite" formuliert sind.)

3 Verfahren zur Lösung des Transportproblems

Das Transportproblem und ihm verwandte Problemstellungen treten in der Praxis in den verschiedensten Bereichen auf. Wird z. B. ein Produkt in mehreren, an verschiedenen Standorten errichteten Betrieben einer Unternehmung hergestellt und ist es an verschiedene absatzorientiert gelegene Lager- bzw. Verkaufsstätten zu verschicken, so ist die Wahl der kostenminimierenden Transportwege und -mengen oft von entscheidender Bedeutung.

Auch im innerbetrieblichen Bereich treten Probleme der Transportoptimierung auf, wenn es darum geht, einzelne Fertigungsstätten mit den zur Produktion notwendigen Materialien zu versorgen.

Verwandt mit dem Transportproblem ist das Zuordnungsproblem, bei dem es etwa darum geht, einer bestimmten Anzahl von Aufgaben eine entsprechende Anzahl von Personen so zuzuordnen, daß ein Wirksamkeitsmaß (z. B. die Summe der Eignungsmaße) möglichst groß/klein wird. Ferner sind in das weitere Umfeld Tourenplanungsprobleme (Rundreiseprobleme) einzuordnen, bei denen von Lieferfahrzeugen Kunden an verschiedenen Orten angefahren und bedient werden müssen, zusätzlich aber gefordert wird, daß die Lieferfahrzeuge zum Ausgangspunkt zurückkehren.

Das Transportproblem wurde schon 1939 (vor der Entwicklung der linearen Planungsrechnung) untersucht und auch zum Teil schon gelöst. Kantorovich entwarf 1939 einen unvollständigen Algorithmus zur Lösung des Transportproblems und wies als erster auf die enge strukturelle Verwandtschaft zu gewissen Programmplanungsproblemen hin (Kantorovich [1960, S. 386f.]).

Die klassische Form des Transportproblems geht auf Hitchcock [1941] zurück, der auch einen Algorithmus zu dessen Lösung aufstellte. Koopmans [1949] schrieb schließlich die grundlegende Arbeit über das *klassische Transportproblem,* das wegen seiner und Hitchcocks Arbeiten als das "Hitchcock-Koopmans-Transportproblem" bezeichnet wird.

Verfahren zur Lösung des klassischen Transportproblems wurden außerdem von Dantzig [1951] und von Charnes/Cooper [1954] entwickelt. Die modifizierte Transportmethode (Modi-Methode) von Dantzig [1951] bietet eine vereinfachte Lösung des Transportproblems, die auf Überlegungen zur dualen Simplexmethode (s. Abschn. 2.5) beruht (vgl. Joksch [1965, S. 154ff.]). Schließlich sei noch auf das Problem des maximalen Flusses in einem Netzwerk hingewiesen, das mit dem Algorithmus von Ford und Fulkerson [1956,1957] gelöst werden kann, der eine graphentheoretische Anwendung der dualen Simplexmethode darstellt.

3.1 Beispiel zum klassischen Transportproblem

Es ist zweckmäßig, die Struktur des klassischen Transportproblems anhand eines Beispiels zu veranschaulichen.

Eine Unternehmung habe 3 Fertigungsstätten F_1, F_2 und F_3 an verschiedenen Orten, die das gleiche Produkt herstellen. Die Fertigung betrage in der bevorstehenden Planperiode (Monat)

38 t in Fertigungsstätte F_1,
52 t in Fertigungsstätte F_2,
30 t in Fertigungsstätte F_3.

Diese Gesamtproduktion von 120 t soll in 4 verschiedene Lagerhäuser L_1, L_2, L_3 und L_4 der Unternehmung transportiert werden, so daß die dort vorhandene Nachfrage gedeckt werden kann. Die Gesamtnachfrage nach 120 t gliedert sich im einzelnen wie folgt auf:

17 t in Lager L_1,
50 t in Lager L_2,
10 t in Lager L_3,
43 t in Lager L_4.

Die Transportkosten in Geldeinheiten je Tonne sind wegen der unterschiedlichen Entfernungen auf den einzelnen Wegen verschieden. Sie sind in folgender Matrix gegeben:

	L_1	L_2	L_3	L_4
F_1	17	11	10	12
F_2	18	20	19	30
F_3	13	25	15	27

Gesucht ist der zulässige Versandplan, der die minimalen Transportkosten verursacht.

Ein möglicher Versandplan ist gegeben durch folgende Verteilung

F_1 liefert   38 ME an L_2,

F_2 liefert   17 ME an L_1,
12 ME an L_2,
10 ME an L_3,
13 ME an L_4,

F_3 liefert   30 ME an L_4.

Abbildung 3-1 zeigt diese zulässige Lösung, die die Ausgangslösung für einen Verbesserungsprozeß bilden kann. Die Zahlen an den Verbindungspfeilen zwischen den Produktionsstätten und den Lagern geben die jeweiligen Transportmengen an.

Die gesamten Transportkosten für diese Lösung betragen:

$K = 38 \cdot 11 + 17 \cdot 18 + 12 \cdot 20 + 10 \cdot 19 + 13 \cdot 30 + 30 \cdot 27 = 2354$ GE.

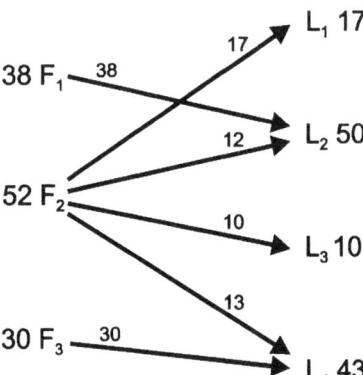

Abb. 3-1. Zulässige Ausgangslösung des
Transportproblems

3.2 Allgemeine Darstellung des klassischen Transportproblems

Hinter dem im vorigen Abschnitt behandelten Beispiel steht das folgende allgemeine Problem:
Von den m Versandorten V_i ($i = 1,2,...,m$) sind die n Bestimmungsorte B_j ($j = 1,2,...,n$) mit einem homogenen Gut direkt zu beliefern. In der Planperiode sind folgende Daten bekannt:

a_i = angebotene Menge in V_i ($i = 1,2,...,m$)
b_j = nachgefragte Menge in B_j ($j = 1,2,...,n$)

Dabei entspreche das gesamte Angebot der gesamten Nachfrage:

$$\sum_{i=1}^{m} a_i = \sum_{j=1}^{n} b_j$$

Außerdem seien die mengenunabhängigen Kosten c_{ij} für den Versand einer ME des Produktes von V_i nach B_j ($i = 1,2,...,m$; $j = 1,2,...,n$) gegeben.
Gesucht ist derjenige Versandplan, der sicherstellt, daß

- alle angebotenen Mengen verschickt,
- alle nachgefragten Mengen geliefert und
- die gesamten Transportkosten minimal werden.

Bezeichnet man mit x_{ij} die Menge, die von V_i nach B_j versandt wird ($i = 1,2,...,m$; $j = 1,2,...,n$), so ergibt sich das nachstehende mathematische Modell.

$$\text{(1)} \quad x_{11} + \ldots + x_{1n} \qquad\qquad\qquad\qquad = a_1$$

$$\text{(2)} \qquad\qquad x_{21} + \ldots + x_{2n} \qquad\qquad\quad = a_2$$

.   .   .

.   .   .

.   .   .

$$\text{(m)} \qquad\qquad\qquad\qquad\qquad x_{m1} + \ldots + x_{mn} = a_m$$

$$\text{(m+1)} \quad x_{11} \qquad + x_{21} + \ldots \qquad + x_{m1} = b_1$$

$$\text{(m+2)} \quad x_{12} \qquad + x_{22} + \ldots \qquad + x_{m2} = b_2$$

.   .   .   .

.   .   .   .

.   .   .   .

$$\text{(m+n)} \qquad\quad x_{1n} \qquad + x_{2n} + \ldots + x_{mn} = b_n$$

Die Restriktionen dieses Modells bestehen aus (m + n) Gleichungen und (m · n) Vorzeichenrestriktionen, da alle Variablen x_{ij} nicht negativ werden dürfen. Die ersten m Gleichungen hängen dabei mit der Bedingung zusammen, daß alle angebotenen Mengen verschickt werden müssen.
So besagt z. B. die Gleichung (1),

$$x_{11} + x_{12} + \ldots + x_{1n} = a_1,$$

daß die Mengen x_{1j}, j = 1,...,n, die vom Versandort V_1 zu den Bestimmungsorten B_1,...,B_n versandt werden, zusammen genau gleich der angebotenen Menge a_1 im Versandort V_1 sind.

Die zweite Klasse der letzten n Gleichungen trägt der Forderung Rechnung, daß alle nachgefragten Mengen geliefert werden müssen.
So besagt z. B. die Gleichung (m + n),

$$x_{1n} + x_{2n} + \ldots + x_{mn} = b_n,$$

daß die Mengen x_{in}, i = 1,...,m, die von den Versandorten V_1,...,V_m zum Bestimmungsort B_n versandt werden, zusammen genau die nachgefragte Menge b_n im Ort B_n ergeben.

Da es nur sinnvoll ist, nichtnegative Mengen zu verschicken, ist zusätzlich zu fordern

$$x_{ij} \geq 0 \qquad \text{für } i = 1,...,m; j = 1,...,n.$$

Die Kosten eines Transportplans ergeben sich dann als Summe der transportierten Mengen x_{ij}, multipliziert mit den jeweils angegebenen Kosten c_{ij} für den Versand einer Einheit von V_i nach B_j. Somit erhält man

$$
\begin{aligned}
K = \;\; & c_{11} \cdot x_{11} + c_{12} \cdot x_{12} + \ldots + c_{1n} \cdot x_{1n} \\
+ \; & c_{21} \cdot x_{21} + \ldots\ldots\ldots\ldots + c_{2n} \cdot x_{2n} \\
& \;\; . \quad\quad . \qquad\qquad\qquad\qquad . \quad . \\
& \;\; . \quad\quad . \qquad\qquad\qquad\qquad . \quad . \\
& \;\; . \quad\quad . \qquad\qquad\qquad\qquad . \quad . \\
+ \; & c_{m1} \cdot x_{m1} + \ldots\ldots\ldots\ldots + c_{mn} \cdot x_{mn} .
\end{aligned}
$$

Diese Kosten sind zu minimieren.

Insgesamt erhält man in Kurzform geschrieben das Modell

$$K = \sum_{i=1}^{m} \sum_{j=1}^{n} c_{ij} x_{ij} \rightarrow Min$$

$$\text{unter } \sum_{j=1}^{n} x_{ij} = a_i, \quad i = 1, 2, \ldots, m$$

$$\sum_{i=1}^{m} x_{ij} = b_j, \quad j = 1, 2, \ldots, n$$

$$x_{ij} \geq 0, \quad i = 1, 2, \ldots, m; j = 1, 2, \ldots, n$$

Prinzipiell läßt sich dieses Problem mit Hilfe der schon bekannten Methoden der Linearen Planungsrechnung (Simplexverfahren in Zweiphasenform wegen der Nebenbedingungen in Gleichungsform, s. Abschn. 2.1.2) behandeln.

Die besondere Struktur des Transportproblems erlaubt es jedoch, im Rahmen der Linearen Optimierung vereinfachte Verfahren zu entwickeln, die die Optimallösung mit geringerem Aufwand berechnen, als dies bei Anwendung der Simplexmethode nötig wäre.

Weiterhin läßt sich von Transportproblemen sagen, daß ihre Lösungen, sofern die Beschränkungen a_i und b_j ganzzahlig sind, immer ganzzahlig ausfallen, was bei anderen Problemen der Linearen Planungsrechnung im allgemeinen nicht der Fall ist. Dies erklärt sich dadurch, daß bei der Lösung von Transportproblemen keine Divisionen nötig sind und folglich aus ganzzahligen Ausgangsdaten auch ganzzahlige Lösungen entstehen. Die Ganzzahligkeit der Lösungen von Transportproblemen kommt der Praxis entgegen, da in der Regel das zu transportierende Gut nicht teilbar ist und demnach in ganzen Einheiten verschickt werden muß.

3.3 Lösung nach der Stepping-Stone-Methode

Die Stepping-Stone-Methode zur Lösung von Transportproblemen wurde von Charnes und Cooper entwickelt und kann als eine Spezialform der allgemeinen Simplexmethode gekennzeichnet werden (Charnes/Cooper [1954]).

Bei ihr bestimmt man zunächst eine (möglichst gute) Ausgangslösung, die dann schrittweise verbessert wird, bis die Optimallösung gefunden ist. (Die sogenannte Nullösung ist hier jedoch keine zulässige Ausgangslösung.)

Es werden also (wie beim Simplexverfahren) die Schritte:
- Prüfen einer Lösung auf Optimalität
- Verbesserung der Lösung
wiederholt, solange Verbesserungen noch möglich sind.

Bei der Lösung des klassischen Transportproblems nach der Stepping-Stone-Methode muß zuerst eine Ausgangslösung ermittelt werden, die möglichst gut sein sollte, um die Anzahl der nachfolgenden Iterationen möglichst gering zu halten.

Ein Verfahren, das günstige Ausgangslösungen liefert, ist das Matrixminimum-verfahren (Angermann [1963, S. 173f.]; Dantzig [1966, S. 353f.]; Müller-Merbach [1992, S. 310]). Dabei wird das jeweils kostengünstigste Element der Matrix mit der darauf maximal zu verschickenden Gütermenge versehen.

Die Vorgehensweise kann für das in Abschn. 3.1 vorgestellte Beispiel anhand von Tableau 1 (s.u.) gezeigt werden. Den Ausgangspunkt bildet dabei Tableau 0.

Tableau 0

	L_1	L_2	L_3	L_4	a_i
F_1					**38**
	17	11	10	12	
F_2					**52**
	18	20	19	30	
F_3					**30**
	13	25	15	27	
b_j	**17**	**50**	**10**	**43**	**120**

In den rechten unteren Ecken der Matrixfelder von Tableau 0 stehen jeweils die Transportkosten je t von F_i nach L_j. In der rechten Spalte a_i wird das Angebot der Fertigungsstätte F_i, in der letzten Zeile b_j der Bedarf des Lagers L_j aufgeführt.

Bestimmung der 1. Transportmenge

Die geringsten Transportkosten je t entfallen auf die Verbindung F_1–L_3. Also wird L_3 die maximal mögliche Liefermenge von F_1 geliefert. Diese Menge ist bestimmt durch das Minimum der Lieferkapazität von F_1 (38 t) und der Lager-kapazität von L_3 (10 t), also 10 = Min (38,10). Dieser Wert wird in die linke obere Ecke des Feldes F_1–L_3 eingetragen (s. Tableau I).

In Gedanken vermindert man jetzt a_1 und b_3 um eben diese 10 ME und erhält damit in der letzten Spalte und letzten Zeile jeweils die Restbestände der F_i und L_j (F_1 kann noch 28 t liefern, L_3 keine t mehr nachfragen).

Der Bedarf von L_3 ist durch die Zuweisung von 10 ME von F_1 gedeckt, d. h. man betrachtet die Spalte von L_3 in Zukunft nicht mehr, da hier keine weitere Zuweisung erfolgen kann.

Bestimmung der 2. Transportmenge

Das kostengünstigste Element der Restmatrix ist F_1–L_2 mit 11 GE/t. Diesem Feld wird wieder die maximal mögliche Liefermenge zugeordnet. Das sind 28 t, da F_1 nur noch 28 t liefern kann. Damit kann F_1 keine weiteren Güter mehr versenden, so daß die Zeile von F_1 in der Folge außer Betracht bleibt.

Bestimmung der 3. Transportmenge

Die nächste Zuordnung fällt auf das Feld F_3–L_1 mit den geringsten Kosten der Restmatrix (13 GE/t), dem 17 t zugeordnet werden.

Bestimmung der restlichen Transportmengen

Analog entfallen auf die Verbindung

$$F_2–L_2 \qquad 22 \text{ t,}$$

auf F_3–L_4 13 t   und schließlich

auf F_2–L_4 30 t.

Im Tableau führt das zu folgender Darstellung:

Tableau I (Ausgangslösung)

	L_1	L_2	L_3	L_4	a_i
F_1		28 (2.)	10 (1.)		**38**
	17	11	10	12	
F_2		22 (4.)		30 (6.)	**52**
	18	20	19	30	
F_3	17 (3.)			13 (5.)	**30**
	13	25	15	27	
b_j	**17**	**50**	**10**	**43**	**120**

(Neben den zu transportierenden Mengen ist jeweils in Klammern angegeben, als wievieltes Element der Matrix diese Menge errechnet worden ist.)

Die gesamten Transportkosten betragen in dieser Ausgangslösung:

$$K = 28 \cdot 11 + 10 \cdot 10 + 22 \cdot 20 + 30 \cdot 30 + 17 \cdot 13 + 13 \cdot 27 = 2320 \text{ GE.}$$

Die Ausgangslösung muß nun daraufhin überprüft werden, ob sie Verbesserungen zuläßt. Das geschieht dadurch, daß versucht wird, nacheinander jedes nicht belegte Feld mit einer Einheit zu belegen. Ergäben sich dadurch Einsparungen gegenüber der Ausgangslösung, wäre gezeigt, daß diese nicht optimal war, und es könnte als nächster Schritt die Verbesserung der Lösung vorgenommen werden.

Als erstes Feld, das bisher nicht besetzt ist, untersucht man F_1–L_1.

Versucht man, im Beispiel 1 t von F_1 nach L_1 zu transportieren, so entstehen dadurch zusätzliche Kosten von 17 GE. Da L_1 aber nur einen Bedarf von 17 t hat, der in der Ausgangslösung schon gedeckt ist, muß diese zusätzlich von F_1 nach L_1 transportierte Menge von einer anderen Fertigungsstätte (F_2 oder F_3) abgezogen werden, Dies ist nur bei F_3 möglich (bei F_2 ergäbe sich sonst eine negative Transportmenge). Durch diese von F_3 nach L_1 weniger transportierte ME tritt eine

Ersparnis von 13 GE ein. Da aber in der Ausgangslösung auch das gesamte Angebot von F_3 schon verteilt ist, muß diese von F_3 nach L_1 weniger transportierte Einheit an ein anderes Lager versandt werden. Dabei wählt man ein Lager, zu dem in der Ausgangslösung von F_3 auch schon etwas transportiert wurde. Es kommt nur L_4 in Frage. Durch diese zusätzlich von F_3 nach L_4 transportierte Einheit treten zusätzliche Kosten in Höhe von 27 GE auf. Führt man diese Überlegung fort, so ergibt sich schließlich:

	Änderung in t	Änderung in GE
F_1–L_1	+ 1	+ 17
F_3–L_1	– 1	– 13
F_3–L_4	+ 1	+ 27
F_2–L_4	– 1	– 30
F_2–L_2	+ 1	+ 20
F_1–L_2	– 1	– 11
	0	$+ 10 = \bar{c}_{11}$

Man hat also einen Zyklus von F_1–L_1 zurück nach F_1–L_1 gefunden, auf dem Transportmengenänderungen durchgeführt werden könnten (vgl. Tableau I'). Ein anderer Zyklus wäre bei der Belieferung von L_1 durch F_1 nicht möglich. Es ergibt sich, daß es sich nicht lohnt, die Ausgangslösung dahingehend zu ändern, daß Güter von F_1 nach L_1 transportiert werden, da sich dann Mehrkosten in Höhe von 10 GE je von F_1 nach L_1 transportierter ME ergäben.

Tableau I'

	L_1	L_2	L_3	L_4	a_i
F_1	+ 1 ← 28 – 1 + 17 ↑ – 11		10		38
F_2		22 + 1 ← + 20		30 – 1 ↑ – 30	52
F_3	17 – 1 → – 13			13 + 1 + 27	30
b_j	17	50	10	43	120

Bem.: Aus Tableau I' wird der Name "Stepping Stone" erklärlich: Stepping stones sind im Englischen Steine, die im Wasser liegen und über die ein Fußgänger springend das Gewässer (z. B. einen Bach) überqueren kann. Ein ähnliches Springen findet bei den Zyklen im vorstehenden Tableau statt.

Will man das Feld F_1–L_4 probeweise mit 1 t beschicken, so ergibt sich der (etwas kürzere) Zyklus:

	Änderung in t	Änderung in GE
F_1–L_4	+ 1	+ 12
F_1–L_2	– 1	– 11
F_2–L_2	+ 1	+ 20
F_2–L_4	– 1	– 30
	0	– 9= $\overline{c}_{14}$

Durch den Transport einer ME von F_1 nach L_4 würde man also (ausgehend von der Ausgangslösung) 9 GE einsparen.

Analog ergäbe die probeweise Belegung der übrigen freien Felder der Ausgangslösung Kostenveränderungen von:

$$\overline{c}_{21} = + 18 - 13 + 27 - 30 \qquad\qquad = + 2$$
$$\overline{c}_{23} = + 19 - 10 + 11 - 20 \qquad\qquad = \ \ 0$$
$$\overline{c}_{32} = + 25 - 27 + 30 - 20 \qquad\qquad = + 8$$
$$\overline{c}_{33} = + 15 - 10 + 11 - 20 + 30 - 27 \quad = - 1$$

Die Ausgangslösung hat sich als nicht optimal erwiesen, denn es können durch die Belegung der Felder F_1–L_4 wegen $\overline{c}_{14} = -9$ und F_3–L_3 wegen $\overline{c}_{33} = -1$ Ersparnisse von 9 GE/t bzw. 1 GE/t erzielt werden.

Im nächsten Schritt wird die Verbesserung der Ausgangslösung vorgenommen.

Das Feld, das die größte Ersparnis je t angibt (hier F_1-L_4), wird mit der maximal möglichen Menge T_1 beschickt und die entsprechende Umbelegung auf dem für dieses Feld ermittelten Zyklus vorgenommen.

Tableau Ia zeigt diese Umbelegung.

Tableau Ia

	L_1	L_2	L_3	L_4	a_i
F_1		$\boxed{28 - T_1}$ ← 10		$\boxed{+ T_1}$	$38+T_1-T_1$
	17	11	10	12	
F_2		$\boxed{22 + T_1}$ →		$\boxed{30 - T_1}$	$52-T_1+T_1$
	18	20	19	30	
F_3	17			13	30
	13	25	15	27	
b_j	17	$50-T_1+T_1$	10	$43-T_1+T_1$	120

Da keine negativen Transportmengen erlaubt sind ($x_{ij} \geq 0$), darf T_1 nicht größer gewählt werden als die kleinste Größe x_{ij}, von der es subtrahiert wird. Im Beispiel wird somit $T_1 = \text{Min} (28,30) = 28$ gewählt.

Gegenüber der Ausgangslösung tritt damit eine Kostenveränderung von $T_1 \cdot (-9\ \text{GE}) = 28 \cdot (-9\ \text{GE}) = -252\ \text{GE}$ ein.

Tableau II zeigt die verbesserte Lösung mit den Gesamtkosten in Höhe von $K = 2068\ \text{GE}$.

Tableau II (1. verbesserte Lösung)

	L_1	L_2	L_3	L_4	a_i
F_1			10	28	38
	17	11	10	12	
F_2		50		2	52
	18	20	19	30	
F_3	17			13	30
	13	25	15	27	
b_j	17	50	10	43	120

Diese Lösung wird wieder auf Optimalität untersucht. Durch den fiktiven Transport einer t auf jedem der sechs unbenutzten Wege (Felder) werden die Mehr- oder Minderkosten, die durch einen solchen Transport entständen, berechnet.

$$\bar{c}_{11} = +c_{11} - c_{31} + c_{34} - c_{14} = +17 - 13 + 27 - 12 = +19$$
$$\bar{c}_{12} = +c_{12} - c_{22} + c_{24} - c_{14} = +11 - 20 + 30 - 12 = +9$$
$$\bar{c}_{21} = +c_{21} - c_{31} + c_{34} - c_{24} = +18 - 13 + 27 - 30 = +2$$
$$\bar{c}_{23} = +c_{23} - c_{13} + c_{14} - c_{24} = +19 - 10 + 12 - 30 = -9$$
$$\bar{c}_{32} = +c_{32} - c_{22} + c_{24} - c_{34} = +25 - 20 + 30 - 27 = +8$$
$$\bar{c}_{33} = +c_{33} - c_{13} + c_{14} - c_{34} = +15 - 10 + 12 - 27 = -10$$

Die Lösung ist nicht optimal, da die Belegung des Feldes F_3–L_3 bei der entsprechenden Umbelegung eine Ersparnis von 10 GE/t ergibt.

Zur Verbesserung der Lösung wird die Umbelegung in Tableau IIa vorgenommen.

Tableau IIa

	L_1	L_2	L_3	L_4	a_i
F_1			$\boxed{10 - T_2} \leftarrow \boxed{28 + T_2}$		$38 + T_2 - T_2$
	17	11	10	12	
F_2		50		2	$52 - T_2 + T_2$
	18	20	19	30	
F_3	17		$\boxed{+ T_2} \rightarrow \boxed{13 - T_2}$		30
	13	25	15	27	
b_j	17	50	$10 - T_2 + T_2$	$43 + T_2 - T_2$	120

Die kleinste Größe x_{ij}, von der T_2 subtrahiert wird, ist Min (10,13) = 10 = x_{13}. Damit wird T_2 = 10 gewählt und man erhält die 2. verbesserte Lösung in Tableau III.

Tableau III (2. verbesserte Lösung)

	L_1	L_2	L_3	L_4	a_i
F_1				**38**	**38**
	17	11	10	12	
F_2		**50**		**2**	**52**
	18	20	19	30	
F_3	**17**		**10**	**3**	**30**
	13	25	15	27	
b_j	**17**	**50**	**10**	**43**	**120**

Die 2. verbesserte Lösung erbringt eine Kostenveränderung von $T_2 \cdot (-10$ GE$) = 10 \cdot (-10$ GE$) = -100$ GE gegenüber der vorhergehenden Lösung. Die Gesamtkosten dieses Transportplans betragen daher K = 1968 GE. Die Überprüfung der Lösung durch die fiktive Belegung der freien Felder mit 1 t ergibt folgende Kostenveränderungswerte:

$$\bar{c}_{11} = +17 - 13 + 27 - 12 = +19$$
$$\bar{c}_{12} = +11 - 20 + 30 - 12 = +9$$
$$\bar{c}_{13} = +10 - 15 + 27 - 12 = +10$$
$$\bar{c}_{21} = +18 - 13 + 27 - 30 = +2$$
$$\bar{c}_{23} = +19 - 15 + 27 - 30 = +1$$
$$\bar{c}_{32} = +25 - 20 + 30 - 27 = +8$$

Diese Werte sind alle nicht negativ. Durch eine Umbelegung ist also keine Verbesserung der Lösung zu erreichen. Die errechnete Lösung hat sich damit als optimal erwiesen.

3.4 Modi-Methode

Die Überprüfung einer zulässigen Lösung auf Optimalität nach dem in Abschn. 3.3 dargestellten Verfahren ist bei umfangreichen Problemen mit Schwierigkeiten verbunden. Die Ermittlung der "Fortschrittsrichtung" im Zyklus verursacht selbst beim Einsatz eines Computers einen nicht unerheblichen Aufwand.

Von Dantzig [1951] wurde eine andere Vorgehensweise, die Modified Distribution-Methode (Modi-Methode), entwickelt (Ackoff/Sasieni [1970, S. 138ff.], Domschke/Drexl [1998, S. 80ff.], Dantzig [1966, S. 354f.], Ferguson/Sargent [1958, S. 39ff.], Joksch [1965, S. 154]). Sie ermöglicht häufig eine leichtere und schnellere Überprüfung einer zulässigen Lösung auf Optimalität.

Die Modi-Methode beruht auf dem zum Transportproblem dualen linearen Programm, worauf hier aber nicht im einzelnen eingegangen werden soll. Dabei wird die Kostenmatrix der untersuchten Lösung reduziert, indem Konstanten u_i von den Zeilen und v_j von den Spalten subtrahiert werden, derart, daß in der reduzierten Matrix den Feldern mit $x_{ij} > 0$ (d. h. den Feldern, auf denen transportiert wird) Kosten von $\bar{c}_{ij} = 0$ zugeordnet sind. Dann geht man wie bisher vor: Eine Umbelegung kann nur dann zu einer Kostenersparnis führen, wenn in der Kostenmatrix Elemente $\bar{c}_{ij} < 0$ auftauchen. Die Umbelegung wird dann auf das Feld mit dem absolut größten negativen Element $\bar{c}_{ij}$ vorgenommen. Ist kein $\bar{c}_{ij} < 0$ vorhanden, liegt die Optimallösung vor.

Diese Matrizenreduktion darf vorgenommen werden, da sich zeigen läßt, daß sich dadurch die Optimallösung nicht ändert. Hier soll der Beweis jedoch nicht durchgeführt werden. Plausibel läßt sich das Vorgehen so begründen: Subtrahiert man in der Kostenmatrix von allen Werten einer Zeile i (Spalte j) einen festen Wert, so haben sich die Transportpreise vom Anbieter F_i (zum Nachfrager L_j) nur absolut, nicht aber relativ zueinander geändert. Für die Nachfrager (Anbieter) bleibt das Angebot von F_i (die Nachfrage von L_j) relativ gleich kostengünstig. Aufgrund der Gleichheit von Angebot und Nachfrage zieht man durch diese Matrizenreduktion von der Zielfunktion einen konstanten Wert ab. Dadurch ändert sich die Optimallösung qualitativ nicht (vgl. auch die Bemerkung zu den fixen Kosten in Abschn. 2.1.2). Es sei jedoch nochmals darauf hingewiesen, daß es sich hier nur um eine Plausibilitätsbetrachtung und nicht um einen exakten Beweis handelt.

Das Verfahren wird am Beispiel vorgeführt. Die Ausgangslösung wird durch Subtraktion der u_i von den Zeilen und v_j von den Spalten so reduziert, daß in allen belegten Feldern eine 0 erscheint.

Tableau I (Ausgangslösung)

	L_1	L_2	L_3	L_4	u_i / a_i
F_1	17	28 / 11	10 / 10	12	38
F_2	18	22 / 20	19	30 / 30	52
F_3	17 / 13	25	15	13 / 27	30
b_j	17	50	10	43	120

Besetzt sind in Tableau I die Felder F_1–L_2, F_1–L_3, F_2–L_2, F_2–L_4, F_3–L_1 und F_3–L_4. Folglich müssen die Werte $\bar{c}_{12}, \bar{c}_{13}, \bar{c}_{22}, \bar{c}_{24}, \bar{c}_{31}$ und $\bar{c}_{34}$ durch Zeilen- bzw. Spaltensubtraktion gleich Null werden:

(1) $0 = \bar{c}_{12} = c_{12} - u_1 - v_2 = 11 - u_1 - v_2$

(2) $0 = \bar{c}_{13} = c_{13} - u_1 - v_3 = 10 - u_1 - v_3$

(3) $0 = \bar{c}_{22} = c_{22} - u_2 - v_2 = 20 - u_2 - v_2$

(4) $0 = \bar{c}_{24} = c_{24} - u_2 - v_4 = 30 - u_2 - v_4$

(5) $0 = \bar{c}_{31} = c_{31} - u_3 - v_1 = 13 - u_3 - v_1$

(6) $0 = \bar{c}_{34} = c_{34} - u_3 - v_4 = 27 - u_3 - v_4$

Das ist nun ein zu lösendes Gleichungssystem mit sechs Gleichungen und sieben Unbekannten. Es ist also unterbestimmt. Dementsprechend wird $u_1 = 0$ willkürlich festgelegt. Sukzessive ergibt sich dann aus den Gleichungen (1)-(6):

$$u_1 = 0 \quad \text{(das ist der Wert, der von Zeile 1 abgezogen wird)}$$

damit aus (1): $v_2 = 11$ (wird von Spalte 2 abgezogen)

aus (2): $v_3 = 10$ (wird von Spalte 3 abgezogen)

aus (3): $u_2 = 9$ (wird von Zeile 2 abgezogen)

aus (4): $v_4 = 21$ (wird von Spalte 4 abgezogen)

aus (6): $u_3 = 6$ (wird von Zeile 3 abgezogen)

aus (5): $v_1 = 7$ (wird von Spalte 1 abgezogen)

Mit diesen Werten können jetzt die $\bar{c}_{ij}$-Werte der in Tableau I nicht besetzten Felder ermittelt werden:

$$\bar{c}_{11} = c_{11} - u_1 - v_1 = 17 - 0 - 7 = 10$$
$$\bar{c}_{14} = c_{14} - u_1 - v_4 = 12 - 0 - 21 = -9$$
$$\bar{c}_{21} = c_{21} - u_2 - v_1 = 18 - 9 - 7 = 2$$
$$\bar{c}_{23} = c_{23} - u_2 - v_3 = 19 - 9 - 10 = 0$$
$$\bar{c}_{32} = c_{32} - u_3 - v_2 = 25 - 6 - 11 = 8$$
$$\bar{c}_{33} = c_{33} - u_3 - v_3 = 15 - 6 - 10 = -1$$

Es ergibt sich

Tableau I*

	L_1	L_2	L_3	L_4	u_i
F_1	10	0	0	−9	0
F_2	2	0	0	0	9
F_3	0	8	−1	0	6
v_j	7	11	10	21	

Das sind genau die Werte $\bar{c}_{ij}$, die sich auch bei der Bestimmung der Umbelegungszyklen in Abschn. 3.3 ergaben. Die Lösung ist nicht optimal; die Umbelegung wird, wie in Abschn. 3.3 gezeigt, im Feld F_1–L_4 vorgenommen, das den absolut größten negativen Koeffizienten $\bar{c}_{ij}$ aufweist. Die Überprüfung der dadurch erhaltenen 1. verbesserten Lösung des Tableaus II (vgl. Abschn. 3.3) wird wieder wie oben beschrieben durch Reduktion der ursprünglichen Kostenmatrix vorgenommen:

Die Werte $\bar{c}_{13}, \bar{c}_{14}, \bar{c}_{22}, \bar{c}_{24}, \bar{c}_{31}$ und $\bar{c}_{34}$ müssen jetzt Null werden, da in Tableau II die entsprechenden Felder besetzt sind:

(1) $0 = \bar{c}_{13} = c_{13} - u_1 - v_3 = 10 - u_1 - v_3$

(2) $0 = \bar{c}_{14} = c_{14} - u_1 - v_4 = 12 - u_1 - v_4$

(3) $0 = \bar{c}_{22} = c_{22} - u_2 - v_2 = 20 - u_2 - v_2$

(4) $0 = \bar{c}_{24} = c_{24} - u_2 - v_4 = 30 - u_2 - v_4$

(5) $0 = \bar{c}_{31} = c_{31} - u_3 - v_1 = 13 - u_3 - v_1$

(6) $0 = \bar{c}_{34} = c_{34} - u_3 - v_4 = 27 - u_3 - v_4$

Willkürlich wird wieder $u_1 = 0$ gesetzt. Damit ergibt sich:

aus (1): $v_3 = 10$
aus (2): $v_4 = 12$
aus (4): $u_2 = 18$
aus (3): $v_2 = 2$
aus (6): $u_3 = 15$
aus (5): $v_1 = -2$

Wie oben erhält man für die nichtbesetzten Felder:

$$\bar{c}_{11} = c_{11} - u_1 - v_1 = 17 - 0 - (-2) = 19$$
$$\bar{c}_{12} = c_{12} - u_1 - v_2 = 11 - 0 - 2 = 9$$
$$\bar{c}_{21} = c_{21} - u_2 - v_1 = 18 - 18 - (-2) = 2$$
$$\bar{c}_{23} = c_{23} - u_2 - v_3 = 19 - 18 - 10 = -9$$
$$\bar{c}_{32} = c_{32} - u_3 - v_2 = 25 - 15 - 2 = 8$$
$$\bar{c}_{33} = c_{33} - u_3 - v_3 = 15 - 15 - 10 = -10$$

Es ergibt sich

Tableau II*

	L_1	L_2	L_3	L_4	u_i
F_1	19	9	0	0	0
F_2	2	0	-9	0	18
F_3	0	8	-10	0	15
v_j	-2	2	10	12	

Die Lösung ist nicht optimal. Feld F_3–L_3 wird belegt.

Die 2. verbesserte Lösung des Tableaus III (vgl. Abschn. 3.3) wird anschließend wie vor überprüft und man erhält:

Tableau III*

	L_1	L_2	L_3	L_4	u_i
F_1	19	9	10	0	0
F_2	2	0	1	0	18
F_3	0	8	0	0	15
v_j	–2	2	0	12	

Die Lösung ist optimal, denn es ist kein negativer Koeffizient vorhanden, d. h. es kann durch Umbelegung keine Kostenreduktion erzielt werden.

Allgemein geht die Modi-Methode in 2 Schritten vor:

1. Schritt: Es wird für jede Zeile i ein Element u_i und für jede Spalte j ein Element v_j gesucht, so daß gilt: wenn $x_{ij} > 0$, dann $c_{ij} - u_i - v_j = 0$, und wenn $x_{ij} = 0$, dann $\bar{c}_{ij} = c_{ij} - u_i - v_j$. Die u_i und v_j werden dadurch bestimmt, daß willkürlich ein u_{i_0} oder v_{j_0} Null gesetzt wird (das ist deshalb möglich, weil das entstehende Gleichungssystem unterbestimmt ist; hier wurde jeweils $u_1 = 0$ gesetzt).

Wenn dann u_{i_0} (bzw. v_{j_0}) schon bestimmt ist, geht man wie folgt vor:

Da $u_{i_0} + v_{j_0} = c_{i_0 j_0}$ sein muß für den Fall, daß $x_{i_0 j_0} > 0$ ist, wird zur Bestimmung von v_{j_0} (bzw. u_{i_0}) eine Spalte j (Zeile i) gewählt, die im Schnitt mit der Zeile i_0 (Spalte j_0) besetzt ist, d. h. $x_{i_0 j} > 0$ ($x_{i j_0} > 0$). Weitergehend lassen sich immer solche Felder mit $x_{i_0 j_0} > 0$ finden, bei denen das u_{i_0} der Zeile oder das v_{j_0} der Spalte bereits berechnet ist, so daß alle u_i und v_j bestimmt werden können (vgl. obige Beschreibung der Vorgehensweise beim Beispiel).

2. Schritt: Es werden für die nicht belegten Felder die Kostenelemente u_{ij} der reduzierten Matrix berechnet:

$$\bar{c}_{ij} = c_{ij} - u_i - v_j.$$

Ist am Ende kein $\bar{c}_{ij} < 0$, ist die Lösung optimal, anderenfalls wird das Feld mit dem absolut größten negativen $\bar{c}_{ij}$ mit der maximal möglichen Menge T_k belegt (vgl. Abschn. 3.3).

3.5 Entartung

Beim Optimalitätstest kann der Fall auftreten, daß sich bei Verwendung der Modi-Methode nicht alle u_i und v_j berechnen lassen. Dadurch wäre die Lösbarkeit des Transportproblems gefährdet. Und zwar geschieht das immer dann, wenn in der Matrix der zu überprüfenden Lösung weniger als m + n − 1 Felder besetzt sind (m = Zeilenzahl, n = Spaltenzahl der Matrix).

Eine solche Situation entsteht z. B. dadurch, daß bei der Bildung der Ausgangslösung mit der Belegung eines Feldes (das nicht das zuletzt zu belegende Feld ist) eine Angebots- und eine Nachfragerestriktion zugleich erfüllt werden. Genauso entsteht diese Situation, wenn bei der Umverteilung auf ein neues Feld zugleich zwei Transportverbindungen entlastet werden (d. h. es wird auf diesen Verbindungen nichts mehr transportiert). Ein solches Problem wird als *degeneriertes* oder *entartetes Transportproblem* bezeichnet.

Dieses Problem löst man während der Bestimmung der Ausgangslösung dadurch, daß man *entweder* nur die zugehörige Spalte *oder* nur die zugehörige Zeile aus der weiteren Berechnung ausklammert (weil die Kapazität erschöpft ist), während in der jeweils anderen mit der Restkapazität 0 genau wie vorher weitergerechnet wird, die dann auch im Tableau erscheint.

Während eines Austauschschritts wählt man unter den sich ergebenden Nullen eine aus, die durch ihr Erscheinen im Tableau gewährleistet, daß kein Element alleine in einer Zeile *und* in einer Spalte belegt ist, und schreibt diese 0 ins Tableau.

Das Vorgehen wird an folgendem Beispiel erläutert.

Im folgenden Tableau ergibt sich z. B. bei der Bestimmung der Ausgangslösung nach dem Matrixminimumverfahren:

30 ME von F_2 nach L_3 ("Streichen" von Spalte L_3)

20 ME von F_2 nach L_1 ("Streichen" entweder von Spalte L_1 oder von Zeile F_2 (hier Zeile F_2, man streicht also in der Tat nur Spalte *oder* Zeile und läßt hier die Spalte L_1 mit der Restkapazität 0 weiter in der Berechnung))

10 ME von F_3 nach L_2 ("Streichen" von Zeile F_3)

0 ME von F_1 nach L_1 ("Streichen" von Spalte L_1)

30 ME von F_1 nach L_2 ("Streichen" von Spalte L_2)

30 ME von F_1 nach L_4 ("Streichen" von Spalte L_4 und von Zeile F_1)

	L_1		L_2		L_3		L_4		a_i
F_1	0		30				30		60
		8		9		10		12	
F_2	20				30				50
		5		6		3		9	
F_3			10						10
		9		7		11		10	
b_j	20		40		30		30		120

Im Feld F_1–L_1 steht also explizit die "zu transportierende" Menge von 0 ME. Das Feld F_1–L_1 wird in der nächsten Iteration als (mit 0 ME) besetztes Feld behandelt.

3.6 Vergleich von Stepping-Stone-Methode und Simplexmethode

Auf die Verwandtschaft von Transportproblem und dem allgemeinen linearen Modell wurde schon in Abschn. 3.2 hingewiesen. Es zeigte sich, daß das Transportproblem ein lineares Optimierungsmodell mit spezieller Struktur ist. Im folgenden wird nun gezeigt, daß nicht nur die Problemstellungen, sondern auch die Algorithmen zu ihrer Lösung sehr eng zusammenhängen. Es wird sich zeigen, daß die Stepping-Stone-Methode im wesentlichen eine der speziellen Struktur des Transportproblems angepaßte Form der Simplexmethode ist.

Folgende Gegenüberstellung der Stepping-Stone-Methode und des Simplexalgorithmus zeigt die Zusammenhänge auf:

Stepping-Stone-Methode für das Transportproblem	*Simplexalgorithmus für beliebige lineare Optimierungsprobleme*
besetzte Felder im Transporttableau (d. h. Verbindungen, auf denen transportiert wird)	Basisvariable im Simplextableau (z. B.: Produkte, die produziert werden)
nicht besetzte Felder im Transporttableau (d.h. Verbindungen, auf denen nicht transportiert wird)	Nichtbasisvariable im Simplextableau (z. B.: Produkte, die nicht produziert werden)
Ermittlung der $\overline{c}_{ij}$	Ermittlung der Zielfunktionszeile in den einzelnen Tableaus
Optimalitätstest: Überprüfung, ob noch Einsparungsmöglichkeiten bestehen ($\overline{c}_{ij} < 0$)	Optimalitätstest: Überprüfung, ob noch Verbesserungsmöglichkeiten bestehen (positive Werte in der Zielfunktionszeile)
Bestimmung des Feldes (des Transportweges), auf dem neu transportiert werden soll	Bestimmung der in die Basis eintretenden Variablen (z. B. eines Guts, das neu produziert werden soll oder einer Kapazität, die Reserven haben soll, 1. Simplexkriterium)
Engpaßbestimmung: Bestimmung des Feldes (des Transportweges), auf dem nichts mehr transportiert werden soll	Engpaßbestimmung: Bestimmung der aus der Basis austretenden Variablen (z. B. eines Engpasses, der ausgelastet werden soll oder eines Guts, das nicht mehr produziert werden soll, 2. Simplexkriterium)

Die Umformungen am Transporttableau entsprechen also den Rechnungen beim Simplexverfahren, wie aus der Tabelle zu entnehmen ist; sie sind eine auf das Transportproblem abgestimmte Rechenform des Simplexverfahrens, denn:

1. Die Ermittlung der $\bar{c}_{ij}$ der nicht belegten Felder beim Transportproblem entspricht der Berechnung der Koeffizienten der Zielfunktionszeile beim Simplexverfahren. Die Auswahl des Felds mit dem absolut größten negativen Kostenkoeffizienten als neu zu belegendes Feld entspricht der Auswahl einer in die Basis eintretenden Variablen (1. Simplexkriterium).

Bem.: Beim Simplexverfahren wurde bei der Anwendung des Algorithmus immer von Maximierungsaufgaben ausgegangen und folglich der größte Wert in der Zielfunktionszeile gesucht, während das Transportproblem ein Minimierungsproblem ist und konsequenterweise der kleinste Wert der $\bar{c}_{ij}$ gesucht wird.

2. Die Ermittlung des Engpasses im Zyklus bei der Stepping-Stone-Methode, d. h. des Felds, das nach dem Austausch nicht mehr belegt ist, entspricht der Auswahl einer aus der Basis austretenden Variablen beim Simplexverfahren, wo alle Nichtbasisvariablen den Wert 0 haben (2. Simplexkriterium).

Jedes klassische Transportproblem kann mit der Stepping-Stone-Methode gelöst werden (Dantzig [1966, S. 353]). Hierbei können auch längere Zyklen auftreten, wie es oben (vgl. Abschn. 3.3) bei der probeweisen Belegung von F_1–L_1 in Tableau I sichtbar wurde. Da es sich bei der Stepping-Stone-Methode im wesentlichen um eine modifizierte Form der Simplexmethode handelt, wird eine optimale Lösung in endlich vielen Schritten ermittelt. Im Gegensatz zu einem beliebigen LP-Modell hat jedes klassische Transportproblem eine optimale Lösung, da der zulässige Bereich wegen $0 \le x_{ij} \le \min(a_i, b_j)$ beschränkt ist und stets eine zulässige Lösung existiert. wenn $a_i \ge 0$ ($i = 1, 2, ..., m$) und $b_j \ge 0$ ($j = 1, 2, ..., n$) sind.

3.7 Erweiterungen des Transportmodells

Das klassische Transportproblem ist durch stark einschränkende Bedingungen gekennzeichnet, insbesondere durch die Übereinstimmung von gesamtem Angebot und gesamter Nachfrage. Daneben werden auch die Produktionskosten der einzelnen Fertigungsstätten außer acht gelassen bzw. als gleich angenommen. Transportprobleme, in denen diese Bedingungen verletzt sind, können jedoch oft auf das klassische Transportproblem zurückgeführt werden. Im folgenden sollen drei Erweiterungsfälle untersucht werden:
1. das Angebot der Fertigungsstätten ist größer als die Nachfrage der Läger,
2. die Nachfrage der Läger ist größer als das Angebot der Fertigungsstätten,
3. an einzelnen Fertigungsstätten fallen unterschiedliche Produktionskosten an.

3.7.1 Angebot größer als Nachfrage

Ist ein Problem gegeben, in dem das klassische Transportproblem so abgewandelt ist, daß das gesamte Angebot größer ist als die gesamte Nachfrage, d. h.

$$\sum_{i=1}^{m} a_i > \sum_{j=1}^{n} b_j,$$

so kann man dieses Problem wieder auf das klassische Transportproblem zurückführen, indem man ein fiktives Lager L_{n+1} einführt, welches die nicht nachgefragten Mengen $x_{i,n+1}$ aufnimmt:

$$x_{i,n+1} = a_i - \sum_{j=1}^{n} x_{ij}.$$

Damit wird formal wieder die Nachfrage dem Angebot angeglichen.

Es läßt sich dann das folgende zugehörige klassische Transportmodell aufstellen:

$$K = \sum_{i=1}^{m} \sum_{j=1}^{n+1} c_{ij} x_{ij} \to Min$$

unter

$$\sum_{j=1}^{n+1} x_{ij} = a_i, \qquad\qquad i=1,2,...,m$$

$$\sum_{i=1}^{m} x_{ij} = b_j, \qquad\qquad j=1,2,...,n$$

$$\sum_{i=1}^{m} x_{i,n+1} = \sum_{i=1}^{m} a_i - \sum_{j=1}^{n} b_j$$

$$x_{ij} \geq 0, \qquad\qquad i=1,2, ,m; j=1,2,...,n+1$$

Dabei können für das fiktive Lager L_{n+1} die Kosten $c_{i,n+1} = 0$ gesetzt werden, wenn für das überschüssige Angebot keine Transportkosten entstehen. Werden die überschüssigen ME aber in ein reales (und nicht in ein fiktives) Lager transportiert, so sind die für diesen Transport anfallenden d_i GE/ME anzusetzen: $c_{i,n+1} = d_i$.

3.7.2 Nachfrage größer als Angebot

Betrachtet man den Fall, daß das Angebot kleiner als die Nachfrage ist, d.h.

$$\sum_{i=1}^{m} a_i < \sum_{j=1}^{n} b_j,$$

so kann die Nachfrage nicht mehr befriedigt werden. Die entstehenden Fehlmengen werden im Modell von einem fiktiven Versandort geliefert, womit formal Angebot und Nachfrage ausgeglichen sind. Analog zu Abschn. 3.7.1 wird hier die Schlupfvariable $x_{m+1,j}$ eingeführt.

$$x_{m+1,j} = b_j - \sum_{i=1}^{m} x_{ij} \qquad j=1,2,...,n$$

Damit kann das neue Problem wieder auf das klassische Transportmodell zurückgeführt werden:

$$K = \sum_{i=1}^{m+1} \sum_{j=1}^{n} c_{ij} x_{ij} \to Min$$

unter

$$\sum_{i=1}^{m+1} x_{ij} = b_j, \qquad\qquad j=1,2,...,n$$

$$\sum_{j=1}^{n} x_{ij} = a_i, \qquad\qquad i=1,2,...,m$$

$$\sum_{j=1}^{n} x_{m+1,j} = \sum_{j=1}^{n} b_j - \sum_{i=1}^{m} a_i$$

$$x_{ij} \geq 0, \qquad\qquad i=1,2,...,m+1; \, j=1,2,...,n$$

3.7.3 Unterschiedliche Produktionskosten

Transportprobleme, die unterschiedliche Produktionskosten an einzelnen Fertigungsstätten berücksichtigen, sind erheblich praxisnäher als das klassische Transportproblem. Auch solche Probleme können auf das klassische Transportproblem zurückgeführt werden. Dies geschieht dadurch, daß an Stelle der Transportkosten die Summe aus Produktionskosten und Transportkosten eingeführt wird. Dabei werden nur die variablen Stückkosten berücksichtigt, da die Fixkosten keinen Einfluß auf das Optimum haben (vgl. auch die Bemerkungen zu Fixkosten in Abschn. 2.1.1).

Folgendes Beispiel veranschaulicht die Vorgehensweise: Eine Unternehmung mit einer Gesamtkapazität von 170 ME fertige ein Produkt an den drei Fertigungsstellen F_1, F_2, F_3 mit folgenden Teilkapazitäten:

F_1: a_1 = 60 ME
F_2: a_2 = 80 ME
F_3: a_3 = 30 ME

Das von den Fertigungsstätten angebotene Produkt wird von den drei Lagerhäusern L_1, L_2 und L_3 insgesamt in 130 ME nachgefragt. Die Gesamtnachfrage teilt sich wie folgt auf:

L_1: b_1 = 30 ME
L_2: b_2 = 35 ME
L_3: b_3 = 65 ME

Die variablen Produktionskosten pro ME sind an den einzelnen Fertigungsstätten unterschiedlich hoch und betragen:

22 GE/ME in Fertigungsstätte F_1
20 GE/ME in Fertigungsstätte F_2
25 GE/ME in Fertigungsstätte F_3

Die Transportkosten je ME gehen aus der folgenden Kostenmatrix hervor:

	L_1	L_2	L_3
F_1	12	20	15
F_2	20	15	23
F_3	20	7	10

Gesucht ist der kostenminimale Produktions- und Transportplan.

Die Lösung dieses Problems geschieht in 2 Phasen: In der ersten Phase wird das Problem auf das klassische Transportproblem zurückgeführt, das dann in der zweiten Phase mit einem für dieses Problem geeigneten Standardverfahren gelöst wird. In der ersten Phase muß wie unter Abschn. 3.7.1 zuerst ein fiktives Lager L_4 eingeführt werden, das den Angebotsüberschuß von 40 ME aufnimmt.

Da durch den Überschuß keine zusätzlichen Kosten verursacht werden, müssen die entsprechenden Kostenelemente $c_{i4} = 0$ gesetzt werden. (Es wird davon ausgegangen, daß die in Lager L_4 fiktiv aufgenommenen Gütermengen in Wirklichkeit überhaupt nicht produziert werden. Würden sie produziert, so könnte c_{i4} die Summe aus Produktionskosten von F_i, Transportkosten von F_i ins Lager und Lagerkosten (jeweils je ME) beinhalten. Bei einem eventuellen Nachfrageüberschuß würde man entsprechend z. B. die Konventionalstrafe in den Kosten c_{4j} erfassen, wobei F_4 der fiktive Anbieter wäre.)

Nun werden die Produktions- und Transportkosten addiert, so daß sich folgende Kostenmatrix ergibt:

	L_1	L_2	L_3	L_4
F_1	34	42	37	0
F_2	40	35	43	0
F_3	45	32	35	0

Damit liegt die Form des klassischen Transportproblems vor. Zur Lösungsbestimmung soll nun die Stepping-Stone-Methode angewandt werden. Dabei soll die Ausgangslösung durch das Matrixminimumverfahren berechnet werden. Die Felder der L_4-Spalte werden jedoch bei der Belegung zunächst nicht berücksichtigt. Erst zum Schluß werden die Restkapazitäten in L_4 eingetragen. Es ergibt sich folgende Ausgangslösung:

Tableau I

	L_1		L_2		L_3		L_4		a_i
F_1	30				30				60
		34		42		37		0	
F_2			5		35		40		80
		40		35		43		0	
F_3			30						30
		45		32		35		0	
b_j	30		35		65		40		170

Die Bestimmung der Kostenänderungswerte $\bar{c}_{ij}$ ergibt:

$$\bar{c}_{12} = 42 - 37 + 43 - 35 = 13$$
$$\bar{c}_{14} = 0 - 0 + 43 - 37 = 6$$
$$\bar{c}_{21} = 40 - 43 + 37 - 34 = 0$$
$$\bar{c}_{31} = 45 - 32 + 35 - 43 + 37 - 34 = 8$$
$$\bar{c}_{33} = 35 - 32 + 35 - 43 = -5$$
$$\bar{c}_{34} = 0 - 0 + 35 - 32 = 3$$

Da der Wert $\bar{c}_{33} = -5$ kleiner als Null ist, sind mit der Belegung von F_3-L_3 noch Einsparungen möglich. Durch Belegung des Feldes F_3-L_3 mit der Menge $T_1 = 30$ kann die Lösung also noch verbessert werden.

Tableau II

	L_1		L_2		L_3		L_4		a_i
F_1	30				30				60
		34		42		37		0	
F_2			35		5		40		80
		40		35		43		0	
F_3					30				30
		45		32		35		0	
b_j	30		35		65		40		170

Die Optimalitätsprüfung ergibt:

$$\overline{c}_{12} = 42 - 35 + 43 - 37 = 13$$
$$\overline{c}_{14} = 0 - 0 + 43 - 37 = 6$$
$$\overline{c}_{21} = 40 - 34 + 37 - 43 = 0$$
$$\overline{c}_{31} = 45 - 35 + 37 - 34 = 13$$
$$\overline{c}_{33} = 32 - 35 + 43 - 35 = 5$$
$$\overline{c}_{34} = 0 - 35 + 43 - 0 = 8$$

Es treten keine negativen Kostenänderungswerte auf. Somit ist der Plan optimal. Der Angebotsüberschuß von 40 ME entsteht bei F_2 (aus dem Feld F_2–L_4 zu ersehen). F_2 ist also mit einer um 40 ME zu großen Produktionskapazität ausgestattet. Die für diesen Plan anfallenden Produktions- und Transportkosten betragen:

$$K = 30 \cdot 34 + 30 \cdot 37 + 35 \cdot 35 + 5 \cdot 43 + 40 \cdot 0 + 30 \cdot 35 = 4620 \text{ GE.}$$

Neben den hier behandelten Problemen kann eine Vielzahl von Transportaufgaben auf das klassische Transportproblem zurückgeführt werden. So berücksichtigt das sogenannte Umladeproblem (Transshipment-Problem) z. B. auch den in der Praxis häufig auftretenden Fall, daß der Versand nicht direkt zu den Bedarfsorten, sondern erst über Zwischenstationen vorgenommen wird. Orden [1956] schlug dafür ein verallgemeinertes Transportmodell vor (vgl. auch Dantzig [1966, S. 382ff.]; Müller-Merbach [1992, S. 274ff.]).

Aber auch Probleme aus der Produktionsplanung, die mit "Transport" eigentlich nichts zu tun haben, lassen sich als klassisches Transportproblem formulieren und lösen. So läßt sich z. B. das Produktionsglättungsproblem (ein Programm- und Lagerhaltungsproblem, vgl. Abschn. 7.2) als Transportproblem lösen (vgl. dazu Hillier/Lieberman [1996, S. 177ff.]).

Alle in der Form des klassischen Transportproblems erfaßten Probleme lassen sich mit relativ geringem Rechenaufwand lösen. Da bei der Berechnung der Optimallösung keinerlei Divisionen erforderlich sind, ist die Gefahr von Rundungsfehlern bei Benutzung eines Computers nahezu ausgeschlossen.

4 Sensitivitätsanalyse in der Linearen Optimierung

4.1 Aufgaben der Sensitivitätsanalyse

Die Sensitivitätsanalyse, die sich mit Auswirkungen von Änderungen der Ausgangsdaten auf die Optimallösung beschäftigt, ist von besonderer betriebswirtschaftlicher Bedeutung, da die Konstanz der Ausgangsdaten, die bisher immer vorausgesetzt wurde, im allgemeinen nur begrenzt gegeben ist. Man kann mit der Sensitivitätsanalyse wichtige zusätzliche Informationen aus dem linearen Modell herleiten.

Wie aus den vorangegangenen Kapiteln bekannt ist, optimiert die Lineare Planungsrechnung ein lineares Modell. Das lineare Modell soll dabei einen problembezogenen Realitätsausschnitt repräsentieren (vgl. Abschn. 1.1.3). Die Forderung nach Strukturgleichheit (Isomorphie) zwischen der formalen Modellstruktur und der abzubildenden Realität (Kosiol [1961, S. 321]) ist aber nicht immer erfüllt, was an unvollständigen Informationen, Unzulänglichkeiten des Modells (z. B.: nichtlineare Zusammenhänge können in linearen Modellen nicht erfaßt werden) oder an der Veränderung einzelner Zusammenhänge im Zeitablauf liegt (Statik des linearen Modells!). Die Planung bezieht sich meist auf eine zukünftige Situation, von der die genaue Datenkonstellation vorher nicht sicher bekannt ist (Kern [1963, S. 49f.]).

Beim Modell der Produktionsprogrammplanung können Produktionskoeffizienten durch Störungen oder Restriktionskoeffizienten (Ressourcen) durch Maschinenausfälle schwanken, ebenso stehen weder die Verkaufspreise noch die Kosten zukünftiger Produkte in der Regel vor Beginn der Produktion exakt fest.

Aber auch bei der Feststellung der gegenwärtigen Systemstruktur aus betrieblichen Aufzeichnungen oder gesonderten Untersuchungen muß mit gewissen Ungenauigkeiten in den Daten gerechnet werden (Kern [1963, S. 50]). Hier könnte also eine Frage lauten: "Welche Auswirkungen hat die mutmaßliche Ungenauigkeit dieser oder jener Modellgröße auf die Optimalität der angegebenen Lösung?"

Die Schwankungsbreiten einzelner Modellgrößen müssen nicht unbedingt zufälliger Natur sein, sondern sie können ebenso aus Handlungsalternativen des Entscheidungsträgers herrühren. So ist es denkbar, Kapazitätsgrenzen bewußt zu verändern, um einen besseren Zielfunktionswert zu erreichen. Genauso kann eine Veränderung von Produktionskoeffizienten ins Auge gefaßt werden (z. B. durch die geplante Auswechslung eines Aggregats oder durch eine Veränderung der Intensität, mit der einzelne Aggregate betrieben werden), so daß deren Auswirkung auf die Optimallösung geprüft werden muß.

In diesem Zusammenhang spricht man von *postoptimaler Analyse*: Die ermittelte Optimallösung wird daraufhin untersucht, wie sie sich ändert, wenn einzelne Modelldaten variieren.

Die nähere Beschäftigung mit der "Dynamik" von LO-Modellen, d. h. mit den Auswirkungen von Veränderungen der Modellgrößen auf die Optimallösung, führt zu weiteren aus dem Optimaltableau ableitbaren Aussagen. So lassen sich z. B. Aussagen über die Knappheitsgrade der bis an ihre Kapazitätsgrenzen genutzten Aggregate direkt aus dem Optimaltableau ablesen.

Die hier angesprochenen Probleme werden von der Sensitivitätsanalyse der Linearen Planungsrechnung angegangen, die zusätzliche betriebswirtschaftliche Aussagen aus den Angaben des Ausgangs- und des Optimaltableaus eines Modells der Linearen Planungsrechnung liefert.

Die Fragestellung der Sensitivitätsanalyse ist die folgende:

In welchem Bereich dürfen einzelne Ausgangsdaten variieren, ohne daß sich die Optimallösung qualitativ ändert, d. h. ohne daß ein Basistausch (Simplex-schritt) notwendig wird?

Der Begriff "Sensitivitätsanalyse" (Dinkelbach [1969], Gal [1973]) ist eine direkte Übertragung des englischen Begriffes "sensitivity analysis" ins Deutsche. Müller-Merbach [1992, S. 150] schlägt statt dessen den Begriff "Sensibilitätsana-lyse" vor, während Kern [1987, S. 119], von "Empfindlichkeitsanalyse" spricht. Beide Bezeichnungen haben sich aber bisher nicht durchgesetzt. Deshalb wird im folgenden der Begriff "Sensitivitätsanalyse" benutzt.

Die Sensitivitätsanalyse, die in Deutschland entscheidend von Dinkelbach gefördert worden ist, findet aufgrund der Starrheit des linearen Optimierungs-modells immer stärkere Beachtung (Dinkelbach [1969], Gal [1973]). In der Praxis beschäftigt man sich bei der Anwendung von Problemen der Linearen Planungs-rechnung intensiv mit der Sensitivitätsanalyse. Nahezu jedes auf dem Markt erhältliche EDV-Programm zur Linearen Planungsrechnung enthält die Möglich-keit umfangreicher Sensitivitätsanalysen für den Anwender (vgl. Abschn. 4.6).

Im folgenden sollen die Bereiche der Sensitivitätsanalyse zunächst graphisch veranschaulicht werden, bevor die eingehende Analyse am Simplextableau durch-geführt wird.

4.2 Graphische Betrachtungen zur Sensitivitätsanalyse

Für die graphische Betrachtung soll von dem aus Kapitel 2 bekannten Produk-tionsprogrammplanungsbeispiel ausgegangen werden. Das Beispiel zur Linearen Planungsrechnung lautete (vgl. Abschn. 2.1)

$$G = 3x_1 + 4x_2 \rightarrow \text{Max} \qquad \text{(Deckungsbeitragssumme)}$$

unter Beachtung der Nebenbedingungen

$$3x_1 + 2x_2 \leq 1200 \qquad \text{(Kapazitätsbeschränkung)}$$
$$5x_1 + 10x_2 \leq 3000 \qquad \text{(Rohstoffbeschränkung)}$$
$$\tfrac{1}{2}x_2 \leq 125 \qquad \text{(Arbeitskräftebeschränkung)}$$
$$x_1 \geq 0, \quad x_2 \geq 0$$

Die optimale Lösung ergab sich mit:

$x_1 = 300$, $x_2 = 150$ und $G = 1500$

wie Abb. 4-1 zeigt.

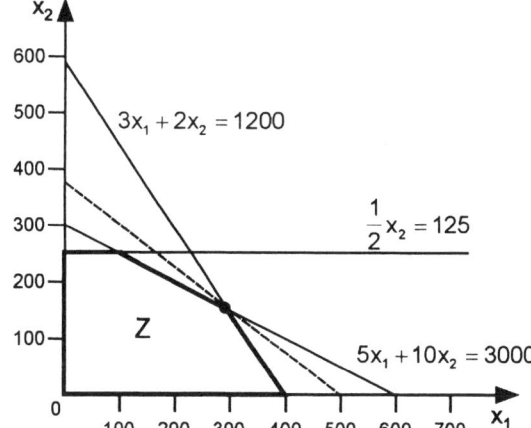

Abb. 4-1. Optimale Lösung des Programmplanungsproblems

Die optimale Basislösung für das zugehörige Gleichungssystem lautete:

$$\left.\begin{array}{rcl} x_1 & = & 300 \\ x_2 & = & 150 \\ y_3 & = & 50 \end{array}\right\}\text{Basisvariable}$$

$$\left.\begin{array}{rcl} y_1 & = & 0 \\ y_2 & = & 0 \end{array}\right\}\text{Nichtbasisvariable}$$

4.2.1 Änderung des Deckungsbeitrags eines Produkts (eines Zielfunktionskoeffizienten)

Es wird nun angenommen, der Absatzpreis von Produkt P_1 ändere sich, d. h. der Deckungsbeitrag c_1 in der Zielfunktion

$$G(x_1, x_2) = c_1 x_1 + c_2 x_2$$

wird variabel, während der Deckungsbeitrag $c_2 = 4$ für Produkt 2 konstant bleiben soll. Alle übrigen Modellgrößen sollen ebenfalls unverändert beibehalten werden.

Es wird nun die Auswirkung der Änderung des Deckungsbeitrags c_1 von P_1 auf die bisherige Optimallösung untersucht.

Ausgehend von der allgemeinen Zielfunktion $G = c_1 x_1 + c_2 x_2$ läßt sich eine Geradengleichung entwickeln, die unmittelbar die Steigung der Zielfunktionsgeraden im (x_1, x_2)-Koordinatensystem ausweist:

$$c_2x_2 = G - c_1x_1$$
$$x_2 = -\frac{c_1}{c_2}x_1 + \frac{G}{c_2},$$

wobei $-\dfrac{c_1}{c_2}$ die Steigung der Zielfunktionsgeraden und $\dfrac{G}{c_2}$ den Achsenabschnitt auf der x_2-Achse angeben. (Dieser entspricht der Menge von x_2, die gefertigt werden muß, wenn der jeweilige Deckungsbeitrag G nur durch die Fertigung von x_2 erzielt werden soll.)

Für die gegebene Zielfunktion mit den Werten

$$c_1 = 3 \text{ und } c_2 = 4$$

erhält man also

$$x_2 = -\frac{3}{4}x_1 + \frac{G}{4}.$$

Die Zielfunktionsisoquanten haben für $c_1 = 3$ und $c_2 = 4$ also jeweils eine Steigung von $-\dfrac{3}{4}$.

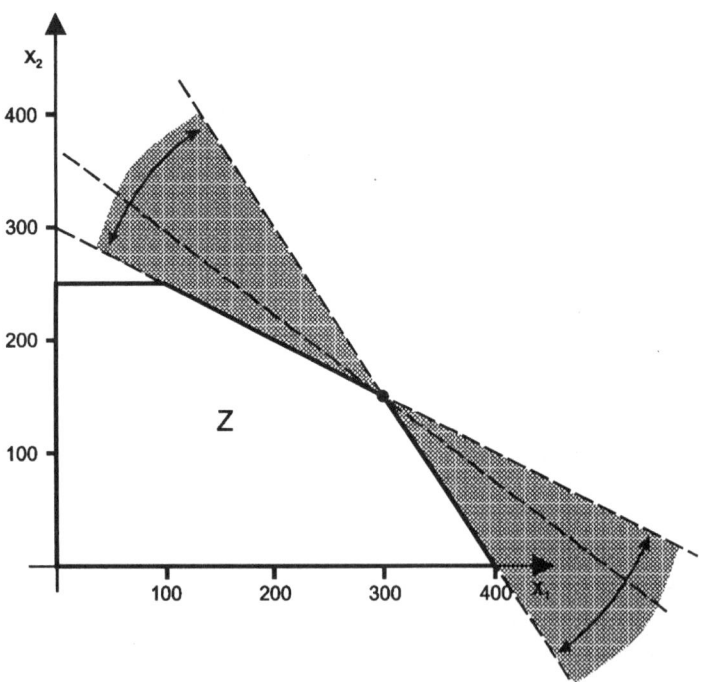

Abb. 4-2. Variation eines Deckungsbeitrags ohne (qualitative) Auswirkungen auf die Optimallösung

Eine Änderung von c_1 bei gleichbleibendem $c_2 = 4$ verändert nun die Steigung der Zielfunktionsgeraden ($-\frac{c_1}{4}$). Mit veränderlichem c_1 dreht sich die Zielfunktionsgerade um den Optimalpunkt. Dabei ändert sich das optimale Produktionsprogramm innerhalb eines gewissen Schwankungsbereichs des Deckungsbeitrags nicht.

Es soll nun dieser Schwankungsbereich in Abhängigkeit von der Steigung der Zielfunktionsgeraden festgestellt werden. Jede Änderung der Steigung führt zu einer Drehung der Zielfunktionsgeraden gegenüber dem Anfangszustand, wobei der Drehpunkt der ursprünglich ermittelte Optimalpunkt ist.

Offensichtlich bleibt die Lösung solange optimal, wie die Zielfunktionsgerade den zulässigen Bereich nur im Optimalpunkt (einem Eckpunkt!) berührt (d. h., wenn die Zielfunktion im schraffierten Kegel von Abb. 4-2 verläuft).

Wird die Drehung so weit fortgeführt bis die Zielfunktionsgerade genau mit einer der Begrenzungsgeraden zusammenfällt, die auch durch den Optimalpunkt verläuft, so ergeben sich unendlich viele Optimallösungen längs einer Strecke auf dieser Begrenzungsgeraden (einer Kante des Lösungspolyeders), wie man in Abb. 4-2 sehen kann.

Wird die Zielfunktionsgerade noch weiter gedreht, so daß sie den zulässigen Bereich schneidet, bleibt die bisherige Optimallösung nicht mehr optimal, denn dann könnte ein höherer Gewinn erzielt werden, indem die Zielfunktionsgerade zu einem der benachbarten Eckpunkte parallel verschoben wird.

Abb. 4-3 zeigt die Auswirkungen von Änderungen des Deckungsbeitrags c_1 für das Programmplanungsbeispiel.

Diese graphische Betrachtung zeigt, daß die Steigung der Zielfunktionsgeraden mit den Steigungen der Nebenbedingungen, die den bisherigen Optimalpunkt bestimmen, verglichen werden muß.

Der bisherige Optimalpunkt bleibt auch bei verändertem c_1 noch optimal, solange die Steigung der Zielfunktionsgeraden zwischen den Steigungen dieser Restriktionen liegt (Abb. 4-2). Stimmt die Steigung der Zielfunktionsgeraden mit der Steigung einer dieser Restriktionen überein, so ist eine Grenze für die Veränderung des Deckungsbeitrags erreicht, bei deren Überschreitung eine neue Optimallösung bestimmt werden muß.

Aus den Geradengleichungen für die beiden in der Optimallösung mit Gleichheit erfüllten Nebenbedingungen

$$3x_1 + 2x_2 = 1200$$
$$5x_1 + 10x_2 = 3000,$$

lassen sich durch Auflösen nach x_2 die Steigungen dieser Restriktionsgeraden errechnen zu $-\frac{3}{2}$ und $-\frac{5}{10} = -\frac{1}{2}$.

Bei Variation des Deckungsbeitrags c_1 in der Zielfunktion bleibt die bisherige Optimallösung nun also solange optimal, wie die folgende Bedingung gilt (vgl. Abb. 4-2)

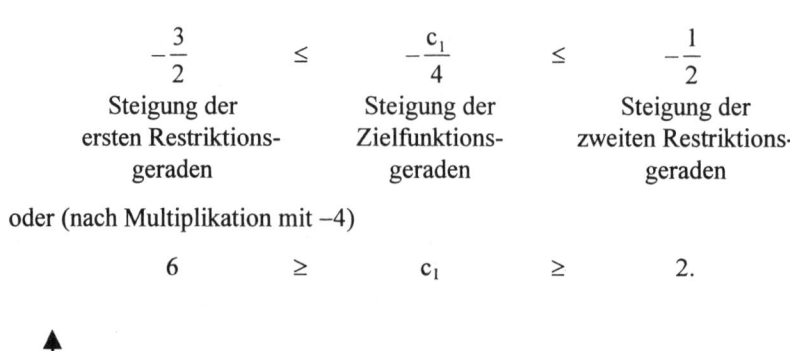

$$-\frac{3}{2} \quad \le \quad -\frac{c_1}{4} \quad \le \quad -\frac{1}{2}$$

Steigung der   Steigung der   Steigung der
erste Restriktions-   Zielfunktions-   zweiten Restriktionsgeraden   geraden   geraden

oder (nach Multiplikation mit −4)

$$6 \quad \ge \quad c_1 \quad \ge \quad 2.$$

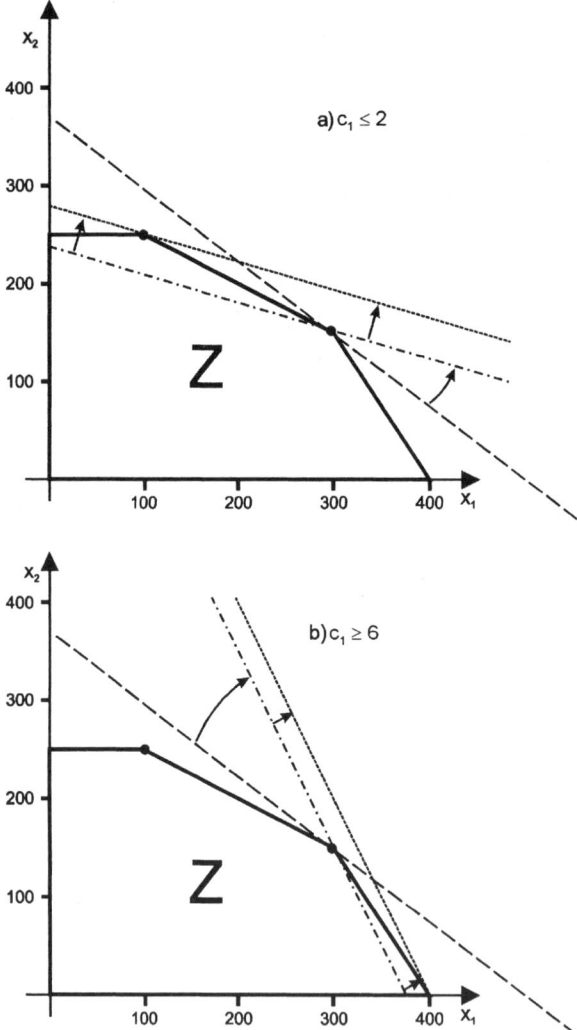

Abb. 4-3a,b. Auswirkungen von Deckungsbeitragsänderungen

Ist $c_1 = 2$ (bzw. $c_1 = 6$), so gibt es unendlich viele Optimallösungen, die alle auf der durch die Gerade $5x_1 + 10x_2 = 3000$ (bzw. $3x_1 + 2x_2 = 1200$) gebildeten Begrenzungsstrecke des zulässigen Bereiches liegen.

Wird $c_1 < 2$ (Abb. 4-3a), so ist für alle $c_1 > 0$ der Punkt $(100,250)$ Optimalpunkt. (Die Grenze $c_1 = 0$ ergibt sich dabei wie oben bei Betrachtung der Restriktionen $5x_1 + 10x_2 \leq 3000$ und $\frac{1}{2} x_2 \leq 125$, die am Eckpunkt $(x_1,x_2) = (100,250)$ mit Gleichheit erfüllt sind. Man löst also das Gleichungssystem $5x_1 + 10x_2 = 3000$ und $\frac{1}{2} x_2 = 125$.) Für $c_1 > 6$ (Abb. 4-3b) wird die Optimallösung durch den Punkt $(400,0)$ gebildet.

Es läßt sich also festhalten, daß durch Änderungen des Deckungsbeitrags eines Produkts in bestimmten Grenzen die Struktur der Optimallösung nicht verändert wird: Die gleichen Variablen bleiben Basisvariablen.

Ändert sich dagegen der Deckungsbeitrag über diese Grenzen hinaus, so ändert sich auch die Struktur der Optimallösung. (Wird im Beispiel etwa $c_1 < 2$ und damit die Steigung der Zielfunktionsgeraden geringer als die Steigung der Maschinenkapazitätsbeschränkung, so wird der Punkt $(x_1,x_2) = (100,250)$ Optimalpunkt und die Arbeitskräftebeschränkung anstelle der Maschinenkapazitätsbeschränkung bis an ihre Grenzen ausgenutzt, da bei dieser Deckungsbeitragsrelation die Engpaßsituation zu Gunsten des relativ günstigeren Produkts P_2 genutzt wird. Im Simplexverfahren würde y_1 für y_3 in die Basis eintreten. Der Gesamtdeckungsbeitrag nimmt jedoch entsprechend dem verminderten Stückdeckungsbeitrag ab.)

4.2.2 Gradientenbetrachtung bei Deckungsbeitragsänderungen

In Abschn. 4.2.1 wurde die Schwankungsbreite des Deckungsbeitrags eines Produkts untersucht, innerhalb derer die Optimallösung qualitativ unverändert erhalten bleibt. Dabei wurde die mögliche Änderung der Steigung der Gewinngeraden untersucht. Dieselbe Fragestellung kann aber auch mit Hilfe einer Gradientenbetrachtung beantwortet werden.

Die oben durchgeführte graphische Betrachtung kann nur für zweidimensionale Modelle vorgenommen werden. Die nun hier zu behandelnde Gradientenanalyse erlaubt auch eine Anwendung auf höherdimensionale Modelle. Außerdem ist sie für die Lösung nichtlinearer Modelle verwendbar, auf die später eingegangen wird (s. Abschn. 6.3.3).

Die Richtung des Anstiegs einer Funktion $f(x_1,x_2)$ im Punkt $P = (x_1,x_2)$ wird durch den Gradienten im Punkt P - bezeichnet mit grad $f(P)$ - angezeigt, der gegeben ist durch den Vektor der partiellen Ableitungen im Punkt P:

$$\text{grad } f(P) = \left(\frac{\partial f}{\partial x_1}(P), \frac{\partial f}{\partial x_2}(P) \right).$$

Zum Beispiel lauten für die Funktion

$$f(x_1, x_2) = ax_1 + bx_2$$

die partiellen Ableitungen nach x_1 und x_2

$$\frac{\partial f}{\partial x_1} = a, \quad \frac{\partial f}{\partial x_2} = b \; .$$

Damit erhält man den Gradienten im Punkt $P = (x_1, x_2)$

$$\text{grad } f(P) = (a,b).$$

Allgemein läßt sich sagen, daß der Gradient für alle linearen Funktionen überall konstant ist. Das ist auch unmittelbar anschaulich, da der Anstieg einer Geraden in jedem Punkt der gleiche sein muß, weil die Gerade durch eine konstante Steigung ausgezeichnet ist. Der Gradient einer linearen Funktion setzt sich aus den Koeffizienten der Funktion zusammen.

Bei linearen Funktionen f kann man daher stets grad f statt grad f(P) schreiben, da dieser Wert für alle Punkte P konstant ist.

Es soll als Beispiel wieder das folgende Modell der linearen Planungsrechnung betrachtet werden:

$$
\begin{array}{rrcrcl}
G(x_1, x_2) = & 3x_1 & + & 4x_2 & \to & \text{Max} \\
(1) & 3x_1 & + & 2x_2 & \leq & 1200 \\
(2) & 5x_1 & + & 10x_2 & \leq & 3000 \\
(3) & & & \tfrac{1}{2}x_2 & \leq & 125 \\
\end{array}
$$

$$x_1 \geq 0, \quad x_2 \geq 0.$$

Die optimale Lösung bei $P_0 = (300, 150)$ ist in Abb. 4-1 eingetragen.

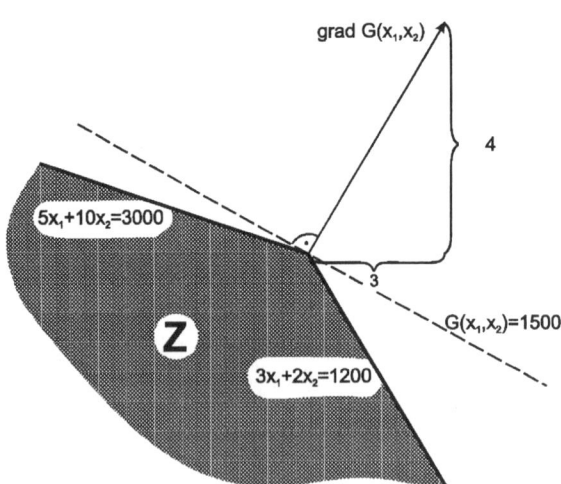

Abb. 4-4. Gradient der Gewinngeraden im Optimalpunkt

Der Gradient der Gewinngeraden G lautet:

$$\text{grad } G(P) = (c_1, c_2) = (3, 4)$$

für $c_1 = 3$ und $c_2 = 4$, den Deckungsbeiträgen im Modell.
Nun soll der Vektor grad G = (3,4) einmal in Punkt P_0 eingezeichnet werden.
    Wie Abb. 4-4 zeigt, steht der Gradient senkrecht auf der Zielfunktionsgeraden und weist aus dem zulässigen Bereich.
    Ebenso lassen sich die Gradienten für die Geraden (1) und (2), die sich im Optimalpunkt schneiden, bestimmen:

(1) $g_1(x_1, x_2) = 3x_1 + 2x_2$,   also grad $g_1 = (3,\ 2)$,
(2) $g_2(x_1, x_2) = 5x_1 + 10x_2$,   also grad $g_2 = (5, 10)$.

    In Abb. 4-5 sind auch diese Gradienten eingetragen.
Abbildung 4-5 zeigt deutlich, daß der Gradient der Zielfunktion im Optimalpunkt P_0 von den Gradienten der Begrenzungsgeraden eingeschlossen wird.

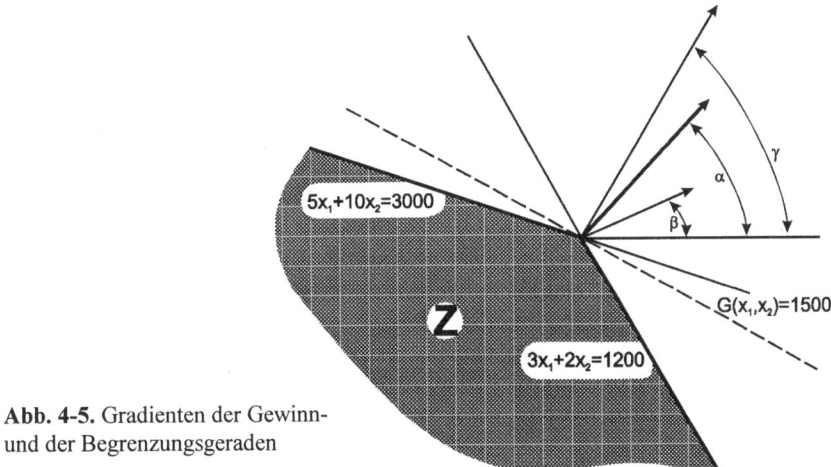

Abb. 4-5. Gradienten der Gewinn- und der Begrenzungsgeraden

Formal ausgedrückt:
    Man kann Werte $t_1 \geq 0$ und $t_2 \geq 0$ finden, so daß die folgende Gleichung richtig ist:

$$\text{grad } G(P_0) = t_1 \cdot \text{grad } g_1(P_0) + t_2 \cdot \text{grad } g_2(P_0).$$

    Sobald der Gradient der Zielfunktion diesen Zwischenbereich verläßt, wird ein benachbarter Eckpunkt optimal.
Zeichnet man nun wie in Abb. 4-5 die Parallele zur x_1-Achse durch den Punkt P_0, so entstehen mit dieser Parallele drei Winkel:

    mit dem Gradienten der Zielfunktion (α),
    mit den Gradienten der Restriktionen (β bzw. γ).

Nun betrachtet man die zugehörigen Tangens-Werte dieser Winkel. Es ergibt sich als Optimalitätsbedingung für P_0:

P_0 ist optimal, wenn tg α zwischen tg β und tg γ liegt.

Für das Modell ergeben sich die Werte:

$$\text{tg } \beta = \frac{\text{Gegenkathete}}{\text{Ankathete}} = \frac{2}{3}$$

$$\text{tg } \alpha \qquad\qquad = \frac{c_2}{c_1}$$

$$\text{tg } \gamma \qquad\qquad = \frac{10}{5} = 2$$

Damit lautet die Optimalitätsbedingung für P_0:

$$\frac{2}{3} \leq \frac{c_2}{c_1} \leq 2.$$

Wollte man den Schwankungsbereich für den Deckungsbeitrag c_2 bei konstantem $c_1 = 1$ festlegen, so lautet die Bedingung

$$\frac{2}{3} \leq c_2 \leq 2,$$

d. h. P_0 bleibt optimal, solange c_2 zwischen $\frac{2}{3}$ und 2 schwankt.

4.2.3 Änderung einer Faktormenge (eines Werts auf der rechten Seite)

Die hier gestellte Frage lautet: "In welchen Grenzen darf sich ein Wert auf der rechten Seite des Restriktionensystems ändern (unter der Voraussetzung, daß alle anderen Werte der rechten Seite konstant bleiben), ohne daß sich die Optimallösung qualitativ ändert?"

Diese Frage soll anhand der Rohstoffbeschränkung untersucht werden. Bezeichnet man allgemein mit b_2 die verfügbare Rohstoffmenge der Planungsperiode, so läßt sich aus der Geradengleichung für die Rohstoffbeschränkung

$$5x_1 + 10x_2 = b_2$$

durch Auflösen nach x_2

$$x_2 = -\frac{1}{2} x_1 + \frac{1}{10} b_2$$

erkennen (s. Abb. 4-1), daß eine Variation von b_2 lediglich eine Parallelverschiebung der Rohstoffbeschränkungslinie bedeutet, da sich nur das Absolutglied, nicht aber die Steigung der Geraden ändert.

Die Parallelverschiebung kann ohne qualitative Veränderung der Optimallösung nach links unten (d. h. in Richtung Koordinatenursprung) so weit durchgeführt werden, bis die Rohstoffbeschränkungslinie die Abszisse im selben Punkt

$(x_1 = 400, x_2 = 0)$ schneidet wie die Maschinenbeschränkungslinie (d. h. bis zur nächsten Ecke des zulässigen Bereichs). Dabei wandert der Optimalpunkt auf der Maschinenbeschränkungslinie nach rechts unten. (Vgl. Abb. 4-6. Dort deuten die [gepunkteten] Parallelen die Schar der Zielfunktionen zu verschiedenen G-Werten an.)

Während das optimale Produktionsprogramm dabei zunächst nur eine andere mengenmäßige Zusammensetzung annimmt (quantitative Änderung), kommt es zu einer qualitativen Änderung, wenn Produkt 2 nicht mehr hergestellt wird. Das ist der Fall, wenn die Rohstoffbeschränkungslinie die Abszisse im Punkt $(x_1, x_2) = (400, 0)$ schneidet. Wenn man in die Rohstoffbeschränkungsgleichung $x_1 = 400$ und $x_2 = 0$ einsetzt, so erhält man die zugehörige Rohstoffmenge b_2:

$$\begin{aligned} 5 \cdot x_1 + 10 \cdot x_2 &= b_2 \\ 5 \cdot 400 + 10 \cdot 0 &= b_2 \\ b_2 &= 2000. \end{aligned}$$

Sinkt die zur Verfügung stehende Rohstoffmenge auf 2000 ab, wird Produkt 2 aus der Produktion verdrängt und nur noch Produkt 1 gefertigt. Abbildung 4-6 zeigt diese Analyse.

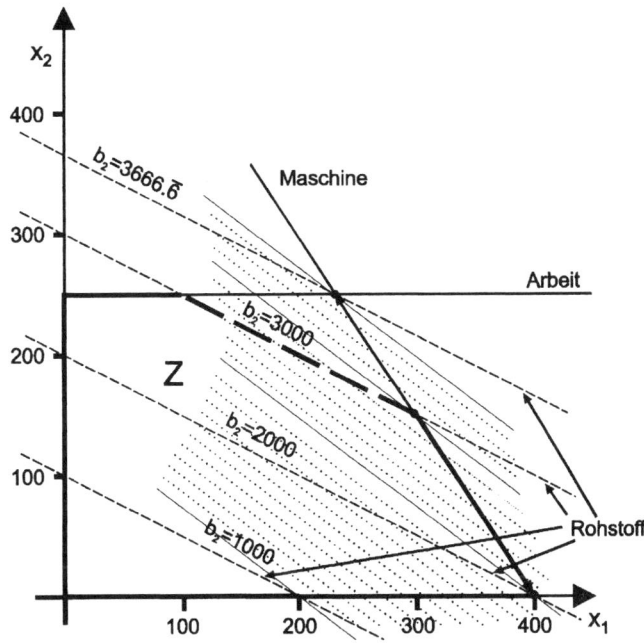

Abb. 4-6. Auswirkung von Rohstoffmengenänderungen

Wird die Rohstoffbegrenzungsgerade nach rechts oben verschoben, d. h. erhöht man die Rohstoffmenge über den Wert 3000, so ändert sich die Lösung zunächst nur quantitativ: Es wird weniger von P_1 und mehr von P_2 gefertigt.

Der Optimalpunkt wandert auf der Maschinenbeschränkungsgeraden nach oben.

Wird die Rohstoffbegrenzungsgerade über den Schnittpunkt von Arbeitskräfte- und Maschinenbeschränkungsgerade hinaus nach rechts verschoben, wird der zulässige Bereich nur noch durch die Arbeitskräfte- und die Maschinenbeschränkung sowie die Nichtnegativitätsbedingungen gebildet, die Rohstoffmengenbeschränkung ist dann ohne Bedeutung. Optimalpunkt ist dann der Schnittpunkt von Arbeitskräfte- und Maschinenbeschränkung (vgl. Abb. 4-6).

Das optimale Produktionsprogramm läßt sich dann folgendermaßen errechnen: Aus den Gleichungen der Geraden

$$3x_1 + 2x_2 = 1200 \text{ und } \frac{1}{2} x_2 = 125,$$

die sich in diesem Punkt schneiden, erhält man durch Einsetzen von $x_2 = 250$ und Auflösen nach x_1

$$3x_1 + 500 = 1200$$
$$x_1 = \frac{700}{3} = 233\frac{1}{3}.$$

Damit läßt sich auch die Rohstoffmenge berechnen, ab welcher die Rohstoffmengenbeschränkung bedeutungslos wird:

$$b_2 = 5x_1 + 10x_2$$
$$b_2 = 5 \cdot \frac{700}{3} + 10 \cdot 250 = 3666\frac{2}{3}.$$

Als Ergebnis der graphischen Betrachtung ergibt sich, daß jede Änderung der Rohstoffmenge b_2 in den Grenzen $2000 \le b_2 \le 3666\frac{2}{3}$ die quantitative Zusammensetzung des optimalen Produktionsprogramms ändert.

Sinkt b_2 unter 2000, so ändert sich die Optimallösung auch qualitativ: es wird nur noch Produkt 1 gefertigt. Wird b_2 über $3666\frac{2}{3}$ erhöht, bleibt die Lösung $x_1 = 2333\frac{1}{3}$, $x_2 = 250$ erhalten: die Rohstoffmenge stellt dann keine wirksame Beschränkung mehr dar, sie bildet keinen Engpaß.

4.3 Beziehungen zwischen Anfangs- und Endtableau

Die graphische Analyse eignet sich nur für die Untersuchung von Änderungen in Modellen mit zwei Variablen (vgl. Abschn. 2.1.1, 4.2).

Es wäre nun möglich, bei jeder Datenänderung mit der Simplexmethode – ausgehend vom veränderten Ausgangstableau – die neue Optimallösung zu bestimmen. Die Rechnung müßte bei jeder Datenänderung vollständig wiederholt werden. Bei häufigen Änderungen ist diese Vorgehensweise sehr aufwendig.

Deshalb will man in der Sensitivitätsanalyse die Auswirkungen von Änderungen im Anfangstableau auf das Optimaltableau untersuchen, ohne die dazwischen liegenden Umrechnungen tatsächlich alle vorzunehmen. Um das zu erreichen, ist eine ausführliche Analyse der Beziehungen zwischen Anfangs- und Optimaltableau nötig.

Dazu soll das folgende Beispiel zugrunde gelegt werden:

$$G = 1x_1 + 2x_2 + 1x_3 \rightarrow \text{Max}$$

unter

$$6x_1 + 5x_2 + 10x_3 \leq 27$$
$$2x_1 + 6x_2 + 6x_3 \leq 21$$
$$x_1, x_2, x_3 \geq 0$$

Ausgangstableau

BV	x_1	x_2	x_3	y_1	y_2	RS
y_1	6	5	10	1	0	27
y_2	2	6	6	0	1	21
$-G$	1	2	1	0	0	0

Zwischentableau

BV	x_1	x_2	x_3	y_1	y_2	RS
y_1	$\frac{13}{3}$	0	5	1	$-\frac{5}{6}$	$9\frac{1}{2}$
x_2	$\frac{1}{3}$	1	1	0	$\frac{1}{6}$	$3\frac{1}{2}$
$-G$	$\frac{1}{3}$	0	-1	0	$-\frac{1}{3}$	-7

Hieraus erhält man nach der nächsten Simplexiteration unmittelbar das Optimaltableau.

Optimaltableau

BV	x_1	x_2	x_3	y_1	y_2	RS
x_1	1	0	$\frac{15}{13}$	$\frac{3}{13}$	$-\frac{5}{26}$	$2\frac{5}{26}$
x_2	0	1	$\frac{8}{13}$	$-\frac{1}{13}$	$\frac{3}{13}$	$2\frac{10}{13}$
$-G$	0	0	$-\frac{18}{13}$	$-\frac{1}{13}$	$-\frac{7}{26}$	$-7\frac{19}{26}$

Es soll nun versucht werden, (ohne Verwendung des Zwischentableaus) die Zusammenhänge zwischen dem Ausgangstableau (im folgenden Tableau A) und dem Optimaltableau (Tableau B) zu ermitteln. Vom Optimaltableau ist zunächst nur bekannt, daß x_1 und x_2 in der Basis stehen. Dadurch sind die zu x_1 und x_2

gehörigen Tableauspalten festgelegt. Es handelt sich um Einheitsspalten (genau einmal mit Wert 1, sonst nur Nullen).

Tableau A

BV	x_1	x_2	x_3	y_1	y_2	$-G$	RS
y_1	6	5	10	1	0	0	27
y_2	2	6	6	0	1	0	21
$-G$	1	2	1	0	0	1	0

Tableau B

BV	x_1	x_2	x_3	y_1	y_2	$-G$	RS
y_1	1	0	$\bar{a}_{13}$	$\bar{a}_{14}$	$\bar{a}_{15}$	0	$\bar{b}_1$
y_2	0	1	$\bar{a}_{23}$	$\bar{a}_{24}$	$\bar{a}_{25}$	0	$\bar{b}_2$
$-G$	0	0	$\bar{c}_3$	$\bar{c}_4$	$\bar{c}_5$	1	$-\overline{G}$

Bem.: Um die der Zielfunktionszeile entsprechende Gleichung aufstellen zu können, soll die –G-Spalte zunächst wieder mit berücksichtigt werden. Später wird sie (wie sonst) nicht mit aufgeführt (vgl. Abschn. 2.1.2).

4.3.1 Beziehungen für die Zielfunktionszeile

Die Zielfunktionszeile lautet:

$$\bar{c}_3 x_3 + \bar{c}_4 y_1 + \bar{c}_5 y_2 + (-G) = -\overline{G}.$$

Diese Zeile ist dadurch aus der Zielfunktion von Tableau A entstanden, daß bei jeder Simplexiteration ein gewisses Vielfaches der jeweiligen Pivotzeile addiert wurde. Man faßt nun die verschiedenen Faktoren, mit denen im Laufe der Umwandlungen die Zeile i des Ausgangstableaus multipliziert wurde, zur Größe u_i zusammen.

Es gibt also Werte u_i für jede Zeile i, so daß gilt:

	Zielfunktionszeile	von Tableau A	
–	(erste Zeile	von Tableau A)	$\cdot\ u_1$
–	(zweite Zeile	von Tableau A)	$\cdot\ u_2$

| = | Zielfunktionszeile | von Tableau B | |

Zur Ermittlung der Zielfunktionszeile von Tableau B formt man alle in der Umrechnungsbedingung aufgeführten Zeilen (die ja jeweils einer Gleichung entsprechen) so um, daß auf einer Seite der Gleichungen jeweils Null steht, d. h. z. B. für die erste Zeile von Tableau A:

$$6x_1 + 5x_2 + 10x_3 + 1y_1 + 0y_2 + 0(-G) = 27$$

wird zu

$$6x_1 + 5x_2 + 10x_1 + 1y_1 + 0y_2 + 0(-G) - 27 = 0.$$

Die linken Seiten dieser Gleichungen werden nun in die obige Umrechnungsbedingung eingesetzt und es ergibt sich:

$$
\begin{array}{rrrrrrrr}
 & 1x_1 & + 2x_2 & + 1x_3 & + 0y_1 & + 0y_2 & + 1(-G) & - 0 \\
- & (6x_1 & + 5x_2 & + 10x_3 & + 1y_1 & + 0y_2 & + 0(-G) & - 27 \;) & \cdot u_1 \\
- & (2x_1 & + 6x_2 & + 6x_3 & + 0y_1 & + 1y_2 & + 0(-G) & - 21 \;) & \cdot u_2 \\
\hline
= & 0x_1 & + 0x_2 & + \bar{c}_3 x_3 & + \bar{c}_4 y_1 & + \bar{c}_5 y_2 & + 1(-G) & + \overline{G}
\end{array}
$$

Da die vorstehende Beziehung für sämtliche Werte x_1, x_2, x_3, y_1 und y_2 des zulässigen Bereichs gilt, ergibt sich für die gesuchten Koeffizienten u_1, u_2, $\bar{c}_3$, $\bar{c}_4$, $\bar{c}_5$, $\overline{G}$ das folgende, aus den Spalten der obigen Gleichung ablesbare Gleichungssystem (Koeffizientenvergleich bei allen Variablen):

$$
\begin{array}{llrrcl}
(1) & 1 & - 6u_1 & - 2u_2 & = & 0 \\
(2) & 2 & - 5u_1 & - 6u_2 & = & 0 \\
(3) & 1 & - 10u_1 & - 6u_2 & = & \bar{c}_3 \\
(4) & 0 & - 1u_1 & - 0u_2 & = & \bar{c}_4 \\
(5) & 0 & - 0u_1 & - 1u_2 & = & \bar{c}_5 \\
(6) & 1 & + 0u_1 & + 0u_2 & = & 1 \\
(7) & 0 & + 27u_1 & + 21u_2 & = & \overline{G}
\end{array}
$$

(Die aus der $(-G)$-Spalte entstandene Gleichung (6) ist trivial und wird im folgenden nicht mehr benötigt.)

Aus den Gleichungen (1) und (2), d. h. durch die für die Spalten der Basisvariablen des Tableaus B gebildeten Spalten, lassen sich u_1 und u_2 bestimmen:

$$
\begin{array}{lrll}
(1') & 6u_1 + 2u_2 & = 1 \;|\; \cdot (-3) & \left.\rule{0pt}{2.4ex}\right\} + \\
(2') & 5u_1 + 6u_2 & = 2 & \\
\hline
 & -13u_1 & = -1 & \\
 & u_1 & = \dfrac{1}{13} &
\end{array}
$$

$$
\begin{array}{lrl}
(1') & 2u_2 & = 1 - 6u_1 = 1 - \dfrac{6}{13} \\
 & u_2 & = \dfrac{7}{26}
\end{array}
$$

Damit ergibt sich für $\overline{c}_3$ aus Gleichung (3):

$$\overline{c}_3 = 1 - 10 \cdot \frac{1}{13} - 6 \cdot \frac{7}{26}$$

$$\overline{c}_3 = -\frac{18}{13}.$$

Aus den Gleichungen (1) bis (7) können jedoch noch weitere Informationen gewonnen werden. So können aus den Gleichungen (4) und (5) - d. h. den Gleichungen aus den Spalten des Optimaltableaus (B), die von den Basisvariablen (y_1 und y_2) des Ausgangstableaus (A) gebildet werden - die Werte für u_1 und u_2 direkt abgelesen werden:

$$u_1 = -\overline{c}_4 = \frac{1}{13}, \quad u_2 = -\overline{c}_5 = \frac{7}{26}.$$

Die Zielfunktionskoeffizienten der Optimallösung in den Spalten der Basisvariablen des Ausgangstableaus (Schlupfvariablen) geben also die Umrechnungsfaktoren u_i mit umgekehrtem Vorzeichen an.

Eine weitere Aussage liefert Gleichung (7), die aus den Werten der rechten Seite gebildet ist:

(7) $\overline{G} = 27u_1 + 21u_2$.

Nennt man die verfügbaren Kapazitäten im Ausgangstableau wie üblich b_i (hier: $b_1 = 27$, $b_2 = 21$), so ergibt sich

$$\overline{G} = u_1 \cdot b_1 + u_2 \cdot b_2$$

Die Deckungsbeitragssumme ergibt sich also aus den verfügbaren Kapazitäten b_1 und b_2 multipliziert mit den u-Werten u_1 und u_2.

4.3.2 Beziehungen für die Zeilen der Nebenbedingungen

Nachdem im vorigen Abschnitt die Beziehungen zwischen der Zielfunktionszeile des Ausgangstableaus und der des Optimaltableaus aufgezeigt wurden, sollen in diesem Abschnitt die Multiplikatoren angegeben werden, durch die sich die übrigen Zeilen des Optimaltableaus aus dem Ausgangstableau bestimmen lassen.

Die neue Zeile 1 in Tableau B ist während der Simplexiterationen aus der alten Zeile 1 von Tableau A entstanden. Bei diesen Austauschschritten wurde die ursprüngliche Zeile 1 entweder durch einen bestimmten Wert dividiert (dann, wenn sie Pivotzeile war) oder es wurde ein Vielfaches der jeweiligen Pivotzeile zu ihr addiert. Also ist letzten Endes die neue Zeile 1 eine Summe aller Zeilen des Ausgangstableaus, die mit bestimmten Koeffizienten zu multiplizieren sind. Damit lassen sich Koeffizienten β_{11} und β_{12} bestimmen, so daß gilt:

(Zeile 1 von Tableau A) $\cdot$ β_{11}

\+ (Zeile 2 von Tableau A) $\cdot$ β_{12}

= Zeile 1 von Tableau B

Mit den Werten der Tableaus A und B heißt das:

$$(6x_1 + 5x_2 + 10x_3 + 1y_1 + 0y_2 + 0(-G) - 27) \cdot \beta_{11}$$
$$+ (2x_1 + 6x_2 + 6x_3 + 0y_1 + 1y_2 + 0(-G) - 21) \cdot \beta_{12}$$

$$= 1x_1 + 0x_2 + \overline{a}_{13}x_3 + \overline{a}_{14}y_1 + \overline{a}_{15}y_2 + 1(-G) - \overline{b}_1$$

Für die Koeffizienten läßt sich somit (wie in Abschn. 4.3.1) folgendes Gleichungssystem aus den Spalten der vorstehenden Gleichung aufstellen:

(1) $\quad 6\beta_{11} + 2\beta_{12} = 1$ (5) $\quad 0\beta_{11} + 1\beta_{12} = \overline{a}_{15}$

(2) $\quad 5\beta_{11} + 6\beta_{12} = 0$ (6) $\quad 0\beta_{11} + 0\beta_{12} = 0$

(3) $\quad 10\beta_{11} + 6\beta_{12} = \overline{a}_{13}$ (7) $\quad 27\beta_{11} + 21\beta_{12} = \overline{b}_1$

(4) $\quad 1\beta_{11} + 0\beta_{12} = \overline{a}_{14}$

(Gleichung (6) ist wieder überflüssig.)

Aus den Gleichungen (1) und (2) können β_{11} und β_{12} bestimmt werden:

(1) $\qquad 6\beta_{11} + 2\beta_{12} = 1 \,|\, \cdot (-3)$

(2) $\qquad \underline{5\beta_{11} + 6\beta_{12} = 0} \qquad \bigg\} +$

$$-13\beta_{11} = -3$$
$$\beta_{11} = \frac{3}{13}$$

(1) $\qquad 2\beta_{12} = 1 - 6 \cdot \frac{3}{13}$

$$\beta_{12} = -\frac{5}{26}$$

Die Gleichungen (4) und (5) ergeben die interessante Aussage, daß die β_{ij} unmittelbar im Endtableau abzulesen sind:

(4) $\quad \beta_{11} = \overline{a}_{14}$,   (5) $\quad \beta_{12} = \overline{a}_{15}$.

Damit lassen sich die Koeffizienten zur Bildung der 1. Zeile im Optimaltableau in den Feldern der ersten Zeile ablesen, die im Schnitt mit den Spalten der ursprünglichen Basisvariablen (y_1 und y_2) stehen.

Mit Gleichung (3) läßt sich das Element $\overline{a}_{13}$ berechnen zu:

(3) $\qquad \overline{a}_{13} = 10\beta_{11} + 6\beta_{12}$

$$\overline{a}_{13} = 10 \cdot \frac{3}{13} + 6 \cdot \left(-\frac{5}{26}\right)$$

$$\overline{a}_{13} = \frac{15}{13}.$$

Aufgrund der Gleichungen (4) und (5) kann der Koeffizient $\overline{a}_{13}$ aber auch direkt aus den schon bekannten Werten des Optimaltableaus und des Ausgangstableaus berechnet werden:

$$\bar{a}_{13} = 10\,\bar{a}_{14} + 6\,\bar{a}_{15}$$

$$\bar{a}_{13} = 10\cdot\frac{3}{13} + 6\cdot\left(-\frac{5}{26}\right) = \frac{15}{13}.$$

Gleichung (7) gibt an, wie der Wert der neuen rechten Seite der 1. Zeile aus dem veränderten Ausgangstableau berechnet werden kann:

$$(7) \qquad \bar{b}_1 = 27\beta_{11} + 21\beta_{12}$$

$$\bar{b}_1 = 27\cdot\frac{3}{13} + 21\cdot\left(-\frac{5}{26}\right)$$

$$\bar{b}_1 = \frac{57}{26}.$$

Die Zeile 2 des Optimaltableaus (Tableau B) kann auf die gleiche Weise wie Zeile 1 berechnet werden. Auch sie ist während der Simplexiterationen aus der alten Zeile 2 hervorgegangen. Es lassen sich Koeffizienten β_{21} und β_{22} auf folgende Weise bestimmen:

(Zeile 1 von Tableau A) $\cdot \beta_{21}$

$+$ (Zeile 2 von Tableau A) $\cdot \beta_{22}$

_____

$=$ Zeile 2 von Tableau B

also:

$$(6x_1 + 5x_2 + 10x_3 + 1y_1 + 0y_2 + 0(-G) - 27\ )\ \cdot\beta_{21}$$
$$+\ (2x_1 + 6x_2 + 6x_3 + 0y_1 + 1y_2 + 0(-G) - 21\ )\ \cdot\beta_{22}$$

_____

$$=\ 0x_1 + 1x_2 + \bar{a}_{23}x_3 + \bar{a}_{24}y_1 + \bar{a}_{25}y_2 + 1(-G) - \bar{b}_2$$

Daraus ergeben sich die folgenden Gleichungen:

(1) $\quad 6\beta_{11} + 2\beta_{12} = 0$	(5) $\quad 0\beta_{11} + 1\beta_{12} = \bar{a}_{25}$	
(2) $\quad 5\beta_{11} + 6\beta_{12} = 1$	(6) $\quad 0\beta_{11} + 0\beta_{12} = 0$	
(3) $\quad 10\beta_{11} + 6\beta_{12} = \bar{a}_{23}$	(7) $\quad 27\beta_{11} + 21\beta_{12} = \bar{b}_2$	
(4) $\quad 1\beta_{11} + 0\beta_{12} = \bar{a}_{24}$		

Aus den Gleichungen (1) und (2) erhält man wiederum:

$$(1) \qquad 6\beta_{21} + 2\beta_{22} = 0 \;\big|\cdot(-3)$$
$$(2) \qquad \underline{5\beta_{21} + 6\beta_{22} = 1}$$
$$ -13\beta_{21} \phantom{+ 6\beta_{22}} = 1$$
$$ \beta_{21} = -\frac{1}{13}$$

$$(1) \qquad 2\beta_{22} = 0 - 6\cdot\left(-\frac{1}{13}\right)$$
$$ \beta_{22} = \frac{3}{13}$$

Die Größen β_{21} und β_{22} stehen im Optimaltableau in reiner Form als Koeffizienten in der zweiten Zeile in den Spalten der Basisvariablen des Ausgangstableaus:

(4) $\bar{a}_{24} = \beta_{21} = -\dfrac{1}{13}$

(5) $\bar{a}_{25} = \beta_{22} = \dfrac{3}{13}$

Der Wert des Koeffizienten $\bar{a}_{23}$ hängt nur von den Werten der Koeffizienten des Ausgangstableaus und der β_{ij} ab:

(3) $\bar{a}_{23} = 10\beta_{21} + 6\beta_{22}$

$\bar{a}_{23} = \dfrac{8}{13}$.

Schließlich wird die rechte Seite gebildet durch:

(7) $\bar{b}_2 = 27\beta_{21} + 21\beta_{22}$

$\bar{b}_2 = \dfrac{36}{13}$.

4.3.3 Formale Darstellung der Beziehungen zwischen Anfangs- und Endtableau

Die beiden letzten Abschnitte haben gezeigt, daß das Optimaltableau B vollständig aus dem Anfangstableau A entwickelt werden kann, wenn nur bekannt ist, welche Variablen im Optimaltableau in der Basis stehen.

In diesem Abschnitt sollen diese Zusammenhänge anhand des obigen Beispiels formal dargestellt werden.

Gegeben ist im Beispiel aus Abschn. 4.3 das folgende Anfangstableau:

Tableau A

BV	x_1	x_2	x_3	y_1	y_2	$-G$	RS
y_1	6	5	10	1	0	0	27
y_2	2	6	6	0	1	0	21
$-G$	1	2	1	0	0	1	0

Bezeichnet man die einzelnen Zahlen nun allgemein mit Buchstaben, so ergibt sich in der bisherigen Bezeichnungsweise:

Tableau A'

BV	x_1	x_2	x_3	y_1	y_2	RS
y_1	a_{11}	a_{12}	a_{13}	1	0	b_1
y_2	a_{21}	a_{22}	a_{23}	0	1	b_2
$-G$	c_1	c_2	c_3	0	0	0

Das ermittelte Optimaltableau sieht wie folgt aus (vgl. Abschn. 4.3):

Tableau B

BV	x_1	x_2	x_3	y_1	y_2	RS
x_1	1	0	$\dfrac{15}{13}$	$\dfrac{3}{13}$	$-\dfrac{5}{26}$	$2\dfrac{5}{26}$
x_2	0	1	$\dfrac{8}{13}$	$-\dfrac{1}{13}$	$\dfrac{3}{13}$	$2\dfrac{10}{13}$
$-G$	0	0	$-\dfrac{18}{13}$	$-\dfrac{1}{13}$	$-\dfrac{7}{26}$	$-7\dfrac{19}{26}$

Ein dem Tableau A' entsprechendes Tableau B' hat dann die folgende Form:

Tableau B'

BV	x_1	x_2	x_3	y_1	y_2	RS
x_1	$\overline{a}_{11}$	$\overline{a}_{12}$	$\overline{a}_{13}$	$\overline{a}_{14}$	$\overline{a}_{15}$	$\overline{b}_1$
x_2	$\overline{a}_{21}$	$\overline{a}_{22}$	$\overline{a}_{23}$	$\overline{a}_{24}$	$\overline{a}_{25}$	$\overline{b}_2$
$-G$	$\overline{c}_1$	$\overline{c}_2$	$\overline{c}_3$	$\overline{c}_4$	$\overline{c}_5$	$-\overline{G}$

In Tableau B' sollen jetzt die allgemeinen Bezeichnungen der Variablen ersetzt werden durch diejenigen, die in Abschn. 4.3.1 und 4.3.2 hergeleitet wurden.

Aus der Information, daß x_1 und x_2 im optimalen Programm vertreten sind, d. h. daß x_1 und x_2 im Optimaltableau Basisvariablen sind, ergibt sich, daß die zu x_1 und x_2 gehörenden Spalten Einheitsspalten im Optimaltableau sind:

Tableau B''

BV	x_1	x_2	x_3	y_1	y_2	RS
x_1	1	0	$\overline{a}_{13}$	$\overline{a}_{14}$	$\overline{a}_{15}$	$\overline{b}_1$
x_2	0	1	$\overline{a}_{23}$	$\overline{a}_{24}$	$\overline{a}_{25}$	$\overline{b}_2$
$-G$	0	0	$\overline{c}_3$	$\overline{c}_4$	$\overline{c}_5$	$-\overline{G}$

Die Überlegungen in Abschn. 4.3.1 ergaben, daß die Zielfunktionszeile aus Tableau B' ermittelt werden konnte als eine Summe der Zeilen aus Tableau A'; diese Zeilen mußten jedoch vor der Addition mit gewissen Faktoren u_i multipliziert werden:

$$\begin{array}{ll}
& \text{Zielfunktionszeile von Tableau A'} \\
- & \text{(Zeile 1} \qquad \text{von Tableau A')} \cdot u_1 \\
- & \text{(Zeile 2} \qquad \text{von Tableau A')} \cdot u_2 \\
\hline
= & \text{Zielfunktionszeile von Tableau B'}
\end{array}$$

Aus dem sich hieraus ergebenden Gleichungssystem konnten die u_i ermittelt werden.

Diese u_i stehen mit umgekehrtem Vorzeichen in der Zielfunktionszeile von Tableau B' in den Spalten der Basisvariablen des Ausgangstableaus A' (also hier y_1 und y_2).

Entsprechend wurde in Abschn.4.3.2 erkannt, daß die übrigen Zeilen des Tableaus B' sich darstellen lassen als:

$$\begin{array}{ll}
& \text{(Zeile 1 von Tableau A')} \cdot \beta_{i1} \\
+ & \text{(Zeile 2 von Tableau A')} \cdot \beta_{i2} \\
\hline
= & \text{Zeile i von Tableau B'} \qquad (i = 1,2)
\end{array}$$

Aus diesen Gleichungssystemen (für jede Zeile von Tableau B' erhält man eines) ergaben sich die β_{ij}.

Die β_{ij} stehen unmittelbar im Tableau B' in den Spalten der Basisvariablen des Ausgangstableaus A'.

Mit diesen Informationen kann also Tableau B' bzw. Tableau B'' auch geschrieben werden als

Tableau B'''

BV	x_1	x_2	x_3	y_1	y_2	RS
x_1	1	0	$\bar{a}_{13}$	β_{11}	β_{12}	$\bar{b}_1$
x_2	0	1	$\bar{a}_{23}$	β_{21}	β_{22}	$\bar{b}_2$
$-G$	0	0	$\bar{c}_3$	$-u_1$	$-u_2$	$-\bar{G}$

Die hier aufgezeigten Beziehungen zwischen einem Anfangstableau A' und einem Optimaltableau B''' gelten nicht nur für Anfangs- und Optimaltableaus, sondern für das Ausgangstableau und ein beliebiges weiteres Tableau, von dem nur bekannt sein muß, welche Variablen in diesem Tableau in der Basis stehen.

Es läßt sich also damit festhalten, daß ein beliebiges Simplextableau, von dem nur bekannt sein muß, welche Variablen in der Basis stehen, aus dem zugehörigen Anfangstableau direkt bestimmt werden kann, ohne die dazwischen liegenden

Tableaus alle zu berechnen. Neben dem Anfangstableau müssen die Simplexmultiplikatoren u_i und die Multiplikatoren β_{ij} (die sog. Basisinverse) bekannt sein, worin alle für die Umrechnung nötigen Informationen enthalten sind, die sonst durch die Ausführung aller Iterationen erst bestimmt werden müßten. Die u_i und die β_{ij} ergeben sich aus den oben angegebenen Gleichungssystemen.

Diese Möglichkeit der direkten Berechnung eines Tableaus aus dem Anfangstableau wird heute in den meisten Standardprogrammen zur Linearen Planungsrechnung verwandt. Rechentechniken, die auf dieser Methode beruhen, werden als *Revidierte Simplexmethoden* bezeichnet.

4.4 Analytische Sensitivitätsanalyse

Die vorigen Abschnitte haben die Zusammenhänge zwischen einem beliebigen Simplextableau (z. B. dem Optimaltableau) und dem Ausgangstableau aufgezeigt. Die dort festgestellten Beziehungen zwischen den Koeffizienten zweier Simplextableaus sollen nun dazu dienen, aus den Veränderungen von Koeffizienten des Ausgangstableaus auf die Veränderungen der Optimallösung, wie sie durch das Optimaltableau beschrieben wird, zu schließen. Dabei sind folgende Veränderungen der Ausgangsdaten in Betracht zu ziehen:

1.   Die Produktionsfaktormengen oder Kapazitäten (allgemeiner: die rechten Seiten der Restriktionen) b_i ändern sich.
2.   Die Deckungsbeiträge (allgemeiner: die Zielfunktionskoeffizienten) c_j der einzelnen Produkte werden variiert.
3.   Die Einführung eines neuen Produkts steht zur Debatte (eine neue Strukturvariable tritt auf).
4.   Einzelne Produktionskoeffizienten ändern sich.
5.   Zusätzliche Beschränkungen treten auf.

Diese Fragen sollen in den folgenden Abschnitten untersucht werden.

Zu beachten sind bei der Analyse der Auswirkungen der Veränderungen besonders die letzte Spalte (rechte Seite) und die letzte Zeile (Zielfunktionszeile) des neuen optimalen Tableaus.

Die Spalte der rechten Seite enthält nämlich die Werte der Basisvariablen und darf daher mit Ausnahme des Zielfunktionswerts keinen negativen Wert aufweisen, da sonst die Nichtnegativitätsbedingung für eine der Basisvariablen verletzt wäre (Zulässigkeitstest).

Die Zielfunktionszeile darf keinen positiven Koeffizienten enthalten, da sonst noch eine Lösungsverbesserung erzielbar wäre (Optimalitätstest).

Bem.: Im folgenden werden immer nur die Auswirkungen der Veränderung eines Ausgangsdatums auf das Endtableau untersucht. Die simultane Veränderung mehrerer Ausgangsdaten führt im allgemeinen zu größeren Problemen, die im Rahmen dieser Darstellung nicht angesprochen werden sollen. Man kann jedoch die Veränderung mehrerer Ausgangsdaten mit den hier beschriebenen Mitteln behandeln, wenn man sie einzeln hintereinander analysiert.

4.4.1 Änderung von Kapazitäten (von Werten auf der rechten Seite)

In diesem Abschnitt sollen die Auswirkungen untersucht werden, die durch Veränderungen der zur Verfügung stehenden Kapazitäten (der rechten Seite) auf die optimale Lösung ausgeübt werden.

Dazu wird auf das schon bekannte Modell der Produktionsprogrammplanung mit den Produkten P_1, P_2 und P_3 (s. Abschn. 4.3) zurückgegriffen.

Das Ausgangstableau (A) lautete:

Tableau A

BV	x_1	x_2	x_3	y_1	y_2	$-G$	RS
y_1	6	5	10	1	0	0	27
y_2	2	6	6	0	1	0	21
$-G$	1	2	1	0	0	1	0

Daraus wurde das Optimaltableau (B) entwickelt:

Tableau B

BV	x_1	x_2	x_3	y_1	y_2	RS
x_1	1	0	$\dfrac{15}{13}$	$\dfrac{3}{13}$	$-\dfrac{5}{26}$	$2\dfrac{5}{26}$
x_2	0	1	$\dfrac{8}{13}$	$-\dfrac{1}{13}$	$\dfrac{3}{13}$	$2\dfrac{10}{13}$
$-G$	0	0	$-\dfrac{18}{13}$	$-\dfrac{1}{13}$	$-\dfrac{7}{26}$	$-7\dfrac{19}{26}$

In Abschn. 4.3.1 wurde die folgende Beziehung für den neuen Zielfunktionswert $\overline{G}$ hergeleitet:

$$-\overline{G} = 0 - u_1 \cdot b_1 - u_2 \cdot b_2 \qquad \text{oder}$$
$$\overline{G} = u_1 \cdot b_1 + u_2 \cdot b_2.$$

Mit den Werten der rechten Seite b_i des Ausgangstableaus ergab sich folgender Zusammenhang zwischen Ausgangslösung und Optimallösung:

$$\overline{G} = 27u_1 + 21u_2.$$

Nimmt man nun an, die Kapazität der Anlage 1 ändere sich um eine Einheit (+/– 1 ME), dann ist ein maximaler Deckungsbeitrag $\overline{G}'$ möglich:

$$\overline{G}' = (27+/-1)u_1 + 21u_2$$
$$\overline{G}' = 27u_1 + 21u_2 +/- u_1$$
$$\overline{G}' = \overline{G} +/- u_1.$$

Es kann allgemeiner formuliert werden:

Die Änderung des Zielfunktionswerts $\overline{G}$ der Optimallösung bei Änderung der Kapazität des Produktionsfaktors i um eine Mengeneinheit wird durch den Simplexmultiplikator u_i angegeben.

Der Simplexmultiplikator u_i kann als mit (-1) multiplizierter Wert des Zielfunktionskoeffizienten in der y_i-Spalte der Optimallösung (Tableau B) abgelesen werden.

Im Beispiel ist u_1 aus dem Optimaltableau zu entnehmen:

$$u_1 = \frac{1}{13}.$$

Wird eine Kapazität i im optimalen Produktionsprogramm nicht voll ausgenutzt, so ist die zugehörige Schlupfvariable y_i Basisvariable und der Wert $\overline{b}_i$ der rechten Seite des Optimaltableaus gibt die freie Kapazität an. In einem solchen Fall ist der entsprechende Simplexmultiplikator $u_i = 0$.

Das bedeutet, daß eine Änderung der Kapazität b_i keinen Einfluß auf die Optimallösung hat, solange nicht die freie Kapazität völlig aufgebraucht wird.

Die Kapazität ist in diesem Fall also im Überfluß vorhanden. Sie wird nur zum Teil für die Erstellung des optimalen Programms benötigt und ist daher nicht knapp. Wird die Kapazität b_i voll eingesetzt, so kann der Wert von u_i größer als Null werden. Die Kapazität ist dann knapp.

Je größer der Wert u_i ist, um so stärker wirkt sich eine Veränderung der Kapazität b_i um eine Einheit auf den Zielfunktionswert der Optimallösung aus. Deshalb bezeichnet man u_i allgemein auch als *Knappheitsgrad* (Buhr [1967, S. 52ff.]).

Die u_i-Werte in der Gleichung

$$\overline{G} = u_1 \cdot b_1 + u_2 \cdot b_2$$

lassen auch eine Deutung als Preise zu (Dantzig [1966, S. 249f. u. S. 292ff.]). Die Werte geben Auskunft darüber, welcher "Preis" (in Form des Deckungsbeitragsverzichts) dafür zu "bezahlen" ist, daß es unterlassen wird, die entsprechende Beschränkung um eine Mengeneinheit zu erweitern. Der in diesem Zusammenhang verwandte Ausdruck *Schattenpreise* (Dorfman/Samuelson/Solow [1958, S. 36]; Müller-Merbach [1992, S. 104]) kennzeichnet die hier gewählte besondere Perspektive der Betrachtung entsprechend den amerikanischen Ausdrücken *shadow variable* und *shadow price*. Andere Autoren bezeichnen die u_i als *Effizienzpreise* (Beckmann [1959, S. 26]; Kern [1965, S. 147]).

Am deutlichsten zeigt wohl der Ausdruck *monetäre Grenzproduktivität* (Buhr [1967, S. 58]) die Bedeutung der u_i-Werte: Die Gleichung

$$\overline{G} = u_1 \cdot b_1 + u_2 \cdot b_2$$

gilt nämlich nur im Rahmen "kleiner" Änderungen der Kapazitäten. Die Änderungen dürfen nur so groß sein, daß kein Austausch einer Basisvariablen nötig wird, d. h. keine qualitative Änderung der Optimallösung eintritt.

Es zeigt sich, daß der Planungsabteilung einer Unternehmung mit den u_i-Werten ein Steuerungsmittel für die langfristige Planung in die Hand gegeben wird. Hat sich eine Kapazität über mehrere Perioden als Engpaß herausgestellt, so erscheint es zwingend, Investitionsüberlegungen anzustellen, wie der Engpaß günstig beseitigt werden kann.

Auf kürzere Sicht muß untersucht werden, wie der Engpaßsituation durch die Wahl kurzfristig wirksamer Maßnahmen (z. B. durch Überstunden oder durch Veränderung des Leistungsgrades) begegnet werden kann. Im Sinne des Ausgleichsgesetzes der Planung von Gutenberg muß eine Anpassung vollzogen werden (Gutenberg [1983, S. 164f.]).

Hieraus wird schon deutlich, daß der Einsatz eines LO-Modells sich nicht darin erschöpft, die optimale Lösung anzugeben. Es werden vielmehr zugleich Möglichkeiten zu einer Harmonisierung der Produktionsfaktoren aufgezeigt. Ein abgestimmtes Produktionspotential wird sich im optimalen Tableau durch ausgeglichene monetäre Grenzproduktivitäten u_i auszeichnen.

Die bisherige Betrachtung galt nur für Änderungen der Produktionsfaktoren in dem Bereich, in dem das optimale Produktionsprogramm qualitativ erhalten bleibt. Die Optimallösung ändert sich qualitativ, wenn nach Änderung der Ausgangsdaten im alten Optimaltableau

a) die Zielfunktionszeile positive Koeffizienten aufweist oder

b) die Basislösung nicht mehr zulässig ist (d. h. negative Werte auf der rechten Seite stehen (außer in der Zielfunktionszeile)).

Wie sich aus der oben (s. Abschn. 4.3.1) durchgeführten Analyse ergab, hängen die Werte der Zielfunktionskoeffizienten $\bar{c}_j$ des optimalen Tableaus in keiner Weise mit den Werten b_i der rechten Seite zusammen. Durch Kapazitätsänderungen werden die Zielfunktionskoeffizienten der Optimallösung also nicht berührt (d. h.: der obige Fall a) tritt hier nicht auf).

Somit bleibt in diesem Abschnitt noch die Möglichkeit zu untersuchen, daß die Veränderung der b_i zu einer unzulässigen Lösung führt (obiger Fall b).

Der Zusammenhang zwischen alter und neuer rechter Seite ist wie folgt hergeleitet worden (s. Abschn. 4.3.2):

$$\bar{b}_i = \beta_{i1} \cdot b_1 + \beta_{i2} \cdot b_2 + ... + \beta_{im} \cdot b_m \qquad i = 1,...,m$$

Es ist weiter in Abschn. 4.3.2 festgestellt worden, daß die β_{ij}-Werte direkt im Optimaltableau als Koeffizienten in den Zeilen der Nebenbedingungen auftauchen und zwar in den Spalten der Basisvariablen des Ausgangstableaus.

Da die β_{ij} durch die b_i nicht beeinflußt werden, können sie (auch bei Variation der b_i) direkt aus dem Optimaltableau übernommen werden. Für das Beispiel (m=2) ergibt sich:

$$(1) \qquad \bar{b}_1 = \frac{3}{13} \cdot b_1 - \frac{5}{26} \cdot b_2$$

(2) $\overline{b}_2 = -\frac{1}{13} \cdot b_1 + \frac{3}{13} \cdot b_2$

Eine Lösung ist zulässig, solange die rechten Seiten (die ja die Werte der jeweiligen Basisvariablen angeben) nicht negativ sind; also muß gelten:

$\overline{b}_1 \geq 0, \overline{b}_2 \geq 0$.

Nimmt man nun an, daß die Kapazität der Anlage 2 unverändert $b_2 = 21$ bleibt, so erhält man damit für b_1 die Bedingungen:

(3) $\overline{b}_1 = \frac{3}{13} \cdot b_1 - \frac{5}{26} \cdot 21 \geq 0$

(4) $\overline{b}_2 = -\frac{1}{13} \cdot b_1 + \frac{3}{13} \cdot 21 \geq 0$

Aus Ungleichung (3) ergibt sich:

$$\frac{3}{13} \cdot b_1 \geq \frac{5}{26} \cdot 21$$

$$b_1 \geq \frac{35}{2} = 17,5.$$

Aus Ungleichung (4) ergibt sich:

$$\frac{1}{13} \cdot b_1 \leq \frac{3}{13} \cdot 21$$

$$b_1 \leq 63.$$

Damit erhält man für b_1 den zulässigen Variationsbereich

$17,5 \leq b_1 \leq 63$.

Es kann festgehalten werden:

Bei unveränderter Kapazität $b_2 = 21$ kann b_1 im Intervall [17,5;63] schwanken, ohne daß ein anderes als die Produkte P_1 und P_2 im optimalen Produktionsprogramm gefertigt werden müßte. Änderungen darüber hinaus führen zu einer qualitativ anderen Zusammensetzung des Optimalprogramms.

Genauso kann die Betrachtung von b_2 bei unverändertem $b_1 = 27$ durchgeführt werden.

Man erhält

(5) $\overline{b}_1 = \frac{3}{13} \cdot 27 - \frac{5}{26} \cdot b_2 \geq 0$

(6) $\overline{b}_2 = -\frac{1}{13} \cdot 27 + \frac{3}{13} \cdot b_2 \geq 0$

Daraus ergibt sich:

$$\frac{5}{26} \cdot b_2 \leq \frac{3}{13} \cdot 27 \qquad \text{d. h.} \quad b_2 \leq 32,4$$

und $\frac{3}{13} \cdot b_2 \geq \frac{1}{13} \cdot 27 \qquad \text{d. h.} \quad b_2 \geq 9$.

Der zulässige Variationsbereich für b_2 lautet damit

$9 \leq b_2 \leq 32{,}4$.

Die bisherige Vorgehensweise bestand darin, daß in der (b_1,b_2)-Ebene vom Punkt $(b_1,b_2) = (27,21)$ die Umgebung durch zwei "Sonden" untersucht und die Variationsbreite festgestellt wurde, innerhalb der keine Änderung im qualitativen Gefüge der Optimallösung eintrat, wenn b_1 oder b_2 festblieb und sich die jeweils andere Kapazität änderte.

Verallgemeinert man diese Betrachtung noch, so läßt sich in der (b_1,b_2)-Ebene ein Sektor S bestimmen, in welchem jeweils eine Kombination von x_1 und x_2 optimal ist. Abbildung 4-7 zeigt diesen Sektor.

Man erhält diesen Sektor dabei wie folgt:
Die beiden Bedingungen

$$(3') \quad \overline{b}_1 \;=\; \frac{3}{13}b_1 - \frac{5}{26}b_2 \;\geq\; 0$$

$$(4') \quad \overline{b}_2 \;=\; -\frac{1}{13}b_1 + \frac{3}{13}b_2 \;\geq\; 0$$

werden nach b_2 aufgelöst:

$$b_2 \leq \frac{6}{5}b_1 \qquad\qquad b_2 \geq \frac{1}{3}b_1.$$

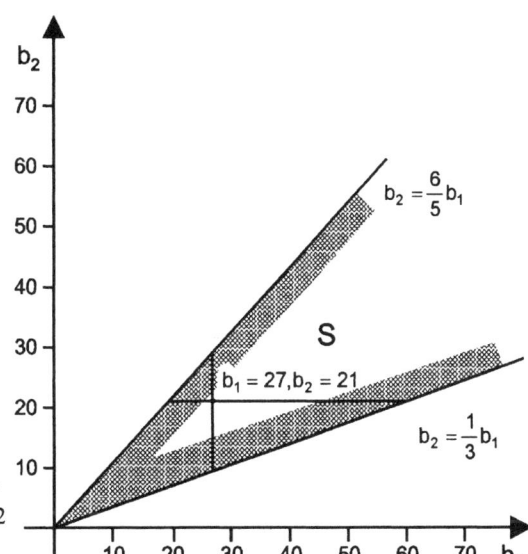

Abb. 4-7. Variationsbereich der Kapazitäten der Anlagen 1 und 2

Nach Einzeichnen der beiden Geraden $b_2 = \frac{6}{5}b_1$ und $b_2 = \frac{1}{3}b_1$ in das Koordinatensystem von Abb. 4-7 erhält man den Sektor S wie bei der Ermittlung des zulässigen Bereichs im Rahmen der graphischen Lösung linearer Optimierungsprobleme in Abschn. 2.1.1.

Gibt es mehr als zwei Restriktionen, so gilt für Ober- und Untergrenze einer Veränderung im Hinblick auf die Einhaltung der Zulässigkeit, daß jeweils nur die minimale Veränderung möglich und damit zu bestimmen ist.

4.4.2 Änderungen der Deckungsbeiträge einzelner Produkte (der Zielfunktionskoeffizienten)

In diesem Abschnitt sollen die Auswirkungen von Änderungen der Deckungsbeiträge einzelner Produkte auf die Optimallösung untersucht werden.

Dabei muß zwischen Produkten unterschieden werden, die im ursprünglichen optimalen Produktionsprogramm nicht enthalten sind, und solchen, die im Optimalprogramm enthalten sind, weil die Einflüsse, die die Deckungsbeitragsänderungen ausüben, in beiden Fällen verschieden sind.

4.4.2.1 Deckungsbeitragsänderungen bei einem der im optimalen Produktionsprogramm nicht enthaltenen Produkte

Im Beispiel (s. Abschn. 4.3) war das Produkt P_3 mit Deckungsbeitrag $c_3 = 1$ nicht im optimalen Produktionsprogramm vertreten. Nun wird gefragt, ob bei einem anderen Deckungsbeitrag c_3 von Produkt P_3 dieses anstelle von P_1 oder P_2 in der optimalen Lösung erscheint.

Werden alle übrigen Größen des Ausgangstableaus festgehalten, so verändern sich die Werte β_{ij} und u_i nicht. Man kann wieder vom Ausgangstableau A und dem Optimaltableau B ausgehen.

Tableau A

BV	x_1	x_2	x_3	y_1	y_2	$-G$	RS
y_1	6	5	10	1	0	0	27
y_2	2	6	6	0	1	0	21
$-G$	1	2	1	0	0	1	0

Tableau B

BV	x_1	x_2	x_3	y_1	y_2	RS
x_1	1	0	$\dfrac{15}{13}$	$\dfrac{3}{13}$	$-\dfrac{5}{26}$	$2\dfrac{5}{26}$
x_2	0	1	$\dfrac{8}{13}$	$-\dfrac{1}{13}$	$\dfrac{3}{13}$	$2\dfrac{10}{13}$
$-G$	0	0	$-\dfrac{18}{13}$	$-\dfrac{1}{13}$	$-\dfrac{7}{26}$	$-7\dfrac{19}{26}$

Aus Abschn. 4.3.3 ist die Beziehung zwischen c_3 und $\bar{c}_3$ bekannt:

$$\bar{c}_3 = c_3 - a_{13} \cdot u_1 - a_{23} \cdot u_2.$$

Dabei ergeben sich die Simplexmultiplikatoren u_i aus dem Gleichungssystem

$$\bar{c}_1 = c_1 - a_{11} \cdot u_1 - a_{21} \cdot u_2 = 0,$$
$$\bar{c}_2 = c_2 - a_{12} \cdot u_1 - a_{22} \cdot u_2 = 0,$$

wie in Abschn. 4.3.3 beschrieben.

Die u_i sind damit allein durch die Koeffizienten a_{ik} des Ausgangstableaus in den Spalten der Basisvariablen des Endtableaus und die Deckungsbeiträge c_j dieser Basisvariablen bestimmt.

Eine Veränderung von c_3 wirkt sich somit außer auf $\bar{c}_3$ auf keine weitere Größe aus, da x_3 im Optimaltableau Nichtbasisvariable ist.

Damit erhält man für das Beispiel die Beziehung

$$\bar{c}_3 = c_3 - 10 \cdot \frac{1}{13} - 6 \cdot \frac{7}{26}$$
$$\bar{c}_3 = c_3 - \frac{31}{13} = c_3 - 2\frac{5}{13}.$$

Man weiß, daß die bisherige Optimallösung erhalten bleibt, solange $\bar{c}_3$ keinen positiven Wert annimmt. Folglich gilt:

$\bar{c}_3 < 0$, d. h. $c_3 < 2\frac{5}{13}$: P_3 ist im optimalen Produktionsprogramm nicht enthalten.

$\bar{c}_3 > 0$, d. h. $c_3 > 2\frac{5}{13}$: Die Aufnahme von P_3 ins optimale Produktionsprogramm ergibt einen höheren Zielfunktionswert (1. Simplexkriterium). P_1 verläßt die Basis (2. Simplexkriterium).

$\bar{c}_3 = 0$, d. h. $c_3 = 2\frac{5}{13}$: Eine Substitution von P_1 durch P_3 verändert den Zielfunktionswert nicht.

Der Einfluß von $\bar{c}_3$ auf den Zielfunktionswert ist aus der letzten Zeile des Optimaltableaus ablesbar:

$$\bar{c}_3 \cdot x_3 - u_1 \cdot y_1 - u_2 \cdot y_2 - G = -7\frac{19}{26}.$$

Für den Fall, daß $y_1 = 0$, $y_2 = 0$ und $x_3 = 0$ sind, ergibt sich der Zielfunktionswert der ursprünglichen Optimallösung

$$G = \bar{G} = 7\frac{19}{26}.$$

Will man die Fertigung einer ME von P_3 durchführen, so ändert sich die Deckungsbeitragssumme G um den Wert $\bar{c}_3$. Damit gibt $\bar{c}_3$ die Änderung des

Gesamtdeckungsbeitrags an, die bei der Fertigung einer Einheit von P_3 eintreten würde. Und zwar würde sich der Gesamtdeckungsbeitrag um $\bar{c}_3$ schmälern, wenn die Restriktionen unverändert blieben und wenn man eine ME von P_3 nur auf Kosten der Verringerung der Produktion von P_1 oder P_2 produzieren könnte.

Man nennt die Größe $\bar{c}_3$ auch die *Opportunitätskosten* des Produkts P_3.

Die Opportunitätskosten (falls sie kleiner als 0 sind) geben diejenigen Kosten an, die durch die Fertigung einer ME eines nicht im optimalen Programm enthaltenen Produkts entstehen; sind sie größer als Null, so geben sie an, um wieviel der Gesamtdeckungsbeitrag durch die Fertigung einer Einheit des jeweiligen nicht im Programm enthaltenen Produkts steigt (vgl. zum Begriff der Opportunitätskosten auch Buhr [1967, S. 67ff.], Müller-Merbach [1992, S. 104f.]).

Der gleiche Zusammenhang läßt sich auch durch die Veränderung der produzierten Mengen von P_1 und P_2 erklären: Wird eine Einheit von P_3 gefertigt, so ergibt sich aus der Gleichung der ersten Zeile (in der x_1 in der Spalte BV steht) von Tableau B (s. Abschn. 4.3):

$$x_1 + \bar{a}_{13} \cdot x_3 = \frac{57}{26}$$

$$x_1 + \frac{15}{13} \cdot x_3 = \frac{57}{26}$$

für $x_3 = 0$: $x_1 = \dfrac{57}{26}$

$x_3 = 1$: $x_1 = \dfrac{57}{26} - \dfrac{15}{13} = \dfrac{27}{26}$.

Damit werden $\dfrac{15}{13}$ ME von P_1 weniger gefertigt, wenn 1 ME von P_3 hergestellt wird.

Der Koeffizient $\bar{a}_{13}$ des Optimaltableaus gibt also Auskunft über die Abnahme der zur ersten Zeile des Optimaltableaus gehörenden Basisvariablen (hier x_1) bei Fertigung einer Einheit von P_3. Genauso kann man aus der Gleichung der 2. Zeile von Tableau B ablesen, daß bei $x_3 = 1$ von P_2 (x_2 ist hier die zur 2. Zeile gehörige Basisvariable) jetzt $\dfrac{8}{13}$ ME weniger produziert werden.

Damit ergibt sich bei Hinzunahme einer Einheit von P_3 die Änderung ΔG der Deckungsbeitragssumme:

$$\begin{aligned}
\Delta G &= c_3 \cdot x_3 - c_1 \cdot \Delta x_1 - c_2 \cdot \Delta x_2 \\
&= c_3 \cdot 1 - c_1 \cdot \bar{a}_{13} - c_2 \cdot \bar{a}_{23} \\
\Delta G &= c_3 \cdot 1 - c_1 \cdot \frac{15}{13} - c_2 \cdot \frac{8}{13} \\
&= 1 - \frac{15}{13} - \frac{16}{13} \qquad (c_3 = 1 \text{ im Ausgangstableau}) \\
&= -\frac{18}{13}.
\end{aligned}$$

Die Opportunitätskosten von $\bar{c}_3 = -\dfrac{18}{13}$ ergeben sich also dadurch, daß bei der Produktion einer Einheit von P_3 die knappen Produktionsfaktoren Produktionseinschränkungen von P_1 und P_2 um $\bar{a}_{13}$ und $\bar{a}_{23}$ Einheiten erforderlich machen.

Bisher wurden die Opportunitätskosten aus dem Endtableau hergeleitet. Man kann sie aber auch aus dem Ausgangstableau gewinnen, wenn man zusätzlich weiß, daß in der Optimallösung x_1 und x_2 Basisvariablen und x_3, y_1 und y_2 Nichtbasisvariablen sind, d. h. die Produktionsfaktoren voll genutzt werden und P_3 nicht produziert wird.

Mit $x_3 = 0$, $y_1 = 0$ und $y_2 = 0$ erhält man aus den beiden Nebenbedingungen

$$\begin{array}{rl}
6x_1 + 5x_2 = 27 & \\
\underline{2x_1 + 6x_2 = 21} & | \cdot (-3) \\
13x_2 = 36 & \\
x_2 = \dfrac{36}{13} &
\end{array} \Biggr\} +$$

und

$$2x_1 + 6 \cdot \frac{36}{13} = 21$$
$$2x_1 = \frac{273 - 6 \cdot 36}{13}$$
$$x_1 = \frac{57}{26}.$$

Damit sind die Werte der Optimallösung errechnet.

Wird nun $x_3 = 1$ gesetzt, so ergeben sich folgende Gleichungen

$$\begin{array}{rl}
6x_1 + 5x_2 + 10 \cdot 1 = 27 \\
2x_1 + 6x_2 + 6 \cdot 1 = 21.
\end{array}$$

Daraus liest man ab, daß die Einsatzmöglichkeiten des 1. Produktionsfaktors zur Produktion von P_1 und P_2 um 10, die des 2. Produktionsfaktors um 6 vermindert sind:

$$\begin{array}{rl}
6x_1 + 5x_2 = 17 & \\
\underline{2x_1 + 6x_2 = 15} & | \cdot (-3) \\
-13x_2 = -28 & \\
x_2 = \dfrac{28}{13} &
\end{array} \Biggr\} +$$

und

$$2x_1 + 6 \cdot \frac{28}{13} = 15$$
$$2x_1 = \frac{195 - 168}{13}$$
$$x_1 = \frac{27}{26}.$$

Also ist die Produktion von P_1 und P_2 um die Werte Δx_1 und Δx_2 zurückgegangen:

$$\Delta x_1 = \frac{57}{26} - \frac{27}{26} = \frac{15}{13}$$

$$\Delta x_2 = \frac{36}{13} - \frac{28}{13} = \frac{8}{13} \, .$$

Durch Produktion einer Einheit von Produkt P_3 ergibt sich damit eine Veränderung der Zielfunktion von

$$\Delta G = 1 \cdot (-\Delta x_1) + 2 \cdot (-\Delta x_2) + 1 \cdot x_3$$

$$\Delta G = 1 \cdot (-\frac{15}{13}) + 2 \cdot (-\frac{8}{13}) + 1 \cdot 1$$

$$\Delta G = -\frac{15}{13} - \frac{16}{13} + 1 = -\frac{18}{13} \, .$$

Auch auf diesem Wege (Ermittlung aus den Ausgangsdaten unter Kenntnis der Basisvariablen des Optimaltableaus) ergeben sich also die Opportunitätskosten

$$\overline{c}_3 = -\frac{18}{13} \, .$$

4.4.2.2 Deckungsbeitragsänderungen bei einem der im optimalen Produktionsprogramm enthaltenen Produkte

Im letzten Abschnitt wurden nur die Deckungsbeitragsänderungen solcher Produkte betrachtet, die im optimalen Produktionsprogramm nicht enthalten waren. Hier sollen nun die Auswirkungen von Änderungen in den Deckungsbeiträgen von Produkten untersucht werden, die in der Optimallösung enthalten sind. In der unternehmerischen Praxis können solche Änderungen zum Beispiel von einer durch den Markt erzwungenen Änderung der Absatzpreise herrühren oder auch aus einer Erhöhung der Faktorkosten resultieren.

Man stellt sich in diesem Beispiel die Frage, welche Änderungen von c_1 möglich sind, ohne daß die bisherige Optimallösung aufgegeben werden muß.

Allgemein gilt: Die Optimallösung bleibt erhalten, solange sie zulässig ist, d. h. $\overline{b}_i \geq 0$ für $i = 1,...,n$, und die Koeffizienten der Nichtbasisvariablen in der Zielfunktionszeile nicht positiv sind, wodurch die Optimalität sichergestellt ist.

Aus Abschn.4.3.3 ist bekannt, daß eine Veränderung von c_1 die Werte $\overline{b}_i$ der rechten Seite des bisherigen Optimaltableaus nicht beeinflussen kann. Somit bleibt nur noch zu prüfen, wann in der Zielfunktionszeile positive Koeffizienten auftreten.

Für die Optimalität der Lösung muß gelten

$$\overline{c}_1,...,\overline{c}_5 \leq 0 \, , \text{ d. h.}$$

$$\overline{c}_1 \leq 0, \ \overline{c}_2 \leq 0, \ \overline{c}_3 \leq 0, \ u_1 (= -\overline{c}_4) \geq 0, \ u_2 (= -\overline{c}_5) \geq 0$$

Da x_1 und x_2 Basisvariable sein sollen, gilt zusätzlich

$\bar{c}_1 = 0, \bar{c}_2 = 0.$

Damit erhält man die folgende Forderung an die $\bar{c}_i$ bzw. u_i:

(1) $\bar{c}_1 = 0,$ (2) $\bar{c}_2 = 0,$

(3) $\bar{c}_3 \leq 0,$ (4) $u_1 \geq 0,$ (5) $u_2 \geq 0.$

Aus Abschn. 4.3.3 ergeben sich die Beziehungen

(6) $\bar{c}_1 = c_1 - 6 \cdot u_1 - 2 \cdot u_2$

(7) $\bar{c}_2 = c_2 - 5 \cdot u_1 - 6 \cdot u_2$, also

$\bar{c}_2 = 2 - 5 \cdot u_1 - 6 \cdot u_2$

(8) $\bar{c}_3 = c_3 - 10 \cdot u_1 - 6 \cdot u_2$, also

$\bar{c}_3 = 1 - 10 \cdot u_1 - 6 \cdot u_2$

Bedingung (1) wird mit (6) erfüllt durch

$\bar{c}_1 = c_1 - 6 \cdot u_1 - 2 \cdot u_2 = 0$

Bedingung (2) wird mit (7) erfüllt durch

$\bar{c}_2 = 2 - 5 \cdot u_1 - 6 \cdot u_2 = 0$

Aus beiden Gleichungen ergibt sich

$$
\begin{aligned}
c_1 - 6u_1 - 2u_2 &= 0 \quad | \cdot (-3) \\
-5u_1 - 6u_2 &= -2 \\
\hline
-3c_1 + 13u_1 &= -2 \quad \text{bzw.}
\end{aligned}
$$

(9) $u_1 = \dfrac{3}{13} c_1 - \dfrac{2}{13}$

Analog läßt sich auch u_2 in Abhängigkeit von c_1 ausdrücken:

$$
\begin{aligned}
\bar{c}_1 = c_1 - 6u_1 - 2u_2 &= 0 \\
2u_2 = c_1 - 6u_1 & \\
2u_2 = c_1 - 6 \cdot \left(\dfrac{3}{13}c_1 - \dfrac{2}{13}\right) & \quad \text{(Einsetzen von (9))} \\
2u_2 = -\dfrac{5}{13} \cdot c_1 + \dfrac{12}{13} &
\end{aligned}
$$

(10) $u_2 = -\dfrac{5}{26} \cdot c_1 + \dfrac{6}{13}$.

Mit den Gleichungen (8), (9) und (10) erhält man für $\bar{c}_3$

$$
\begin{aligned}
\bar{c}_3 &= 1 - 10 \cdot u_1 - 6 \cdot u_2 \\
\bar{c}_3 &= 1 - 10 \cdot \left(\dfrac{3}{13}c_1 - \dfrac{2}{13}\right) - 6 \cdot \left(-\dfrac{5}{26}c_1 + \dfrac{6}{13}\right) \\
\bar{c}_3 &= 1 - \dfrac{30}{13}c_1 + \dfrac{20}{13} + \dfrac{15}{13}c_1 - \dfrac{36}{13}
\end{aligned}
$$

(11) $\bar{c}_3 = -\dfrac{15}{13} \cdot c_1 - \dfrac{3}{13}$.

Werden die Gleichungen (9), (10) und (11) in die Bedingungen (3), (4) und (5) eingesetzt, so ergeben sich folgende Bedingungen für c_1:

aus (3): $\overline{c}_3 \;=\; -\dfrac{15}{13}\cdot c_1 \;-\; \dfrac{3}{13} \;\leq\; 0,$ also

$$15\cdot c_1 \;\geq\; -3 \qquad \text{bzw.} \quad c_1 \;\geq\; -\dfrac{1}{5}$$

aus (4): $u_1 \;=\; \dfrac{3}{13}\cdot c_1 \;-\; \dfrac{2}{13} \;\geq\; 0,$ also

$$3\cdot c_1 \;\geq\; 2 \qquad \text{bzw.} \quad c_1 \;\geq\; \dfrac{2}{3}$$

aus (5): $u_2 \;=\; -\dfrac{5}{26}\cdot c_1 \;+\; \dfrac{6}{13} \;\geq\; 0,$ also

$$5\cdot c_1 \;\leq\; 12 \qquad \text{bzw.} \quad c_1 \;\leq\; \dfrac{12}{5}$$

Da alle Bedingungen erfüllt sein müssen, kann sich also der Deckungsbeitrag c_1 in den Grenzen

$$\dfrac{2}{3} \leq c_1 \leq \dfrac{12}{5}$$

ändern, ohne daß die Struktur der Optimallösung geändert wird.

4.4.3 Änderung einzelner Produktionskoeffizienten (von Koeffizienten auf der linken Seite der Restriktionen)

Bisher sind im Rahmen der analytischen Sensitivitätsanalyse die Schwankungen der rechten Seite und der Deckungsbeiträge betrachtet worden. In diesem Abschnitt sollen nun die Auswirkungen von Änderungen einzelner Produktionskoeffizienten untersucht werden.

Auch hierbei muß zwischen solchen Produkten unterschieden werden, die im Optimalprogramm enthalten sind, und solchen, die laut Optimallösung nicht hergestellt werden.

Bei der Betrachtung von Änderungen der Produktionskoeffizienten von Basisvariablen treten einige mathematische Schwierigkeiten auf, da die Veränderungen dieser Koeffizienten Auswirkungen auf die β_{ij}- und die u_i-Werte zeigen.

Die Veränderung eines dieser Produktionskoeffizienten wird mehrere β_{ij}-Werte zugleich verändern. Daraus ergeben sich größere Schwierigkeiten für die Analyse (vgl. Dinkelbach [1969, S. 78ff.], Gass [1985, S. 219ff.], Dantzig [1966, S. 312ff.], Hillier/Liebermann [1996, S. 153ff.]). Im Rahmen dieser Darstellung wird auf eine ausführliche Behandlung verzichtet.

Dagegen lassen sich die Auswirkungen von Änderungen einzelner Produktionskoeffizienten, die in den Spalten der Nichtbasisvariablen der Optimallösung stehen, leichter untersuchen.

Eine solche Fragestellung kann durchaus in der Praxis bei Überlegungen zur Neueinführung von Produkten auftauchen, wenn die tatsächlichen Produktionskoeffizienten noch nicht mit Bestimmtheit festgelegt, sondern nur geschätzt werden können. So kann zum Beispiel ein neues Produkt auf einer Maschine mit unterschiedlicher Intensität gefertigt werden. Dadurch entsteht ein unterschiedlicher Energieverbrauch je produzierter ME.

Es soll wieder das bekannte Beispiel betrachtet werden. Man fragt, welche Änderungen für a_{23} zulässig sind, ohne daß sich die Struktur der Optimallösung ändert.

Da x_3 Nichtbasisvariable ist, beeinflußt eine Veränderung von a_{23} nur die Elemente der Spalte x_3. Für die Untersuchung ist also nur die Bedingung

$$\overline{c}_3 \leq 0$$

zu beachten, welche die Optimalität des bestehenden Produktionsprogramms gewährleistet.

Es ist

$$\overline{c}_3 = c_3 - 10 \cdot u_1 - a_{23} \cdot u_2$$

$$\overline{c}_3 = 1 - 10 \cdot \frac{1}{13} - a_{23} \cdot \frac{7}{26}$$

$$\overline{c}_3 = \frac{3}{13} - a_{23} \cdot \frac{7}{26}.$$

Da gelten soll $\overline{c}_3 \leq 0$, folgt für a_{23}

$$\frac{3}{13} - a_{23} \cdot \frac{7}{26} \leq 0, \text{ d. h.: } a_{23} \geq \frac{6}{7}.$$

Solange also $a_{23} \geq \frac{6}{7}$ ist, bleibt die Struktur der bisherigen Optimallösung unverändert; Produkt P_3 wird nicht gefertigt.

Da $a_{23} = 6$ vorausgesetzt worden ist (s. Abschn. 4.3, Tableau A) und erst bei $a_{23} = \frac{6}{7}$ der "Schwellenwert" erreicht würde, von dem ab sich eine Strukturänderung des Produktionsprogramms lohnte, hat also eine Fehlschätzung des Wertes von a_{23} um $\Delta a_{23} \leq 5\frac{1}{7}$ keine Auswirkungen.

Das Produkt P_3 kommt also erst dann ins Produktionsprogramm, wenn je ME von Produkt P_3 weniger als $\frac{6}{7}$ ME vom zweiten Produktionsfaktor verbraucht würden.

Entsprechend kann a_{13} untersucht werden:

$$\overline{c}_3 = 1 - a_{13} \cdot \frac{1}{13} - 6 \cdot \frac{7}{26} \leq 0$$

$$-\frac{8}{13} \leq a_{13} \cdot \frac{1}{13}$$

$$-8 \leq a_{13}.$$

Auch hier liegt der vorausgesetzte Wert $a_{13} = 10$ über dem "Schwellenwert", so daß Fehlschätzungen um $\Delta\, a_{13} \leq 18$ die Struktur der Optimallösung unverändert lassen.

4.4.4 Einführung eines neuen Produktes (einer neuen Strukturvariablen)

Bei den bisherigen Betrachtungen wurde immer davon ausgegangen, daß entweder nur der Deckungsbeitrag oder ein Produktionskoeffizient eines Produkts verändert wurde, wie im Falle von Produkt P_3.

Nun soll angenommen werden, daß ein völlig neues Produkt zu entwickeln sei. Es ist zu fragen, wie ein solches Produkt P_4 beschaffen sein muß, wenn es P_1 oder P_2 aus dem optimalen Produktionsprogramm verdrängen soll.

Zur Lösung dieses Problems ist nach Informationen über den Deckungsbeitrag c_4 und die Produktionskoeffizienten a_{i4} des Produktes P_4 zu suchen (vgl. Hadley [1962, S. 384]).

Da P_4 ein neues Produkt ist, kann man davon ausgehen, daß P_4 zunächst nicht im optimalen Programm von Tableau B enthalten ist. Ausgangs- und Optimaltableau stellen sich dann folgendermaßen dar:

Tableau A'

BV	x_1	x_2	x_3	x_4	y_1	y_2	RS
y_1	6	5	10	a_{14}	1	0	27
y_2	2	6	6	a_{24}	0	1	21
$-G$	1	2	1	c_4	0	0	0

Tableau B'

BV	x_1	x_2	x_3	x_4	y_1	y_2	RS
x_1	1	0	$\frac{15}{13}$	$\bar{a}_{14}$	$\frac{3}{13}$	$-\frac{5}{26}$	$2\frac{5}{26}$
x_2	0	1	$\frac{8}{13}$	$\bar{a}_{24}$	$-\frac{1}{13}$	$\frac{3}{13}$	$2\frac{10}{13}$
$-G$	0	0	$-\frac{18}{13}$	$\bar{c}_4$	$-\frac{1}{13}$	$-\frac{7}{26}$	$-7\frac{19}{26}$

Es gilt:

$$\bar{c}_4 = c_4 - a_{14}u_1 - a_{24}u_2 .$$

Solange x_4 nicht Basisvariable geworden ist, sind die Werte u_1 und u_2 von P_4 unabhängig.

Man hat also die Ungleichung

$$\overline{c}_4 = c_4 - a_{14} u_1 - a_{24} u_2 \leq 0 \quad \text{bzw.} \quad a_{14} u_1 + a_{24} u_2 \geq c_4$$

als Bedingung für die Optimalität der bisherigen Lösung. Erst in dem Moment, in dem diese Ungleichung verletzt wird, d. h. wenn

$$a_{14} u_1 + a_{24} u_2 < c_4,$$

wird das neue Produkt P_4 eines der Produkte P_1 oder P_2 aus dem optimalen Tableau verdrängen.

Mit den Werten

$$u_1 = \frac{1}{13} \quad \text{und} \quad u_2 = \frac{7}{26}$$

aus dem Beispiel gilt als Voraussetzung für den Eintritt von P_4 in das optimale Produktionsprogramm (d. h. von x_4 in die Basis)

$$a_{14} \frac{1}{13} + a_{24} \frac{7}{26} < c_4$$

Wird also erwogen, das neue Produkt in das Fertigungsprogramm einzuführen, so verspricht die Einführung nur dann eine Steigerung der Deckungsbeitrags-summe, wenn die vorstehende Bedingung erfüllt ist. Zum Beispiel würde die Ein-führung eines neuen Produkts P_4 mit

$$a_{14} = 8, \, a_{24} = 5 \text{ und } c_4 = 2,5$$

lohnend sein, denn

$$a_{14} u_1 + a_{24} u_2 = 8 \cdot \frac{1}{13} + 5 \cdot \frac{7}{26} < \frac{65}{26} = 2,5 = c_4$$

Das bedeutet, daß der bewertete Ressourcenverbrauch links vom Ungleichheits-zeichen kleiner ist als der mit der Produktart P_4 zu erzielende Deckungsbeitrag.

4.4.5 Auftreten zusätzlicher Beschränkungen

Der vorangehende Abschnitt beschäftigte sich mit der Frage, wie ein neues Pro-dukt beschaffen sein müßte, um in das Optimalprogramm aufgenommen zu wer-den.

Eine mathematisch ähnliche Problemstellung besteht darin, eine neue Neben-bedingung zu berücksichtigen und ihren Einfluß auf das Optimaltableau festzu-stellen. Das soll in diesem Abschnitt untersucht werden.

In der Praxis können zusätzliche Restriktionen z. B. dadurch auftreten, daß eine Anlage auf längere Sicht ausfällt, Arbeitskräfte knapp werden oder wenn aufgrund neuer gesetzlicher Regelungen zum Umweltschutz das im Betrieb gebrauchte Wasser nur noch vorgereinigt in Flüsse abgeleitet werden darf.

Bei großen Modellen wird man, um das Modell nicht zu umfangreich werden zu lassen, zu Beginn nur die Nebenbedingungen berücksichtigen, die aus Erfahrung wesentliche Einschränkungen darstellen. Kommt es nun doch zu einem der oben angeführten Fälle, muß in einer zweiten Rechnung diese zusätzliche Restriktion berücksichtigt werden.

Dabei ist es jedoch nicht erforderlich, die gesamte Optimierungsrechnung von neuem durchzufahren, sondern man kann wieder vom ursprünglichen Optimaltableau ausgehen (vgl. Dinkelbach [1969, S. 85ff.]; Hadley [1962, S. 384f.], Hillier/Liebermann [1996, S. 155ff.]).

Grundsätzlich sind zwei Fälle möglich:
- die bisherige Optimallösung erfüllt die neue Restriktion
  oder
- die bisherige Optimallösung erfüllt die neue Restriktion nicht.

1. Im LO-Modell (s. Abschn. 4.3) mit den Variablen x_1, x_2 und x_3 soll die zusätzliche Nebenbedingung

$$2x_1 + x_2 + x_3 \leq 10$$

berücksichtigt werden.

Durch Einführen einer neuen Schlupfvariablen y_3 erhält man die entsprechende Gleichung

$$2x_1 + x_2 + x_3 + y_3 = 10.$$

Man fragt sich, ob diese Nebenbedingung durch die Optimallösung

$$x_1 = \frac{57}{26}, x_2 = \frac{36}{13} \text{ und } x_3 = 0$$

verletzt wird.

Setzt man die Zahlenwerte für x_1, x_2 und x_3 in die neue Ungleichung ein, so ergibt sich

$$2 \cdot \frac{57}{26} + \frac{36}{13} + 0 \leq 10 \text{ bzw. } \frac{57}{13} + \frac{36}{13} \leq 10 \text{ bzw. } 7\frac{2}{13} \leq 10.$$

In diesem Fall ist die Nebenbedingung durch die Optimallösung nicht verletzt. Es besteht noch die freie Kapazität von $y_3 = 2\frac{11}{13}$. Dennoch müßte diese Restriktion an das bisherige Optimaltableau angefügt werden, da sie bei einer späteren Änderung relevant werden kann. (Wie sie sich auf das Optimaltableau auswirkt, wird im Fall 2 gezeigt.)

2. Die zusätzliche Nebenbedingung laute nun

$$2x_1 + x_2 + x_3 \leq 6 \text{ bzw. } 2x_1 + x_2 + x_3 + y_3 = 6$$

Offensichtlich wird diese Bedingung durch die bisherige Optimallösung verletzt. Es fehlt noch eine Kapazität von $\frac{15}{13}$ um den Bedarf von $7\frac{2}{13}$ zu decken. Es muß also eine neue Optimallösung bestimmt werden, die aus dem Ausgangstableau A und dem alten Optimaltableau B abgeleitet werden soll.

Fügt man die neue Restriktion an Tableau A an, so ergibt sich:

Tableau A*

BV	x_1	x_2	x_3	y_1	y_2	y_3	RS
y_1	6	5	10	1	0	0	27
y_2	2	6	6	0	1	0	21
y_3	2	1	1	0	0	1	6
$-G$	1	2	1	0	0	0	0

Das neue Optimaltableau sieht dann wie folgt aus (die y_3-Zeile und -Spalte sind noch nicht bekannt):

Tableau B*

BV	x_1	x_2	x_3	y_1	y_2	y_3	RS
x_1	1	0	$\frac{15}{13}$	$\frac{3}{13}$	$-\frac{5}{26}$	$\overline{a}_{16}$	$2\frac{5}{26}$
x_2	0	1	$\frac{8}{13}$	$-\frac{1}{13}$	$\frac{3}{13}$	$\overline{a}_{26}$	$2\frac{10}{13}$
y_3	$\overline{a}_{31}$	$\overline{a}_{32}$	$\overline{a}_{33}$	$\overline{a}_{34}$	$\overline{a}_{35}$	$\overline{a}_{36}$	$\overline{b}_3$
$-G$	0	0	$-\frac{18}{13}$	$-\frac{1}{13}$	$-\frac{7}{26}$	$\overline{c}_6$	$-7\frac{19}{26}$

Man geht davon aus, daß die bisherige Basislösung (x_1, x_2 und y_3 sind Basisvariablen, während x_3, y_1 und y_2 Nichtbasisvariablen sind) zunächst erhalten bleiben soll.
Folglich gilt

$$\overline{a}_{31} = 0, \overline{a}_{32} = 0, \overline{a}_{16} = 0, \overline{a}_{26} = 0, \overline{a}_{36} = 1, \overline{c}_6 = 0.$$

Damit bleiben noch $\overline{a}_{33}, \overline{a}_{34}, \overline{a}_{35}$ und $\overline{b}_6$ zu bestimmen. Hierbei geht man vor wie bei der Bestimmung der Koeffizienten außerhalb der Zielfunktion des Endtableaus in Abschn. 4.3.2.

Die dritte Zeile des Optimaltableaus B* ist eine Summe der drei Zeilen der Nebenbedingungen des Ausgangstableaus A*, die noch mit den Werten β_{3j} multipliziert werden müssen:

$$\begin{array}{rl} & (\text{Zeile 1 von Tableau A*}) \cdot \beta_{31} \\ + & (\text{Zeile 2 von Tableau A*}) \cdot \beta_{32} \\ + & (\text{Zeile 3 von Tableau A*}) \cdot \beta_{33} \\ \hline = & (\text{Zeile 3 von Tableau B*}) \end{array}$$

Hieraus läßt sich ableiten (vgl. Abschn. 4.3.2):

(1) $\quad 0 = \bar{a}_{31} = 6\beta_{31} + 2\beta_{32} + 2\beta_{33}$

(2) $\quad 0 = \bar{a}_{32} = 5\beta_{31} + 6\beta_{32} + 1\beta_{33}$

(3) $\quad \bar{a}_{33} = 10\beta_{31} + 6\beta_{32} + 1\beta_{33}$

(4) $\quad \bar{a}_{34} = \beta_{31}$

(5) $\quad \bar{a}_{35} = \beta_{32}$

(6) $\quad 1 = \bar{a}_{36} = \beta_{33}$

(7) $\quad \bar{b}_{3} = 27\beta_{31} + 21\beta_{32} + 6\beta_{33}$

$\beta_{33} = 1$ wird durch Gleichung (6) bestimmt. Damit ergeben sich mit (1) und (2) wieder 2 Gleichungen für die 2 Unbekannten β_{31} und β_{32}:

$$\left. \begin{array}{r} 6\beta_{31} + 2\beta_{32} = -2 \quad | \cdot (-3) \\ 5\beta_{31} + 6\beta_{32} = -1 \end{array} \right\} +$$

$$-13\beta_{31} \qquad = 5 \quad \text{bzw.} \quad \beta_{31} = -\frac{5}{13}$$

$$-\frac{30}{13} + 2\beta_{32} = -2 \quad \text{bzw.} \quad \beta_{32} = \frac{2}{13}$$

Aus Gleichung (3) erhält man damit für $\bar{a}_{33}$

$$\bar{a}_{33} = 10 \cdot \left(-\frac{5}{13}\right) + 6 \cdot \frac{2}{13} + 1$$

$$\bar{a}_{33} = \frac{(-50+12+13)}{13}$$

$$\bar{a}_{33} = -\frac{25}{13}.$$

Aus Gleichung (7) kann $\bar{b}_{3}$ gewonnen werden

$$\bar{b}_{3} = 27 \cdot \left(-\frac{5}{13}\right) + 21 \cdot \frac{2}{13} + 6 \cdot 1$$

$$\bar{b}_{3} = \frac{(-135+42+78)}{13}$$

$$\bar{b}_{3} = -\frac{15}{13}.$$

Dieses Ergebnis für $\overline{b}_3$ stimmt mit der anfänglichen Überlegung überein, daß eine Kapazität von $\frac{15}{13}$ fehlt.

Insgesamt folgt aus diesen Herleitungen

Tableau B*

BV	x_1	x_2	x_3	y_1	y_2	y_3	RS
x_1	1	0	$\frac{15}{13}$	$\frac{3}{13}$	$-\frac{5}{26}$	0	$2\frac{5}{26}$
x_2	0	1	$\frac{8}{13}$	$-\frac{1}{13}$	$\frac{3}{13}$	0	$2\frac{10}{13}$
y_3	0	0	$-\frac{25}{13}$	$-\frac{5}{13}$	$\frac{2}{13}$	1	$-\frac{15}{13}$
$-G$	0	0	$-\frac{18}{13}$	$-\frac{1}{13}$	$-\frac{7}{26}$	0	$-7\frac{19}{26}$

Tableau B* ist also wegen eines negativen Elements auf der rechten Seite unzulässig. In diesem Fall wird ein *dualer Austauschschritt* (vgl. duale Simplexmethode) durchgeführt, um eine optimale und zulässige Basislösung zu erhalten:

Man bestimmt beim dualen Austauschschritt zunächst die austretende Variable (hier y_3 wegen des negativen Wertes auf der rechten Seite) und damit die *Pivotzeile*.

Als *Pivotspalte* kommt nur eine Spalte in Frage, deren Element in der Pivotzeile negativ ist. Denn nur bei Wahl eines solchen Elements zum Pivotelement wird die rechte Seite nach dem Austauschschritt positiv sein, da die gesamte Pivotzeile ja durch dieses (negative) Pivotelement zu dividieren ist. Nach einem solchen Austauschschritt ergibt sich oft schon eine zulässige Basislösung, wenn die rechte Seite dann keinen negativen Wert mehr enthält. (Das muß aber nicht schon nach nur einem dualen Austauschschritt sein, denn durch den Austauschschritt kann eine andere Variable auf der rechten Seite einen Wert kleiner Null annehmen. Es ist dann ein weiterer dualer Austauschschritt durchzuführen.) Gleichzeitig ist aber darauf zu achten, daß nach dem Austauschschritt auch eine optimale Lösung vorliegt, d. h. in der Zielfunktionszeile alle Elemente nichtpositiv bleiben. Dieses wird dadurch erreicht, daß man bei mehreren negativen Elementen in der Pivotzeile diejenige Spalte als Pivotspalte auswählt, bei der der Quotient der Elemente aus der Zielfunktionszeile und der Pivotzeile minimal ist.

Die eintretende Variable wird also bestimmt, indem das Minimum der Quotienten aus nichtpositiven Werten der Zielfunktionszeile und negativen Werten der Pivotzeile bestimmt wird (hier: $\mathrm{Min}\left(\dfrac{18}{13}\bigg/\dfrac{25}{13}, \dfrac{1}{13}\bigg/\dfrac{5}{13}\right) = \mathrm{Min}(0{,}72; 0{,}2) = 0{,}2$; also tritt y_1 in die Basis ein).

Es ergibt sich das neue Optimaltableau

Tableau B*

BV	x_1	x_2	x_3	y_1	y_2	y_3	RS
x_1	1	0	0	0	$-\dfrac{1}{10}$	$\dfrac{3}{5}$	$\dfrac{3}{2}$
x_2	0	1	1	0	$\dfrac{1}{5}$	$-\dfrac{1}{5}$	3
y_1	0	0	5	1	$-\dfrac{2}{5}$	$-\dfrac{13}{5}$	3
$-G$	0	0	-1	0	$-\dfrac{3}{10}$	$-\dfrac{1}{5}$	$-7\dfrac{1}{2}$

Damit hat man unter Berücksichtigung der zusätzlichen Nebenbedingung die neue Optimallösung $x_1 = \frac{3}{2}$, $x_2 = 3$ und $y_1 = 3$ mit $G = 7\frac{1}{2}$ erhalten.

4.5 Zusammenfassende ökonomische Interpretation der Größen eines Simplextableaus für ein Programmplanungsproblem

An dieser Stelle soll noch einmal eine ökonomische Interpretation aller Größen eines Simplextableaus gegeben werden, die in den einzelnen vorhergehenden Abschnitten schon einer eingehenden Analyse unterzogen worden sind.

Hier wird dazu von einer Unternehmung ausgegangen, die vier verschiedene Produkte unter Einsatz von drei Produktionsfaktoren herstellen kann. Folgendes Ausgangstableau sei gegeben.

Ausgangstableau

BV	x_1	x_2	x_3	x_4	y_1	y_2	y_3	RS
y_1	a_{11}	a_{12}	a_{13}	a_{14}	1	0	0	b_1
y_2	a_{21}	a_{22}	a_{23}	a_{24}	0	1	0	b_2
y_3	a_{31}	a_{32}	a_{33}	a_{34}	0	0	1	b_3
$-G$	c_1	c_2	c_3	c_4	0	0	0	$-G_0$

Die in diesem Tableau, der Ausgangslösung, auftretenden Werte haben folgende ökonomische Bedeutung:

b_i = zur Verfügung stehende Faktormenge des Produktionsfaktors i

c_j = Deckungsbeitrag des Produkts j

a_{ij} = Faktormenge von i, die zur Herstellung einer ME von Produkt j benötigt wird (Produktionskoeffizient)

G_0 = Deckungsbeitragssumme bei Produktionsstillstand ($= 0$).

Hat $-G_0$ in der Ausgangslösung einen positiven Wert, so bedeutet das, daß die Fixkosten in der Zielfunktion mit berücksichtigt sind, denn die Zielfunktion hätte bei Berücksichtigung der fixen Kosten in diesem Beispiel die Form

$$G = c_1x_1 + c_2x_2 + c_3x_3 + c_4x_4 - K_f.$$

Da im Ausgangstableau nichts produziert wird, reduziert sich diese Gleichung zu

$$G = c_1 \cdot 0 + c_2 \cdot 0 + c_3 \cdot 0 + c_4 \cdot 0 - K_f = -K_f = G_0$$

Also ergäbe sich für das Ausgangstableau:

$$G = K_f = -G_0$$

Da die Fixkosten aber bei der Maximierung des Deckungsbeitrags keinen Einfluß auf die Lösung haben, wird man sie im allgemeinen nicht in der Zielfunktion aufführen (vgl. Abschn. 2.1.1).

Das optimale Produktionsprogramm sei beispielsweise durch das folgende Optimaltableau beschrieben.

Optimaltableau

BV	x_1	x_2	x_3	x_4	y_1	y_2	y_3	RS
x_2	$\bar{a}_{11}$	1	$\bar{a}_{13}$	0	0	β_{12}	β_{13}	$\bar{b}_1$
x_4	$\bar{a}_{21}$	0	$\bar{a}_{23}$	1	0	β_{22}	β_{23}	$\bar{b}_2$
y_1	$\bar{a}_{31}$	0	$\bar{a}_{33}$	0	1	β_{32}	β_{33}	$\bar{b}_3$
-G	$\bar{c}_1$	0	$\bar{c}_3$	0	0	$-u_2$	$-u_3$	$-\overline{G}$

Die hier im Tableau der Optimallösung auftretenden Werte haben folgende ökonomische Bedeutung:

$\bar{b}_1$ = x_2, die Menge von Produkt 2, die im optimalen Produktionsprogramm hergestellt wird. Dabei ist zu bemerken, daß $\bar{b}_1$ inhaltlich nichts mehr mit dem Produktionsfaktor 1 zu tun hat, auf den sich b_1 im Ausgangstableau bezog, sondern nur mit der zur ersten Zeile gehörigen Basisvariablen (hier also x_2).

$\bar{b}_2$ = x_4, die Menge von Produkt 4, die im optimalen Programm gefertigt wird.

$\bar{b}_3$ = y_1, die freie Kapazität des Produktionsfaktors 1, die ungenutzt bleibt, wenn das optimale Produktionsprogramm verwirklicht wird.

$\overline{G}$ = maximale Deckungsbeitragssumme.

$\bar{c}_1$ = $(-1) \cdot$ (Opportunitätskosten von Produkt 1), d. h. die Deckungsbeitragsänderung, die dann entsteht, wenn im Gegensatz zum optimalen Programm 1 ME von Produkt 1 gefertigt wird.

$\overline{c}_3$ = $(-1) \cdot$ (Opportunitätskosten von Produkt 3).

$\overline{c}_2$ = $\overline{c}_4 = 0$.

Die Produkte P_2 und P_4 werden im optimalen Programm hergestellt. Eine Steigerung des Gesamtdeckungsbeitrags durch Veränderung der Produktionsmengen von P_2 oder P_4 ist nicht möglich, da aufgrund der Optimalität des bisherigen Programms die Produktion von P_2 und P_4 nicht besser kombiniert werden kann.

u_i = monetäre Grenzproduktivität des Faktors i (Knappheitsgrad, Schattenpreis, Effizienzpreis); u_i gibt an, um wieviel der Gesamtdeckungsbeitrag steigt oder fällt, wenn 1 ME des i-ten Produktionsfaktors mehr oder weniger zur Verfügung steht.

u_1 = 0, da im optimalen Programm Faktor 1 nicht knapp ist ($y_1 = \overline{b}_3 > 0$).

$\overline{a}_{11}$ = *Grenzrate der Produktfreisetzung* (oder *Grenzrate der Produktsubstitution*) von Produkt 2 durch Produkt 1 (P_2-Daten stehen in der 1. Zeile, da x_2 in der Spalte BV in der 1. Zeile steht). Aus der 1. Zeile des Optimaltableaus ist zu entnehmen:

$$\overline{a}_{11}x_1 + 1x_2 + \overline{a}_{13}x_3 + 0x_4 + \beta_{12}y_2 + \beta_{13}y_3 = \overline{b}_1.$$

Will man nun zusätzlich 1 ME von x_1 produzieren und beachtet man, daß x_3, y_2 und y_3 weiterhin Nichtbasisvariable, d. h. = 0, bleiben, so reduziert sich diese Gleichung auf

$$\overline{a}_{11}x_1 + x_2 = \overline{b}_1 \quad \text{bzw.} \quad x_2 = \overline{b}_1 - \overline{a}_{11}x_1.$$

Wird also 1 ME von Produkt 1 gefertigt, so werden $\overline{a}_{11}$ ME von Produkt 2 aus dem Programm verdrängt (unter der Annahme der Konstanz aller anderen Daten).

$\overline{a}_{13}$ = Grenzrate der Produktsubstitution von Produkt 2 durch Produkt 3.

$\overline{a}_{21}, \overline{a}_{23}$ geben die Grenzraten der Produktsubstitution analog zu $\overline{a}_{11}$ und $\overline{a}_{13}$ an.

$\overline{a}_{31}$ = *(Netto-)Produktionskoeffizient* von Faktor 1 für Produkt 1.

Diese Bezeichnung wird in der folgenden Analyse deutlich:
Wie bei $\overline{a}_{11}$ erhält man hier $\overline{a}_{31}x_1 + y_1 = \overline{b}_3$. Das ist eine Restriktion in der Form, die im Ausgangstableau steht.

Nimmt man nun an, daß eine Einheit von x_1 produziert wird, so werden dadurch die Produktionsmengen von P_2 und P_4 kleiner. Durch diese Produktionsmengenverminderung von P_2 und P_4 wird eine gewisse Menge von Faktor 1 wieder freigesetzt (d. h. $\overline{b}_3$, das den Rest von Faktor 1 angibt, wird zunächst größer). Da aber eine ME von P_1 produziert wird und dazu Faktor 1 benötigt wird, vermindert sich $\overline{b}_3$ wieder. Die hierbei insgesamt auftretende Veränderung bei Faktor 1 (d. h. $\overline{b}_3$) gibt der Koeffizient $\overline{a}_{31}$ wieder; daher die Bezeichnung *Netto*produktionskoeffizient.

$\overline{a}_{33}$ analog zu $\overline{a}_{31}$.

β_{12} = *(Netto-) Grenzproduktivität von* Faktor 2 für Produkt 2.

Diese Bezeichnung läßt sich wie folgt erklären:
Wie bei $\overline{a}_{11}$ erhält man hier:

$$x_2 + \beta_{12}y_2 = \overline{b}_1.$$

Wird von Faktor 2 eine ME mehr zur Verfügung gestellt, d. h. $y_2 = 0$ wird zu $y_2 = -1$, (denn: y_2 stellt die Restkapazität von Faktor 2 dar. Wird die Gesamtkapazität von Faktor 2 um 1 ME erhöht, so ergibt sich - in bezug auf das Ausgangsproblem - eine Restkapazität $y_2 = -1$ bei Faktor 2.), so erhält man

$$x_2 = \overline{b}_1 - \beta_{12}y_2 = \overline{b}_1 - \beta_{12} \cdot (-1) = \overline{b}_1 + \beta_{12}.$$

Der zusätzliche Einsatz von 1 ME von Faktor 2 führt also zu einer Mehrproduktion von β_{12} ME bei Produkt 2. β_{12} gibt also die Grenzproduktivität von Faktor 2 für Produkt 2 an. Die Bezeichnung *Nettogrenzproduktivität* ergibt sich analog zu $\overline{a}_{31}$

β_{ij} für i = 1,2 und j = 2,3 analog zu β_{12}.

β_{32} = *Grenzrate der Faktorfreisetzung* von Faktor 2 durch Faktor 1. Wenn 1 ME von Faktor 2 frei bleiben soll, muß Faktor 1 statt dessen um β_{32} ME mehr genutzt werden (analog zu $\overline{a}_{11}$ erhält man hier aus der 3. Gleichung:

$$y_1 = \overline{b}_3 - \beta_{32}y_2).$$

β_{33} analog zu β_{32}.

Es hat sich also gezeigt, daß in den einzelnen Simplextableaus über die jeweilige Basislösung hinaus umfassende Informationen enthalten sind. Jede einzelne in einem Tableau enthaltene Größe läßt sich ökonomisch interpretieren. Das gilt nicht nur für das Beispiel der Produktionsprogrammplanung, sondern ebenso für jedes andere Modell der Linearen Planungsrechnung.

4.6 Sensitivitätsanalyse innerhalb eines Tabellenkalkulationsprogramms auf dem PC

Wie schon in Abschn. 2.6.1 angedeutet, bieten die meisten Standardprogrammpakete zur Linearen Optimierung eine Sensitivitätsanalyse an. Anhand des in diesem Kapitel behandelten Beispiels werden die Möglichkeiten im folgenden aufgezeigt, wenn - wie in Abschn. 2.6 - die Optimierung auf einem PC mittels des Add-Ins What's*Best!* von LINDO Systems innerhalb des Tabellenkalkulationsprogramms Excel von Microsoft durchgeführt wird.

Das betrachtete Optimierungsproblem zur Sensitivitätsanalyse ist

$$
\begin{array}{rcrcrcrcl}
G &=& 1x_1 &+& 2x_2 &+& 1x_3 &\to& \text{Max} \\
\text{unter} & & 6x_1 &+& 5x_2 &+& 10x_3 &\le& 27 \\
& & 2x_1 &+& 6x_2 &+& 6x_3 &\le& 21 \\
& & & & & & x_1, x_2, x_3 &\ge& 0
\end{array}
$$

Abb. 4-8 zeigt die Eingabe des Problems in das Tabellenkalkulationsprogramm in Werteschreibweise (Abb. 4-8a) und in Formelschreibweise (Abb. 4-8b) sowie das Ergebnis nach der Optimierung (Abb. 4-8c). Es wurde die formalproblemorientierte Darstellungsweise gewählt (vgl. Abschn. 2.6.1), um die Parallelität zu den vorstehenden Abschnitten einfach nachvollziehbar zu halten.

Die Problemerfassung geschieht folgendermaßen: Zunächst werden im Bereich A3 bis C6 die Produktionskoeffizienten aus den Nebenbedingungen und die Stückdeckungsbeiträge aus der Zielfunktion erfaßt. Die Variablenwerte stehen in den Zellen A8 bis C8, der zu maximierende Deckungsbeitrag in D6. Die Kapazitäten der rechten Seite stehen in F3 und F4. Der Ressourcenverbrauch einer gegebenen Lösung (linke Seite) wird in D3 und D4 aufgeführt. Die Erfassung der Restriktionsanforderung (hier: ≤) erfolgt in den Zellen F4 und F5. (Zur ausführlichen Darstellung der Eingabe s. Abschn. 2.6.)

Die Schattenpreise der Restriktionen (u_i, vgl. Abschn. 4.4.1) werden in G3 und G4, die Opportunitätskosten der Produkte ($\bar{c}_i$, vgl. Abschn. 4.4.2) in A11 bis C11 über die What's*Best!*-spezifische Funktion WBDUAL erfaßt. Diese Funktion bezieht sich auf die Restriktionsbedingungen E3 und E4 bzw. auf die Variablenwerte A8 bis C8 (s. Abb. 4-8b). Die Werte in der Lösung (Abb. 4-8c) entsprechen, bis auf die Vorzeichen, den aus dem Optimaltableau bekannten Werten:

$$-\bar{c}_1 = 0, \ -\bar{c}_2 = 0, \ -\bar{c}_3 = 1,38 \,(= 18 / 13),$$

$$u_1 = 0,077 \,(= 1 / 13), \ u_2 = 0,269 \,(= 7 / 26).$$

Die Schwankungsbreiten der rechten Seiten, in denen sich die Optimallösung qualitativ nicht verändert (vgl. Abschn. 4.4.1) gehen aus den Zellen H3 bis I4 wie folgt vor: Durch die What's*Best!*-spezifischen Funktionen WBLOWER und WBUPPER (s. Abb. 4-8b) werden die Veränderungsspielräume der rechten Seite nach unten (WBLOWER) und nach oben (WBUPPER) ausgehend vom bisherigen Wert ermittelt. Die ablesbaren maximalen Veränderungswerte für b_1 sind nach unten 9,5 und nach oben 36. Daraus ergibt sich wie in Abschn. 4.4.1 der Variationsbereich für b_1 zu

$$17,5 = 27\text{–}9,5 \leq b_1 \leq 27{+}36 = 63.$$

Analog ergibt sich für b_2

$$9 = 21\text{–}12 \leq b_2 \leq 21{+}11,4 = 32,4.$$

(Kursiv sind die aus Abb. 4-8c ablesbaren Werte aus der WBLOWER- bzw. der WBUPPER-Funktion geschrieben.)

Sollen die Schwankungsbreiten der Zielfunktionskoeffizienten c_j ermittelt werden (vgl. Abschn. 4.4.1), so ist dies in What's*Best!* über das duale Problem möglich.

Ergänzend sei bemerkt, daß die meisten Optimierungssoftwarepakete mehr oder minder umfangreiche Ergebnisberichte einschließlich dualer Analyse automatisch generieren. Auch What's*Best!* erstellt einen solchen Bericht. Die oben beschrie-

	A x_1	B x_2	C x_3	D linke Seite	E	F rechte Seite	G Schattenpreis	H unten	I oben
								maximale Veränderung von b_i nach	
1									
2									
3	6	5	10	0	<=	27	0	0	0
4	2	6	6	0	<=	21	0	0	0
5									
6	1	2	1	0	Deckungsbeitrag				
7	0	0	0						
8									
9									
10	Opportunitätskosten								
11	0	0	0						

a)

Abb. 4-8a. Lösung eines linearen Optimierungsproblems in einem Tabellenkalkulationsprogramm inkl. dualer Informationen (fortgesetzt auf S. 146f.)

	A	B	C	D	E	F	G	H	I
								maximale Veränderung von b_i nach	
1	x_1	x_2	x_3	linke Seite		rechte Seite	Schattenpreis	unten	oben
2									
3	6	5	10	=+A3*A8 +B3*B8 +C3*C8	=WB(D3;"<=";F3)	27	=WBDUAL(E3;0)	=WBLOWER(E3;0)	=WBUPPER(E3;0)
4	2	6	6	=+A4*A8 +B4*B8 +C4*C8	=WB(D4;"<=";F4)	21	=WBDUAL(E3;0)	=WBLOWER(E4;0)	=WBUPPER(E4;0)
5									
6	1	2	1	=+A6*A8 +B6*B8 +C6*C8	Deckungsbeitrag				
7									
8	0	0	0						
9									
10	Opportunitätskosten								
11	=WBDUAL(A8;0)	=WBDUAL(B8;0)	=WBDUAL(C8;0)						

b)

Abb. 4-8b. Lösung eines linearen Optimierungsproblems in einem Tabellenkalkulationsprogramm inkl. dualer Informationen (fortgesetzt auf S. 147)

	A	B	C	D	E	F	G		maximale Veränderung von b_i nach	
									H	I
1	x_1	x_2	x_3	linke Seite		rechte Seite	Schattenpreis		unten	oben
2	6	5	10	27	≤	27	0,077		9,5	36
3	2	6	6	2	≤	21	0,269		12	11,4
4	1	2	1	1						
5				7,73	Deckungsbeitrag					
6	2,77		0							
7	2,19									
8										
9										
10	0	0						Opportunitätskosten		
11			1,38							

c)

Abb. 4-8. Lösung eines linearen Optimierungsproblems in einem Tabellenkalkulationsprogramm inkl. dualer Informationen: a) Eingabeparameter und Modellstruktur (Werteschreibweise), b) Eingabeparameter und Modellstruktur (Formelschreibweise), c) optimale Lösung

bene Möglichkeit, die dualen Informationen unmittelbar in die Tabellenkalkulation zu integrieren, bietet demgegenüber jedoch den Vorteil, daß sich die dualen Informationen sofort in die Weiterverarbeitung innerhalb der Tabellenkalkulation integrieren lassen.

Weiter sei darauf hingewiesen, daß sich auch die anderen Problemstellungen der Sensitivitätsanalyse, die in Abschn. 4.4 behandelt worden sind, grundsätzlich innerhalb der Tabellenkalkulation lösen lassen. Die dazu nötigen linearen Rechenoperationen lassen sich mittels des Funktionsumfangs von Tabellenkalkulationsprogrammen durchführen.

5 Ganzzahlige Lineare Optimierung

5.1 Einführung

Häufig treten Planungsprobleme auf, deren Lösungen ganzzahlig sein müssen. Beispiele sind insbesondere im Bereich der Investitionsplanung und der Programmplanung einschließlich der Belegungsplanung zu finden. Produkte dürfen nur in ganzzahligen Mengen produziert werden, Investitionen nur in ganzzahligen Stückzahlen vorgenommen werden.

Zur Ermittlung von ganzzahligen Lösungen sind besondere Lösungsverfahren entwickelt worden. Zwei typische Verfahren werden in diesem Kapitel näher behandelt. Andere Lösungsmöglichkeiten sind z. B. bei Burkard [1972] oder Nemhauser/Wolsey [1994] zu finden.

Charakteristisch für die meisten exakten Verfahren zur ganzzahligen Optimierung ist, daß jeweils von der (optimalen) Lösung des zugehörigen nichtganzzahligen Problems ausgegangen und dann sukzessiv eine ganzzahlige Lösung durch Einschränkung des zulässigen Bereiches ermittelt wird. Diese Einschränkung wird immer so vorgenommen, daß die bisherige nichtganzzahlige Optimallösung aus dem zulässigen Bereich fällt, aber keine ganzzahlige Lösung verlorengeht.

Die große Anzahl der zur Lösung von Problemen mit Ganzzahligkeitsbedingungen entwickelten Verfahren läßt sich in drei Gruppen einteilen (vgl. Müller-Merbach [1992, S. 368]):

a) Schnittebenenverfahren,
b) Entscheidungsbaumverfahren,
c) heuristische Verfahren.

Heuristische Verfahren führen nicht unbedingt zur Optimallösung, sondern erzeugen nur eine "gute" Lösung (vgl. Abschn. 1.4.8). In den folgenden Abschnitten werden als Lösungsverfahren zur ganzzahligen Optimierung das Schnittebenenverfahren von Gomory und das Entscheidungsbaumverfahren von Dakin vorgestellt.

Gomory [1958] berechnet aus einer nichtganzzahligen Optimallösung durch das Einführen von zusätzlichen Schnittebenen, die den zulässigen Lösungsraum einschränken, eine ganzzahlige Optimallösung. Man hat also in jedem Schritt immer genau einen zulässigen Bereich zu untersuchen.

Das Branch and Bound-Verfahren von Dakin [1965] löst, basierend auf der nichtganzzahligen Optimallösung, das Problem mit einem Entscheidungsbaumverfahren durch jeweiliges Aufteilen in zwei Teilbereiche. Im Unterschied zum Algorithmus von Gomory erhöht sich also hier in jedem Schritt durch das Aufteilen die Anzahl der zu untersuchenden zulässigen (Teil-) Bereiche um eins.

Es wird von der folgenden Situation ausgegangen:
Ein Hotel möchte sein Freizeitangebot erweitern. Aus diesem Grunde soll - unter Berücksichtigung der vorhandenen Möglichkeiten - mit dem Bau von Tennisplätzen und/oder Kegelbahnen begonnen werden.

Zu berücksichtigen sind die folgenden Restriktionen:

verfügbare Fläche	2700	qm
benötigte Fläche		
- für einen Tennisplatz	600	qm
- für eine Kegelbahn	500	qm
verfügbare Geldmittel	210.000	GE
benötigte Geldmittel		
- für einen Tennisplatz	20.000	GE
- für eine Kegelbahn	60.000	GE
erwarteter Deckungsbeitrag		
- für einen Tennisplatz	10.000	GE/Jahr
- für eine Kegelbahn	20.000	GE/Jahr

Außerdem sind die Nichtnegativitätsbedingung und die Ganzzahligkeitsbedingung zu beachten. (Die geometrische Form des Grundstückes sowie diejenige von Kegelbahn und Tennisplatz sollen unbeachtet bleiben.)

Als Strukturvariable sollen x_1 die Zahl der Tennisplätze und x_2 die Zahl der Kegelbahnen bezeichnen. Die erwarteten Deckungsbeiträge für das Gesamtprojekt sollen maximiert werden:

$$G(x_1,x_2) = 10.000x_1 + 20.000x_2 \to \text{Max.}$$

Weiter ergibt sich:

$$600x_1 + 500x_2 \leq 2.700 \quad \text{(Flächenrestriktion)}$$

$$20.000x_1 + 60.000x_2 \leq 210.000 \quad \text{(Geldmittelrestriktion)}$$

$$x_1 \geq 0, \quad x_2 \geq 0 \quad \text{(Nichtnegativitätsbedingung)}$$

$$x_1, x_2 \text{ ganzzahlig} \quad \text{(Ganzzahligkeitsbedingung)}$$

Gesucht wird eine nicht negative, ganzzahlige Anzahl von Tennisplätzen und Kegelbahnen, die den Deckungsbeitrag maximiert.

Zur Minderung des Rechenaufwandes wird das lineare System wie folgt gekürzt:

$$\frac{\text{Zielfunktion}}{10.000} : \quad G(x_1,x_2) = 1x_1 + 2x_2 \to \text{Max}$$

$$\frac{\text{Flächen}}{100} : \quad 6x_1 + 5x_2 \leq 27$$

$$\frac{\text{Geldmittel}}{10.000} : \quad 2x_1 + 6x_2 \leq 21$$

Bis auf die Ganzzahligkeitsbedingung und das Fehlen von x_3 entspricht dieses Beispiel also demjenigen, das im Kapitel über die Sensitivitätsanalyse behandelt wurde.

In der graphischen Lösung des Problems (Abb. 5-1) wird die Ganzzahligkeitsbedingung zunächst nicht berücksichtigt.

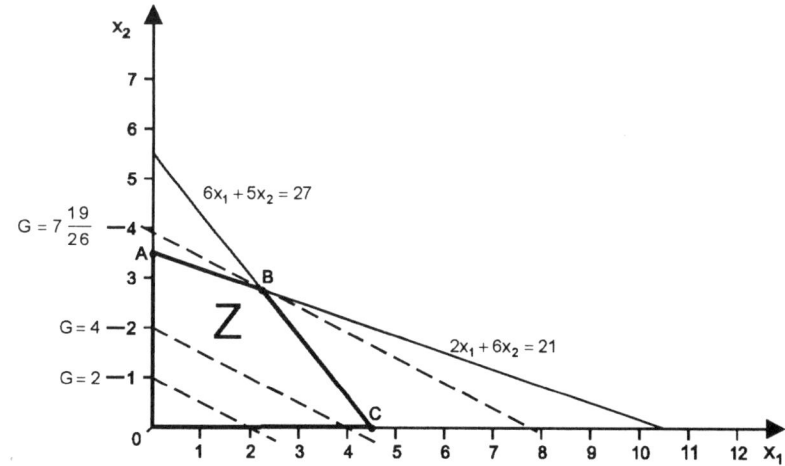

Abb. 5-1. Restriktionen und Gewinngerade für das Investitionsplanungsbeispiel

Der zulässige Lösungsbereich wird durch die Strecken OA, AB, BC und CO begrenzt. Der maximale Gewinn ergibt sich wie in Abschn. 2.1.1 durch Parallelverschiebung der Gewinngeraden bis zu der Stelle, an der die Gewinngerade mit dem zulässigen Bereich genau einen Punkt gemeinsam hat (B).

Die rechnerische Lösung mit dem Simplexverfahren ohne Berücksichtigung der Ganzzahligkeitsbedingung verläuft wie folgt:

Ausgangstableau I

BV	x_1	x_2	y_1	y_2	RS
y_1	6	5	1	0	27
y_2	2	6	0	1	21
$-G$	1	2	0	0	0

Nach dem ersten Simplexschritt erhält man

Tableau II

BV	x_1	x_2	y_1	y_2	RS
y_1	$\dfrac{13}{3}$	0	1	$-\dfrac{5}{6}$	$9\dfrac{1}{2}$
x_2	$\dfrac{1}{3}$	1	0	$\dfrac{1}{6}$	$3\dfrac{1}{2}$
$-G$	$\dfrac{1}{3}$	0	0	$-\dfrac{1}{3}$	-7

Im nächsten Schritt ergibt sich das

Optimaltableau III

BV	x_1	x_2	y_1	y_2	RS
x1	1	0	$\dfrac{3}{13}$	$-\dfrac{5}{26}$	$2\dfrac{5}{26}$
x2	0	1	$-\dfrac{1}{13}$	$\dfrac{3}{13}$	$2\dfrac{10}{13}$
–G	0	0	$-\dfrac{1}{13}$	$-\dfrac{7}{26}$	$-7\dfrac{19}{26}$

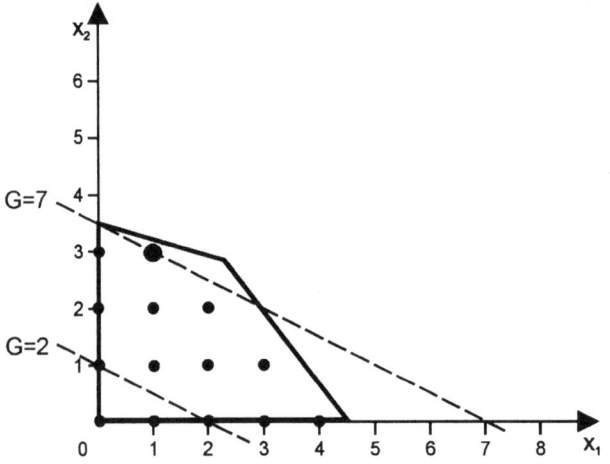

Abb. 5-2. Ganzzahlige Optimallösung

Wenn nun die Ganzzahligkeitsbedingung mit in die Überlegungen einbezogen wird, so erhält man als zulässige Menge nur die Menge der ganzzahligen Gitterpunkte, die im zulässigen Bereich der nichtganzzahligen Aufgabe liegen. Da der Optimalpunkt B nicht ganzzahlig ist, muß die optimale Zielfunktionsgerade, die ja durch den Punkt B geht, soweit in Richtung des Nullpunktes verschoben werden, bis zum erstenmal ein (ganzzahliger) Gitterpunkt berührt wird. Abb. 5-2 verdeutlicht diesen Vorgang.

Als erster Gitterpunkt und damit als Optimallösung des ganzzahligen Problems wird so der Punkt $x_1 = 1$, $x_2 = 3$ erreicht. In diesem Punkt beträgt der Gewinn

$$G = 1x_1 + 2x_2 = 1 \cdot 1 + 2 \cdot 3 = 7.$$

5.2 Lösungsverfahren

5.2.1 Das Cutting Plane-Verfahren von Gomory

5.2.1.1 Beschreibung des Verfahrens

Das Verfahren von Gomory ([1958], vgl. auch Müller-Merbach [1992, S. 366ff.]) ist durch iteratives Hinzufügen von künstlichen Restriktionen gekennzeichnet: Durch das Einfügen von Cutting Planes (Schnittebenen bzw. Schnittbedingungen) wird der zulässige Bereich zur Ermittlung einer ganzzahligen Lösung eingeengt, und zwar so, daß die nichtganzzahlige Lösung bei dieser Verkleinerung aus dem (neuen) zulässigen Bereich herausfällt. Jedoch darf beim Verkleinern des zulässigen Lösungsraumes natürlich keine ganzzahlige Lösung verlorengehen. Der Ablauf des Verfahrens kann Abbildung 5-3 entnommen werden.

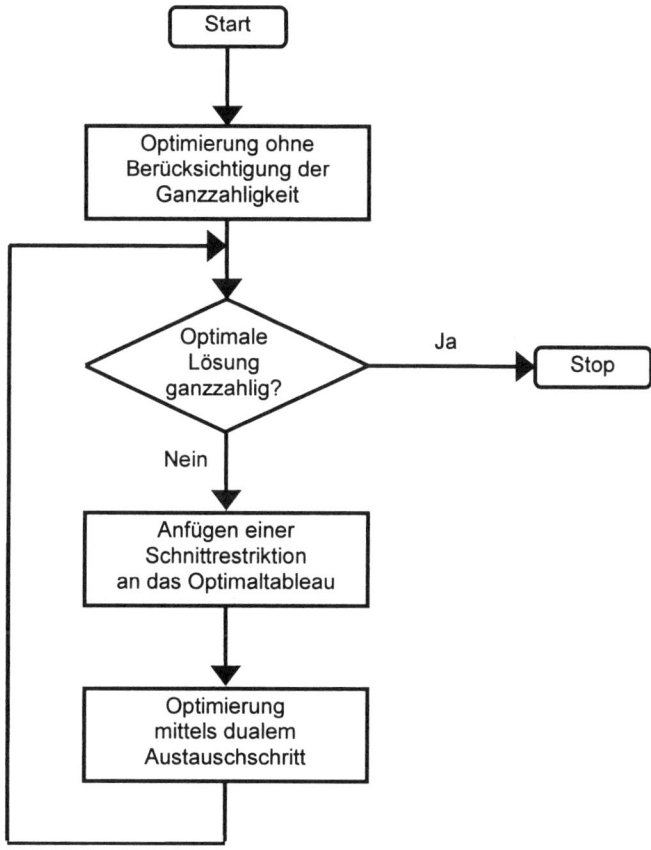

Abb. 5-3. Ablaufdiagramm für das Verfahren von Gomory

Das Verfahren von Gomory verlangt dabei die Ganzzahligkeit aller Variablen und Koeffizienten (bzw. Parameter) im Ungleichungssystem. Falls diese Forderung auf den jeweils vorliegenden Anwendungsfall zutrifft, ergibt sich dann, daß auch die dazugehörigen Schlupfvariablen ganzzahlig sein müssen, denn sie lassen sich als Produkt, Summe und Differenz ganzer Zahlen darstellen (z. B. $y_1 = 27 - 6x_1 - 5x_2$ im Investitionsplanungsproblem).

Beim Verfahren von Gomory bestimmt man zunächst eine Optimallösung des Problems ohne Berücksichtigung der Ganzzahligkeitsbedingung mit Hilfe des Simplexverfahrens (s. o.).

Ist diese Lösung selbst schon ganzzahlig, so ist die Optimallösung des ganzzahligen Problems damit auch gefunden. Dies ist im Beispiel nicht der Fall. Es wird im weiteren Verlauf des Verfahrens von den Gleichungen des (nichtganzzahligen) Optimaltableaus ausgegangen, um die möglichen Schnittbedingungen zu ermitteln:

$$\text{Gleichung (1):} \qquad x_1 + \frac{3}{13}y_1 - \frac{5}{26}y_2 = \frac{57}{26}$$

$$\text{Gleichung (2):} \qquad x_2 - \frac{1}{13}y_1 + \frac{3}{13}y_2 = \frac{36}{13}$$

$$\text{Gleichung (3):} \qquad -\frac{1}{13}y_1 - \frac{7}{26}y_2 - G = -\frac{201}{26}$$

Da dieses Gleichungssystem für G, x_1 und x_2 nichtganzzahlige Werte enthält (bei $y_1 = y_2 = 0$), liegt keine ganzzahlige optimale Lösung vor.

Falls x_1 und x_2 ganzzahlig werden, wird G zwingend ebenfalls ganzzahlig, da die Multiplikation der ganzzahligen Deckungsbeiträge der Zielfunktionszeile mit den ganzzahligen Strukturvariablen ebenfalls einen ganzzahligen Wert ergibt.

5.2.1.2 Ableitung der Schnittrestriktionen

Die Gleichung (1), die aus der ersten Zeile des Optimaltableaus entsteht, lautet

$$x_1 + \frac{3}{13}y_1 - \frac{5}{26}y_2 = \frac{57}{26}$$

Spaltet man nun die positiven Bruchteile der Koeffizienten zwischen 0 und 1 von den ganzzahligen Teilen ab, so erhält man den folgenden Ausdruck:

$$x_1 + \left(0 + \frac{3}{13}\right)y_1 + \left(-1 + \frac{21}{26}\right)y_2 = 2 + \frac{5}{26}$$

(Es ist wichtig, daß die *Bruchteile nicht negativ* sind!)
Faßt man die ganzzahligen Koeffizienten auf einer Seite zusammen, so ergibt sich:

$$\frac{3}{13}y_1 + \frac{21}{26}y_2 - \frac{5}{26} = 2 - x_1 + y_2$$

Da alle Variablen ganzzahlig sein müssen, ergibt sich auf der rechten Seite $(2 - x_1 + y_2)$ ein ganzzahliger Wert. Hieraus folgt, daß der Ausdruck der linken Seite (mit r_a bezeichnet) ebenfalls ganzzahlig sein muß:

$$r_a = \frac{3}{13}y_1 + \frac{21}{26}y_2 - \frac{5}{26} = 2 - x_1 + y_2 \text{ ist ganzzahlig}$$

Der Wert r_a gibt demnach die aus der ersten Zeile abgeleitete Schnittbedingung an (diese muß erfüllt sein, wenn eine ganzzahlige Lösung vorliegt).

Da $y_1 \geq 0$ und $y_2 \geq 0$ ist, erhält man aus

$$r_a = \underbrace{\frac{3}{13}y_1}_{\geq 0} + \underbrace{\frac{21}{26}y_2}_{\geq 0} - \frac{5}{26} = 2 - x_1 + y_2$$

die Bedingung $r_a \geq -\frac{5}{26}$.

Da r_a ganzzahlig ist und die kleinste ganzzahlige Zahl über $-\frac{5}{26}$ die Zahl 0 ist, wird r_a nicht nur durch $-\frac{5}{26}$ nach unten begrenzt, sondern auch durch 0. Man erhält also die einschränkendere Bedingung

$$r_a \geq 0, \quad \text{somit} \quad -\frac{5}{26} + \frac{3}{13}y_1 + \frac{21}{26}y_2 \geq 0.$$

Diese Bedingung läßt sich dann auch so umformen:

$$\frac{3}{13}y_1 + \frac{21}{26}y_2 \geq \frac{5}{26} \quad \text{bzw.} \quad -\frac{3}{13}y_1 - \frac{21}{26}y_2 \leq -\frac{5}{26}.$$

Die letzte Ungleichung kann, nachdem sie durch Einführen der neuen Schlupfvariablen s_a wieder in eine Gleichung umgeformt worden ist, an das vorliegende nicht ganzzahlige Optimaltableau als neue Restriktion

$$-\frac{3}{13}y_1 - \frac{21}{26}y_2 + s_a = -\frac{5}{26}$$

angefügt werden.

Die neue Schlupfvariable s_a muß die Vorzeichenbedingung $s_a \geq 0$ erfüllen. Denn s_a ist dem Wert nach genau r_a (durch Auflösen der vorstehenden Gleichung nach s_a ergibt sich genau der Ausdruck, der oben für r_a entwickelt wurde) und für r_a wird Nichtnegativität gefordert.

Es soll nun untersucht werden, welchen Einfluß diese zusätzliche Restriktion auf den zulässigen Bereich hat. Anschaulich ist diese Untersuchung mittels einer Graphik durchzuführen, doch läßt sich der Schnitt als Ungleichung in y_1 und y_2 nicht unmittelbar im (x_1, x_2)-Koordinatensystem darstellen.

Aus diesem Grund muß die Ungleichung

$$\frac{3}{13}y_1 + \frac{21}{26}y_2 \geq \frac{5}{26} \quad \text{bzw. } 6y_1 + 21y_2 \geq 5 \text{ (nach Multiplikation mit 26)}$$

umgeformt werden in eine Ungleichung, die nur noch x_1 und x_2 enthält.
Aus der Flächenrestriktion

$$6x_1 \quad + \quad 5x_2 \quad + \quad y_1 \quad = \quad 27$$

ergibt sich für die erste Schlupfvariable die Beziehung

$$y_1 \quad = \quad 27 \quad - \quad 6x_1 \quad - \quad 5x_2 \, .$$

Aus der Geldmittelrestriktion

$$2x_1 \quad + \quad 6x_2 \quad + \quad y_2 \quad = \quad 21$$

erhält man für die zweite Schlupfvariable die Beziehung

$$y_2 \quad = \quad 21 \quad - \quad 2x_1 \quad - \quad 6x_2 \, .$$

Werden die y_i-Werte nun in die abgeleitete Schnittrestriktion

$$6y_1 + 21y_2 \geq 5$$

eingesetzt, so ergibt sich

$$6\left(27 - 6x_1 - 5x_2\right) + 21\left(21 - 2x_1 - 6x_2\right) \geq 5$$
$$162 - 36x_1 - 30x_2 + 441 - 42x_1 - 126x_2 \geq 5$$
$$-78x_1 - 156x_2 \geq -598 \quad \big| :(-26)$$
$$3x_1 + 6x_2 \leq 23.$$

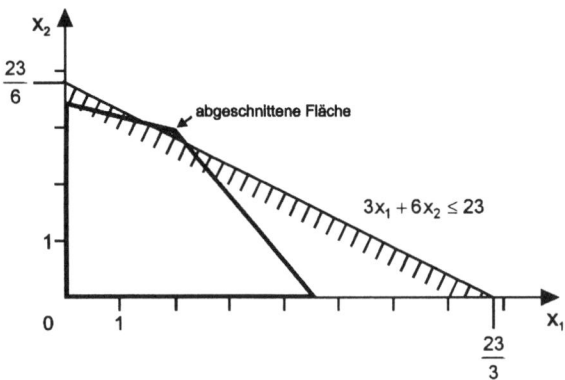

Abb. 5-4. Graphische Darstellung der ersten Schnittrestriktion

Diese Ungleichung wird, wie gezeigt, von jedem ganzzahligen zulässigen Punkt des Ausgangsproblems erfüllt. Die augenblickliche nichtganzzahlige Optimallösung

$$x_1 = \frac{57}{26} \quad \text{und} \quad x_2 = \frac{36}{13}$$

erfüllt diese Bedingung jedoch nicht, wie man durch Einsetzen der Werte sofort sieht:

$$3 \cdot \frac{57}{26} + 6 \cdot \frac{36}{13} = \frac{171}{26} + \frac{432}{26} = \frac{603}{26} = 23,192\ldots$$

Abbildung 5-4 veranschaulicht den Vorgang des "Abschneidens" der nichtganzzahligen Optimallösung, wenn auch das mit diesem Schnitt abgetrennte Stück des bisherigen zulässigen Bereiches sehr klein ist.

Nun soll der zweite Schnitt aus der Gleichung (2)

$$x_2 - \frac{1}{13} y_1 + \frac{3}{13} y_2 = \frac{36}{13}$$

entwickelt werden.
Das Abtrennen der positiven Bruchteile ergibt:

$$x_2 + \left(-1 + \frac{12}{13}\right) y_1 + \left(0 + \frac{3}{13}\right) y_2 = 2 + \frac{10}{13}$$

bzw.

$$\frac{12}{13} y_1 + \frac{3}{13} y_2 - \frac{10}{13} = 2 - x_2 + y_1.$$

Erneut muß die rechte Seite ganzzahlig sein. Daraus ergibt sich dann die Bedingung:

$$r_b = \frac{12}{13} y_1 + \frac{3}{13} y_2 - \frac{10}{13} \quad \text{ist ganzzahlig}$$

Aus der Nichtnegativitätsbedingung für y_1 und y_2 folgt daher wieder

$$r_b \geq -\frac{10}{13}$$

und unter Beachtung der Ganzzahligkeitsbedingung für y_1 und y_2 die einschränkendere (s.o.) Bedingung

$$r_b \geq 0$$

für jede ganzzahlige zulässige Lösung des Ausgangsproblems.
Man kann also die Bedingung

$$-\frac{12}{13} y_1 - \frac{3}{13} y_2 \leq -\frac{10}{13} \quad \text{bzw.} \quad -12 y_1 - 3 y_2 \leq -10$$

den bisherigen Restriktionen hinzufügen.

Nach Einführen der Schlupfvariablen s_b (die dem Werte nach wieder genau r_b entspricht) kann die Gleichung

$$-\frac{12}{13}y_1 - \frac{3}{13}y_2 + s_b = -\frac{10}{13} \quad (\text{mit } s_b \geq 0)$$

in das Tableau aufgenommen werden.

Zur graphischen Veranschaulichung soll diese Schnittbedingung wieder als Ungleichung in den Strukturvariablen x_1 und x_2 ausgedrückt werden. Mit den bekannten Berechnungen für y_1 und y_2 (s. o.) erhält man aus

$$-12y_1 - 3y_2 \leq -10$$
$$-12\left(27 - 6x_1 - 5x_2\right) - 3\left(21 - 2x_1 - 6x_2\right) \leq -10$$
$$-324 + 72x_1 + 60x_2 - 63 + 6x_1 + 18x_2 \leq -10$$
$$78x_1 + 78x_2 \leq 377$$
$$6x_1 + 6x_2 \leq 29.$$

Abbildung 5-5 veranschaulicht diesen "Schnitt", der deutlich größer als der erste ausfällt.

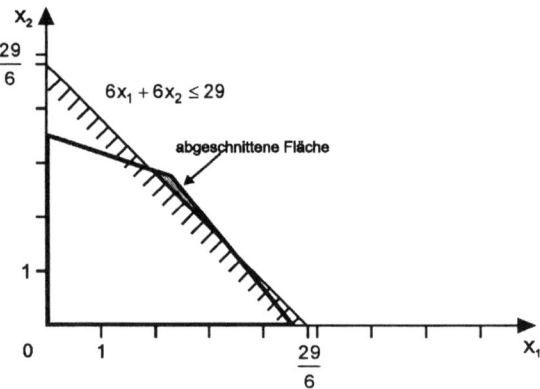

Abb. 5-5. Graphische Darstellung der zweiten Schnittrestriktion

In der gleichen Art wird jetzt eine weitere Schnittrestriktion aus der Zielfunktionszeile

$$-G - \frac{1}{13}y_1 - \frac{7}{26}y_2 = -\frac{201}{26}$$

abgeleitet.

Die Gleichung aus der Zielfunktionszeile muß (im Gegensatz zu den übrigen Zeilen) zunächst mit (-1) multipliziert werden:

$$G + \frac{1}{13}y_1 + \frac{7}{26}y_2 = \frac{201}{26}$$

Wie oben ergibt sich:

$$G + \left(0 + \frac{1}{13}\right)y_1 + \left(0 + \frac{7}{26}\right)y_2 = 7 + \frac{19}{26}$$

$$r_c = \frac{1}{13}y_1 + \frac{7}{26}y_2 - \frac{19}{26} = 7 - G$$

$$r_c \geq 0.$$

Man erhält als neue Schnittrestriktion

$$-\frac{1}{13}y_1 - \frac{7}{26}y_2 \leq -\frac{19}{26} \quad \text{bzw.} \quad -2y_1 - 7y_2 \leq -19$$

oder nach Einführen der Schlupfvariablen s_c

$$-\frac{1}{13}y_1 - \frac{7}{26}y_2 + s_c = -\frac{19}{26}, \quad s_c \geq 0.$$

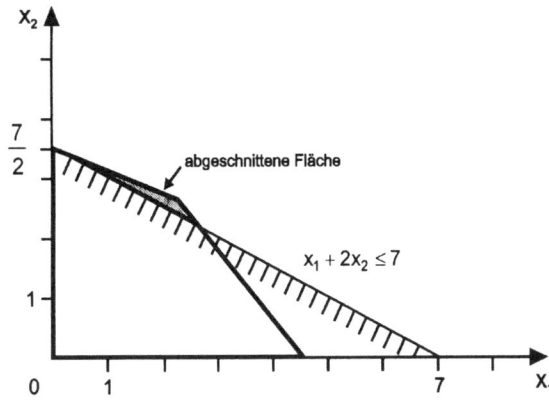

Abb. 5-6. Graphische Darstellung der dritten Schnittrestriktion

Diese Bedingung soll wieder in (x_1, x_2)-Werten ausgedrückt werden:

$$-2\left(27 - 6x_1 - 5x_2\right) - 7\left(21 - 2x_1 - 6x_2\right) \leq -19$$

$$-54 + 12x_1 + 10x_2 - 147 + 14x_1 + 42x_2 \leq -19$$

$$26x_1 + 52x_2 \leq 182 \quad \big| :(-26)$$

$$x_1 + 6x_2 \leq 7.$$

Abbildung 5-6 verdeutlicht diese Schnittrestriktion, die von den bisher abgeleiteten Schnitten den zulässigen Bereich am stärksten verkleinert.

Nachdem nun drei mögliche Schnittrestriktionen ermittelt worden sind, besteht prinzipiell die Möglichkeit, alle drei dem Modell hinzuzufügen. In den meisten

Fällen wird man sich jedoch für einen der Schnitte entscheiden und diese ausgewählte Schnittrestriktion dem Optimaltableau mit der nichtganzzahligen Lösung anfügen. Dies hat den Vorteil, daß die Anzahl der Restriktionen langsamer zunimmt, als wenn in jedem Schritt alle Schnittrestriktionen dem Tableau hinzugefügt werden.

5.2.1.3 Auswahl einer optimalen Schnittbedingung

Wenn dem Modell nur eine Schnittbedingung beigegeben werden soll (um das Tableau nicht zu groß werden zu lassen), ist es erforderlich, eine Auswahl zu treffen, d. h. man muß sich für eine zusätzliche Restriktion entscheiden. Es gilt nun zu untersuchen, welchen Einfluß diese Entscheidung auf die folgende Optimierung hat. Anschaulich ist diese Untersuchung mittels der obigen Abbildungen durchführbar. Diese Möglichkeit besteht jedoch im allgemeinen (bei mehr als 2 Strukturvariablen) nicht.

Bei der Optimierung eines Problems sollte auch die Optimierung des Lösungsverfahrens berücksichtigt werden, d. h.: wird der nichtganzzahligen Optimallösung in jeder Iteration lediglich *eine* Schnittbedingung zugefügt, so ist die Restriktion einzuführen, welche den Aufwand für das Gesamtverfahren maximal reduziert, also diejenige, die gewährleistet, daß insgesamt mit möglichst wenigen Schnitten (und damit verbunden mit möglichst wenigen dualen Austauschschritten) die ganzzahlige Lösung erreicht wird.

Der "größte Sog" zur optimalen Lösung wird ausgeübt, wenn die Schnitte möglichst "groß" gewählt sind (vgl. Abb. 5-7). So sind bei Modellen mit zwei Strukturvariablen die Flächen und bei denen mit mehr als zwei Strukturvariablen die Körper, welche von dem ehemals zulässigen Bereich durch den Schnitt abgetrennt werden, möglichst groß zu wählen.

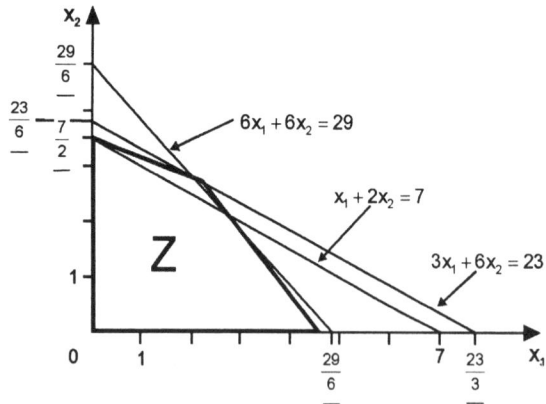

Abb. 5-7. Vergleich der drei möglichen Schnittrestriktionen

Zur Ermittlung dieses Schnittes kann man alternativ z. B. die folgenden Auswahl-kriterien benutzen:

1. Kriterium
Mit geringem Aufwand ist das im folgenden beschriebene Auswahlkriterium anwendbar. Es ist ein heuristisches Kriterium. Seinem geringen Aufwand steht allerdings in der Regel auch ein relativ schlechtes Ergebnis gegenüber. Es wird nicht immer derjenige Schnitt ermittelt, der den zulässigen Bereich am stärksten verkleinert.

Zur Anwendung dieses Kriteriums ist es zunächst erforderlich, die jeweiligen rechten Seiten der Gleichungen - sie entsprechen den Werten in der RS-Spalte des Simplextableaus - aufzuteilen in einen ganzzahligen Wert und einen nicht mehr teilbaren Rest. Nachdem dieser Rechenschritt für alle Kapazitäten sowie für die Zielfunktionsgleichung ausgeführt ist, wird diejenige Zeile zur Bildung der Schnittbedingung ausgewählt, die den (absolut) größten nicht mehr teilbaren Rest besitzt. Demzufolge ergeben sich für das Optimaltableau die folgenden Werte:

$$\text{1. Zeile:} \quad \frac{57}{26} \;\rightarrow\; 2 + \frac{5}{26}$$

$$\text{2. Zeile:} \quad \frac{36}{13} \;\rightarrow\; 2 + \frac{20}{26}$$

$$\text{3. Zeile:} \quad \frac{201}{26} \;\rightarrow\; 7 + \frac{19}{26}$$

Wählt man die der Schnittbedingung zugrunde zu legende Zeile mit Hilfe des hier beschriebenen Kriteriums aus, so ergibt sich:

$$\frac{20}{26} = \max\!\left(\frac{5}{26}, \frac{20}{26}, \frac{19}{26}\right)$$

Der Wert $\frac{20}{26}$ gehört zur 2. Zeile. Folglich wird die aus der zweiten Zeile entstan-dene Schnittbedingung nach diesem Kriterium dem bisherigen Optimaltableau hinzugefügt. Der Vergleich von Abb. 5-5 und Abb. 5-6 zeigt jedoch, daß dieses Kriterium nicht den optimalen Schnitt liefert.

2. Kriterium
Die erhöhte Genauigkeit des folgenden 2. Auswahlkriteriums ist mit einem erhöh-ten Ermittlungsaufwand verbunden. Es handelt sich dabei ebenfalls um ein heuri-stisches Kriterium.

Das Verfahren sucht einen Schnitt, bei dem der Abstand zwischen der Schnitt-geraden und ihrer durch den nicht ganzzahligen Optimalpunkt verlaufenden Paral-lelen am größten ist.

Diese Vorgehensweise kann man sich an einer Graphik verdeutlichen. Wenn alle drei Schnittbedingungen gleichzeitig eingezeichnet werden, so sieht man, daß die dritte, aus der Zielfunktionszeile abgeleitete Restriktion den größten Abstand vom nichtganzzahligen Optimalpunkt hat und die größte Fläche vom nichtganzzahligen zulässigen Bereich abschneidet. Diese Bedingung erzeugt also in gewisser Weise den "besten" Schnitt.

Damit diese Abstandsbestimmung und die darauf aufbauende Auswahl jedoch sofort am vorliegenden nichtganzzahligen Optimaltableau durchgeführt werden können, müssen alle Schnitte in der (y_1, y_2)-Form, d. h. in Abhängigkeit von den Nichtbasisvariablen des bisherigen Optimaltableaus betrachtet werden.

Die erste Schnittbedingung lautete

$$-\frac{3}{13}y_1 - \frac{21}{26}y_2 \le -\frac{5}{26}$$

mit zugehöriger Restriktionsgeraden

$$-\frac{3}{13}y_1 - \frac{21}{26}y_2 = -\frac{5}{26} \qquad (*).$$

Da in der augenblicklichen nichtganzzahligen Optimallösung y_1 und y_2 als Nichtbasisvariablen den Wert 0 haben, liegt der vorliegende nichtganzzahlige Optimalpunkt auf der zu (*) parallelen Geraden

$$-\frac{3}{13}y_1 - \frac{21}{26}y_2 = -\frac{3}{13} \cdot 0 - \frac{21}{26} \cdot 0 = 0$$

(Die Geraden sind parallel, weil sie sich nur um den konstanten Wert $-\frac{5}{26}$ unterscheiden.)

Es liegen allgemein zwei Geraden der Form

G_1: $ay_1 + by_2 = c$
G_2: $ay_1 + by_2 = 0$

vor.

Der Abstand dieser beiden Geraden läßt sich nach der Formel

$$D = \frac{|c|}{\sqrt{a^2 + b^2}}$$

bestimmen.

Für die im dreidimensionalen Raum befindliche Ebene

$$ax_1 + bx_2 + cx_3 = d$$

gilt analog dazu

$$D = \frac{|d|}{\sqrt{a^2 + b^2 + c^2}}$$

Im Beispiel ergibt sich also aus dem Schnitt zur 1. Zeile

$$D = \frac{\left|\frac{5}{26}\right|}{\sqrt{\left(-\frac{3}{13}\right)^2 + \left(-\frac{21}{26}\right)^2}} \approx 0{,}23.$$

Auf die gleiche Weise werden nun die zu den anderen Schnitten gehörenden Abstände bestimmt.

Die 2. Schnittbedingung lautet

$$-\frac{12}{13}y_1 - \frac{3}{13}y_2 \le -\frac{10}{13},$$

man erhält

$$D = \frac{\left|\frac{10}{13}\right|}{\sqrt{\left(-\frac{12}{13}\right)^2 + \left(-\frac{3}{26}\right)^2}} \approx 0{,}81.$$

Die 3. Schnittbedingung lautet

$$-\frac{1}{13}y_1 - \frac{7}{26}y_2 \le -\frac{19}{26}$$

und es ergibt sich

$$D = \frac{\left|\frac{19}{26}\right|}{\sqrt{\left(-\frac{1}{13}\right)^2 + \left(-\frac{7}{26}\right)^2}} \approx 2{,}61.$$

Für die Zielfunktionszeile wurde eindeutig der größte Abstand ermittelt. Somit führt ein aus der dritten Zeile abgeleiteter Schnitt mit dem (vermutlich) geringsten Aufwand zur ganzzahligen Optimallösung.

Das Ergebnis des letzten vorgestellten Verfahrens zur Auswahl eines Schnittes stimmt mit der graphischen Analyse überein. Offensichtlich entsteht bei der Anwendung des 2. Kriteriums wie bei der graphischen Methode ein relativ hoher Aufwand bei der Schnittfindung. Die sich ergebenden Schnitte sind andererseits auch besser als bei der Anwendung des 1. Kriteriums.

Daß Auswahlregeln die Leistungsfähigkeit des Gomory-Verfahrens entscheidend beeinflussen können, hat Ouyahia [1962] deutlich demonstriert. Für eine Aufgabe mit 20 Restriktionen und 29 Variablen konnte bei einer bestimmten Auswahlregel nach 30 000 Schnitten noch keine ganzzahlige Optimallösung gefunden werden, während sie mit Hilfe einer anderen Auswahlregel bereits nach 70 Schnitten erreicht wurde.

5.2.1.4 Anwendung des Verfahrens

Nachdem eine Schnittbedingung ausgewählt worden ist, kann sie nun dem nicht-ganzzahligen Optimaltableau angefügt werden:

Tableau IIIa

BV	x_1	x_2	y_1	y_2	s_1	RS
x_1	1	0	$\dfrac{3}{13}$	$-\dfrac{5}{26}$	0	$2\dfrac{5}{26}$
x_2	0	1	$-\dfrac{1}{13}$	$\dfrac{3}{13}$	0	$2\dfrac{10}{13}$
s_1	0	0	$\left(-\dfrac{1}{13}\right)$	$-\dfrac{7}{26}$	1	$-\dfrac{19}{26}$
$-G$	0	0	$-\dfrac{1}{13}$	$-\dfrac{7}{26}$	0	$-7\dfrac{19}{26}$

Als zusätzliche Restriktion ist die Gleichung der 3. Zeile mit s_1 als Basisvariable in das Tableau aufgenommen worden.

Mit s_1 soll dabei die erste in das Tableau aufgenommene Schnittbedingung bezeichnet werden. Sie entspricht in diesem Fall dem aus der Zielfunktion des ursprünglichen (nichtganzzahligen) Optimaltableaus abgeleiteten Schnitt s_c (vgl. Abschn. 5.2.1.3).

Das Einfügen des Schnittes verursacht eine negative "Kapazität" $\left(-\dfrac{19}{26}\right)$, d. h., daß das Tableau IIIa unzulässig ist (negativer Wert auf der rechten Seite).

Zur Ermittlung einer zulässigen Lösung des um die Schnittbedingung erweiterten Programms ist ein dualer Austauschschritt erforderlich (vgl. Abschn. 4.4.5).

Die Pivotzeile liegt wegen des negativen Wertes auf der rechten Seite fest. Wie schon in Abschn. 4.4.5 gezeigt, wählt man als Pivotspalte diejenige, die
- einen negativen Koeffizienten in der Pivotzeile und
- den kleinsten Quotienten von Zielfunktionskoeffizient und Koeffizient in der Pivotzeile

aufweist.

Das Pivotelement ist somit negativ. Nach der Division der Pivotzeile durch das Pivotelement ergibt sich auf der rechten Seite ein zulässiger (positiver) Wert. Durch die Spaltenwahl wird garantiert, daß nach dem Austauschschritt kein Zielfunktionswert positiv wird und keine weiteren Austauschschritte notwendig sind. Beim (primalen) Austauschschritt, wie er beim Programmplanungsproblem (vgl. Abschn. 2.1.2) vollzogen wurde, war durch das 2. Simplexkriterium (Engpaßbestimmung) gewährleistet, daß die Basislösung zulässig blieb (rechte Seite ≥ 0). Beim dualen Problem vertauschen die rechte Seite und die Zielfunktionszeile ihre Rollen (vgl. Abschn. 2.5). Dementsprechend wird beim dualen Austauschschritt bei der Bestimmung der Pivotspalte gewährleistet, daß die Werte in der Zielfunktionszeile der neuen Basislösung nach wie vor ≤ 0 bleiben, also die Optimalität erhalten bleibt.

Im Beispiel können nun y_1 und y_2 alternativ in die Basis von Tableau IV aufgenommen werden. Willkürlich wird y_1 als eintretende Variable und damit $-\dfrac{1}{13}$ als Pivotelement ausgewählt. Es ergibt sich

Tableau IV

BV	x_1	x_2	y_1	y_2	s_1	RS
x_1	1	0	0	-1	3	0
x_2	0	1	0	$\dfrac{1}{2}$	-1	$\dfrac{7}{2}$
y_1	0	0	1	$\dfrac{7}{2}$	-13	$\dfrac{19}{2}$
$-G$	0	0	0	0	-1	-7

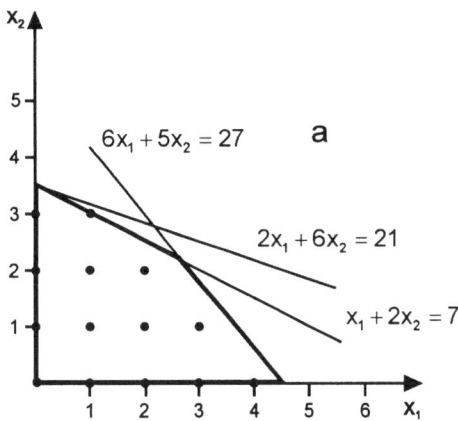

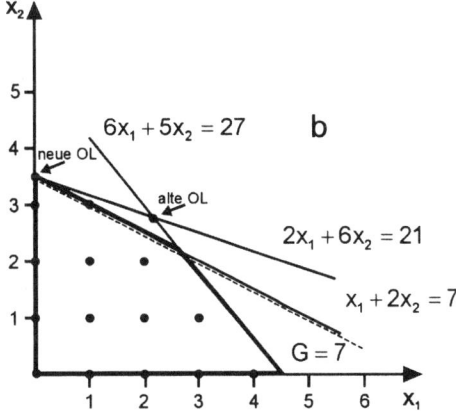

Abb. 5-8. a Durchführen des 1. Schnittes. **b** Graphische Lösung des neuen Problems

Die neue Optimallösung kann man auch graphisch bestimmen, indem zunächst die neue Schnittrestriktion (in (x_1,x_2)-Form: $x_1 + 2x_2 \leq 7$ (vgl. Abschn. 5.2.1.2)) dem bisherigen zulässigen Bereich hinzugefügt wird (Abb. 5-8 a) und dann die Zielfunktionsgerade $G = x_1 + 2x_2 = 7\frac{19}{26}$, auf der die bisherige Lösung lag, solange parallel in Richtung Ursprung verschoben wird, bis sie den neuen zulässigen Bereich im Punkt $x_1 = 0$, $x_2 = \frac{7}{2}$ berührt (vgl. Abb. 5-8b).

(Man geht in diesem Schritt von der alten Optimallösung, die nicht mehr im zulässigen Bereich liegt, zur neuen Optimallösung, die in einer Ecke des neuen zulässigen Bereiches liegt.)

Da die Lösung in Tableau IV zwar zulässig, jedoch nicht ganzzahlig ist, muß ein weiterer Schnitt angefügt werden.

Schnitte können in diesem Falle in Tableau IV lediglich aus der 2. Gleichung mit x_2 in der Basis oder aus der 3. Gleichung mit y_1 in der Basis abgeleitet werden, da die restlichen Gleichungen ja schon ganzzahlige rechte Seiten besitzen.

Ableitung des Schnittes s_b aus der 2. Gleichung:

$$x_2 + \frac{1}{2}y_2 - s_1 = \frac{7}{2}$$

$$x_2 + \left(0 + \frac{1}{2}\right)y_2 - s_1 = 3 + \frac{1}{2}$$

$$\frac{1}{2}y_2 - \frac{1}{2} = 3 + s_1 - x_2.$$

Unter Berücksichtigung der Ganzzahligkeitsbedingung ergibt sich der Schnitt

$$r_b = \frac{1}{2}y_2 - \frac{1}{2} \geq 0 \qquad \text{bzw.}$$

$$-\frac{1}{2}y_2 + s_b = -\frac{1}{2}, \qquad s_b \geq 0.$$

Ableitung des Schnittes s_c aus der 3. Gleichung:

$$y_1 + \frac{7}{2}y_2 - 13s_1 = \frac{19}{2}$$

$$y_1 + \left(3 + \frac{1}{2}\right)y_2 - 13s_1 = 9 + \frac{1}{2}$$

$$\frac{1}{2}y_2 - \frac{1}{2} = 9 - y_1 - 3y_2 + 13s_1.$$

Unter Berücksichtigung der Ganzzahligkeitsbedingung ergibt sich:

$$r_c = \frac{1}{2}y_2 - \frac{1}{2} \geq 0 \qquad \text{bzw.}$$

$$-\frac{1}{2}y_2 + s_c = -\frac{1}{2}, \qquad s_c \geq 0.$$

Da der Abstand der beiden Schnittgeraden zur bisherigen nichtganzzahligen Optimallösung $x_1 = 0$, $x_2 = \frac{7}{2}$ (2. Kriterium aus Abschn. 5.2.1.3) bei den Schnitten s_b und s_c gleich ist (beim Einsetzen in die Abstandsformel aus Abschn. 5.2.1.3 ergibt sich in beiden Fällen $D = \frac{\left|-\frac{1}{2}\right|}{\sqrt{\frac{1}{4}}}$), ist es bei Verwendung des 2. Kriteriums zur Schnittauswahl gleich, ob der aus der 2. Gleichung oder der aus der 3. Gleichung abgeleitete Schnitt dem Tableau angefügt wird.

In Tableau IVa wird als zweiter Schnitt (s_2) die zusätzliche Restriktion

$$-\frac{1}{2}y_2 + s_2 = -\frac{1}{2}$$

eingefügt.

Tableau IVa

BV	x_1	x_2	y_1	y_2	s_1	s_2	RS
x_1	1	0	0	-1	3	0	0
x_2	0	1	0	$\frac{1}{2}$	-1	0	$\frac{7}{2}$
y_1	0	0	1	$\frac{7}{2}$	-13	0	$\frac{19}{2}$
s_2	0	0	0	$\left(-\frac{1}{2}\right)$	0	1	$-\frac{1}{2}$
$-G$	0	0	0	0	-1	0	-7

Beim erforderlichen dualen Austauschschritt wird s_2 in der Basis durch die neue Basisvariable y_2 ersetzt. Somit hat das Pivotelement den Wert $-\frac{1}{2}$.

Die Durchführung des Simplexschrittes ergibt

Tableau V

BV	x_1	x_2	y_1	y_2	s_1	s_2	RS
x_1	1	0	0	0	3	-2	1
x_2	0	1	0	0	-1	1	3
y_1	0	0	1	0	-13	7	6
y_2	0	0	0	1	0	-2	1
$-G$	0	0	0	0	-1	0	-7

Mit Tableau V liegt die geforderte ganzzahlige und zulässige Optimallösung vor. Die Anwendung des Gomory-Algorithmus führt also zu dem Investitionsvorschlag: Zur Nutzung der verfügbaren Fläche sollten 1 Tennisplatz ($x_1 = 1$) und 3 Kegelbahnen ($x_2 = 3$) installiert werden.

Der zu erwartende Deckungsbeitrag beträgt bei dieser Kombination 70.000 GE ($1 \cdot 10.000$ GE + $3 \cdot 20.000$ GE).

Der Unterschied zu dem in Tableau V ermittelten Deckungsbeitrag resultiert aus der Vereinfachung der Zielfunktion $G = 1x_1 + 2x_2 = 1 \cdot 1 + 3 \cdot 2 = 7$ (vgl. Abschn. 5.1).

Beim Vergleich des ganzzahligen mit dem nichtganzzahligen Optimaltableau (Tableau III) ist eine Abnahme des Zielfunktionswertes um $\frac{19}{26}$ auf 7 zu erkennen.

Somit hat die Forderung nach Ganzzahligkeit die Maximierung der Zielfunktion nicht unwesentlich beeinträchtigt. Man sieht also deutlich den Unterschied zwischen nichtganzzahliger und ganzzahliger Optimallösung.

Die ganzzahlige Optimallösung soll auch noch graphisch ermittelt werden. Dazu muß die neue Schnittrestriktion

$$-\frac{1}{2}y_2 + s_2 = -\frac{1}{2}, \quad s_2 \geq 0$$

umgeschrieben werden.
Man erhält

$$s_2 = \frac{1}{2}y_2 - \frac{1}{2}, \quad s_2 \geq 0, \quad \text{d.h.} \quad \frac{1}{2}y_2 - \frac{1}{2} \geq 0$$

Diese Ungleichung muß wieder in (x_1, x_2)-Form gebracht werden.
Für y_2 gilt die Beziehung

$$2x_1 + 6x_2 + y_2 = 21, \quad \text{d.h.} \quad y_2 = 21 - 2x_1 - 6x_2$$

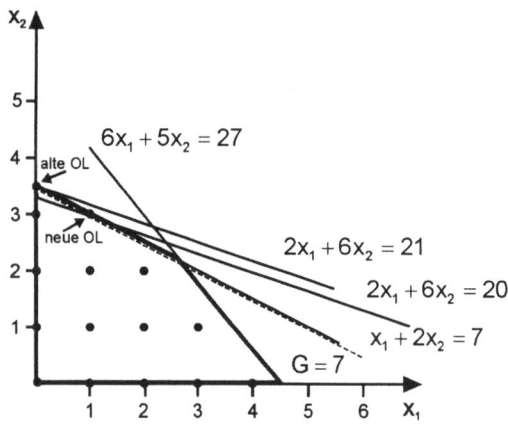

Abb. 5-9. Ganzzahlige Optimallösung

Somit ergibt sich die Bedingung

$$\frac{1}{2}\left(21 - 2x_1 - 6x_2\right) - \frac{1}{2} \geq 0 \qquad \text{bzw.} \qquad 2x_1 + 6x_2 \leq 20.$$

Zeichnet man diese Restriktion nun zusätzlich ein, so ergibt sich die Optimallösung im ganzzahligen Eckpunkt $(x_1, x_2) = (1,3)$ (s. Abb. 5-9).

Wie schon in Abschn. 5.2.1.3 erläutert, wird die Leistungsfähigkeit des Algorithmus' von Gomory wesentlich von der Auswahlregel für die "Schnitt"-Zeile beeinflußt.

Man kann allgemein zeigen, daß bei Beachtung einiger spezieller Auswahlregeln das Verfahren nach endlich vielen Schnitten zu einer ganzzahligen Optimallösung kommt.

Es ist jedoch bis heute nicht bekannt, ob die in Abschn. 5.2.1.3 vorgestellten Auswahlregeln immer mit endlich vielen Schnitten zur ganzzahligen Optimallösung führen.

Weiterhin ist bei keiner Version im voraus bekannt, wie viele Schnitte maximal nötig sein werden. Durch das ständige Hinzufügen neuer Schnittrestriktionen wird die zu behandelnde Matrix in jedem Schritt größer, so daß sich schnell sehr komplexe Probleme ergeben können.

5.2.2 Das Branch and Bound-Verfahren von Dakin

5.2.2.1 Das Branch and Bound-Prinzip

Branch and Bound-Verfahren sind spezielle Enumerationsverfahren. Sie suchen die Optimallösung systematisch durch Aufspalten des zulässigen Bereichs eines Optimierungsproblems. Diese Aufspaltung läßt sich als Verzweigung (Branching) in einem Entscheidungsbaum darstellen:

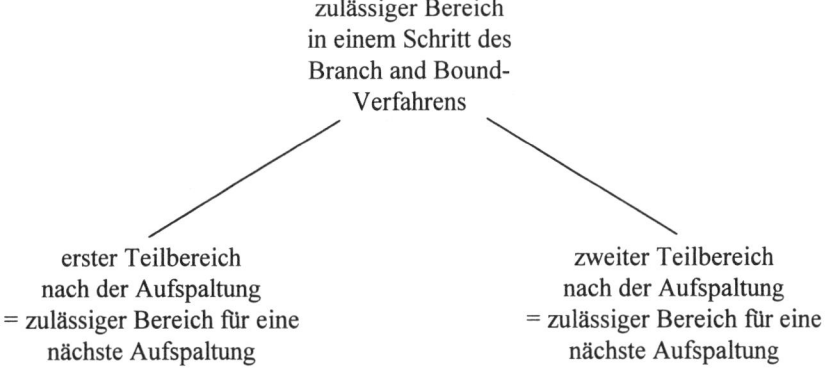

Die entstehenden Teilbereiche werden dann getrennt optimiert oder, wenn die zu erwartende Optimallösung im jeweiligen Teilbereich schlechter sein wird als die bisher beste bekannte Lösung in einem anderen Bereich, aus der weiteren Betrachtung ausgeklammert (Bounding).

Formal läßt sich das wie folgt beschreiben:

Ausgehend von der Menge Q aller zulässigen Lösungen eines betrachteten Problems nimmt man eine Aufspaltung (Branching) dieser Menge in disjunkte (schnittfremde) Mengen Q_1, Q_2,..., Q_n mit

$$Q = Q_1 \cup Q_2 \cup ... \cup Q_n \qquad \text{mit } Q_i \cap Q_j = \varnothing, \text{ falls } i \neq j$$

(Q ist die Vereinigungsmenge   (je zwei Teilmenge Q_i und Q_j haben

von Q_1,..., Q_n)   kein Element (zulässige Lösung) gemeinsam)

vor.

Das bedeutet, daß jede zulässige Lösung in genau einer Untermenge Q_i enthalten ist.

Für jede der Untermengen Q_i wird nun der theoretisch bestmögliche Zielfunktionswert bestimmt (Bounding/Schrankenberechnung). Sollte dabei dieser Wert schlechter sein als der Zielfunktionswert einer bekannten zulässigen Lösung, so kann die betreffende Menge Q_i von der weiteren Betrachtung ausgeschlossen werden, da ja dort keine Verbesserung mehr zu erwarten ist (Elimination).

Nach einer vorgegebenen Auswahlregel werden nun die verbleibenden Mengen weiter aufgespalten (Branching).

Der Fortgang dieses Aufspaltungsprozesses wird in Form eines Entscheidungsbaums festgehalten.

Für ein und dasselbe Problem können verschiedene Branch and Bound-Verfahren existieren. Diese unterscheiden sich dann jeweils
- in der Art der Aufspaltung
- in der Art der Schrankenberechnung
- in der Auswahlregel für die nächste Verzweigung.

Das Verfahren von Dakin [1965] ist ein spezielles Branch and Bound-Verfahren zur Lösung ganzzahliger linearer Optimierungsprobleme.

5.2.2.2 Der Ablauf des Verfahrens von Dakin

Es wird wieder das Beispiel zur Investitionsplanung aus Abschn. 5.1 zugrunde gelegt. Seine nichtganzzahlige Optimallösung ist auch hier (vgl. Abschn. 5.2.1.1) Ausgangspunkt für die Anwendung des speziellen Verfahrens. Die Ausgangsgleichungen sind wie folgt gegeben:

$$
\begin{array}{rcrcrcrcl}
6x_1 & + & 5x_2 & + & y_1 & & & = & 27 \\
2x_1 & + & 6x_2 & & & + & y_2 & = & 21 \\
G & = & 1x_1 & + & 2x_2 & & & \rightarrow & \text{Max}
\end{array}
$$

$$x_1, x_2, y_1, y_2 \geq 0; \qquad x_1, x_2 \text{ ganzzahlig.}$$

Nach der Optimierung ohne Berücksichtigung der Ganzzahligkeitsbedingung ergibt sich (vgl. Abschn. 5.1) die Optimallösung P_0: $x_1 = 2,2$; $x_2 = 2,8$ mit dem Zielfunktionswert G = 7,73.

Tableau Q (nichtganzzahliges Optimaltableau)

BV	x_1	x_2	y_1	y_2	RS
x_1	1	0	$\dfrac{3}{13}$	$-\dfrac{5}{26}$	$\dfrac{57}{26}$
x_2	0	1	$-\dfrac{1}{13}$	$\dfrac{3}{13}$	$\dfrac{36}{13}$
$-G$	0	0	$-\dfrac{1}{13}$	$-\dfrac{7}{26}$	$-\dfrac{201}{26}$

Das Problem wird nun in zwei getrennte Teilprobleme aufgespalten. Hierbei wird von der errechneten Optimallösung im Tableau Q ausgegangen.

Da für x_1 und x_2 Ganzzahligkeit gefordert ist, kann z. B. für x_1 nur gelten: $x_1 \leq 2$ oder $x_1 \geq 3$. Damit ist der Gesamtlösungsbereich aller zulässigen Lösungen in zwei Teilbereiche (Q_1 und Q_2) aufgeteilt, nämlich:

(1)   die zulässigen Lösungen aus Q, für die $x_1 \leq 2$ ist,

   d. h. $Q_1 = Q \cap \left\{ (x_1, x_2) \mid x_1 \leq 2 \right\}$,

(2)   die zulässigen Lösungen aus Q, für die $x_1 \geq 3$ ist,

   d. h. $Q_2 = Q \cap \left\{ (x_1, x_2) \mid x_1 \geq 3 \right\}$.

Abbildung 5-10 veranschaulicht diese Aufspaltung.

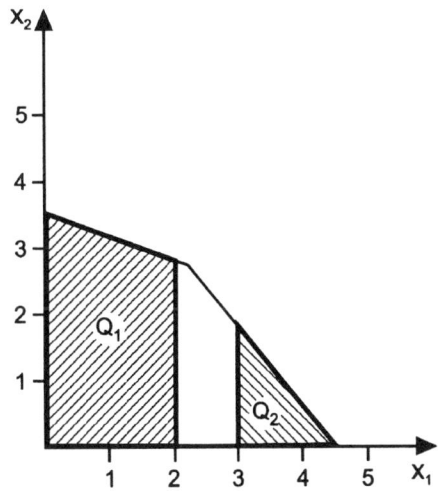

Abb. 5-10. Aufspaltung des zulässigen Bereiches Q

Das Tableau für den Teilbereich Q_1 entsteht dadurch, daß $x_1 \leq 2$ als zusätzliche Bedingung an das Optimaltableau Q angefügt wird.

Damit der Simplexalgorithmus angewendet werden kann, muß die Ungleichung $x_1 \leq 2$ durch eine Gleichung ersetzt werden. Nach Einführung einer Schlupfvariablen q_1 ergibt sich:

$$x_1 + q_1 = 2,$$

wobei q_1 ganzzahlig und $q_1 \geq 0$ sein soll. Diese Gleichung muß nun so umgeschrieben werden, daß nur noch q_1 und Nichtbasisvariablen aus Tableau Q in der Gleichung auftreten. Der Wert für x_1 ist aus dem Tableau Q zu ermitteln.

Aus der ersten Zeile von Tableau Q kann entnommen werden:

$$x_1 + \frac{3}{13}y_1 - \frac{5}{26}y_2 = \frac{57}{26} \quad \text{oder} \quad x_1 = -\frac{3}{13}y_1 + \frac{5}{26}y_2 + \frac{57}{26}$$

Also läßt sich $x_1 + q_1 = 2$ durch Einsetzen umformen zu

$$-\frac{3}{13}y_1 + \frac{5}{26}y_2 + q_1 = 2 - \frac{57}{26} = -\frac{5}{26}$$

(Man hat also q_1 in einer Gleichung, in der sonst nur Nichtbasisvariablen aus Tableau Q auftreten. Damit kann die Gleichung Tableau Q hinzugefügt werden, da in den Spalten der Basisvariablen von Tableau Q weiterhin Einheitsspalten stehen (das ist zur Anwendung des Simplexalgorithmus' notwendig).)

Die neue Nebenbedingung wird nun an Tableau Q angefügt. Das neue Tableau Q_1 beschreibt dann den zulässigen Bereich Q_1:

Tableau Q_1

BV	x_1	x_2	y_1	y_2	q_1	RS
x_1	1	0	$\frac{3}{13}$	$-\frac{5}{26}$	0	$\frac{57}{26}$
x_2	0	1	$-\frac{1}{13}$	$\frac{3}{13}$	0	$\frac{36}{13}$
q_1	0	0	$-\frac{3}{13}$	$\frac{5}{26}$	1	$-\frac{5}{26}$
$-G$	0	0	$-\frac{1}{13}$	$-\frac{7}{26}$	0	$-\frac{201}{26}$

Mit dem Einfügen der Restriktion ist die Zulässigkeit des Tableaus verletzt (negative Kapazität), daher wird ein dualer Austauschschritt erforderlich und es ergibt sich

Tableau $Q_1^{(opt)}$

BV	x_1	x_2	y_1	y_2	q_1	RS
x_1	1	0	0	0	1	2
x_2	0	1	0	$\dfrac{1}{6}$	$-\dfrac{1}{3}$	$\dfrac{17}{6}$
y_1	0	0	1	$-\dfrac{5}{6}$	$-\dfrac{13}{3}$	$\dfrac{5}{6}$
$-G$	0	0	0	$-\dfrac{1}{3}$	$-\dfrac{1}{3}$	$-\dfrac{23}{3}$

Nach dem Austausch ist P_1 mit $x_1 = 2{,}0$, $x_2 = 2{,}83$ und dem Zielfunktionswert $G = 7{,}67$ der optimale Punkt von Q_1 (vgl. Abb. 5-11).

Entsprechend erhält man für Q_2 den optimalen Punkt P_2: $x_1 = 3$, $x_2 = 1{,}8$ mit $G = 6{,}6$. (Die Berechnungen hierzu werden in Abschn. 5.2.2.3 detailliert aufgeführt.)

Die Lösungen dieser beiden Teilprobleme werden nun auch graphisch bestimmt (vgl. Abb. 5-11).

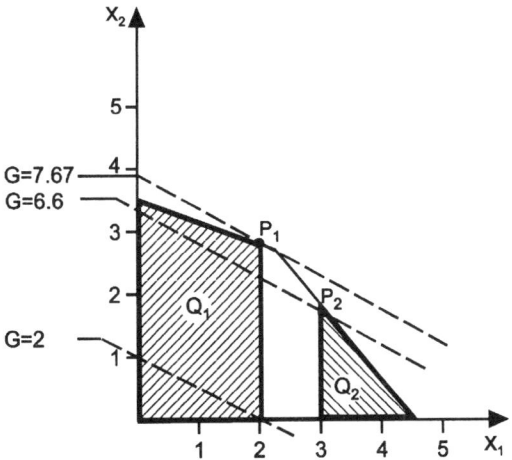

Abb. 5-11. Graphische Lösung der Unterprobleme Q_1 und Q_2

In einem Entscheidungsbaum werden die Ergebnisse zur weiteren Anwendung des Dakin-Verfahrens festgehalten:

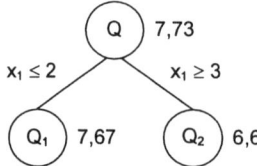

Die Zahlen an den Knoten geben eine obere Grenze für die optimale ganzzahlige Lösung des Teilproblems an (bei Minimierungsaufgaben würde eine untere Grenze angegeben). Der Bereich Q_1 wird nun zunächst weiter untersucht, da hier die günstigsten Aussichten für die optimale ganzzahlige Lösung bestehen (denn $7{,}67 > 6{,}6$).

Die anderen Knoten des Entscheidungsbaumes (hier bisher nur Q_2) werden im folgenden nur dann weiter bearbeitet, wenn die bisher ermittelte beste ganzzahlige Lösung schlechter ist als die jeweilige (nichtganzzahlige) Lösung am betreffenden Knoten.

Der optimale Punkt in Q_1 ist $P_1 = (2, 2{,}83)$. Eine ganzzahlige Optimallösung in Q_1 muß also entweder die Bedingung $x_2 \leq 2$ oder die Bedingung $x_2 \geq 3$ erfüllen. Damit ist eine Zerlegung von Q_1 in

(3) die zulässigen Lösungen aus Q_1, für die $x_2 \leq 2$ ist,

d. h. $Q_3 = Q_1 \cap \left\{ (x_1, x_2) \mid x_2 \leq 2 \right\}$,

(4) die zulässigen Lösungen aus Q_1, für die $x_2 \geq 3$ ist,

d. h. $Q_4 = Q_1 \cap \left\{ (x_1, x_2) \mid x_2 \geq 3 \right\}$.

vorzunehmen.

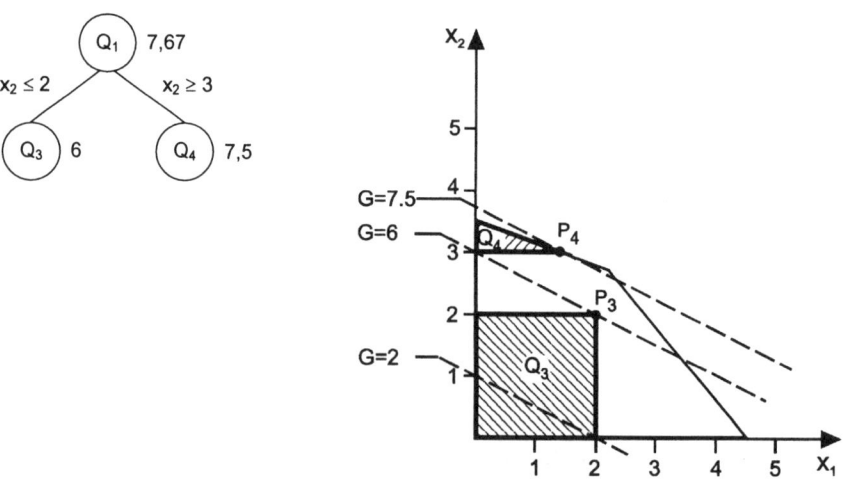

Abb. 5-12. Graphische Lösung der Probleme Q_3 und Q_4

Die weitere Lösung wird vorerst nur graphisch verfolgt (der erste Teilschritt hatte bereits gezeigt, wie jeder dieser Schritte in einem Rechenprogramm verwirklicht werden kann). Die ausführliche Darstellung des Rechenablaufs ist Abschn. 5.2.2.3 zu entnehmen.

Q_3 wird optimal durch P_3 = (2, 2) mit G(P_3) = 6 gelöst.
Q_4 wird optimal durch P_4 = (1,5, 3) mit G(P_4) = 7,5 gelöst.
    In Q_3 ist also bereits eine ganzzahlige Lösung x_1 = 2, x_2 = 2 mit G(2,2) = 6 gefunden worden. Man braucht Q_3 daher nicht weiter zu untersuchen.
    Jedoch kann Q_4 noch eine bessere ganzzahlige Lösung enthalten (da 7,5 > 6 ist und in Q_4 noch eine ganzzahlige Lösung mit dem Zielfunktionswert 7 existieren kann). Q_4 wird deshalb weiter aufgespalten in

(5)   die zulässigen Lösungen aus Q_4, für die $x_1 \leq 1$ ist,

       d. h. $Q_5 = Q_4 \cap \left\{ \left(x_1, x_2 \right) \mid x_1 \leq 1 \right\}$,

(6)   die zulässigen Lösungen aus Q_4, für die $x_1 \geq 2$ ist,

       d. h. $Q_6 = Q_4 \cap \left\{ \left(x_1, x_2 \right) \mid x_1 \geq 2 \right\}$.

In Q_5 befindet sich das Optimum bei P_5 = (1, 3,17) mit G(P_5) = 7,33 (vgl. Abb. 5-13). Q_6 enthält keinen zulässigen Punkt (s. Abschn. 5.2.2.3), d. h. Q_6 = Ø.
Q_5 wird nun wieder aufgespalten in

(7)   die zulässigen Lösungen aus Q_5, für die $x_2 \leq 3$ ist,

       d. h. $Q_7 = Q_5 \cap \left\{ \left(x_1, x_2 \right) \mid x_2 \leq 3 \right\}$,

(8)   die zulässigen Lösungen aus Q_5, für die $x_2 \geq 4$ ist,

       d. h. $Q_8 = Q_5 \cap \left\{ \left(x_1, x_2 \right) \mid x_2 \geq 4 \right\}$.

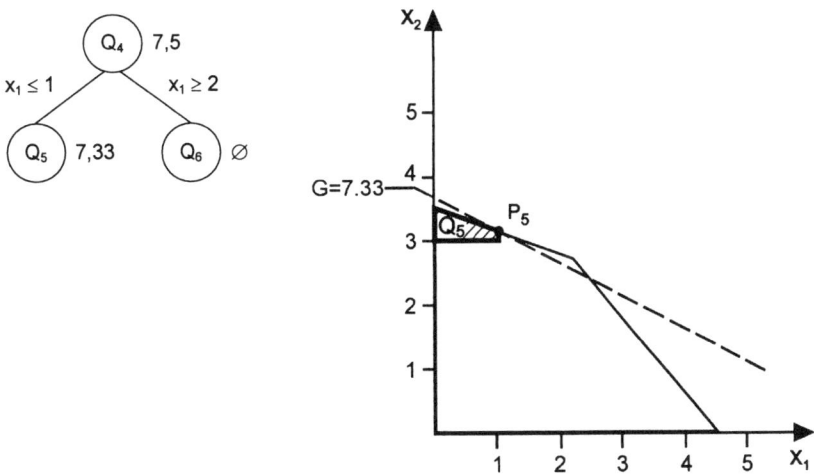

Abb. 5-13. Graphische Lösung des Problems Q_5

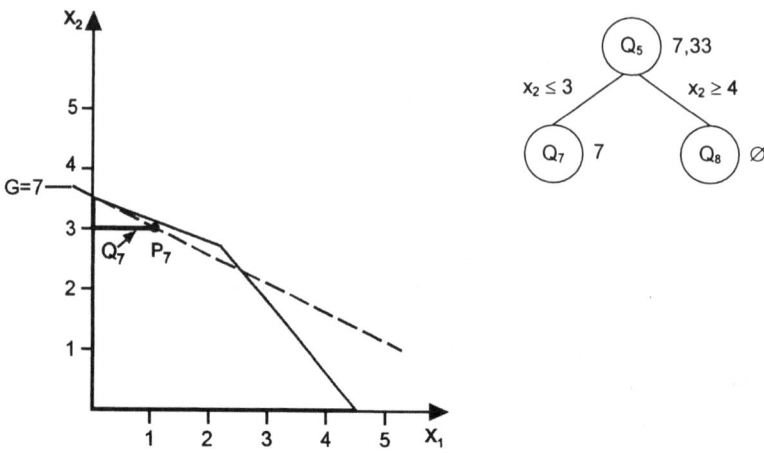

Abb. 5-14. Graphische Lösung des Problems Q_7

Q_7 ist die Verbindungslinie zwischen $(0, 3)$ und $(1, 3)$.

Ihr Optimalpunkt ist $P_7 = (1, 3)$ mit $G(P_7) = 7$. Q_8 hingegen enthält keinen zulässigen Punkt, da kein Punkt (x_1, x_2) mit $x_2 \geq 4$ zulässig ist.

Es ist also eine ganzzahlige zulässige Lösung mit dem Wert $G(P_7) = 7$ gefunden worden (s. Abb. 5-15).

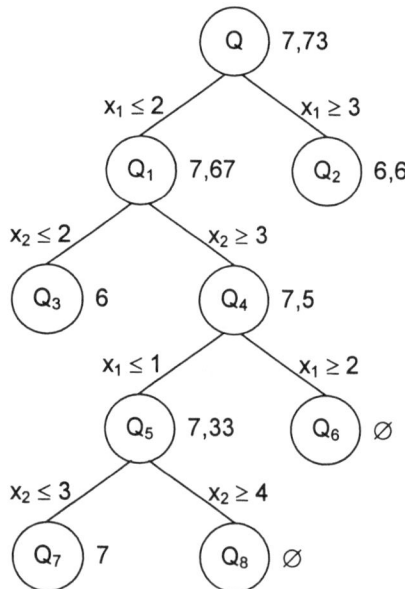

Abb. 5-15. Übersicht über den Lösungsablauf

Es bleibt der Bereich Q_2 zu untersuchen. In Q_2 liegt jedoch die beste Lösung (ohne Berücksichtigung der Ganzzahligkeit) bei 6,6. Eine ganzzahlige Lösung in Q_2 kann folglich nur einen Wert $\leq 6{,}6$ haben. Also ist die Lösung $P_7 = (1, 3)$ mit $G(P_7) = 7$ das ganzzahlige Optimum der ursprünglichen Optimierungsaufgabe.

Diese Methode des Branch and Bound (Verzweigen und Beschränken) ist relativ stabil gegenüber Rundungsfehlern (im Gegensatz etwa zu dem dargestellten Verfahren von Gomory (vgl. Abschn. 5.2.1). Plausibel ist dieses "gutartige" Verhalten im Blick auf Rundungsfehler, weil der zulässige Bereich beim Dakin-Algorithmus immer durch "klare" Restriktionen aufgespalten wird, während beim Verfahren von Gomory bei Annäherung an die Optimallösung die neu einzuführenden Schnitte eventuell nur noch geringe Stücke vom zulässigen Bereich abschneiden, wodurch im Simplextableau leichter Rundungsfehler von größerer Bedeutung auftreten können.

Die Branch and Bound-Methode kann auch leicht für gemischt-ganzzahlige Programme modifiziert werden. Die Aufspaltungen müssen dabei nur auf diejenigen Variablen beschränkt werden, für die eine Ganzzahligkeitsforderung besteht.

Die meisten heute praktisch angewandten Programme zur ganzzahligen Optimierung arbeiten mit einer zumindest ähnlichen Methode.

5.2.2.3 Rechenschritte zum Algorithmus von Dakin

Die in Abschn. 5.2.2.2 nicht aufgeführten Simplexschritte zum Verfahren von Dakin werden im folgenden vorgeführt.

Tableau Q (nichtganzzahliges Optimaltableau)

BV	x_1	x_2	y_1	y_2	RS
x_1	1	0	$\dfrac{3}{13}$	$-\dfrac{5}{26}$	$\dfrac{57}{26}$
x_2	0	1	$-\dfrac{1}{13}$	$\dfrac{3}{13}$	$\dfrac{36}{13}$
$-G$	0	0	$-\dfrac{1}{13}$	$-\dfrac{7}{26}$	$-\dfrac{201}{26}$

Aufspaltung von Q in

$$Q_1 = Q \cap \left\{(x_1, x_2) \mid x_1 \leq 2\right\} \text{ und } Q_2 = Q \cap \left\{(x_1, x_2) \mid x_1 \geq 3\right\}$$

Optimierung von Q_1:
Die Bedingung $x_1 \leq 2$ bzw. $x_1 + q_1 = 2$ wird mit

$$x_1 = -\frac{3}{13}y_1 + \frac{5}{26}y_2 + \frac{57}{26}$$

aus der ersten Zeile von Q umgeformt in

$$-\frac{3}{13}y_1 + \frac{5}{26}y_2 + q_1 = -\frac{5}{26}.$$

(Es ist zu beachten, daß die neu hinzukommende q-Variable immer den Koeffizienten +1 haben muß.)
Damit erhält man das folgende Tableau für den Bereich Q_1:

Tableau Q_1

BV	x_1	x_2	y_1	y_2	q_1	RS
x_1	1	0	$\dfrac{3}{13}$	$-\dfrac{5}{26}$	0	$\dfrac{57}{26}$
x_2	0	1	$-\dfrac{1}{13}$	$\dfrac{3}{13}$	0	$\dfrac{36}{13}$
q_1	0	0	$-\dfrac{3}{13}$	$\dfrac{5}{26}$	1	$-\dfrac{5}{26}$
$-G$	0	0	$-\dfrac{1}{13}$	$-\dfrac{7}{26}$	0	$-\dfrac{201}{26}$

Nach Ausführung eines dualen Austauschschrittes:

Tableau $Q_1^{(opt)}$

BV	x_1	x_2	y_1	y_2	q_1	RS
x_1	1	0	0	0	1	2
x_2	0	1	0	$\dfrac{1}{6}$	$-\dfrac{1}{3}$	$\dfrac{17}{6}$
y_1	0	0	1	$-\dfrac{5}{6}$	$-\dfrac{13}{3}$	$\dfrac{5}{6}$
$-G$	0	0	0	$-\dfrac{1}{3}$	$-\dfrac{1}{3}$	$-\dfrac{23}{3}$

Optimierung von Q_2:
Die Bedingung $x_1 \geq 3$ wird umgeformt in $-x_1 \leq -3$. Durch Einführung einer Schlupfvariablen q_2 erhält man

$$-x_1 + q_2 = -3$$

Setzt man diesen Ausdruck in

$$x_1 = -\frac{3}{13}y_1 + \frac{5}{26}y_2 + \frac{57}{26}$$

ein, so ergibt sich:

$$\frac{3}{13}y_1 - \frac{5}{26}y_2 + q_2 = -\frac{21}{26}.$$

Damit erhält man das folgende Tableau für den Bereich Q_2, indem die letztgenannte Gleichung an Tableau Q angefügt wird:

Tableau Q_2

BV	x_1	x_2	y_1	y_2	q_2	RS
x_1	1	0	$\dfrac{3}{13}$	$-\dfrac{5}{26}$	0	$\dfrac{57}{26}$
x_2	0	1	$-\dfrac{1}{13}$	$\dfrac{3}{13}$	0	$\dfrac{36}{13}$
q_2	0	0	$\dfrac{3}{13}$	$-\dfrac{5}{26}$	1	$-\dfrac{21}{26}$
$-G$	0	0	$-\dfrac{1}{13}$	$-\dfrac{7}{26}$	0	$-\dfrac{201}{26}$

Nach Ausführung eines dualen Austauschschrittes:

Tableau $Q_2^{(opt)}$

BV	x_1	x_2	y_1	y_2	y_2	RS
x_1	1	0	0	0	-1	3
x_2	0	1	$\dfrac{1}{5}$	0	$\dfrac{6}{5}$	$\dfrac{9}{5}$
y_2	0	0	$-\dfrac{6}{5}$	1	$-\dfrac{26}{5}$	$\dfrac{21}{5}$
$-G$	0	0	$-\dfrac{2}{5}$	0	$-\dfrac{7}{5}$	$-\dfrac{33}{5}$

Optimierung von Q_3:
Das Ausgangstableau ist $Q_1^{(opt)}$ (vgl. Abb. 5-15).
Durch Einführung einer Schlupfvariablen q_3 erhält man aus $x_2 \leq 2$ die Bedingung $x_2 + q_3 = 2$.
Setzt man diesen Ausdruck in

$$x_2 = -\frac{1}{6}y_2 + \frac{1}{3}q_1 + \frac{17}{6}$$

ein, so ergibt sich

$$-\frac{1}{6}y_2 + \frac{1}{3}q_1 + q_3 = -\frac{5}{6}$$

als neue Restriktion.
Damit ergibt sich das folgende Tableau für den Bereich Q_3, indem die letzte Gleichung an Tableau $Q_1^{(opt)}$ angefügt wird:

Tableau Q_3

BV	x_1	x_2	y_1	y_2	q_1	q_3	RS
x_1	1	0	0	0	1	0	2
x_2	0	1	0	$\frac{1}{6}$	$-\frac{1}{3}$	0	$\frac{17}{6}$
y_1	0	0	1	$-\frac{5}{6}$	$-\frac{13}{3}$	0	$\frac{5}{6}$
q_3	0	0	0	$-\frac{1}{6}$	$\frac{1}{3}$	1	$-\frac{5}{6}$
$-G$	0	0	0	$-\frac{1}{3}$	$-\frac{1}{3}$	0	$-\frac{23}{3}$

Nach Ausführung eines dualen Austauschschrittes ergibt sich Tableau $Q_3^{(opt)}$:

Tableau $Q_3^{(opt)}$

BV	x_1	x_2	y_1	y_2	q_1	q_3	RS
x_1	1	0	0	0	1	0	2
x_2	0	1	0	0	0	1	2
y_1	0	0	1	0	-6	-5	5
y_2	0	0	0	1	-2	-6	5
$-G$	0	0	0	0	-1	-2	-6

Optimierung von Q_4:
Ausgangstableau ist ebenfalls Tableau $Q_1^{(opt)}$ (vgl. Abb. 5-15). Für Q_4 gilt die Gleichung $-x_2 + q_4 = -3$; somit ist

$$\frac{1}{6}y_2 - \frac{1}{3}q_1 + q_4 = -\frac{1}{6}$$

an das Ausgangstableau $Q_1^{(opt)}$ anzufügen:

Tableau Q_4

BV	x_1	x_2	y_1	y_2	q_1	q_4	RS
x_1	1	0	0	0	1	0	2
x_2	0	1	0	$\frac{1}{6}$	$-\frac{1}{3}$	0	$\frac{17}{6}$
y_1	0	0	1	$-\frac{5}{6}$	$-\frac{13}{3}$	0	$\frac{5}{6}$
q_4	0	0	0	$\frac{1}{6}$	$-\frac{1}{3}$	1	$-\frac{1}{6}$
$-G$	0	0	0	$-\frac{1}{3}$	$-\frac{1}{3}$	0	$-\frac{23}{3}$

Tableau $Q_4^{(opt)}$

BV	x_1	x_2	y_1	y_2	q_1	q_4	RS
x_1	1	0	0	$\frac{1}{2}$	0	3	$\frac{3}{2}$
x_2	0	1	0	0	0	-1	3
y_1	0	0	1	-3	0	-13	3
q_1	0	0	0	$-\frac{1}{2}$	1	-3	$\frac{1}{2}$
$-G$	0	0	0	$-\frac{1}{2}$	0	-1	$-\frac{15}{2}$

Optimierung von Q_5:
Ausgangstableau ist Tableau $Q_4^{(opt)}$ (vgl. Abb. 5-15). Für den Teilbereich Q_5 erhält man aus $x_1 \leq 1$ die Gleichung $x_1 + q_5 = 1$; somit ist die Gleichung

$$-\frac{1}{2}y_2 - 3q_4 + q_5 = -\frac{1}{2}$$

an das Ausgangstableau $Q_4^{(opt)}$ anzuhängen.

Tableau Q_5

BV	x_1	x_2	y_1	y_2	q_1	q_4	q_5	RS
x1	1	0	0	$\frac{1}{2}$	0	3	0	$\frac{3}{2}$
x2	0	1	0	0	0	-1	0	3
y1	0	0	1	-3	0	-13	0	3
q1	0	0	0	$-\frac{1}{2}$	1	-3	0	$\frac{1}{2}$
q5	0	0	0	$-\frac{1}{2}$	0	-3	1	$-\frac{1}{2}$
$-G$	0	0	0	$-\frac{1}{2}$	0	-1	0	$-\frac{15}{2}$

Tableau $Q_5^{(opt)}$

BV	x_1	x_2	y_1	y_2	q_1	q_4	q_5	RS
x_1	1	0	0	0	0	0	1	1
x_2	0	1	0	$\frac{1}{6}$	0	0	$-\frac{1}{3}$	$\frac{19}{6}$
y_1	0	0	1	$-\frac{5}{6}$	0	0	$-\frac{13}{3}$	$\frac{31}{6}$
q_1	0	0	0	0	1	0	-1	1
q_4	0	0	0	$\frac{1}{6}$	0	1	$-\frac{1}{3}$	$\frac{1}{6}$
$-G$	0	0	0	$-\frac{1}{3}$	0	0	$-\frac{1}{3}$	$-\frac{22}{3}$

Optimierung von Q_6:
Ausgangstableau ist das Tableau $Q_4^{(opt)}$ (vgl. Abb. 5-15). Für den Teilbereich Q_6 gilt die Ungleichung

$$-x_1 \leq -2 \quad \text{bzw. die Gleichung} \quad -x_1 + q_6 = -2;$$

somit wäre die Gleichung

$$\frac{1}{2}y_2 + 3q_4 + q_6 = -\frac{1}{2}$$

an das Ausgangstableau $Q_4^{(opt)}$ anzufügen.
Hierbei sind $y_2, q_4, q_6 \geq 0$ (nach Voraussetzung). Die linke Seite der Gleichung ist somit immer ≥ 0, die rechte dagegen < 0. Also gilt diese Gleichung für kein zulässiges (x_1, x_2), d.h. in Q_6 gibt es keinen zulässigen Punkt.
Würde man die Gleichung

$$\frac{1}{2}y_2 + 3q_4 + q_6 = -\frac{1}{2}$$

an Tableau Q_4 anfügen, so müßte wieder ein dualer Austauschschritt vorgenommen werden. Es gibt aber in der Pivotzeile kein negatives Element, mithin kann das Tableau nicht zulässig gemacht werden (da keine Variable negativ werden darf). Q_6 enthält also keinen zulässigen Punkt und kann daher aus der weiteren Betrachtung ausgeklammert werden.

Optimierung von Q_7:
Ausgangstableau ist Tableau $Q_5^{(opt)}$ (vgl. Abb. 5-15). Für den Teilbereich Q_7 gilt wegen $x_2 \leq 3$ die Gleichung $x_2 + q_7 = 3$; somit ist die Restriktion

$$-\frac{1}{6}y_2 + \frac{1}{3}q_5 + q_7 = -\frac{1}{6}$$

an das Ausgangstableau $Q_5^{(opt)}$ anzufügen.

Tableau Q_7

BV	x_1	x_2	y_1	y_2	q_1	q_4	q_5	q_7	RS
x_1	1	0	0	0	0	0	1	0	1
x_2	0	1	0	$\frac{1}{6}$	0	0	$-\frac{1}{3}$	0	$\frac{19}{6}$
y_1	0	0	1	$-\frac{5}{6}$	0	0	$-\frac{13}{3}$	0	$\frac{31}{6}$
q_1	0	0	0	0	1	0	-1	0	1
q_4	0	0	0	$\frac{1}{6}$	0	1	$-\frac{1}{3}$	0	$\frac{1}{6}$
q_7	0	0	0	$-\frac{1}{6}$	0	0	$\frac{1}{3}$	1	$-\frac{1}{6}$
$-G$	0	0	0	$-\frac{1}{3}$	0	0	$-\frac{1}{3}$	0	$-\frac{22}{3}$

Tableau $Q_7^{(opt)}$

BV	x_1	x_2	y_1	y_2	q_1	q_4	q_5	q_7	RS
x_1	1	0	0	0	0	0	1	0	1
x_2	0	1	0	0	0	0	0	1	3
y_1	0	0	1	0	0	0	-6	-5	6
q_1	0	0	0	0	1	0	-1	0	1
q_4	0	0	0	0	0	1	0	1	0
y_2	0	0	0	1	0	0	-2	-6	1
$-G$	0	0	0	0	0	0	-1	-2	-7

Optimierung von Q_8:
Ausgangstableau ist $Q_5^{(opt)}$ (vgl. Abb. 5-15). Für den Teilbereich Q_8 gilt die Gleichung
$-x_2 + q_8 = -4$; somit ist als neue Gleichung die Restriktion

$$\frac{1}{6}y_2 - \frac{1}{3}q_5 + q_8 = -\frac{5}{6}$$

an das Ausgangstableau $Q_5^{(opt)}$ anzufügen.

Tableau Q_8

BV	x_1	x_2	y_1	y_2	q_1	q_4	q_5	q_8	RS
x_1	1	0	0	0	0	0	1	0	1
x_2	0	1	0	$\frac{1}{6}$	0	0	$-\frac{1}{3}$	0	$\frac{19}{6}$
y_1	0	0	1	$-\frac{5}{6}$	0	0	$-\frac{13}{3}$	0	$\frac{31}{6}$
q_1	0	0	0	0	1	0	-1	0	1
q_4	0	0	0	$\frac{1}{6}$	0	1	$-\frac{1}{3}$	0	$\frac{1}{6}$
q_8	0	0	0	$\frac{1}{6}$	0	0	$-\frac{1}{3}$	1	$-\frac{5}{6}$
$-G$	0	0	0	$-\frac{1}{3}$	0	0	$-\frac{1}{3}$	0	$-\frac{22}{3}$

Tableau Q_8'

BV	x_1	x_2	y_1	y_2	q_1	q_4	q_5	q_8	RS
x_1	1	0	0	$\frac{1}{2}$	0	0	0	3	$-\frac{3}{2}$
x_2	0	1	0	0	0	0	0	-1	4
y_1	0	0	1	-3	0	0	0	-13	16
q_1	0	0	0	$-\frac{1}{2}$	1	0	0	-3	$\frac{7}{2}$
q_4	0	0	0	0	0	1	0	-1	1
q_5	0	0	0	$-\frac{1}{2}$	0	0	1	-3	$\frac{5}{2}$
$-G$	0	0	0	$-\frac{1}{2}$	0	0	0	-1	$-\frac{13}{2}$

Dieses Tableau ist nicht zulässig (s. 1. Zeile) und kann nicht durch einen dualen Austauschschritt zulässig gemacht werden, da in dieser Zeile kein negativer Koeffizient auftritt (vgl. Abschn. 2.3.2). Q_8 enthält keine zulässige Lösung. Dieses Ergebnis stimmt mit der graphischen Analyse aus Abschn. 5.2.2.2 überein.

6 Nichtlineare Optimierung

6.1 Einführung

Nichtlineare Optimierungsmodelle (NLO-Modelle) stellen hinsichtlich ihrer Struktur eine Verallgemeinerung linearer Optimierungsmodelle (LO-Modelle) dar.
In der Realität sind viele erfaßbare Zusammenhänge nichtlinear. So wird zum Beispiel die Abhängigkeit zwischen Beschleunigung a, Zeit t und zurückgelegter Strecke s beschrieben durch $s = \frac{1}{2}at^2$. Hier ist die Strecke s quadratisch abhängig von der Zeit. Auch bei Problemen aus dem wirtschaftswissenschaftlichen Bereich treten häufig Nichtlinearitäten auf. Ist zum Beispiel der Stückerlös für ein Gut nicht unabhängig von der von diesem Gut produzierten Menge x (dies wird bei linearen Modellen immer unterstellt), sondern etwa durch den Ausdruck 1000 - 2x GE/ME gegeben (je mehr produziert wird, desto kleiner wird der Stückerlös, da die Angebotsmenge steigt), so ergibt sich für den Gesamterlös für dieses Gut:
Gesamterlös = Stückerlös · Menge = $(1000 - 2x) \cdot x = 1000x - 2x^2$.
Der Gesamterlös ist hier also quadratisch abhängig von der produzierten Menge.

Die Reihe der Beispiele läßt sich beliebig fortsetzen. Folglich versucht man, auch für diese Probleme Optimierungsmodelle aufzustellen und Algorithmen zu ihrer Lösung zu entwickeln.

Die damit erreichte höhere Abbildungsgenauigkeit der Wirklichkeit im Modell wird im allgemeinen jedoch durch einen wesentlich höheren Lösungsaufwand erkauft als bei linearen Optimierungsmodellen. Ein allgemeines Instrument zur Lösung (wie den Simplexalgorithmus bei linearen Modellen) gibt es bei nichtlinearen Problemen nicht.

6.1.1 Allgemeine Formulierung eines nichtlinearen Optimierungsmodells

Das allgemeine nichtlineare Optimierungsmodell kann wie folgt formuliert werden:
Man maximiere (minimiere) die Funktion

$$f(x_1,...,x_n)$$

unter den Nebenbedingungen

$$h_i(x_1,...,x_n) \le b_i \qquad i = 1,...,m$$
$$x_j \ge 0 \qquad j = 1,...,n,$$

wobei $f(x_1,...,x_n)$ und $h_i(x_1,...,x_n)$ (i=1,...,m) beliebige nichtlineare (oder lineare) Funktionen sind.

Die Zielfunktion kann wie im Beispiel aus Abschn. 6.1 bei zwei Produkten als Erlösfunktion durch

$$f(x_1, x_2) = (1000 - 2x_1) \cdot x_1 + (500 - 3x_2) \cdot x_2$$
$$= 1000x_1 - 2x_1^2 + 500x_2 - 3x_2^2$$

gegeben sein. Sie kann aber auch (bei konstanten, von der Produktionsmenge unabhängigen Stückerlösen c_1 und c_2 [etwa $c_1 = 5$, $c_2 = 3$]) die Form

$$f(x_1, x_2) = c_1 x_1 + c_2 x_2 = 5x_1 + 3x_2$$

wie im linearen Modell haben. Entsprechende Beispiele lassen sich für die Nebenbedingungen finden (lineare oder nichtlineare Faktorverbräuche).

Lineare Modelle werden allgemein als Spezialfälle des nichtlinearen Modells aufgefaßt. Während bei linearen Modellen die Zielfunktion und alle Nebenbedingungen linear sind, weisen echte nichtlineare Modelle eine nichtlineare Zielfunktion f oder mindestens eine nichtlineare Nebenbedingung h_i auf.

Die obige Schreibweise für allgemeine nichtlineare Optimierungsmodelle

$$f(x_1, \ldots, x_n) \to \text{Max (Min)}$$

unter

$$h_i(x_1, \ldots, x_n) \le b_i \qquad i = 1, \ldots, m,$$
$$x_j \ge 0 \qquad j = 1, \ldots, n$$

läßt sich bezüglich der Restriktionen $h_i(x_1, \ldots, x_n)$ etwas anders formulieren: Durch Subtraktion von b_i auf beiden Seiten der Ungleichung

$$h_i(x_1, \ldots, x_n) \le b_i \qquad \Big| -b_i$$

ergibt sich

$$h_i(x_1, \ldots, x_n) - b_i \le b_i - b_i,$$

d. h.:

$$h_i(x_1, \ldots, x_n) - b_i \le 0.$$

In der Regel wird jetzt die linke Seite der letzten Ungleichung als $g_i(x_1, \ldots, x_n)$ bezeichnet (man faßt also das bisherige $h_i(x_1, \ldots, x_n) - b_i$ zum neuen $g_i(x_1, \ldots, x_n)$ zusammen).

Also ergibt sich als zweite Möglichkeit der Schreibweise nichtlinearer Optimierungsmodelle:

$$f(x_1, \ldots, x_n) \to \text{Max(Min)}$$

unter

$$g_i(x_1, \ldots, x_n) \le 0 \qquad i = 1, \ldots, m$$
$$x_j \ge 0 \qquad j = 1, \ldots, n.$$

6.1.2 Das Problem der Programmplanung als Anwendungsbeispiel zur Nichtlinearen Optimierung

Ein Anwendungsbeispiel für ein allgemeines nichtlineares Optimierungsproblem im betriebswirtschaftlichen Bereich stellt das Problem der simultanen Produktionsprogramm- und Preisplanung dar. Das nichtlineare Optimierungsmodell zur Bestimmung des gewinnmaximalen Produktionsprogramms mit n Produkten $(j = 1,...,n)$, die mit Hilfe von m Produktionsfaktoren $(i = 1,...,m)$ hergestellt werden, lautet

$$G(x_1,...,x_n) \quad = \quad E \quad - \quad K_v \quad - \quad K_f$$

(Gesamtgewinn = Erlöse − variable Kosten − fixe Kosten)

$$= \quad \sum_{j=1}^{n} p_j(x_j)x_j \quad - \quad \sum_{j=1}^{n}\sum_{i=1}^{m} \pi_i(r_i)r_{ij}(x_j) \quad - \quad K_f$$

$$\left(= \sum \begin{pmatrix} \text{Stückpreis} * \\ \text{produzierter} \\ \text{Menge} \end{pmatrix} - \sum\sum \begin{pmatrix} \text{Faktorstückpreis} * \\ \text{verbrauchte} \\ \text{Faktormenge} \end{pmatrix} - \text{fixe Kosten}\right)$$

unter

(1) $\displaystyle\sum_{j=1}^{n} r_{ij}(x_j) \le r_i^0 \qquad i = 1,...,m$

   (die verfügbaren Faktormengen r_i^0 dürfen nicht überschritten werden)

(2) $\qquad x_j \ge 0 \qquad j = 1,...,n.$

Die Variablen, die teilweise erst später verwendet werden, haben die folgende Bedeutung:

x_j = produzierte Menge von Produkt j
$p_j(x_j)$ = Absatzpreis von Produkt j je ME (in Abhängigkeit von x_j)
r_i^0 = verfügbare Gesamtmenge von Faktor i
r_i = effektiv verbrauchte Menge von Faktor $\left(= \displaystyle\sum_{j=1}^{n} r_{ij}(x_j)\right)$
$\pi_i(r_i)$ = Beschaffungspreis von Faktor i je ME (in Abhängigkeit von r_i)
$r_{ij}(x_j)$ = Verbrauch von Faktor i für x_j ME von Produkt j (in Abhängigkeit von x_j)
$a_{ij}(x_j)$ = $\dfrac{r_{ij}}{x_j}$ Produktionskoeffizient (durchschnittlicher Verbrauch von Faktor i

   für 1 ME von Produkt j [in Abhängigkeit von x_j])
K_f = fixe Gesamtkosten

K_v = variable Gesamtkosten
k_j = variable Stückkosten von Produkt j
G = Gesamtgewinn
E = Gesamterlös
D = Gesamtdeckungsbeitrag
c_i = Deckungsbeitrag pro ME von Produkt j.

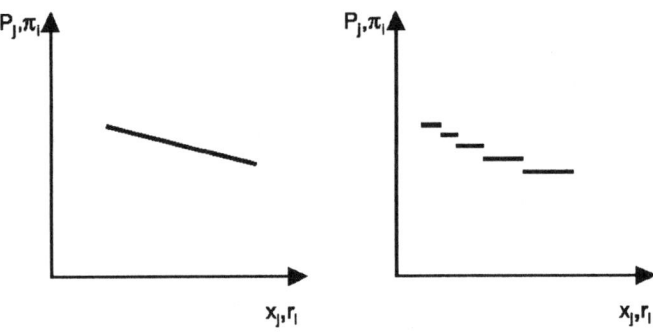

Abb. 6-1. Preis-Mengen-Abhängigkeiten $p_j(x_j)$, $\pi_i(r_i)$

Es wird unterstellt, daß alle produzierten Produktmengen in der Planungsperiode abgesetzt werden können. Etwa vorliegende Beschränkungen auf den Beschaffungs- oder Absatzmärkten werden nicht berücksichtigt (man könnte sie aber durch zusätzliche Restriktionen der Form (1) erfassen). Außerdem wird vorausgesetzt, daß sich die Preise der Produkte nicht gegenseitig beeinflussen.

Die Preis-Mengen-Abhängigkeiten $p_j(x_j)$, $\pi_i(r_i)$ können z. B. durch Rabatte gegeben sein, also etwa durch funktionale Beziehungen, die in Abb. 6-1 dargestellt sind.

Bei dem hier dargestellten nichtlinearen Modell kann es sich z. B. um ein Optimierungsmodell handeln.

Unter Zugrundelegung linearer Stückpreise (Preis-Absatz-Funktionen)

$$p_j(x_j) = d_j - e_j x_j$$

(wie $1000 - 2x_1$ oder $500 - 3x_2$ im Beispiel aus Abschn. 6.1.1)
und linearer Faktorverbrauchsfunktionen

$$a_{ij}(x_j) = s_{ij} - t_{ij}x_j$$
(d. h. $r_{ij}(x_j) = a_{ij}(x_j) \cdot x_j$
$= (s_{ij} - t_{ij}x_j) \cdot x_j$, vgl. obige Beschreibung von a_{ij})

geht dieses in ein quadratisches Modell über:

$G(x_1,...,x_n)$
(Gesamtgewinn)

$$= \sum_{j=1}^{n}(d_j - e_j x_j) \cdot x_j - \sum_{i=1}^{n}\sum_{i=1}^{m}(s_{ij} - t_{ij}x_j)x_j\pi_i(r_i) - K_f$$

($= \Sigma$ Stückerlöse·produzierte Menge
$- \Sigma\Sigma$ Faktorverbrauch·Faktorstückpreis $-$ fixe Kosten)

$$= \sum_{j=1}^{n}d_j x_j - \sum_{j=1}^{n}e_j x_j^{\,2} - \sum_{j=1}^{n}\sum_{i=1}^{m}\left(s_{ij}x_j - t_{ij}x_j^{\,2}\right)\cdot\pi_i\left(\sum_{j=1}^{n}r_{ij}(x_j)\right) - K_f \to \text{Max}$$

unter

$$\sum_{j=1}^{n}(s_{ij} - t_{ij}x_j)x_j \le r_i^{\,0} \qquad i = 1,...,m$$

(Σ Faktorverbrauch je produzierte ME · produzierte Stückzahl
$\le$ verfügbare Faktormenge)

d. h.:

$$(1) \qquad \sum_{j=1}^{n}(s_{ij}x_j - t_{ij}x_j^{\,2}) \le r_i^{\,0} \qquad i = 1,...,m$$

$$(2) \qquad\qquad\qquad x_j \ge 0 \qquad j = 1,...,n$$

Hier sind sowohl die Zielfunktion als auch alle Nebenbedingungen der Art (1) quadratisch.

Als Spezialfall des obigen nichtlinearen Modells läßt sich andererseits auch das bekannte LO-Modell der Produktionsprogrammplanung herleiten, wenn folgende Prämissen erfüllt sind:

a) Atomistischer Absatzmarkt
Die (Stück-)Absatzpreise p_j der Produkte j sind konstant, d. h. mengenunabhängig (unabhängig von x_j):

$$p_j(x_j) = p_j = \text{const.}$$

b) Linear-limitationale Faktoreinsatzverhältnisse
Die Produktionskoeffizienten a_{ij} sind konstant, d. h. der Faktorverbrauch ist der Produktmenge proportional

$$r_{ij}(x_j) = a_{ij}x_j, \quad \text{wobei } a_{ij} = \text{const.}$$

c) Atomistischer Beschaffungsmarkt
Die Beschaffungspreise π_i der Faktoren i sind konstant, d. h. mengenunabhängig (unabhängig von r_i):

$$\pi_i(r_i) = \pi_i = \text{const.}$$

Mit diesen Prämissen reduziert sich die Funktion

$$G(x_1,...,x_n)$$
$$= \sum_{j=1}^{n}(d_j - e_j x_j)x_j - \sum_{j=1}^{n}\sum_{i=1}^{m}(s_{ij} - t_{ij}x_j)x_j \pi_i(r_i) - K_f$$

zu

$$G(x_1,...,x_n)$$
$$= \sum_{j=1}^{n}p_j x_j - \sum_{j=1}^{n}\sum_{i=1}^{m}a_{ij}x_j \pi_i - K_f$$
$$= \sum_{j=1}^{n}p_j x_j - \sum_{j=1}^{n}(\underbrace{\sum_{i=1}^{m}a_{ij}\pi_i}_{k_j})x_j$$
$$= \sum_{j=1}^{n}p_j x_j - \sum_{j=1}^{n}k_j x_j - K_f$$

$$= \sum_{j=1}^{n}\underbrace{(p_j - k_j)}_{c_j}\cdot x_j - K_f$$
$$= \sum_{j=1}^{n}c_j x_j - K_f .$$

Ebenso ergibt sich für die Restriktionen aus

$$\sum_{j=1}^{n}(s_{ij} - t_{ij}x_j)x_j \le r_i^{0} \qquad i=1,...,m$$

vereinfachend

$$\sum_{j=1}^{n}a_{ij}x_j \le r_i^{0} \qquad i=1,...,m.$$

Da der fixe Kostenbestandteil K_f für die optimale Lösung nicht relevant ist (vgl. Abschn. 2.1.1), ferner die Differenz $p_j - k_j$ von Stückabsatzpreis und variablen Stückkosten dem stückbezogenen Deckungsbeitrag c_j des jeweiligen Produktes j entspricht, lautet somit das oben aufgestellte nichtlineare Modell unter den vereinfachenden Annahmen a), b) und c):

$$D(x_1,...,x_n) = \sum_{j=1}^{n}c_j x_j \to Max \qquad \text{(D ist der Gesamtdeckungsbeitrag)}$$

unter (1) $\qquad \sum_{j=1}^{n} a_{ij} x_j \leq r_i^{0} \quad i = 1, \ldots, m$ (Faktormengenbeschränkungen)

(2) $\qquad\qquad x_j \geq 0 \quad j = 1, \ldots, n$ (es dürfen keine negativen

Mengen produziert werden).

Man erhält somit das aus vorangegangenen Kapiteln wohlbekannte lineare Programmplanungsproblem, wenn das allgemeine nichtlineare Problem wie oben vereinfacht wird.

Die nichtlinearen Modelle bilden die allgemeinere Problemklasse, welche die linearen Modelle als Spezialfälle enthält. Anhand des Beispiels zeigt sich, wie einschränkend die Bedingungen für ein lineares Programmplanungsmodell sind. Externe und interne Bedingungen einer Unternehmung (z. B. nichtlineare Faktorverbräuche und Faktor- bzw. Absatzpreise) können daher leicht ein nichtlineares Modell erfordern. Seine Lösung beansprucht im allgemeinen aber einen beträchtlich größeren Aufwand als ein lineares Modell.

6.1.3 Graphische Darstellung eines konkreten quadratischen Programmplanungsproblems

Das oben dargestellte Programmplanungsproblem (vgl. Abschn. 6.1.2) soll anhand eines Zahlenbeispiels graphisch veranschaulicht werden:
Ein Monopolist bietet 2 Produkte in den Mengen x_1 und x_2 an. Seine beiden Preis-Absatz-Funktionen lauten:

(1) $\qquad p_1(x_1) = 6 - \dfrac{1}{4} x_1 \qquad (0 \leq x_1 \leq 24),$

(2) $\qquad p_2(x_2) = 10 - x_2 \qquad (0 \leq x_2 \leq 10).$

Die drei folgenden Fälle von Absatzbeschränkungen werden untersucht:

Fall A: $\qquad x_1 \leq 15; x_2 \leq 7$

Fall B: $\qquad x_1 \leq 10; x_2 \leq 4$

Fall C: $\qquad x_1 + x_2 \leq 10$

Produktionsbeschränkungen sollen nicht bestehen.
Gesucht wird das erlösmaximale (nicht notwendigerweise gewinnmaximale!) Produktionsprogramm.
Die Zielfunktion lautet dann:

$$E(x_1, x_2) = p_1(x_1) \cdot x_1 + p_2(x_2) \cdot x_2$$
$$= (6 - \frac{1}{4} x_1) \cdot x_1 + (10 - x_2) \cdot x_2$$
$$= -\frac{1}{4} x_1^{2} - x_2^{2} + 6 x_1 + 10 x_2 \rightarrow \text{Max.}$$

Es handelt sich um eine quadratische Zielfunktion, da die einzelnen Summanden in der Funktion höchstens quadratisch sind.

Zur graphischen Darstellung können zunächst die Linien gleicher Erlöse (E = const.) bestimmt werden. Diese *Isoerlöslinien* sind im Gegensatz zu linearen Modellen in der Regel keine Geraden (es gibt allerdings nichtlineare Funktionen, bei denen die Linien gleicher Funktionswerte Geraden sind, sogenannte *Quotientenprogramme*, vgl. Schaible [1978]).

Bei konvexen quadratischen Funktionen erhält man Ellipsen als Isoerlöslinien (zum Ausdruck "konvex" s. Abschn. 6.2.1, dieses Beispiel ist konvex).

Die Zielfunktion wird nun wie folgt für konstante E-Werte in eine Normalform für Ellipsengleichungen gebracht:

$$E = -\frac{1}{4}x_1^2 - x_2^2 + 6x_1 + 10x_2$$

$$= -\frac{1}{4}(x_1^2 - 24x_1) - (x_2^2 - 10x_2)$$

$$= -\frac{1}{4}(x_1^2 - 24x_1 + 12^2) + 36 - (x_2^2 - 10x_2 + 5^2) + 25$$

(quadratische Ergänzung als Voraussetzung zur
Anwendung der binomischen Formeln)

$$= -\frac{1}{4}(x_1 - 12)^2 - (x_2 - 5)^2 + 61.$$

Formt man diese Gleichung um, so ergibt sich:

$$\frac{(x_1 - 12)^2}{4} + \frac{(x_2 - 5)^2}{1} = 61 - E.$$

Für einen fest vorgegebenen Erlös $\overline{E}$ ($= E$) erhält man dann die Beziehung:

$$\frac{(x_1 - 12)^2}{(2\sqrt{61 - \overline{E}})^2} + \frac{(x_2 - 5)^2}{(\sqrt{61 - \overline{E}})^2} = 1.$$

Aus dieser Standardform der Ellipsengleichung gehen hervor:

a) die Mittelpunktkoordinaten der Ellipse: $x_1^0 = 12$ $x_2^0 = 5$

b) die Länge der großen Halbachse: $2\sqrt{61 - \overline{E}}$ (z. B. = 12 für $\overline{E} = 25$)

c) die Länge der kleinen Halbachse: $\sqrt{61 - \overline{E}}$ (z. B. = 6 für $\overline{E} = 25$)

Daraus ergibt sich die graphische Darstellung der Isoerlöslinien, einmal in Form eines Erlösgebirges (Abb. 6-2 a) und einmal in Form von in die (x_1, x_2)-Ebene projizierten Höhenlinien (Abb. 6-2 b).

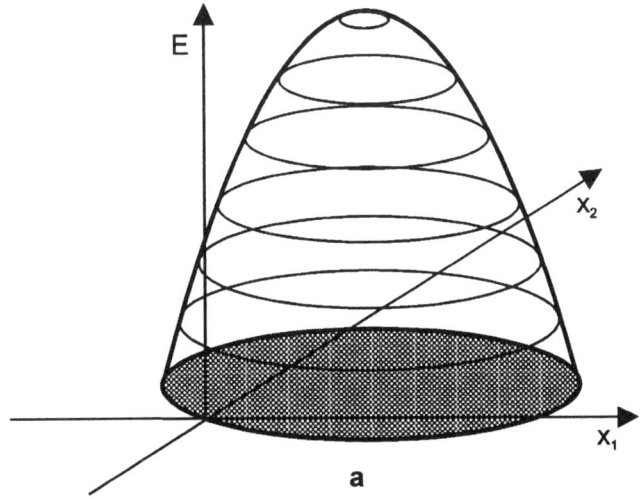

a

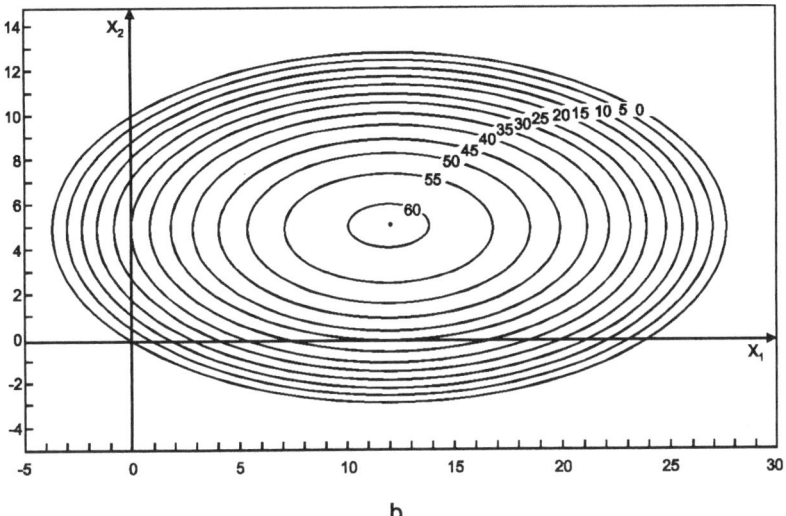

b

Abb. 6-2a,b. Graphische Darstellung der Isoerlöslinien

Die optimalen Lösungen $x^* = (x_1^*, x_2^*)$ für die drei Fälle lauten:

Fall A: $x_1^* = 12$, $x_2^* = 5$.
Die optimale Lösung liegt im Innern des zulässigen Bereichs; die Nebenbedingungen beschränken das Optimum nicht.

Fall B: $x_1^* = 10$, $x_2^* = 4$.
Die optimale Lösung liegt in einer Ecke des zulässigen Bereichs.

Fall C: $x_1^* = 6,4$, $x_2^* = 3,6$.
               Die optimale Lösung liegt auf dem Rand, aber nicht in einer Ecke
               des zulässigen Bereichs.

Die graphische Darstellung dieses kleinen NLO-Modells zeigt bereits einen
wesentlichen Unterschied zwischen LO- und NLO-Modellen: Während das Optimum beim LO-Modell immer (abgesehen von degenerierten Problemen) in einer
Ecke des zulässigen Bereichs liegt, ist der Lösungspunkt x* beim NLO-Modell in
der Regel nicht in einer Ecke des zulässigen Bereichs zu finden, sondern er kann
sowohl auf dem Rand als auch im Innern des zulässigen Bereichs liegen.

6.2 Grundlagen der Nichtlinearen Optimierung

6.2.1 Klassifikation nichtlinearer Optimierungsmodelle

Wie bereits in Abschn. 6.1.1 ausgeführt, ist das allgemeine Optimierungsmodell
wie folgt gegeben durch

$$f(x_1,...,x_n) \to \text{Max (oder Min)}$$

unter den Nebenbedingungen

$$g_i(x_1,...,x_n) \le 0 \qquad i = 1,...,m$$

und $$x_j \ge 0 \qquad j = 1,...,n.$$

Hierbei sind f und g_i Funktionen in den Variablen $x_1,...,x_n$.

Ein genereller Algorithmus zur Lösung dieses allgemeinen nichtlinearen Optimierungsmodells liegt bisher nicht vor. Im allgemeinsten Fall ist nicht einmal die
Existenz einer Optimallösung gesichert. Statt dessen ist eine große Zahl von
Lösungsverfahren jeweils für spezielle Klassen nichtlinearer Modelle entwickelt
worden. Eine Klassifikation dieser Modelle erscheint daher zweckmäßig.

Eine Möglichkeit, die sehr inhomogene Menge nichtlinearer Optimierungsmodelle
zu klassifizieren, besteht darin, diese bezüglich bestimmter Eigenschaften der
Funktionen $f(x_1,...,x_n)$ und $g_i(x_1,...,x_n)$ einzuteilen. Dabei spielt der Begriff der
Konvexität eine besondere Rolle.

6.2.1.1 Konvexität von Mengen und Funktionen

Konvexe Mengen sind Mengen, bei denen für je zwei Punkte aus dieser Menge
auch die Verbindungsstrecke zwischen diesen beiden Punkten vollständig in dieser
Menge liegt. Abbildung 6-3 gibt Beispiele für konvexe und nichtkonvexe Mengen.

Formal läßt sich Konvexität von Mengen wie folgt beschreiben:
Definition (6-1): Eine *(Punkt-)Menge* K ist *konvex*, wenn mit je zwei Punkten P_1
und P_2 aus K ($P_1 \in K, P_2 \in K$) auch alle Punkte

$$\lambda P_1 + (1 - \lambda)P_2 \qquad (\text{für } 0 \le \lambda \le 1)$$

zu K gehören, d. h. auch alle Punkte auf der Verbindungsstrecke zwischen P_1 und P_2 in der Menge K liegen.

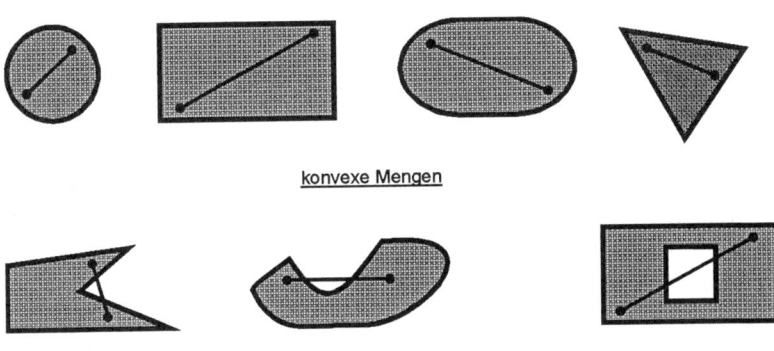

konvexe Mengen

nicht konvexe Mengen

Abb. 6-3. Beispiele für konvexe und nichtkonvexe Mengen

Eine *Funktion* ist *konvex*, wenn die Punktmenge *oberhalb* des Graphen der Funktion konvex ist bzw. wenn die Punkte der Verbindungsstrecke zweier Kurvenpunkte stets *oberhalb oder auf* der Kurve liegen. Die Funktion $f(x) = x^2$ ist eine konvexe Funktion, da alle Punkte auf der Verbindungsstrecke zweier Kurvenpunkte P_1 und P_2 stets oberhalb oder auf der Kurve liegen (s. Abb. 6-4).

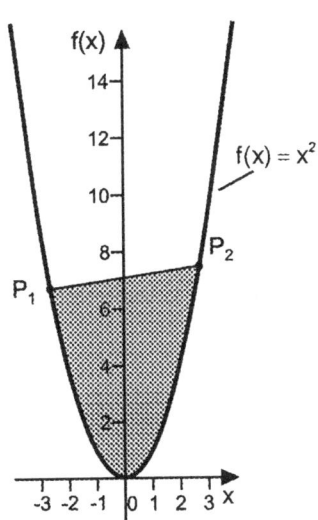

Abb. 6-4. Die konvexe Funktion $f(x) = x^2$

Formal läßt sich die Konvexität einer Funktion in der folgenden Definition erfassen:

Definition (6-2): Eine *Funktion* f : K → |R, welche eine konvexe Menge K in |R abbildet, heißt *konvex*, wenn für je zwei Punkte x_1 und x_2 aus K gilt

$$f(\lambda x_1 + (1-\lambda)x_2) \le \lambda f(x_1) + (1-\lambda)f(x_2) \qquad (\text{für } 0 \le \lambda \le 1),$$

d. h. wenn die Menge $\{(x,y) \mid x \in K \text{ und } y \ge f(x)\}$ konvex ist. (K kann hier auch eine Teilmenge des n-dimensionalen Raumes sein, |R bezeichnet die Menge der reellen Zahlen.)

Umgekehrt heißt eine *Funktion konkav*, wenn die Punktmenge *unterhalb* des Graphen konvex ist bzw. wenn die Punkte der Verbindungsstrecke zweier Kurvenpunkte stets *unterhalb oder auf* der Kurve liegen. Die Konkavität einer Funktion f ist nichts anderes als die Konvexität der Funktion –f, die sich durch Spiegeln von f an der x-Achse ergibt.

Die Funktion g(x) = –f(x) = $-x^2$ ist eine konkave Funktion (s. Abb. 6-5).

Die Konkavität einer Funktion erfaßt man formal wie folgt:

Definition (6-3): Eine *Funktion* f : K → |R, welche eine konvexe Menge K in |R abbildet, heißt *konkav*, wenn g = –f eine konvexe Funktion ist.

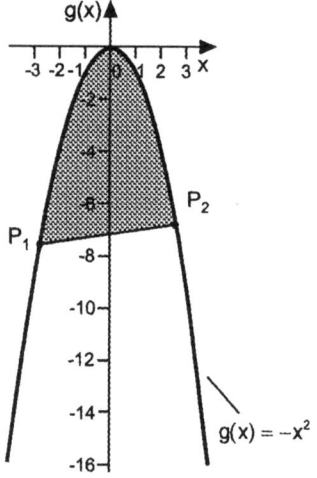

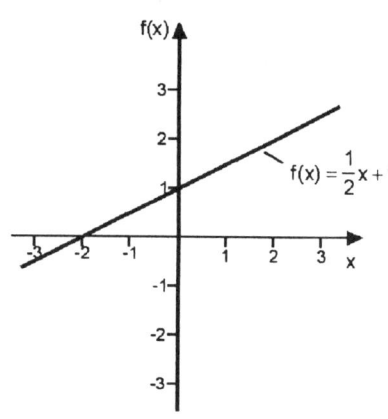

Abb. 6-5. Die konkave Funktion
g(x) = $-x^2$

Abb. 6-6. Die Gerade f(x) = $\frac{1}{2}$x + 1
als konvexe und konkave Funktion

Lineare Funktionen f(x) = ax + b sind konvex *und* konkav (s. Abb. 6-6).

Da die Summe konvexer Funktionen wieder konvex ist, sind damit z. B. auch folgende Funktionen konvex:

$$f(x) = x^2 + ax$$

$$f(x_1,...,x_n) = c_1 x_1 + c_2 x_2 + ... + c_n x_n + d.$$

Die Funktion in Abb. 6-7 ist dagegen weder konvex noch konkav, da die Verbindungsstrecke zwischen P_1 und P_2 teilweise unterhalb und teilweise oberhalb der Kurve verläuft.

Ein Kriterium zum Konvexitätsnachweis von speziellen Funktionen wird in Abschn. 6.2.1.3 angegeben.

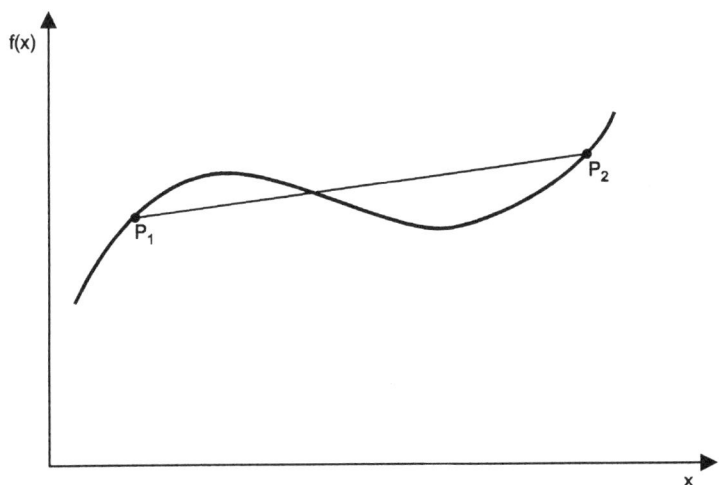

Abb. 6-7. Beispiel für eine weder konvexe noch konkave Funktion

Schließlich sollen die Begriffe der *Quasikonvexität* (quasi, lateinisch: als ob, gleichwie) und *Quasikonkavität* kurz erläutert werden. Sie haben insofern Bedeutung, als die Sätze und Verfahren der konvexen Optimierung zum Teil auch für solche Funktionen und Modelle anwendbar sind, welche die Anforderungen der obigen (scharfen) Konvexitätsdefinition nicht erfüllen, sondern nur "abgeschwächt konvex", nämlich quasikonvex sind.

Eine *Funktion* wird als *quasikonvex* bezeichnet, wenn für je zwei Kurvenpunkte die Kurve zwischen diesen Punkten *unterhalb des Maximums* der beiden verläuft.

In Abb. 6-8a ist eine quasikonvexe Funktion dargestellt. Analog zum Begriffspaar konvex - konkav kann man auch zur Quasikonvexität den Begriff Quasikonkavität definieren.

Eine *Funktion* heißt *quasikonkav*, wenn für je zwei Kurvenpunkte die Kurve zwischen diesen Punkten *oberhalb des Minimums* der beiden verläuft. Abbildung 6-9a zeigt eine quasikonkave Funktion. Die Quasikonkavität einer Funktion f ist nichts anderes als die Quasikonvexität der Funktion −f, die sich durch Spiegeln von f an der x-Achse ergibt.

Formal lassen sich Quasikonvexität und Quasikonkavität wie folgt beschreiben:
Definition (6-4): Eine *Funktion* f: K → |R, welche eine konvexe Menge K in |R abbildet, heißt *quasikonvex*, wenn für je zwei Punkte x_1 und x_2 aus K und alle $\lambda \in [0,1]$ gilt

$$f(\lambda x_1 + (1-\lambda)x_2) \le \max\left(f(x_1), f(x_2)\right).$$

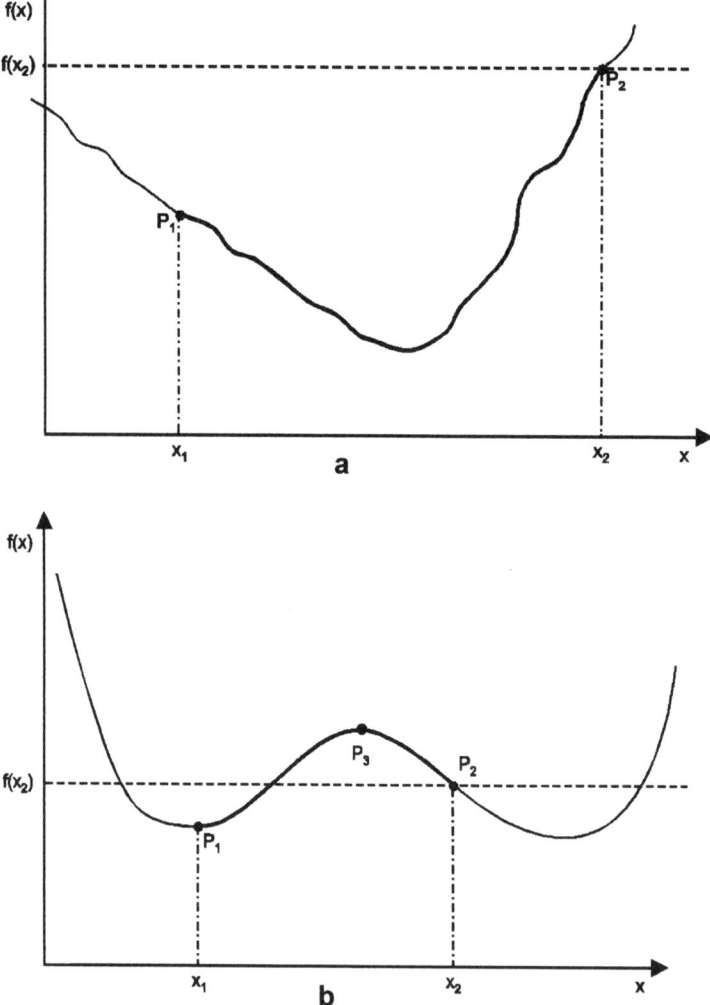

Abb. 6-8a,b. Quasikonvexe Funktion (a) und nicht quasikonvexe Funktion (b)

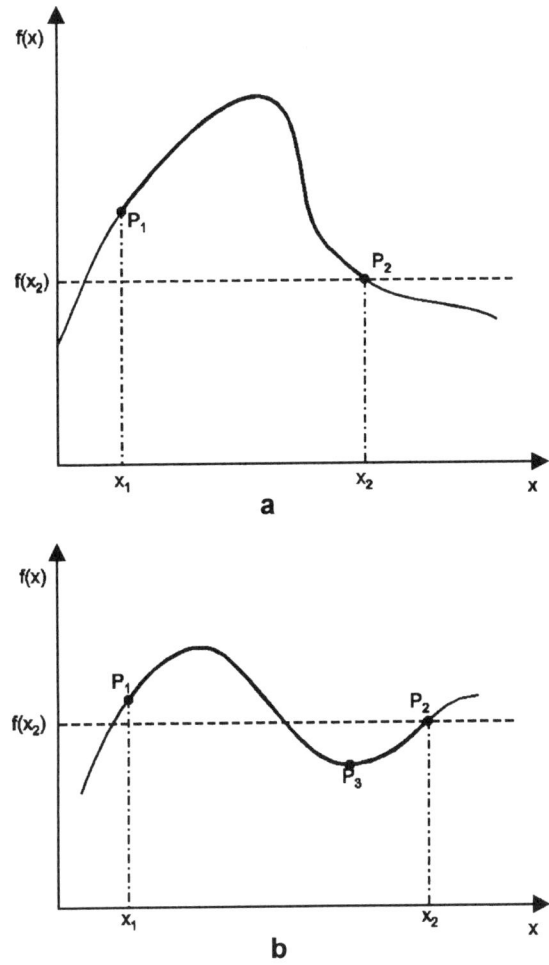

Abb. 6-9a,b. Quasikonkave Funktion (a) und nicht quasikonkave Funktion (b)

Wie aus Abb. 6-8 ersichtlich, bedeutet die formale Definition der Quasikonvexität einer Funktion, daß der Wert der Funktion an jeder Stelle zwischen zwei Punkten kleiner oder gleich dem Maximum der Funktionswerte an diesen beiden Punkten ist (zwischen P_1 und P_2 liegen in Abb. 6-8a alle Punkte der Funktion unterhalb des Maximums von $f(x_1)$ und $f(x_2)$, hier also $f(x_2)$). In Abb. 6-8b ist dies nicht der Fall.

Quasikonvexität liegt auch dann vor, wenn eine Funktion nur fällt oder nur steigt. Nur fallende oder nur steigende Funktionen sind sogar sowohl quasikonvex als auch quasikonkav.

Die Funktion $y = x^3$ ist im Bereich, der oberhalb der x-Achse verläuft, offensichtlich konvex, im Bereich unterhalb der x-Achse ist sie konkav. Sie ist überall quasikonvex, da der Kurvenbereich zwischen zwei beliebigen Kurvenpunkten immer unterhalb des Maximums der beiden Kurvenpunkte verläuft. Andererseits ist sie auch quasikonkav, da der Bereich zwischen zwei beliebigen Kurvenpunkten immer oberhalb des Minimums der beiden Kurvenpunkte verläuft (Abb. 6-10).

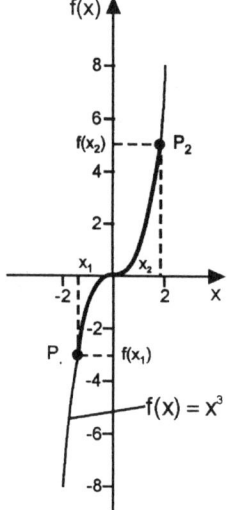

Abb. 6-10. $f(x) = x^3$ als Beispiel für eine sowohl quasikonvexe als auch quasikonkave Funktion

Konvexe und quasikonvexe (bzw. konkave und quasikonkave) Funktionen haben also als wichtige gemeinsame Eigenschaft ein einziges (lokales) Minimum (bzw. (lokales) Maximum, vgl. Abb. 6-4, 6-5, 6-8a, 6-9a). Funktionen, die sowohl konvex als auch konkav (bzw. sowohl quasikonvex als auch quasikonkav) sind, haben weder ein Maximum noch ein Minimum, da sie entweder nur steigen oder nur fallen (Geraden bzw. Funktionen, die ähnlich zu $f(x) = x^3$ verlaufen; vgl. Abb. 6-6, 6-10).

6.2.1.2 Konvexe Optimierungsmodelle und ihre Eigenschaften

Ausgehend von den genannten Konvexitätsdefinitionen für Mengen und Funktionen werden konvexe Optimierungsmodelle wie folgt definiert:

Definition (6-5): Ein *Optimierungsmodell* mit der Zielfunktion

$$f(x_1,...,x_n) \to \text{Max (bzw. Min)}$$

und den Nebenbedingungen

$$g_i(x_1,...,x_n) \leq 0, \qquad i = 1,...,m$$
$$x_j \geq 0, \qquad j = 1,...,n$$

heißt *konvex*, wenn bei Maximierung die Zielfunktion f konkav und bei Minimierung f konvex ist und wenn die Funktionen g_i der Nebenbedingungen in beiden Fällen konvex sind.

Es sind also zwei Typen von *konvexen Optimierungsmodellen* zu unterscheiden:

(a) $f(x_1,...,x_n) \to$ Max   (b) $f(x_1,...,x_n) \to$ Min

f   konkav   f   konvex

g_i konvex g_i konvex

Konvexe Optimierungsmodelle weisen spezielle, für die Entwicklung, Auswahl und Anwendung geeigneter Lösungsmethoden entscheidende Eigenschaften auf:

(1)   Die Menge der zulässigen Lösungen eines konvexen Optimierungsmodelles ist konvex (die Konvexität der g_i gewährleistet die Konvexität des zulässigen Bereichs).

(2)   Ein *lokales* Optimum von f ist zugleich das *globale* Optimum von f.

(3)   Die Kuhn-Tucker-Bedingungen sind hinreichend für ein globales Optimum.

Die Eigenschaft (2) konvexer Modelle ist für die Nichtlineare Optimierung von zentraler Bedeutung. Zu (2) sei bemerkt, daß ein Punkt $\bar{x}$ *globales Maximum* (bzw. *globales Minimum*) einer Funktion f heißt, wenn für alle anderen Punkte x gilt

$f(x) \le f(\bar{x})$ (bzw. $f(x) \ge f(\bar{x})$).

Ein Punkt $\bar{x}$ heißt dagegen *lokales Maximum* (bzw. *lokales Minimum*), wenn die obige Extremaleigenschaft nur in einer gewissen Umgebung des Punktes erfüllt ist. Abbildung 6-11 verdeutlicht diesen Unterschied.

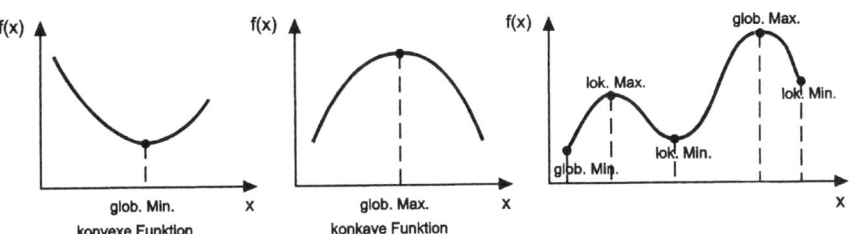

Abb. 6-11. Der Unterschied zwischen lokalen und globalen Optima

Zunächst soll hier kurz die Bedeutung von (1) und (2) dargestellt werden (auf (3) wird in Abschn. 6.2.2 näher eingegangen):
Die Konvexität des zulässigen Bereichs ist deshalb wichtig, weil in einem nichtkonvexen zulässigen Bereich nicht unbedingt die Optimallösung erreicht wird. Das veranschaulichen die Abbildungen 6-12 und 6-13.

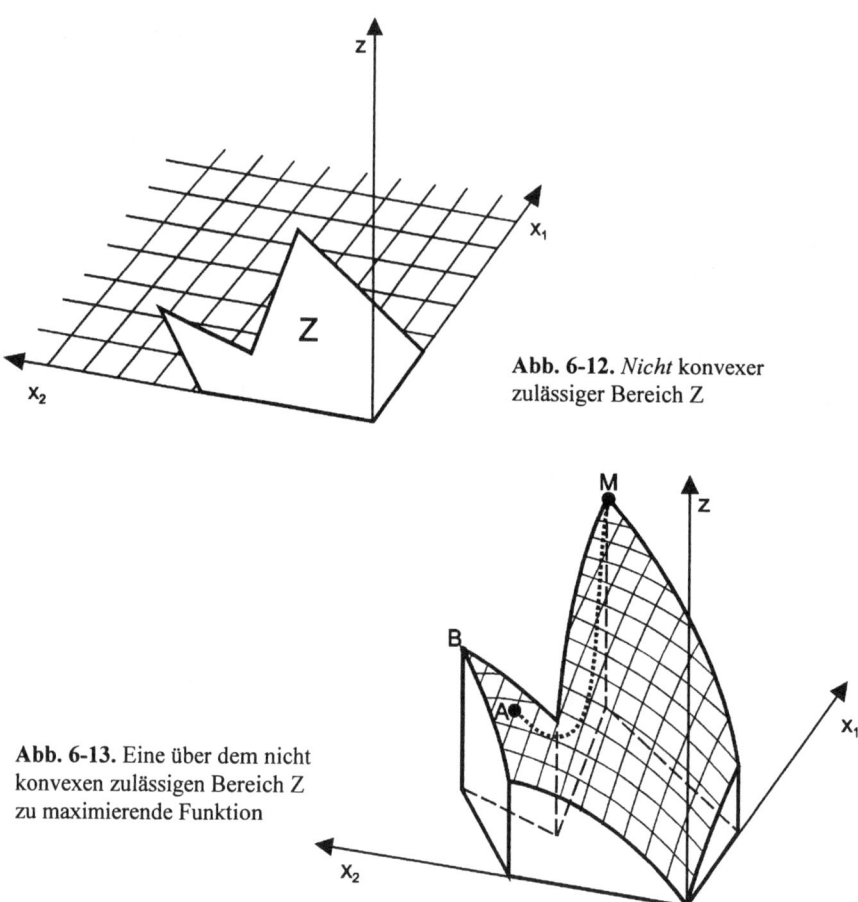

Abb. 6-12. *Nicht* konvexer zulässiger Bereich Z

Abb. 6-13. Eine über dem nicht konvexen zulässigen Bereich Z zu maximierende Funktion

Abb. 6-12 zeigt einen zulässigen Bereich Z, der keine konvexe Menge ist.

In Abb. 6-13 ist die in Z zu maximierende Funktion zu sehen. Offensichtlich liegt das Maximum im Punkt M. Wird nun im Verlaufe der (schrittweisen) Optimierung der Punkt A erreicht, so gehen Optimierungsalgorithmen üblicherweise davon aus, daß man in der Umgebung von A eine Verbesserung zu erlangen versucht. Bei einer solchen Vorgehensweise kann man sich offensichtlich nur bis zum Punkt B verbessern. Das Optimum in M ist nicht zu erreichen, weil dazu zunächst ein Abstieg zu vollziehen ist bevor ein weiterer Anstieg, der zu M führt, möglich ist (punktierte Linie).

Ist dagegen der zulässige Bereich konvex, wie in Abb. 6-14, so kann man vom Punkt A ausschließlich durch schrittweise Verbesserung zum Punkt M gelangen (punktierte Linie in Abb. 6-15). Man muß dann nicht zwischendurch eine Verschlechterung in Kauf nehmen, um den Optimalpunkt zu erreichen.

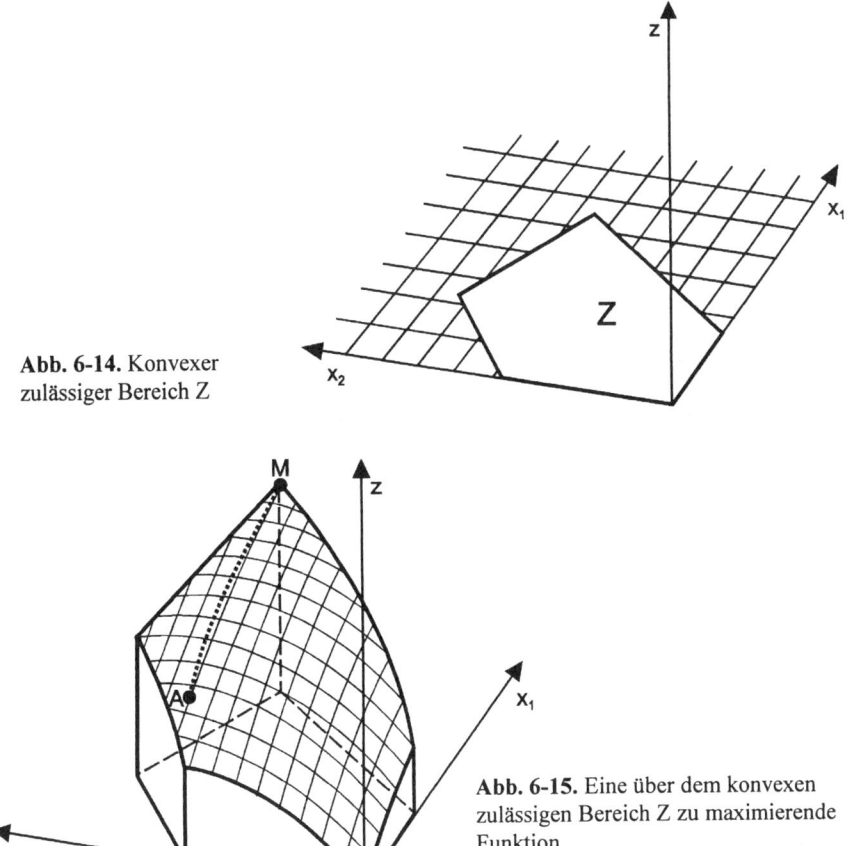

Abb. 6-14. Konvexer zulässiger Bereich Z

Abb. 6-15. Eine über dem konvexen zulässigen Bereich Z zu maximierende Funktion

Die Bedeutung von (2) wird aus Abb. 6-16 deutlich.

Durch schrittweise Verbesserung von Punkt A aus kann das globale Optimum M (hier ein Maximum) nie erreicht werden. Man wird nur bis zum lokalen Maximum in B kommen. (Um von A nach M zu kommen, müßte man sich zwischendurch verschlechtern [gepunktete Linie in Abb. 6-16]).

In Abb. 6-17 kommt man dagegen ausschließlich durch schrittweise Verbesserung von A nach M (gepunktete Linie in Abb. 6-17), das hier das einzige lokale Maximum und damit auch das globale Maximum ist.

Die Eigenschaften (1) und (2) von konvexen Optimierungsmodellen gewährleisten also:

Ausgehend von jedem Punkt des zulässigen Bereiches kann ein Weg zur Optimallösung gefunden werden, auf dem eine fortwährende Verbesserung bis zur Optimallösung stattfindet. Das heißt, daß ein einmal erreichter Zielfunktionswert im Laufe der noch folgenden Optimierung nicht mehr unterschritten (bei Maximierung) bzw. überschritten (bei Minimierung) wird.

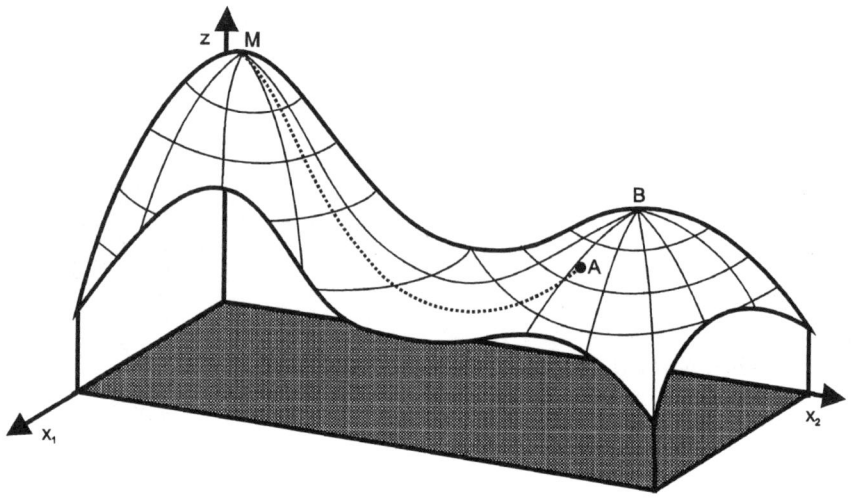

Abb. 6-16. Maximierung bei einer weder konvexen noch konkaven Funktion

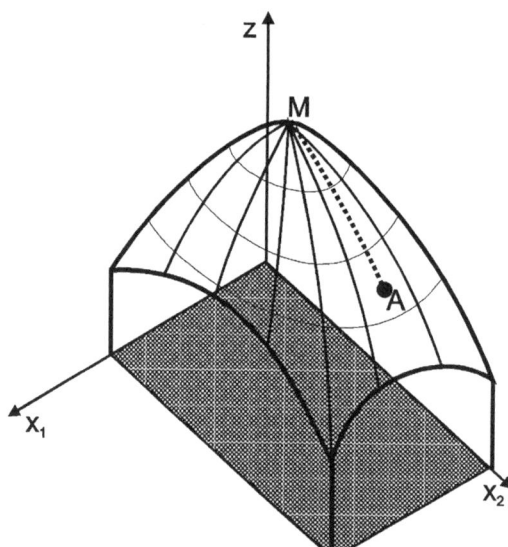

Abb. 6-17. Maximierung einer konkaven Funktion

Bei konvexen NLO-Modellen ist ein lokales Optimum im zulässigen Bereich gleichzeitig auch globales Optimum und repräsentiert die gewünschte Optimallösung.

Um die Optimalität einer Lösung ($\overline{x}_1,...,\overline{x}_n$) zu zeigen, genügt es bei konvexen Modellen daher, die Optimalität in einer beliebig kleinen Umgebung von ($\overline{x}_1,...,\overline{x}_n$) nachzuweisen, denn dann hat man ein lokales Optimum gefunden, welches nach Eigenschaft (2) zugleich globales Optimum ist.

6.2.1.3 Quadratische Optimierungsmodelle

Quadratische Optimierungsmodelle bilden eine spezielle Klasse nichtlinearer Modelle.

Definition (6-6): Ein *Optimierungsmodell* mit der Zielfunktion

$$f(x_1,...,x_n) \to Max \quad (bzw. \to Min)$$

unter den Nebenbedingungen

$$g_i(x_1,...,x_n) \le 0 \quad i = 1,...,m$$

sowie den Nichtnegativitätsbedingungen

$$x_j \ge 0 \quad j = 1,...,n$$

heißt *quadratisch*, wenn die folgenden Bedingungen erfüllt sind:
(1) die Zielfunktion f ist quadratisch
(d. h. als Summanden treten in f keine anderen als Konstanten, lineare oder quadratische Ausdrücke in $x_1,...,x_n$ auf) und
(2) die Funktionen g_i der Nebenbedingungen sind linear.

Das quadratische Optimierungsmodell kann in folgender Form geschrieben werden:

$$f(x_1,...,x_n) = \sum_{j=1}^{n} c_j x_j + \sum_{k=1}^{n}\sum_{j=1}^{n} d_{kj} x_k x_j \to Max$$

(jede Variable x_j kann mit jeder anderen Variablen $x_k (j,k = 1,...,n)$ multipliziert werden; evtl. auftretende Konstanten haben keinen Einfluß auf das Optimum und können daher vernachlässigt werden [vgl. Abschn. 2.1.1])

unter den Nebenbedingungen

$$g_i(x_1,...,x_n) = \sum_{j=1}^{n} a_{ij} x_j - b_i \le 0 \qquad i = 1,...,m$$

und
$$x_j \ge 0 \qquad j = 1,...,n.$$

Die c_j und d_{kj} sind dabei die Koeffizienten der Zielfunktion, die a_{ij} können als Produktionskoeffizienten, die b_i als Kapazitäten betrachtet werden (vgl. Abschn. 6.1.2). Man kann dabei ohne Einschränkung annehmen, daß $d_{kj} = d_{jk}$ für alle $j,k = 1,...,n$ ist.
Ist nämlich z. B. $d_{45} = 3$ und $d_{54} = 7$, so steht in der Zielfunktion:

$$\sum_{j=1}^{n} c_j x_j + \sum_{k=1}^{n}\sum_{j=1}^{n} d_{kj} x_k x_j$$
$$= ...+ d_{45} x_4 x_5 + ...+ d_{54} x_5 x_4 + ...$$
$$= ...+ 3 x_4 x_5 + ...+ 7 x_5 x_4 + ...$$
$$= ...+ 5 x_4 x_5 + ...+ 5 x_5 x_4 + ...$$

Man muß also, falls $d_{kj} \neq d_{jk}$ ist, nur d_{kj} und d_{jk} jeweils durch ihr arithmetisches Mittel $\frac{d_{kj}+d_{jk}}{2}$ ersetzen.

Die quadratische Zielfunktion kann auch wie folgt dargestellt werden:

$$f(x_1,...,x_n) = \sum_{j=1}^{n} c_j x_j + \sum_{k=1}^{n}\sum_{j=1}^{n} d_{kj} x_k x_j$$

$$= c_1 x_1 + c_2 x_2 + ... + c_n x_n$$
$$+ d_{11} x_1 x_1 + d_{12} x_1 x_2 + ... + d_{1n} x_1 x_n$$
$$+ d_{21} x_2 x_1 + d_{22} x_2 x_2 + ... + d_{2n} x_2 x_n$$
$$\vdots \qquad \vdots \qquad \vdots$$
$$+ d_{n1} x_n x_1 + d_{n2} x_n x_2 + ... + d_{nn} x_n x_n$$

und in Matrixschreibweise:

$$f(x_1,...,x_n) = (c_1 ... c_n)\begin{bmatrix} x_1 \\ \cdot \\ \cdot \\ \cdot \\ x_n \end{bmatrix} + (x_1 ... x_n)\begin{bmatrix} d_{11} & \cdots & d_{1n} \\ \cdot & \cdot & \cdot \\ \cdot & \cdot & \cdot \\ \cdot & \cdot & \cdot \\ d_{n1} & \cdots & d_{nn} \end{bmatrix}\begin{bmatrix} x_1 \\ \cdot \\ \cdot \\ \cdot \\ x_n \end{bmatrix}$$

$$= c^T x + x^T D x.$$

Die quadratische Matrix D ist dabei symmetrisch ($d_{kj} = d_{jk}$; gegebenenfalls nach Umformungen in der oben beschriebenen Weise).

In einer symmetrischen Matrix stehen paarweise oberhalb der Diagonalen die gleichen Werte wie unterhalb.

Die Matrix $\begin{bmatrix} 1 & -2 & 3 \\ -2 & -5 & 1 \\ 3 & 1 & 0 \end{bmatrix}$ ist symmetrisch, während $\begin{bmatrix} 1 & -4 & 1 \\ 0 & -5 & -1 \\ 5 & 3 & 0 \end{bmatrix}$ nicht sym-

metrisch ist (wegen $-4 \neq 0$, $1 \neq 5$ und $-1 \neq 3$).

Ein Beispiel für ein quadratisches Optimierungsmodell stellt das Programmplanungsproblem im Falle einer linearen Preis-Absatz-Funktion aus Abschn. 6.1.3 dar.

In der quadratischen Zielfunktion

$$f(x_1, x_2) = -\frac{1}{4}x_1{}^2 - x_2{}^2 + 6x_1 + 10x_2 \rightarrow \text{Max}$$

lauten die Koeffizienten:

$$d_{11} = -\frac{1}{4}; d_{12} = d_{21} = 0; d_{22} = -1; c_1 = 6; c_2 = 10.$$

In Matrixform läßt sich also die quadratische Zielfunktion wie folgt darstellen:

$$f(x_1, x_2) = (6, 10)\begin{bmatrix} x_1 \\ x_2 \end{bmatrix} + (x_1, x_2)\begin{bmatrix} -\frac{1}{4} & 0 \\ 0 & -1 \end{bmatrix}\begin{bmatrix} x_1 \\ x_2 \end{bmatrix}.$$

Für *allgemeine quadratische Optimierungsmodelle* mit einer beliebigen (symmetrischen) Matrix D existieren zwar Verfahren zur Ermittlung lokaler Optima (z. B. Newton- oder Quasi-Newton-Verfahren). Zur Ermittlung globaler Optima sind bis heute jedoch noch keine zufriedenstellenden Lösungsmethoden entwickelt worden (vgl. Künzi/Krelle/v. Randow [1979, S. 68]; Hadley [1969, S. 259f.]). Jedoch liegen für *konvexe quadratische Modelle* effiziente Lösungsmethoden vor.

Die Eigenschaft der Konvexität des Modells ist zwar mathematisch sehr einschränkend, sie wird jedoch in ökonomischen Fragestellungen häufig erfüllt (vgl. Fromm [1975, S. 41]; Henn/Künzi [1968, S. 411). Durch diese Eigenschaft ist gewährleistet, daß jedes lokale Optimum zugleich auch globales Optimum ist, so daß es genügt, die optimale Lösung durch lokale Kriterien zu ermitteln (vgl. Abschn. 6.2.1.2). An die quadratische Zielfunktion wird daher hier zusätzlich die Forderung der Konkavität bei Maximierungsproblemen bzw. der Konvexität bei Minimierungsproblemen gestellt (vgl. Definition eines konvexen Optimierungsmodells in Abschn. 6.2.1.2). (Der zulässige Bereich ist aufgrund der Linearität der Nebenbedingungen bei quadratischen Modellen ohnehin konvex.)

Deshalb ist zum Konvexitätsnachweis bei quadratischen Optimierungsmodellen nur noch die Untersuchung der Konvexität (bei Minimierung) bzw. der Konkavität (bei Maximierung) der Zielfunktion erforderlich. Die Konvexitätseigenschaft quadratischer Funktionen kann durch Untersuchung der quadratischen und symmetrischen Koeffizientenmatrix D auf *Definitheit* nachgewiesen werden.

Satz (6-1): Die *quadratische Funktion* $f(x_1,...,x_n) = c^T x + x^T D x$ ist *konvex* genau dann, wenn die symmetrische Matrix D positiv definit oder positiv semidefinit ist.

Dabei heißt eine symmetrische (quadratische) Matrix D *positiv definit*, wenn $x^T D x > 0$ für alle $x \neq 0$ gilt. Eine symmetrische (quadratische) Matrix D heißt *positiv semidefinit*, wenn $x^T D x \geq 0$ für alle x gilt.

Die Überprüfung der positiven Definitheit kann mit Hilfe der Determinanten erfolgen:

Satz (6-2): Die symmetrische Matrix D ist genau dann positiv definit, wenn alle Hauptabschnittsdeterminanten

$$D_1 = |d_{11}|, \quad D_2 = \begin{vmatrix} d_{11} & d_{12} \\ d_{21} & d_{22} \end{vmatrix} = d_{11}d_{22} - d_{12}d_{21}, \quad ..., \quad D_n = |D|$$

positiv sind.

Bem.: Der Satz gilt nicht, wenn die entsprechende Aussage für positiv semidefinite Matrizen und nichtnegative Determinanten formuliert wird.

Liegt D zur Überprüfung der positiven Definitheit zunächst nicht als symmetrische Matrix vor, so kann sie (wie oben bereits dargestellt) durch Umordnung in eine symmetrische Form überführt werden, indem

$$d_{ji}^{n} = d_{ij}^{n} \quad \text{mit} \quad d_{ji}^{n} = \frac{1}{2}\left(d_{ji}^{a} + d_{ij}^{a}\right)$$

überschrieben wird (vgl. Fromm [1975, S. 32f.]). (Die hochgestellten Indizes bedeuten a = alt (vor der Umordnung) und n = neu (nach der Umordnung).)

Beispiel: Die Funktion

$$f(x_1, x_2) = 3x_1^2 - 2x_1 x_2 + x_2^2 - 5x_1 - 4x_2$$

soll auf Konvexität überprüft werden.

Die symmetrische Matrix D wird gebildet, indem $2x_1 x_2 = 1x_1 x_2 + 1x_2 x_1$ gesetzt wird:

$$f(x_1, x_2) = -5x_1 - 4x_2 + 3x_1 x_1 - 1x_1 x_2 - 1x_1 x_2 + 1x_2 x_1$$

$$= (-5, -4)\begin{bmatrix} x_1 \\ x_2 \end{bmatrix} + (x_1, x_2)\begin{bmatrix} 3 & -1 \\ -1 & 1 \end{bmatrix}\begin{bmatrix} x_1 \\ x_2 \end{bmatrix}$$

$$D_1 = |d_{11}| = d_{11} = 3$$

$$D_2 = \begin{vmatrix} 3 & -1 \\ -1 & 1 \end{vmatrix} = d_{11}d_{22} - d_{12}d_{21} = 3 \cdot 1 - (-1) \cdot (-1) = 2$$

D ist positiv definit, da alle Hauptabschnittsdeterminanten positiv sind. Die Funktion f ist somit konvex.

Die Konvexität des quadratischen Modells aus Abschn. 6.1.3 wird wie folgt überprüft:

Da es sich um eine Maximierungsaufgabe handelt, muß die Konkavität von $f(x_1, x_2)$ nachgewiesen werden. Diese ist äquivalent zu der Konvexität der Funktion $h(x_1, x_2) = -f(x_1, x_2)$ (vgl. Def. 6-3 in Abschn. 6.2.1.1), die über die positive Definitheit der zu $h(x_1, x_2)$ gehörenden Matrix

$$D = \begin{bmatrix} \frac{1}{4} & 0 \\ 0 & 1 \end{bmatrix}$$

gezeigt wird.

$$h(x_1, x_2) = \frac{1}{4}x_1^2 + x_2^2 - 6x_1 - 10x_2$$

$$D_1 = \frac{1}{4}, \quad D_2 = \frac{1}{4} \cdot 1 - 0 \cdot 0 = \frac{1}{4}.$$

Die Funktion $h(x_1,x_2)$ ist also konvex, die Funktion $f(x_1,x_2) = -h(x_1,x_2)$ somit konkav. Da die Zielfunktion dieser Maximierungsaufgabe konkav ist und die Nebenbedingungen aufgrund ihrer Linearität einen konvexen zulässigen Bereich bilden, liegt insgesamt ein konvexes Optimierungsmodell vor.

6.2.1.4 Zusammenfassende Klassifikation von NLO-Modellen

Abschließend werden die nichtlinearen Optimierungsmodelle, soweit sie in Abschn. 6.2.1 dargestellt worden sind, in einem Schaubild erfaßt und einander zugeordnet (Abb. 6-18). Dabei sind die für die Klassifikation relevanten Eigenschaften von Zielfunktion und Nebenbedingungen jeweils angegeben.

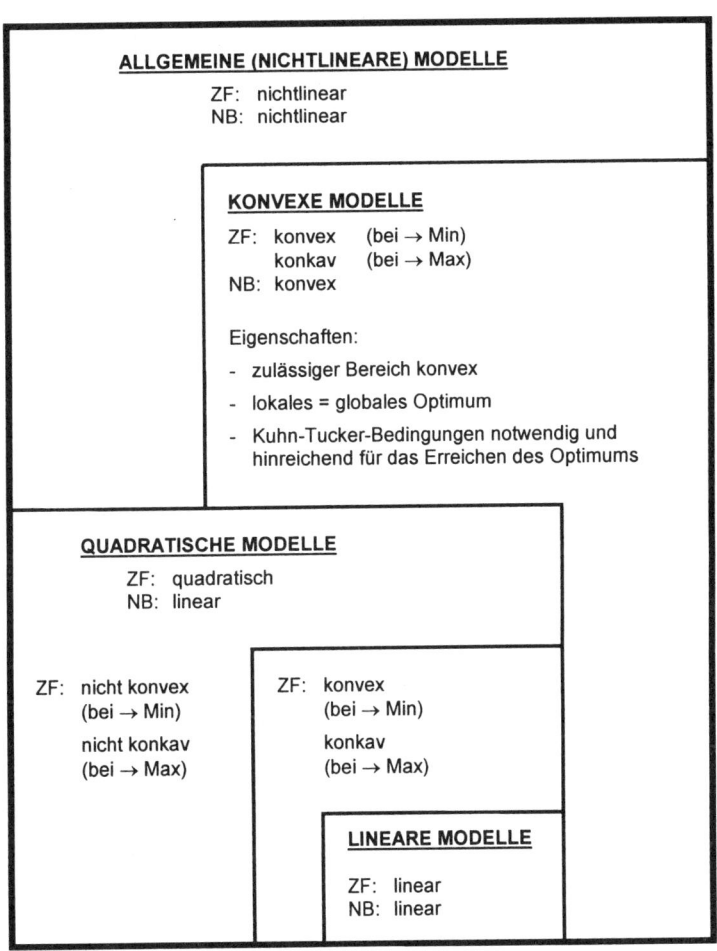

Abb. 6-18. Klassifikation nichtlinearer Optimierungsmodelle

Lineare Modelle werden dabei als Spezialfälle von nichtlinearen Modellen angesehen. Dieser scheinbare Widerspruch wird allgemein in Kauf genommen, da die linearen Modelle durch Vereinfachung aus den nichtlinearen entwickelt werden können (vgl. Abschn. 6.1.2) und dadurch die in der Literatur verfügbaren Algorithmen zur Lösung nichtlinearer Probleme prinzipiell auch auf lineare Probleme angewandt werden können, auch wenn dieser Einsatz in der Regel rechnerisch nicht sonderlich effizient ist.

6.2.2 Optimalitätsbedingungen: Das Kuhn-Tucker-Theorem

6.2.2.1 Darstellung und Bedeutung der Kuhn-Tucker-Bedingungen

Das Theorem von Kuhn und Tucker [1951] hat für die konvexe Optimierung eine zentrale Bedeutung. Dieser Hauptsatz stellt eine Verallgemeinerung der klassischen Multiplikatorenmethode von Lagrange zur Bestimmung von Extremstellen unter Nebenbedingungen für den Fall dar, daß unter den Nebenbedingungen nicht nur Gleichungen, sondern auch Ungleichungen enthalten sind.

Das Theorem gibt notwendige und hinreichende Bedingungen für die Kennzeichnung der optimalen Lösung eines konvexen Optimierungsmodelles an. In Form dieser Bedingungen liefert das Theorem die Basis für eine Reihe von Lösungsverfahren (z. B. die Verfahren von Barankin/Dorfman [1956] oder Wolfe [1959] [vgl. Abschn. 6.3.2]).

Das Theorem von Kuhn-Tucker geht von folgender Situation aus:
Gegeben sei ein konvexes Optimierungsmodell

$$f(x_1, ..., x_n) \to \text{Max}$$

unter den Nebenbedingungen

$$g_i(x_1, ..., x_n) \leq 0 \qquad i = 1, ..., m$$
$$x_j \geq 0 \qquad j = 1, ..., n.$$

Die Funktionen f und g_i (i=1,...,m) seien partiell nach allen x_j (j=1,...,n) differenzierbar.

Die Kriterien des Kuhn-Tucker-Theorems beziehen sich nun auf die verallgemeinerte Lagrangefunktion L. In dieser Funktion sind die Zielfunktion und die Nebenbedingungen zu einer Funktion zusammengefaßt. Diese Funktion wird mit den zusätzlichen m neuen Variablen $u_1, ..., u_m$, den sogenannten Lagrange-Multiplikatoren, gebildet.

L ist dann eine Funktion der Variablen $x_1, ..., x_n$ sowie $u_1, ..., u_m$:

$$L(x_1, ..., x_n; u_1, ..., u_m) = f(x_1, ..., x_n) - \sum_{i=1}^{m} u_i g_i(x_1, ..., x_n)$$

Für diese Funktion gilt das

Kuhn-Tucker-Theorem:

Der Vektor $(\overline{x}_1,...,\overline{x}_n)$ ist genau dann eine optimale Lösung des konvexen Optimierungsmodells, wenn es einen Vektor $(\overline{u}_1,...,\overline{u}_m)$ gibt, so daß die folgenden Bedingungen *(Kuhn-Tucker-Bedingungen)* erfüllt sind:

$$(1) \quad \frac{\partial L}{\partial x_j} = \frac{\partial f}{\partial x_j}(\overline{x}_1,...,\overline{x}_n) - \sum_{i=1}^{m}\overline{u}_i\frac{\partial g_i}{\partial x_j}(\overline{x}_1,...,\overline{x}_n) \leq 0 \qquad j=1,...,n$$

$$(2) \quad \overline{x}_j \cdot \frac{\partial L}{\partial x_j} = \overline{x}_j\left(\frac{\partial f}{\partial x_j}(\overline{x}_1,...,\overline{x}_n) - \sum_{i=1}^{m}\overline{u}_i\frac{\partial g_i}{\partial x_j}(\overline{x}_1,...,\overline{x}_n)\right) = 0 \qquad j=1,...,n$$

$$(3) \quad \overline{x}_j \geq 0 \qquad j=1,...,n$$

$$(4) \quad -\frac{\partial L}{\partial u_i} = g_i(\overline{x}_1,...,\overline{x}_n) \leq 0 \qquad i=1,...,m$$

$$(5) \quad \overline{u}_i \cdot \left(-\frac{\partial L}{\partial u_i}\right) = \overline{u}_i \cdot g_i(\overline{x}_1,...,\overline{x}_n) = 0 \qquad i=1,...,m$$

$$(6) \quad \overline{u}_i \geq 0 \qquad i=1,...,m$$

Diese Kuhn-Tucker-Bedingungen sind immer erfüllt, wenn die optimale Lösung eines beliebigen Optimierungsmodells (allgemeines nichtlineares Optimierungsmodell [NLO-Modell]) vorliegt. Sie stellen somit *notwendige Bedingungen* für eine optimale Lösung dar, d. h.

wenn die optimale Lösung $\overline{x} = (\overline{x}_1,...,\overline{x}_n)$ ist, *dann* erfüllt $\overline{x} = (\overline{x}_1,...,\overline{x}_n)$ mit entsprechenden $\overline{u}_1,...,\overline{u}_m$ die Kuhn-Tucker-Bedingungen (1)-(6).

Sind die Bedingungen bei einem beliebigen NLO-Modell für $(\overline{x}_1,...,\overline{x}_n)$ erfüllt, so läßt sich jedoch nur aussagen, daß $\overline{x} = (\overline{x}_1,...,\overline{x}_n)$ entweder ein lokales Optimum oder ein Sattelpunkt ist. Hinsichtlich des globalen Optimums läßt sich beim allgemeinen NLO-Modell also auch dann keine Aussage machen, wenn die Kuhn-Tucker-Bedingungen erfüllt sind.

Liegt allerdings ein *konvexes NLO-Modell* vor, so ist *das lokale Optimum gleichzeitig auch globales Optimum,* also

wenn $\overline{x} = (\overline{x}_1,...,\overline{x}_n)$ mit entsprechenden $\overline{u}_1,...,\overline{u}_m$ die Kuhn-Tucker-Bedingungen (1) - (6) erfüllt, *dann* ist $\overline{x} = (\overline{x}_1,...,\overline{x}_n)$ die optimale Lösung.*

---

* Der Genauigkeit halber sei ergänzend darauf hingewiesen, daß die Kuhn-Tucker-Bedingungen notwendig und hinreichend für eine optimale Lösung eines konvexen NLO-Problems mit differenzierbaren Funktionen f und g_i sind, wenn zusätzlich die sogenannte Slater-Bedingung erfüllt ist (vgl. Domschke/Drexl [1998, S. 180]), d. h. wenn der zulässige Bereich des Problems mindestens einen inneren Punkt besitzt. (Ein innerer Punkt ist ein Punkt, um den herum in unmittelbarer Nachbarschaft in alle Richtungen weitere zulässige Punkte des Optimierungsproblems liegen).

Das Kuhn-Tucker-Theorem liefert bei konvexen Optimierungsmodellen die notwendigen und hinreichenden Bedingungen für das Vorliegen einer optimalen Lösung.

Bem.: Liegt ein NLO-Modell ohne Nebenbedingungen in x vor, so reduzieren sich die Kuhn-Tucker-Bedingungen auf

$$\frac{\partial f}{\partial x_j}(\overline{x}_1,...,\overline{x}_n) = 0 \qquad j = 1,...,n$$

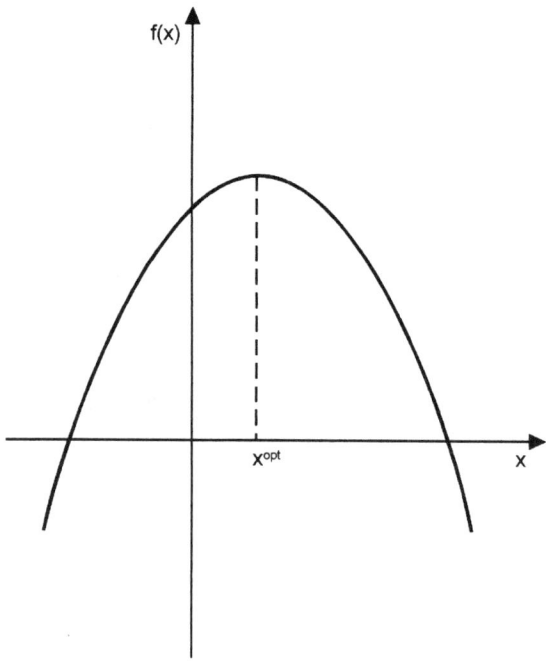

Abb. 6-19. Das Maximum einer konkaven Funktion

Für $n = 1$ ist diese spezielle Aussage sofort einzusehen: Ist die zu maximierende Funktion $f(x)$ konkav, so liefert die 1. Ableitung

$$\frac{df(x)}{dx} = 0$$

das globale Maximum, weil keine anderen relativen Maxima existieren (Abb. 6-19). Dies ist eine wohlbekannte Tatsache aus der Differentialrechnung.

Ist hingegen $f(x)$ nicht konkav, so muß schon in diesem weit eingeschränkten Spezialfall eine Lösung x der Kuhn-Tucker-Bedingung

$$\frac{df(x)}{dx} = 0$$

keine optimale Lösung sein (Abb. 6-20):

In Abb. 6-20 ist x_1 lokales Minimum,
x_2 lokales Maximum und
x_3 Wendepunkt mit waagerechter Tangente (Sattelpunkt).

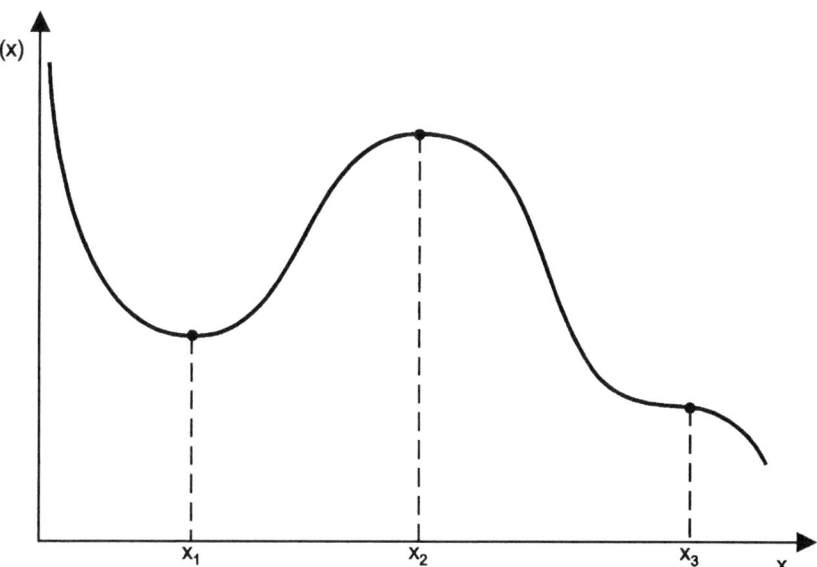

Abb. 6-20. Möglichkeiten für $\dfrac{df(x)}{dx} = 0$

6.2.2.2 Darstellung der Kuhn-Tucker-Bedingungen am Zahlenbeispiel

Für das konvexe quadratische Optimierungsmodell aus Abschn. 6.1.3 sollen die Kuhn-Tucker-Bedingungen aufgestellt werden. Es werden die Nebenbedingungen $0 \le x_1 \le 8$ und $0 \le x_2 \le 7$ unterstellt:

$$f(x_1, x_2) = -\frac{1}{4}x_1^2 - x_2^2 + 6x_1 + 10x_2 \to \text{Max}$$

unter

$$g_1(x_1, x_2) = x_1 - 8 \le 0$$
$$g_2(x_1, x_2) = x_2 - 7 \le 0$$
$$x_1 \ge 0, \; x_2 \ge 0$$

Als verallgemeinerte Lagrangefunktion erhält man (vgl. Abschn. 6.2.2.1):

$$L(x_1, x_2; u_1, u_2) = -\frac{1}{4}x_1^2 - x_2^2 + 6x_1 + 10x_2 - u_1(x_1 - 8) - u_2(x_2 - 7).$$

Die partiellen Ableitungen von L nach x_1 und x_2 lauten:

$$\frac{\partial f}{\partial x_1}(x_1, x_2) = -\frac{1}{2}x_1 + 6 \qquad \frac{\partial f}{\partial x_2}(x_1, x_2) = -2x_2 + 10$$

$$\frac{\partial g_1}{\partial x_1}(x_1, x_2) = 1 \qquad \frac{\partial g_1}{\partial x_2}(x_1, x_2) = 0$$

$$\frac{\partial g_2}{\partial x_1}(x_1, x_2) = 0 \qquad \frac{\partial g_2}{\partial x_2}(x_1, x_2) = 1.$$

Damit ergeben sich durch Einsetzen in die Bedingungen (1)-(6) die Kuhn-Tucker-Bedingungen:

(1) $-\dfrac{1}{2}x_1 + 6 - \underbrace{u_1 \cdot}_{} \underbrace{1}_{} - \underbrace{u_2 \cdot}_{} \underbrace{0}_{} = -\dfrac{1}{2}x_1 + 6 - u_1 \le 0$

$$\underbrace{\phantom{-\dfrac{1}{2}x_1 + 6}}_{\dfrac{\partial f}{\partial x_1}} \quad \underbrace{}_{\dfrac{\partial g_1}{\partial x_1}} \quad \underbrace{}_{\dfrac{\partial g_2}{\partial x_1}}$$

und $-2x_2 + 10 - u_2 \le 0$

(2) $x_1 \left(-\dfrac{1}{2}x_1 + 6 - \underbrace{u_1 \cdot}_{} \underbrace{1}_{} - \underbrace{u_2 \cdot}_{} \underbrace{0}_{} \right) = x_1\left(-\dfrac{1}{2}x_1 + 6 - u_1\right) = 0$

$$\underbrace{\phantom{-\dfrac{1}{2}x_1 + 6}}_{\dfrac{\partial f}{\partial x_1}} \quad \underbrace{}_{\dfrac{\partial g_1}{\partial x_1}} \quad \underbrace{}_{\dfrac{\partial g_2}{\partial x_1}}$$

und $x_2(-2x_2 + 10 - u_2) = 0$

(3) $x_1 \ge 0 \qquad\qquad x_2 \ge 0$

(4) $x_1 - 8 \le 0 \qquad\quad x_2 - 7 \le 0$

(5) $u_1(x_1 - 8) = 0 \quad u_2(x_2 - 7) = 0$

(6) $u_1 \ge 0 \qquad\qquad u_2 \ge 0$

Wie oben (vgl. Abschn. 6.2.1.3) gezeigt, handelt es sich bei diesem Beispiel um ein konvexes NLO-Modell. Daher sind die Bedingungen (1)-(6) nach dem Kuhn-Tucker-Theorem nicht nur notwendig, sondern auch hinreichend für das Vorliegen einer optimalen Lösung.

Findet man also Werte $\overline{x}_1, \overline{x}_2, \overline{u}_1$ und $\overline{u}_2$, die diese Bedingungen (1)-(6) erfüllen, so bilden sie genau die Optimallösung.

Einige Verfahren zur Lösung konvexer quadratischer Probleme wenden das Theorem von Kuhn und Tucker nutzbringend an. Ein bekanntes dieser Lösungsverfahren ist das Verfahren von Wolfe [1959]. Dabei wird das System der Kuhn-Tucker-Bedingungen durch Hinzufügen von künstlichen Variablen so abgewandelt, daß die Simplexmethode angewendet werden kann (s. Abschn. 6.3.2).

6.3 Verfahren der Nichtlinearen Optimierung

6.3.1 Überblick

Zur Lösung nichtlinearer Optimierungsprobleme ist eine Vielzahl von Verfahren entwickelt worden. Entsprechend den vielfältigen Möglichkeiten mathematischer Vorgehensweisen fällt die Lösungsmethodik dieser Verfahren recht verschiedenartig aus. Es existieren neben Verfahren, welche der Lösung spezieller Problemtypen (z. B. quadratischer und/oder konvexer Modelle) dienen, auch Verfahren, welche allgemeinere Problemstellungen zu behandeln versuchen.

Aus dieser inhomogenen Menge der Vorgehensweisen zur Lösungsfindung werden später drei Verfahren, welche das Spektrum der verschiedenen Lösungsmethoden repräsentieren, genauer dargestellt.

Zuvor soll jedoch im Rahmen eines Überblicks eine Klassifikation nichtlinearer Optimierungsmethoden wiedergegeben werden. Der folgende Überblick lehnt sich an den Klassifizierungsversuch von Fromm [1975, S. 42ff.] an (dort allerdings nur für quadratische Optimierungsprobleme), welcher als Klassifizierungskriterium die mathematische Vorgehensweise zur Lösungsfindung benutzt. Andere Verfahrensklassifizierungen bzw. Übersichten finden sich z. B. bei Künzi/Oettli [1969], Himmelblau [1972, S. 50], Neumann [1975, S. 221ff.], Luptacik [1981].

Die Lösungsverfahren werden hier in 6 Klassen eingeteilt (Fromm [1975, S. 42ff.] unterscheidet 9 Klassen):

(1) Lagrangesche Multiplikatorenverfahren
Die Lagrangeschen Multiplikatorenverfahren zur Lösung von NLO-Modellen beruhen auf Modifikationen zur Lagrangeschen Multiplikatorenmethode, welche auch Ungleichungen als Restriktionen zulassen. Zu nennen sind u. a. die Methoden von Klein [1955], Dorn [1961], Hestenes [1969] und Gould [1969].

(2) Kuhn-Tucker-Verfahren
Den Ausgangspunkt zu den Kuhn-Tucker-Verfahren bildet das fundamentale Theorem von Kuhn und Tucker [1951] (vgl. Abschn. 6.2.2.1). Das System der Kuhn-Tucker-Bedingungen wird durch Hinzufügen von künstlichen Variablen so abgewandelt, daß die Simplexmethode angewandt werden kann (s. Abschn. 6.3.2). Behandeln lassen sich mit diesen Verfahren i. a. jedoch nur quadratische Probleme. Bekannt sind die Methoden von Barankin/Dorfman [1956], Wolfe [1959], Frank/Wolfe [1956], Beale [1959].

(3) Gradientenverfahren

Die Gradientenverfahren bilden eine bedeutende Klasse von Lösungsverfahren zur Nichtlinearen (konvexen) Optimierung. Sie benutzen das Gradientenkonzept zur Bestimmung der Fortschrittsrichtung auf das lokale (und bei konvexen Modellen globale) Optimum hin (s. Abschn. 6.3.3). Aus dem Spektrum der Gradientenmethoden seien genannt die Methoden der konjugierten Gradienten (Hestenes/ Stiefel [1952]), die Methode von Uzawa [1968], die Methode der zulässigen Richtungen (Zoutendijk [1970]), die Methode der projizierten Gradienten (Rosen [1960, 1961]), die Multiplexmethode (Frisch [1957]) und die Methode von Lemke [1962].

(4) Schnittebenenverfahren

Die Schnittebenenverfahren (Cutting Plane-Methods) entwickeln eine Folge von jeweils verbesserten approximativen linearen Programmen, deren Lösungen in Richtung der Lösung des nichtlinearen optimalen Programms konvergieren. Sie bauen auf den Informationen der zuletzt entwickelten Näherung auf und versuchen, eine weitere verbesserte Näherung zu bestimmen. In diese Gruppe fallen unter anderem die Methoden von Kelley [1960], Kleibohm [1966, 1967] und Veinott [1967].

(5) Hilfsfunktionsverfahren

Hilfsfunktionsverfahren haben als neuere Algorithmen zur Lösung des allgemeinen NLO-Modells größere Bedeutung erlangt (vgl. McCormick [1982]). Die Vorgehensweise besteht in der Transformation eines beschränkten nichtlinearen Problems in ein unbeschränktes nichtlineares Problem. Dabei werden die beschränkenden Faktoren derart mit der eigentlichen Zielfunktion verknüpft, daß sie ein Hemmnis im Optimierungsprozeß darstellen, das es vorrangig auszuräumen gilt (s. Abschn. 6.3.4). Aus dem Spektrum der Verfahren, die zum Teil stark voneinander abweichen, sind besonders bekannt geworden die Sequential Unconstrained Minimization Technique (SUMT) von Fiacco/McCormick [1964a,b], die Penalty Functions von Zangwill [1967] und Luenberger [1997], die Zentrumsmethode von Huard [1967], die Methode von Bittner [1963] sowie die Schwerpunktmethode von Lommatzsch [1966].

(6) Heuristische Verfahren

Bei heuristischen Verfahren, die bei Problemen mit hohem Komplexitätsgrad oder sehr hohem Rechenaufwand vorteilhaft angewendet werden, erreicht man (häufig durch Iterationsverfahren) suboptimale Lösungen. Heuristische Verfahren bieten keine Garantie, die optimale Lösung zu finden; die akzeptierte ermittelte Lösung gilt aber im Rahmen des gesetzten Zieles als sinnvoll. Die Anwendung heuristischer Verfahren zur Lösung von NLO-Modellen ist in der Regel (nur) dann angebracht, wenn diese Verfahren auf das konkrete Problem zugeschnitten sind und somit die Eigenheiten des Problems zweckmäßig erfaßt werden können. In diese

Klasse gehören die Lösungsverfahren von Griffith/Stewart [1961], Pfranger [1970], Mugele [1966] und Hesse [1973].

Von dieser großen Zahl existierender Lösungsverfahren werden zunächst das *Verfahren von Wolfe* [1959], das auf dem Kuhn-Tucker-Theorem aufbaut, zur Lösung konvexer, quadratischer NLO-Modelle, anschließend das *Gradientenverfahren von Rosen* [1960, 1961] sowie das *Hilfsfunktionsverfahren SUMT* von Fiacco/McCormick [1964a,b] zur Lösung konvexer NLO-Modelle dargestellt. Diese drei Verfahren geben einen guten Einblick in die Methodik der Nichtlinearen Optimierung.

6.3.2 Das Verfahren von Wolfe

Das Verfahren von Wolfe [1959] dient zur Lösung konvexer, quadratischer Optimierungsprobleme.

Wolfe geht von der Erkenntnis aus, daß das Kuhn-Tucker-Theorem für konvexe Probleme notwendige und hinreichende Bedingungen für die Kennzeichnung der Optimallösung liefert (die Lösung der Kuhn-Tucker-Bedingungen stellt deshalb unmittelbar die optimale Lösung des nichtlinearen Modells dar).

Das Verfahren von Wolfe kann als systematisches Verfahren zur Lösung der Kuhn-Tucker-Bedingungen angesehen werden. Dazu wird das System dieser Bedingungen durch Hinzufügen von künstlichen Variablen so in ein lineares Gleichungssystem transformiert, daß die Simplexmethode unter Beachtung einer Zusatzregel angewendet werden kann.

Das Verfahren von Wolfe läuft in drei Schritten ab:

1. Schritt: Formulierung der Kuhn-Tucker-Bedingungen des zu lösenden konvexen quadratischen Optimierungsmodells
2. Schritt: Umwandlung der Kuhn-Tucker-Bedingungen in ein LO-Modell
3. Schritt: Lösung des LO-Modells unter Beachtung der nichtlinearen Nebenbedingungen

Der Wolfe-Algorithmus wird nun am bekannten Beispiel aus Abschn. 6.2.2.2 erläutert:

$$-\frac{1}{4}x_1^2 - x_2^2 + 6x_1 + 10x_2 \rightarrow \text{Max}$$

unter

$$x_1 - 8 \leq 0$$
$$x_2 - 7 \leq 0$$
$$x_1 \geq 0, \; x_2 \geq 0$$

1. Schritt: Formulierung der Kuhn-Tucker-Bedingungen (vgl. Abschn. 6.2.2.2)

(1) $-\dfrac{1}{2}x_1 + 6 - u_1 \leq 0$ $-2x_2 + 10 - u_2 \leq 0$

(2) $x_1\left(-\dfrac{1}{2}x_1 + 6 - u_1\right) = 0$ $x_2(-2x_2 + 10 - u_2) = 0$

(3) $x_1 \geq 0$ $x_2 \geq 0$

(4) $g_1(x_1, x_2) = x_1 - 8 \leq 0$ $g_1(x_1, x_2) = x_2 - 7 \leq 0$

(5) $u_1(x_1 - 8) = 0$ $u_2(x_2 - 7) = 0$

(6) $u_1 \geq 0$ $u_2 \geq 0$

2. Schritt: Umwandlung von (1)-(6) in ein LO-Modell

Zuerst werden die Ungleichungen in (1) und (4) durch Einführung von Schlupfvariablen $v_1 \geq 0$, $v_2 \geq 0$, $y_1 \geq 0$, $y_2 \geq 0$ in Gleichungen überführt.

(1') $-\dfrac{1}{2}x_1 + 6 - u_1 + v_1 = 0$ $-2x_2 + 10 - u_2 + v_2 = 0$

bzw. $-\dfrac{1}{2}x_1 \quad - u_1 + v_1 = -6$ $-2x_2 \quad - u_2 + v_2 = -10$

(4') $x_1 - 8 + y_1 = 0$ $x_2 - 7 + y_2 = 0$

bzw. $x_1 \quad + y_1 = 0$ $x_2 \quad + y_2 = 7$

Mit den eingeführten Schlupfvariablen gehen (2) und (5) über in:

(2') $x_1 \cdot (-v_1) = 0$ $x_2 \cdot (-v_2) = 0$

bzw. $x_1 \cdot \quad v_1 = 0$ $x_2 \cdot \quad v_2 = 0$

(da man aus (1') $-v_1 = -\dfrac{1}{2}x_1 + 6 - u_1$ bzw. $-v_2 = -2x_2 + 10 - u_2$ erhält)

(5') $u_1 \cdot (-y_1) = 0$ $u_2 \cdot (-y_2) = 0$

bzw. $u_1 \cdot \quad y_1 = 0$ $u_2 \cdot \quad y_2 = 0$

(aus (4') analog zu (2')).

Eine Lösung von (1)-(6) wird also durch simultanes Lösen der linearen Gleichungen (1') und (4') sowie der nichtlinearen Gleichungen (2') und (5') unter Beachtung der Nichtnegativitätsbedingungen

(3') $x_j \geq 0 \quad v_j \geq 0$ $j = 1,2$

(6') $u_i \geq 0 \quad y_j \geq 0$ $i = 1,2$

gefunden.

Die Gleichungen (2') und (5') sind nichtlinear, weil in ihnen verschiedene Variablen, die mit der Potenz 1 auftreten (z. B.: $x_2 \cdot v_2 = x_2^1 \cdot v_2^1$ miteinander multipliziert werden. Aus der Addition der Potenzen $(1 + 1 = 2)$ ergibt sich, daß es sich um Gleichungen zweiten Grades handelt, also um nichtlineare Gleichungen. Das zu lösende Gleichungssystem I hat also folgende Form:

$$
\begin{array}{llllll}
(1') & -\dfrac{1}{2}x_1 & -u_1 & +v_1 & & = -6 \\[2mm]
& -2x_2 & -u_2 & +v_2 & & = -10 \\[2mm]
(4') & x_1 & & & +y_1 & = 8 \\[2mm]
& x_2 & & & +y_2 & = 7
\end{array}
$$

(2';5') $x_1v_1 = 0;\quad x_2v_2 = 0;\quad u_1y_1 = 0;\quad u_2y_2 = 0$

(3';6') $x_1, x_2, u_1, u_2, v_1, v_2, y_1, y_2 \geq 0.$

Das Problem besteht zunächst darin, eine zulässige Basislösung des Gleichungssystems zu konstruieren. Denn setzt man z. B. $x_1 = x_2 = u_1 = u_2 = 0$ (man erfüllt also die nichtlinearen Bedingungen), dann ergibt sich mit $v_1 = 6$ und $v_2 = -10$ wegen der Verletzung der Nichtnegativitätsbedingung eine nicht zulässige Lösung. Es wäre leicht, nichtnegative Zahlen zu finden, die entweder die linearen oder die nichtlinearen Gleichungen erfüllen. Die Schwierigkeit besteht darin, eine Lösung sowohl für die linearen als auch für die nichtlinearen Gleichungen zu bestimmen.

Man geht nun so vor, daß zunächst auf die Erfüllung der nichtlinearen Gleichungen geachtet wird und Abweichungen bei den linearen Gleichungen möglich sind.

Es werden daher sukzessive nichtnegative Lösungen der nichtlinearen Gleichungen ermittelt, welche die Abweichungen im linearen System immer geringer werden lassen. Man nähert sich also der Lösung durch mehrere Iterationsschritte.

Zur Durchführung der Iterationen kann die Simplexmethode angewendet werden. Zu diesem Zweck wird eine künstliche Variable $w \geq 0$ eingeführt, welche die Abweichungen in den Gleichungen (1') des linearen Systems aufnimmt. Eine zulässige Basislösung kann auf diese Weise sofort angegeben werden.

Die Einführung von w geschieht folgendermaßen:
In jeder Zeile mit negativer rechter Seite wird w mit diesem Wert der rechten Seite multipliziert und der Restriktion auf der linken Seite hinzugefügt.
Das abgewandelte Gleichungssystem II hat damit folgendes Aussehen:

$$
\begin{array}{llllll}
(1'') & -\dfrac{1}{2}x_1 & -u_1 & +v_1 & -6w & = -6 \\[2mm]
& -2x_2 & -u_2 & +v_2 & -10w & = -10 \\[2mm]
(4') & x_1 & & +y_1 & & = 8 \\[2mm]
& x_2 & & +y_2 & & = 7
\end{array}
$$

(2';5') $x_1v_1 = 0;\quad x_2v_2 = 0;\quad u_1y_1 = 0;\quad u_2y_2 = 0$

(3';6') $x_1, x_2, u_1, u_2, v_1, v_2, y_1, y_2 \geq 0.$

Da w nur als künstliche Variable in das Modell aufgenommen wird, ist bei einer optimalen Lösung darauf zu achten, daß w dort Nichtbasisvariable ist, d. h., daß w in der Optimallösung den Wert 0 annimmt. Daher ergibt sich als Ziel, den Wert w, der nach Voraussetzung nicht negativ sein darf, zu minimieren, d. h.: unter der Nebenbedingung w ≥ 0 ist die Zielfunktion Z = w zu minimieren.

Die Aufgabe besteht nun darin, eine solche Lösung von (1''), (2')-(6') zu finden, für die w = 0 ist. Zur Eliminierung des Faktors w lautet daher - wie oben beschrieben - die Zielfunktion:

$$Z = w \rightarrow \text{Min.}$$

Da es sich, wie oben gezeigt wurde, bei dem ursprünglich betrachteten Problem um ein konvexes Optimierungsproblem handelt, existiert mit Sicherheit eine Optimallösung. Diese Optimallösung ist mit der Lösung der Kuhn-Tucker-Bedingungen identisch.

Nun entsprechen die Kuhn-Tucker-Bedingungen dem Gleichungssystem I. Seine Lösung stellt also die gesuchte Optimallösung dar.

Zur Lösung des Gleichungssystems I ist ein LO-Modell (Gleichungssystem II) mit der künstlichen Variablen w aufgestellt worden.

Man ermittelt nun eine Lösung des Gleichungssystems II mit w = 0 (d. h. Z = w → Min hat den Wert 0 in der Optimallösung). Einsetzen von w = 0 in das Gleichungssystem II ergibt genau eine Lösung von Gleichungssystem I. Diese erfüllt daher auch die Kuhn-Tucker-Bedingungen. Mit der Lösung des Gleichungssystems II liegt damit auch die Lösung des ursprünglichen (konvexen) Optimierungsproblems vor. Es reicht somit, eine Lösung des LO-Modells (1''), (4'), (3') und (6') mit der Zielfunktion Z = w → Min unter Berücksichtigung der nichtlinearen Gleichungen (2') und (5') zu finden, um die Optimallösung des konvexen Problems zu ermitteln, d. h.:

Mit der Lösung des LO-Modells (Gleichungssystem II) unter Beachtung der nichtlinearen Nebenbedingungen ist auch das NLO-Modell gelöst.

3. Schritt: Lösung des LO-Modells unter Beachtung der nichtlinearen Nebenbedingungen

Um die in Kap. 2 angegebene Version des Simplexverfahrens anwenden zu können, muß die Zielfunktion Z = w → Min zunächst in eine Maximierungsaufgabe umgeformt werden:

$$G = -w \rightarrow \text{Max.}$$

Die linearen Gleichungen (1'') und (4') bilden zusammen mit der Zielfunktion das Ausgangstableau 0.

Ausgangstableau 0

BV	x_1	x_2	u_1	u_2	v_1	v_2	y_1	y_2	w	RS
v_1	$-\dfrac{1}{2}$	0	-1	0	1	0	0	0	-6	-6
v_2	0	-2	0	-1	0	1	0	0	-10	-10
y_1	1	0	0	0	0	0	1	0	0	8
y_2	0	1	0	0	0	0	0	1	0	7
$-G$	0	0	0	0	0	0	0	0	-1	0

Dieses Tableau ist wegen der negativen Werte auf der rechten Seite noch nicht zulässig.

Die Lösung dieses LO-Modells ist - wie oben erläutert - dann erreicht, wenn eine zulässige Basislösung mit $w = 0$ ermittelt ist, d. h., wenn w nicht mehr Basisvariable ist. Dazu muß w zunächst in die Basis gebracht und anschließend eliminiert werden.

Bei jedem Iterationsschritt müssen zudem die Gleichungen (2') und (5') beachtet werden. Dies wird durch die Zusatzregel erreicht, daß die korrespondierenden Variablen der nichtlinearen Gleichungen (2') und (5') x_j und v_j (j=1,...,n) einerseits sowie u_i und y_i (i=1,...,m) andererseits sich nicht gleichzeitig in der Basis befinden dürfen.

Dann hat die jeweilige Nichtbasisvariable den Wert 0 und die Bedingungen (2') $x_j \cdot v_j = 0$ und (5') $u_i \cdot y_i = 0$ sind erfüllt. Wären nämlich beide gleichzeitig in der Basis, so hätten sie i. a. beide von 0 verschiedene Werte und eine der nichtlinearen Gleichungen wäre nicht erfüllt.

Diese Zusatzregel ist bei jedem Basistausch zu beachten.

Bem.: Man kann auch ab Ausgangstableau 0 nur ganz normale duale Austauschschritte durchführen und kommt genauso zum richtigen Ergebnis. Man muß nur auch wieder die Bedingungen (2') und (5') beachten und bei der Bestimmung der eintretenden Variablen eine beliebige mit negativem Koeffizienten in der Pivotzeile wählen.

Es wird wegen der Nichtzulässigkeit der Basislösung von Tableau 0 ($v_1 = -6$, $v_2 = -10$) ein Austauschschritt durchgeführt. Bei diesem Austausch wählt man zunächst immer w als eintretende Variable. Eine (beliebige) Variable mit negativem Wert auf der rechten Seite wird als austretende Variable festgelegt. Hier wird v_2 als austretende Variable gewählt.

Tableau I

BV	x_1	x_2	u_1	u_2	v_1	v_2	y_1	y_2	w	RS
v_1	$-\dfrac{1}{2}$	$\dfrac{6}{5}$	-1	$\dfrac{3}{5}$	1	$-\dfrac{3}{5}$	0	0	0	0
w	0	$\dfrac{1}{5}$	0	$\dfrac{1}{10}$	0	$-\dfrac{1}{10}$	0	0	1	1
y_1	1	0	0	0	0	0	1	0	0	8
y_2	0	1	0	0	0	0	0	1	0	7
$-G$	0	$\dfrac{1}{5}$	0	$\dfrac{1}{10}$	0	$-\dfrac{1}{10}$	0	0	0	1

Aus Tableau I ergibt sich eine Basislösung mit $w = 1$. Diese Lösung ist nicht optimal, da die Zielfunktionszeile noch positive Werte aufweist. Es wird also ein weiterer Simplexschritt durchgeführt. Nach dem 1. Simplexkriterium wird x_2 neue Basisvariable. Dies ist zulässig, da die korrespondierende Variable v_2 aus Nebenbedingung (2') nicht in der Basis ist. Nichtbasisvariable wird v_1. Das Pivotelement ist $\dfrac{6}{5}$. Man erhält

Tableau II

BV	x_1	x_2	u_1	u_2	v_1	v_2	y_1	y_2	w	RS
x_2	$-\dfrac{5}{12}$	1	$-\dfrac{5}{6}$	$\dfrac{1}{2}$	$\dfrac{5}{6}$	$-\dfrac{1}{2}$	0	0	0	0
w	$\dfrac{1}{12}$	0	$\dfrac{1}{6}$	0	$-\dfrac{1}{6}$	0	0	0	1	1
y_1	1	0	0	0	0	0	1	0	0	8
y_2	$\dfrac{5}{12}$	0	$\dfrac{5}{6}$	$-\dfrac{1}{2}$	$-\dfrac{5}{6}$	$\dfrac{1}{2}$	0	1	0	7
$-G$	$\dfrac{1}{12}$	0	$\dfrac{1}{6}$	0	$-\dfrac{1}{6}$	0	0	0	0	1

Dieses Tableau stellt noch nicht die Optimallösung dar. Nach dem 1. Simplexkriterium wäre jetzt u_1 eintretende Basisvariable. Dies hätte zur Folge, daß w Nichtbasisvariable würde. Dann wären aber die beiden korrespondierenden Variablen u_1 und y_1 gleichzeitig in der Basis und in der nächsten Basislösung wäre mit $u_1 \cdot y_1 = 6 \cdot 8 \neq 0$ die Gleichung (5') verletzt.

Also darf u_1 jetzt nicht Basisvariable werden. Die Variable mit dem zweitgrößten, noch positiven Koeffizienten, nämlich x_1, kann dagegen neue Basisvariable werden, da v_1 sich nicht in der Basis befindet. Man erhält

Tableau III

BV	x_1	x_2	u_1	u_2	v_1	v_2	y_1	y_2	w	RS
x_2	0	1	$-\frac{5}{6}$	$\frac{1}{2}$	$\frac{5}{6}$	$-\frac{1}{2}$	$\frac{5}{12}$	0	0	$\frac{10}{3}$
w	0	0	$\frac{1}{6}$	0	$-\frac{1}{6}$	0	$-\frac{1}{12}$	0	1	$\frac{1}{3}$
x_1	1	0	0	0	0	0	1	0	0	8
y_2	0	0	$\frac{5}{6}$	$-\frac{1}{2}$	$-\frac{5}{6}$	$\frac{1}{2}$	$-\frac{5}{12}$	1	0	$\frac{11}{3}$
$-G$	0	0	$\frac{1}{6}$	0	$-\frac{1}{6}$	0	$-\frac{1}{12}$	0	0	$\frac{1}{3}$

Es muß ein weiterer Simplexschritt durchgeführt werden. Neue Basisvariable wird u_1 (dies ist zulässig, da y_1 jetzt nicht mehr in der Basis ist) und w wird Nichtbasisvariable, d. h. $w = 0$. Das angestrebte Ziel ist somit erreicht, Tableau IV liefert die optimale Lösung.

Tableau IV

BV	x_1	x_2	u_1	u_2	v_1	v_2	y_1	y_2	w	RS
x_2	0	1	0	$\frac{1}{2}$	0	$-\frac{1}{2}$	0	0	5	5
u_1	0	0	1	0	-1	0	$-\frac{1}{2}$	0	6	2
x_1	1	0	0	0	0	0	1	0	0	8
y_2	0	0	0	$-\frac{1}{2}$	0	$\frac{1}{2}$	0	1	-5	2
$-G$	0	0	0	0	0	0	0	0	-1	0

Man erhält $x_1 = 8$, $x_2 = 5$, $u_1 = 2$, $y_2 = 2$, die übrigen Variablen sind gleich Null. Diese Lösung des LO-Modells unter Beachtung der nichtlinearen Nebenbedingungen ist zugleich Lösung von Gleichungssystem I und daher auch Lösung der dem System I zugehörigen Kuhn-Tucker-Bedingungen. (Durch Einsetzen in die Kuhn-Tucker-Bedingungen (1')-(6') kann die berechnete Lösung auf ihre Richtigkeit geprüft werden.)

Da das vorliegende NLO-Modell ein konvexes Modell ist, stellt die berechnete Lösung der Kuhn-Tucker-Bedingungen gemäß Eigenschaft (3) der konvexen Modelle (vgl. Abschn. 6.2.1.2) die optimale Lösung des konvexen quadratischen Optimierungsmodells dar (s.o.):

$x_1 = 8, \quad x_2 = 5.$

Die Lösung stimmt mit der geometrisch ermittelten Lösung überein.

Der Zielfunktionswert der Optimallösung ergibt sich jetzt durch Einsetzen von $x_1 = 8$ und $x_2 = 5$ in

$$f(x_1, x_2) = -\frac{1}{4}x_1^2 - x_2^2 + 6x_1 + 10x_2$$

zu f(8,5) = 57.

6.3.3 Gradientenverfahren

6.3.3.1 Einführung

Gradientenverfahren können zur Lösung von konvexen Optimierungsmodellen eingesetzt werden. Die Lösung wird dabei jedoch im allgemeinen nicht genau errechnet, sondern nur approximiert.

Man setzt zunächst voraus, daß es sich um eine (konvexe) Maximierungsaufgabe handelt (Minimierungsaufgaben werden wie üblich durch Multiplikation der Zielfunktion mit (−1) in Maximierungsaufgaben überführt).

Gradientenverfahren gehen von folgender Überlegung aus: Man startet in einem beliebigen zulässigen Punkt des Modells. Ausgehend vom Zielfunktionswert dieses Punktes sucht man nach einer Richtung, in welcher der Zielfunktionswert ansteigt (diese Richtung ermittelt man über den Gradienten der Zielfunktion). In dieser Richtung sucht man nach dem (zulässigen) Punkt, an dem der Zielfunktionswert (für diese Richtung) optimal wird. Dieser neue Punkt dient als Startpunkt für die Wiederholung des Verfahrens. In jeder Iteration wird dabei die Lösung verbessert. Ist sie nicht mehr verbesserungsfähig, so befindet man sich im Optimalpunkt. Das heißt jedoch nicht, daß der Optimalpunkt immer nach endlich vielen Schritten erreicht werden kann, er wird trotz der Konvexität im allgemeinen nur in (beliebig guter) Näherung erreicht.

Man wird daher das Verfahren abbrechen, wenn man glaubt, nahe genug am Optimalpunkt zu sein.

Diese Beendigung des Verfahrens ist durch ein Abbruchkriterium zu gewährleisten, das nach jedem Schritt zu überprüfen ist. Ein Beispiel für ein solches Kriterium ist die relative Zunahme des Zielfunktionswertes von einer Iteration zur nächsten. Ist diese Zunahme kleiner als ein vorzugebender Mindestwert, so bricht man das Verfahren ab.

Der Begriff des Gradienten soll hier kurz wiederholt werden (vgl. Abschn. 4.2.2):

Als *Gradient* grad f(x_1,...,x_n) einer nach allen Variablen x_j (j=1,...,n) differenzierbaren Funktion f(x_1,...,x_n) wird der Vektor mit den partiellen Ableitungen

$$\frac{\partial f}{\partial x_j}(x_1, ..., x_n) \qquad (j = 1, ..., n)$$

bezeichnet:

$$\text{Grad } f(x_1,...,x_n) = \left(\frac{\partial f}{\partial x_1}, \frac{\partial f}{\partial x_2},..., \frac{\partial f}{\partial x_n} \right).$$

Der Gradient hat folgende Eigenschaften:
- aus ihm kann man die Richtung des stärksten Anstiegs einer Funktion in einem Punkt erkennen,
- seine Länge gibt Auskunft über den Betrag dieser Veränderung.

Diese Eigenschaften werden am folgenden Beispiel deutlich. Betrachtet man wieder die Zielfunktion

$$f(x_1,x_2) = -\frac{1}{4}x_1^2 + 6x_1 - x_2^2 + 10x_2$$

(die maximiert werden soll), so lautet der Gradient von f:

$$\text{grad } f(x_1,x_2) = \left(-\frac{1}{2}x_1 + 6, -2x_2 + 10 \right).$$

Um den Gradienten graphisch zu veranschaulichen, werden die Koordinaten x_1 und x_2 der folgenden Punkte A, B und C in den Gradienten eingesetzt. Es ergibt sich

$$A = (x_1,x_2) = (12,3) \quad : \text{grad } f(12,3) \quad = \left(-\frac{1}{2} \cdot 12 + 6, -2 \cdot 3 + 10 \right) = (0,4)$$

$$B = \qquad\qquad (8,5) \quad : \text{grad } f(8,5) \quad = (2,0)$$
$$C = \qquad\qquad (10,3.3) : \text{grad } f(10,3.3) = (1,3.4)$$

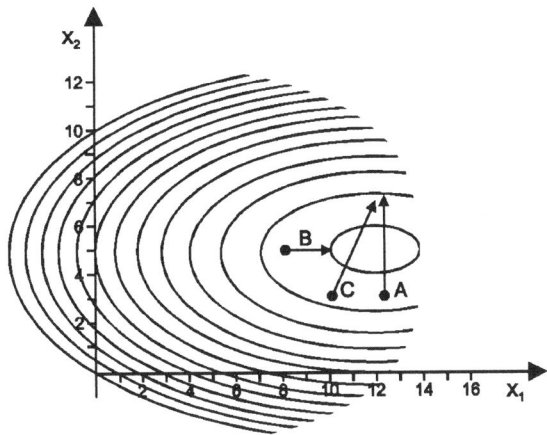

Abb. 6-21. Graphische Darstellung von Gradienten

In der graphischen Darstellung (Abb. 6-21) sind die Gradienten von den jeweiligen Punkten A, B und C aus abgetragen. Die Ellipsen geben (wie in Abschn. 6.1.3) Isogewinnlinien der Zielfunktion an.

Bei A und B erkennt man sofort, daß $f(x_1,x_2)$ den stärksten Zuwachs in Richtung des Gradienten erfährt. C zeigt jedoch, daß der Gradient nicht immer in Richtung auf das unbeschränkte (absolute) Extremum (hier bei $(x_1,x_2) = (12,5)$ zeigen muß. Die Richtung zeigt jedoch immer eine Verbesserung der Lösung an.

Der Gradient gibt die Richtung der stärksten Veränderung einer Funktion nur in der unmittelbaren Umgebung des Ausgangspunktes an. Dem Gradienten kommt daher immer nur eine lokale Bedeutung zu.

Das Gradientenkonzept ist deshalb nur dann als Lösungskonzept geeignet, wenn das lokale Optimum gleichzeitig auch globales Optimum ist. Das ist nur bei konvexen Modellen der Fall. Bei anderen Modellen mit mehreren lokalen Optima gewährleisten Gradientenmethoden im allgemeinen nur das Erreichen eines dieser lokalen Optima oder eines Sattelpunktes.

Man kann zeigen, daß $f(x_1,x_2)$ genau dann beim Fortschreiten vom Punkt $(\overline{x}_1,\overline{x}_2)$ in eine Richtung $s = (s_1,s_2)$ wächst, wenn s mit grad $f(\overline{x}_1,\overline{x}_2)$ einen spitzen Winkel bildet. Je kleiner dieser Winkel ist, desto größer ist die Steigung von $f(x_1,x_2)$ in $(\overline{x}_1,\overline{x}_2)$ in Richtung s. Am größten ist sie, wenn s = grad $f(\overline{x}_1,\overline{x}_2)$ ist (vgl. Abb. 6-22). Diese Eigenschaft des Gradienten wird bei den verschiedenen Gradientenverfahren benutzt.

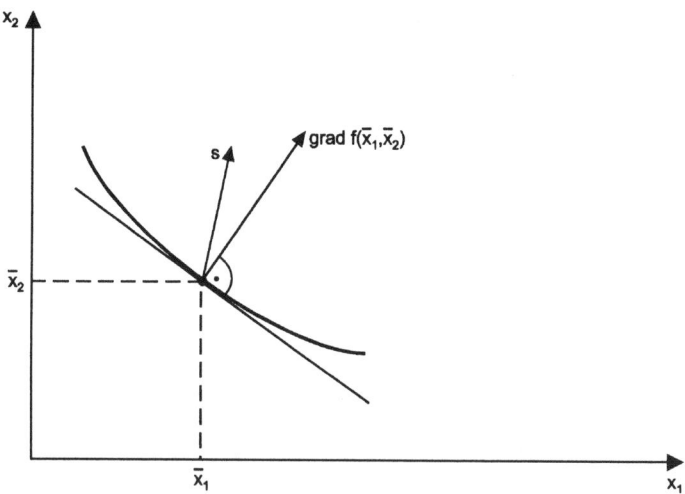

Abb. 6-22. grad $f(\overline{x}_1,\overline{x}_2)$ als Richtung des stärksten Anstiegs der Funktion $f(x_1,x_2)$ im Punkt $(\overline{x}_1,\overline{x}_2)$

6.3.3.2 Das Grundkonzept der Gradientenverfahren

Das Grundkonzept der Gradientenverfahren basiert auf zwei Lösungsschritten:

1. Schritt: Bestimmung einer zulässigen Ausgangslösung.
2. Schritt: a) Optimalitätsprüfung. Wenn der Punkt noch nicht optimal ist: Bestimmung einer zulässigen Fortschrittsrichtung unter Zuhilfenahme des Gradienten.

   b) Fortschreiten in der festgelegten Richtung bis zu einem Punkt, an dem die Zielfunktion (in dieser Richtung) nicht mehr zunimmt.

Falls die Optimallösung im neuen Punkt noch nicht hinreichend genau angenähert ist, fährt man beim 2. Schritt mit dem neuen Punkt fort.

Das Grundkonzept der Gradientenverfahren soll in allgemeiner Form kurz skizziert werden. Gegeben sei ein konvexes Optimierungsmodell

$$f(x_1,...,x_n) \rightarrow \text{Max}$$

unter den Nebenbedingungen

$$g_i(x_1,...,x_n) \leq 0 \quad i = 1,...,m$$

und

$$x_j \geq 0 \quad j = 1,...,n.$$

Gemäß Schritt 1 wird zunächst eine zulässige Lösung $x^{(0)} \in Z$ berechnet (Z kennzeichnet den zulässigen Bereich), die im Gegensatz zur Simplexmethode keine Ecke des zulässigen Bereichs sein muß. Dieser Ausgangspunkt kann sowohl im Innern als auch auf dem Rand von Z liegen.

Anschließend wird entsprechend Schritt 2 eine Folge zulässiger Lösungen $x^{(k)} \in Z$ berechnet, für die die Zielfunktionswerte $f(x^{(k)})$ von Iteration zu Iteration steigen, d. h.

$$f(x^{(k-1)}) < f(x^{(k)}) \quad k = 1,2,3.... .$$

Dies geschieht folgendermaßen:
Wenn der Punkt $x^{(k)}$ im Inneren von Z liegt, so schreitet man in Richtung grad $f(x^{(k)})$ fort (da der Gradient bekanntlich die Richtung des stärksten Anstiegs in $x^{(k)}$ angibt). Auf dieser Geraden geht man nun soweit, bis entweder der Zielfunktionswert auf der Geraden nicht mehr weiter ansteigt oder der zulässige Bereich verlassen wird.

Der Punkt, ab dem der Zielfunktionswert nicht mehr ansteigt oder derjenige, in dem der zulässige Bereich verlassen wird, ist der Ausgangspunkt $x^{(k+1)}$ für die nächste Iteration (vgl. Abb. 6-23).

Liegt $x^{(k)}$ auf dem Rand von Z, so führt die Richtung von grad $f(x^{(k)})$ eventuell aus Z heraus (vgl. Abb. 6-24).

In diesem Fall wird bei den verschiedenen Gradientenverfahren die neue Fortschrittsrichtung unter Berücksichtigung der Richtung von grad $f(x^{(k)})$ in geeigneter Weise festgelegt. (Die einzelnen Gradientenverfahren unterscheiden sich in der Wahl der Fortschrittsrichtung für Randpunkte $x^{(k)}$.)

In Richtung dieser neuen (zulässigen) Fortschrittsrichtung schreitet man nun genauso fort, wie es oben für Punkte $x^{(k)}$ aus dem Inneren von Z beschrieben worden ist.

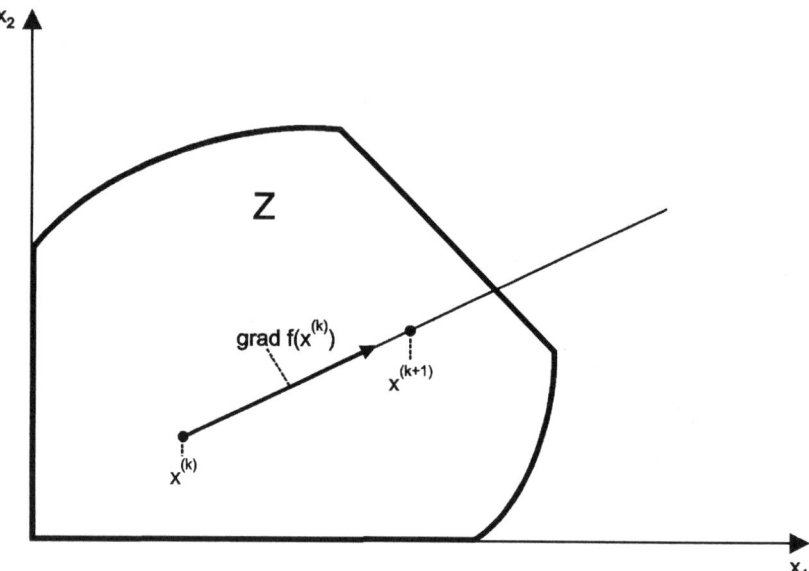

Abb. 6-23. Wahl der Fortschrittsrichtung von $x^{(k)}$ aus, wenn $x^{(k)}$ im Innern von Z liegt

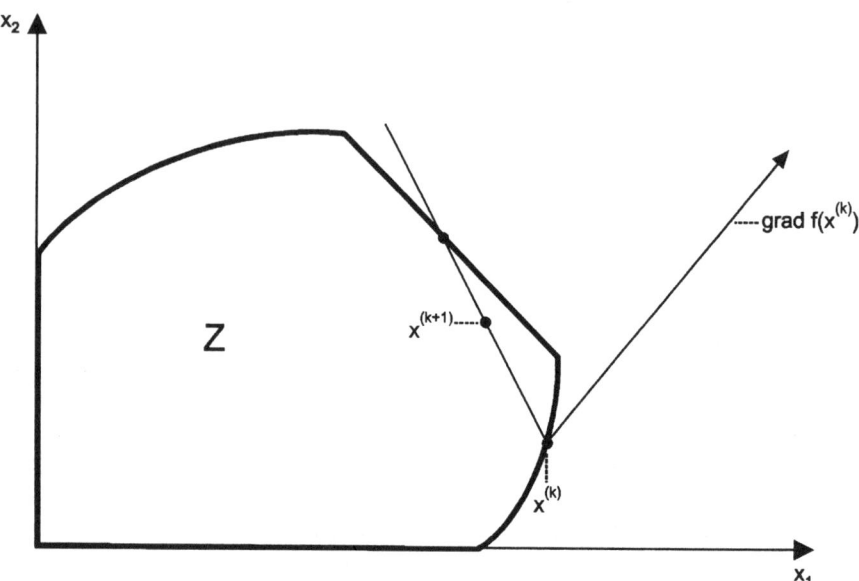

Abb. 6-24. Möglichkeit, daß grad $f(x^{(k)})$ vollständig außerhalb von Z verläuft, wenn $x^{(k)}$ auf dem Rand von Z liegt

Gradientenverfahren erreichen die Optimallösung im allgemeinen nicht wie die Simplexmethode oder der Wolfe-Algorithmus nach endlich vielen Schritten. Insbesondere in der Nähe der Optimallösung konvergieren die Verfahren oft sehr langsam, vor allem in der Nähe eines Optimalpunktes im Inneren des zulässigen Bereiches, da dann $\dfrac{\partial f}{\partial x_j}$ sehr klein ist und daher f(x) nur wenig zunimmt.

Es ergibt sich deshalb im allgemeinen eine unendliche Folge zulässiger Lösungen, die einem globalen Optimum des Modells beliebig nahe kommt. Für diesen Fall muß (wie oben schon erwähnt) für ein Abbruchkriterium gesorgt werden (etwa: (relative) Zunahme des Zielfunktionswertes in einem Schritt kleiner als eine vorgegebene Mindestzunahme pro Schritt).

6.3.3.3 Das Verfahren der projizierten Gradienten von Rosen

Das Verfahren der projizierten Gradienten von Rosen [1960, 1961] wird im folgenden in seinen Grundgedanken graphisch erläutert. Die formale Darstellung wird nicht durchgeführt (vgl. dazu Hadley [1969, S. 379ff.]).
Betrachtet wird wieder das bekannte Beispiel aus Abschn. 6.1.3:

$$-\frac{1}{4}x_1^2 - x_2^2 + 6x_1 + 10x_2 \to \text{Max}$$

unter

$$0 \le x_1 \le 8$$
$$0 \le x_2 \le 7.$$

Der Gradient dieser Funktion ist

$$\text{grad } f(x_1, x_2) = \left(-\frac{1}{2}x_1 + 6, -2x_2 + 10\right).$$

1. Schritt:
Als Ausgangslösung wird der Punkt $x^{(0)} = (2,2)$ gewählt. Der Punkt $x^{(0)}$ ist zulässig.
2. Schritt:
a) $x^{(0)}$ ist nicht optimal, weil grad $f(x^{(0)}) = (5,6) \ne (0,0)$ und $x^{(0)}$ innerer Punkt von Z ist.
   Der Vektor, der die Fortschrittsrichtung in $x^{(0)}$ angibt (grad $f(x^{(0)})$ schreitet also um 5 Einheiten in Richtung x_1 und um 6 Einheiten in Richtung x_2 fort.
Jetzt betrachtet man $f(x_1, x_2)$ auf dem Strahl, der von $x^{(0)}$ ausgeht und dessen Richtung durch grad $f(x^{(0)})$ gegeben ist. Aus Abb. 6-25 ist ersichtlich, daß der Wert von $f(x_1, x_2)$ bis zu einem bestimmten Punkt auf dem Strahl zunimmt, dann aber wieder abnimmt.
   Dieser Punkt stellt die neue Ausgangslösung zur erneuten Bestimmung der Fortschrittsrichtung dar, falls die Optimallösung noch nicht erreicht ist.

a

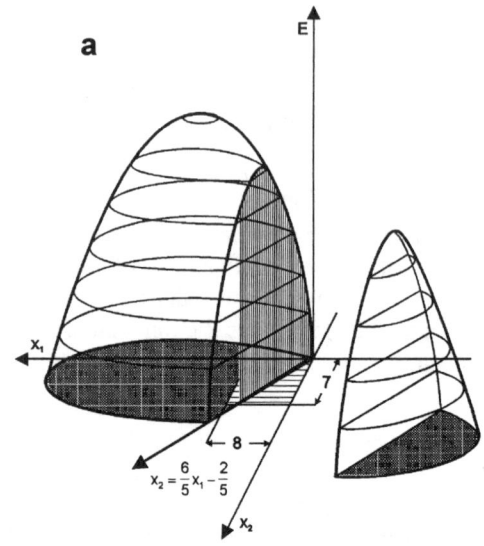

b

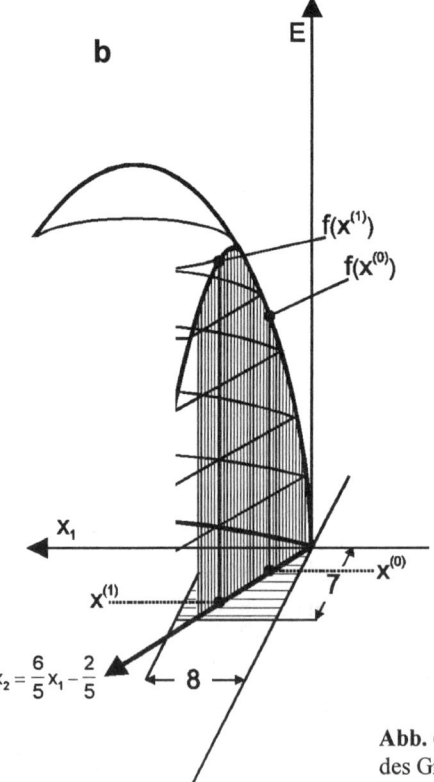

Abb. 6-25a,b. Fortschreiten in Richtung des Gradienten in der ersten Iteration (fortgesetzt auf S. 231)

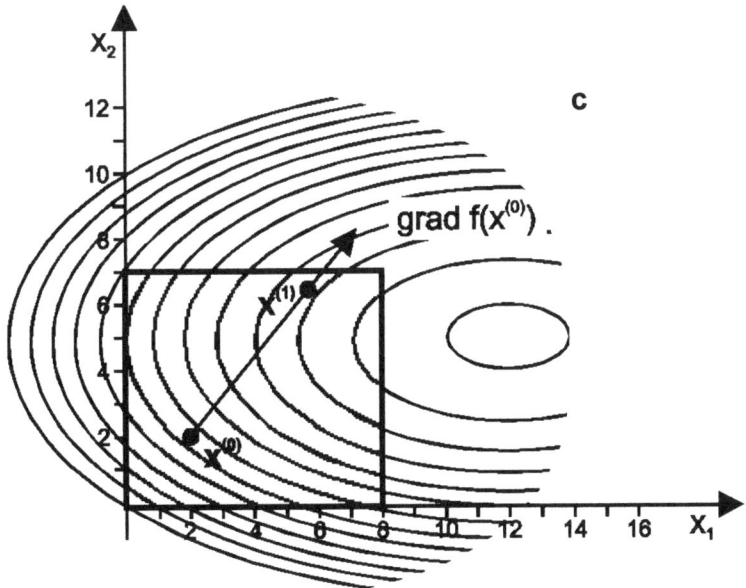

Abb. 6-25a-c. Fortschreiten in Richtung des Gradienten in der ersten Iteration (dargestellt im Ellipsoid (**a**), im vergrößerten Ausschnitt des Ellipsoiden (**b**) und bei in die (x_1,x_2)-Ebene projizierten Höhenlinien (**c**))

Man bestimmt den Punkt jetzt analytisch:
Die Geradengleichung für die Fortschrittsrichtung lautet allgemein:

$$x_2 = m \cdot x_1 + b.$$

Die Steigung m der Geraden ist durch das Verhältnis der Veränderungen in x_2-Richtung und in x_1-Richtung gegeben (s.o.):

$$\frac{6}{5} = \frac{\dfrac{\partial f}{\partial x_2}}{\dfrac{\partial f}{\partial x_1}}.$$

(Es wird also die Ableitung von f nach x_2 durch die Ableitung von f nach x_1 dividiert; diese beiden Ableitungen entnimmt man grad $f(x^{(0)})$.)
Da $x^{(0)} = (2,2)$ auf der Geraden liegt, erhält man nach Einsetzen der Koordinaten von $x^{(0)}$ $(2 = \frac{6}{5} \cdot 2 + b)$ den Wert für $b = -\frac{2}{5}$.
Die Geradengleichung lautet also:

$$x_2 = \frac{6}{5}x_1 - \frac{2}{5}.$$

b) Nun ist derjenige (zulässige) Wert von x_1 gesucht, für den $f(x_1, x_2) =$ $f(x_1, \frac{6}{5}x_1 - \frac{2}{5}) = g(x_1)$ maximal wird (man setzt also $x_2 = \frac{6}{5}x_1 - \frac{2}{5}$ in die Zielfunktion ein und bewegt sich damit genau auf der ermittelten Geraden). Es ist

$$g(x_1) = -\frac{1}{4}x_1^2 + 6x_1 - \left(\frac{6}{5}x_1 - \frac{2}{5}\right)^2 + 10\left(\frac{6}{5}x_1 - \frac{2}{5}\right).$$

Nun bildet man die 1. Ableitung $g'(x_1)$ und setzt diese gleich Null:

$$g'(x_1) = -\frac{1}{2}x_1 + 6 - 2\left(\frac{6}{5}x_1 - \frac{2}{5}\right)\frac{6}{5} + 10 \cdot \frac{6}{5} = 0$$

$$-\frac{169}{50}x_1 = -\frac{474}{25}$$

$$x_1 = 5.6.$$

(Die Zahlenwerte sind im folgenden gerundet.)

Man erhält für $x_2 = \frac{6}{5}x_1 - \frac{2}{5} = 1.2 \cdot 5.6 - 0.4 = 6.3$.

Der Punkt $(5.6, 6.3)$ liegt im Innern des zulässigen Bereichs. Er ist der nächste Iterationspunkt:

$$x^{(1)} = (5.6, 6.3).$$

Man fährt wieder beim 2. Schritt fort.

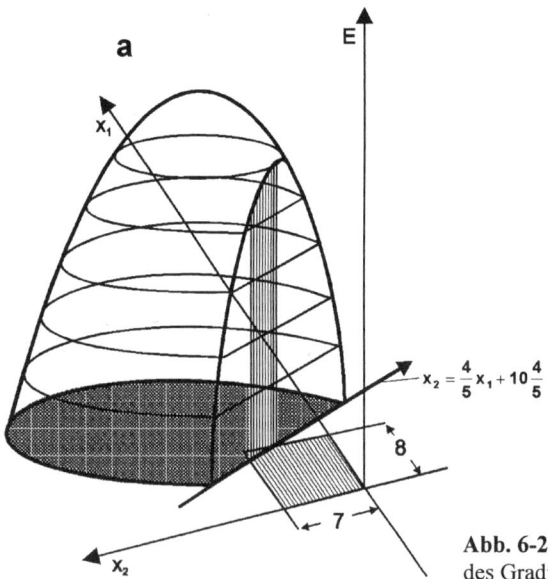

Abb. 6-26a. Fortschreiten in Richtung des Gradienten in der zweiten Iteration (fortgesetzt auf S. 233)

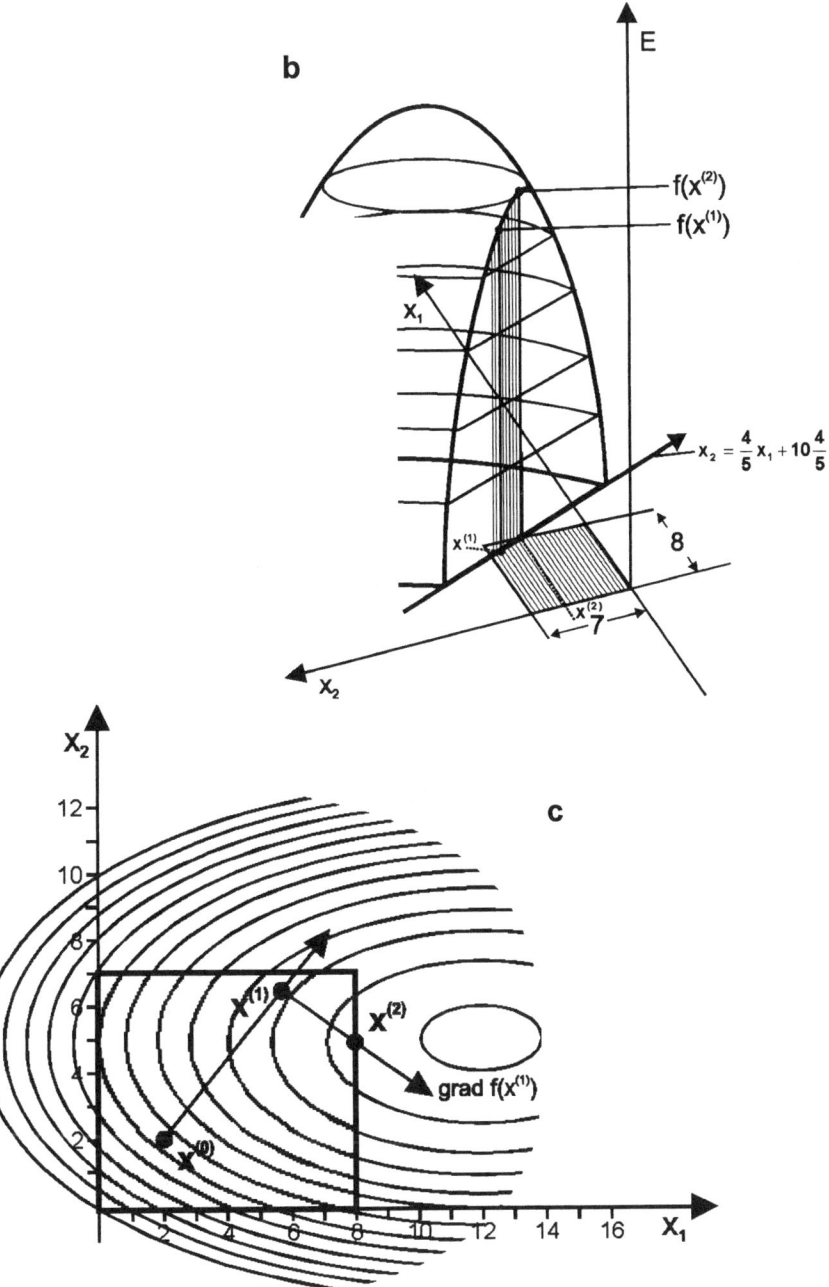

Abb. 6-26a-c. Fortschreiten in Richtung des Gradienten in der zweiten Iteration (dargestellt im Ellipsoid (**a**), im vergrößerten Ausschnitt des Ellipsoiden (**b**) und bei in die (x_1,x_2)-Ebene projizierten Höhenlinien (**c**))

2. Schritt:

a) Der zugehörige Funktionswert von $f(x_1,x_2)$ lautet: $f(x^{(1)}) = 49.1$. Im Punkt $x^{(1)}$ liegt das globale Maximum der Geraden $x_2 = \frac{6}{5}x_1 - \frac{2}{5}$, da $f(x_1,x_2)$ konvex ist. Der Punkt $x^{(1)}$ stellt aber nicht das Maximum im gesamten zulässigen Bereich dar, sondern eben nur den Optimalpunkt auf dieser Geraden (vgl. Abb. 6-26). Nun wird grad $f(x^{(1)})$ berechnet. Es ergibt sich:

$$\text{grad } f(x^{(1)}) = (3.2, -2.6).$$

Die Steigung m des Strahls, der in $x^{(1)}$ beginnt, beträgt $m = -\frac{2.6}{3.2} = -0.8$. Als Gleichung für die Gerade erhält man (näherungsweise) $x_2 = -0.8x_1 + 10.8$.

b) Nun ist $f(x_1, -0.8x_1 + 10.8) = h(x_1)$ zu maximieren.
Es ist

$$h(x_1) = -\frac{1}{4}x_1^2 + 6x_1 - (-0.8x_1 + 10.8)^2 + 10(-0.8x_1 + 10.8)$$

$$h'(x_1) = -\frac{1}{2}x_1 + 6 - 2(-0.8x_1 + 10.8)(-0.8) + 10(-0.8) = 0$$

$$x_1 = \frac{15.28}{1.78} = 8.6 > 8.$$

Der zugehörige x_2-Wert

$$x_2 = -0.8x_1 + 10.8 = -0.8 \cdot 8.6 + 10.8 = 3.92$$

führt zu dem Punkt $(x_1,x_2) = (8.6, 3.92)$.
Dieser Punkt liegt außerhalb des zulässigen Bereiches, da die Restriktion $x_1 \le 8$ verletzt wird.
Der optimale zulässige Wert auf der Geraden $x_2 = -0.8x_1 + 10.8$ liegt somit dort, wo diese Gerade die Grenze des zulässigen Bereiches durchstößt, d. h. bei $x_1 = 8$ und dem sich daraus ergebenden x_2-Wert:

$$x_2 = -0.8x_1 + 10.8 = -0.8 \cdot 8 + 10.8 = 4.4.$$

Also ist $x^{(2)} = (8, 4.4)$ der neue Iterationspunkt.
Man fährt wieder fort beim 2. Schritt.

2. Schritt:

a) Der Funktionswert von $f(x_1,x_2)$ im Punkt $x^{(2)}$ beträgt $f(x^{(2)}) = 56.64$.
Der Gradient im Punkt $x^{(2)}$ lautet:

$$\text{grad } f(x^{(2)}) = (2, 1.2).$$

Diese Fortschrittsrichtung, die wiederum eine Verbesserung des Zielfunktionswertes andeutet, weist jedoch aus dem zulässigen Bereich Z heraus und kann wegen Unzulässigkeit nicht realisiert werden (Abb. 6-27).

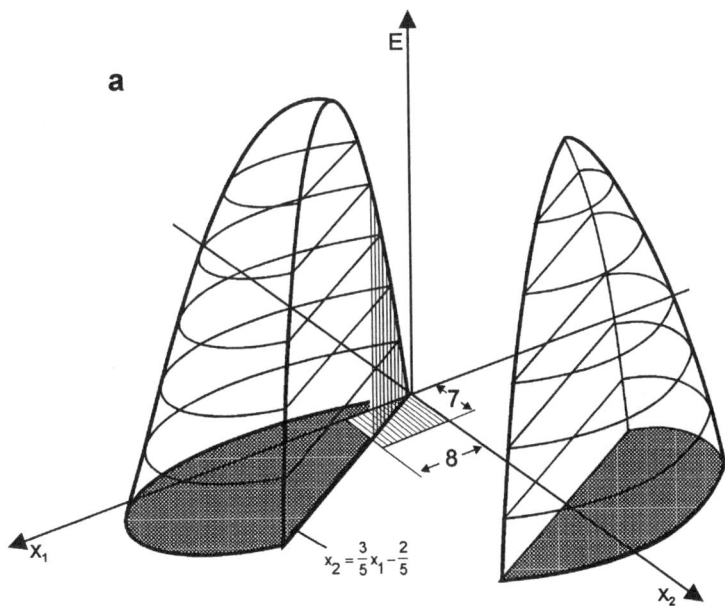

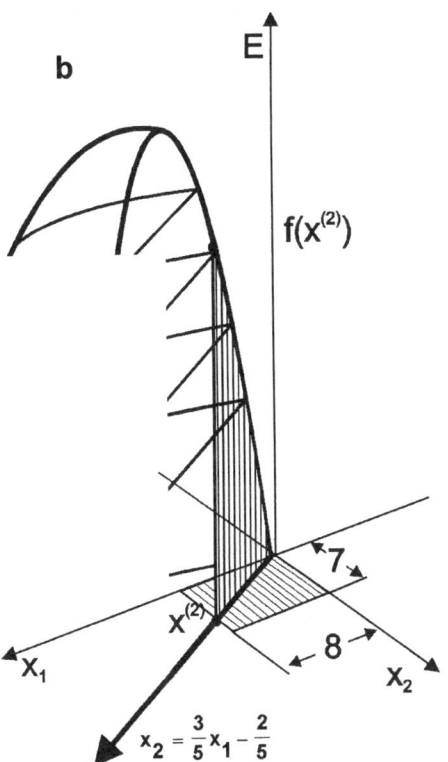

Abb. 6-27a,b. Unzulässige Fortschrittsrichtung in der dritten Iteration (fortgesetzt auf S. 236)

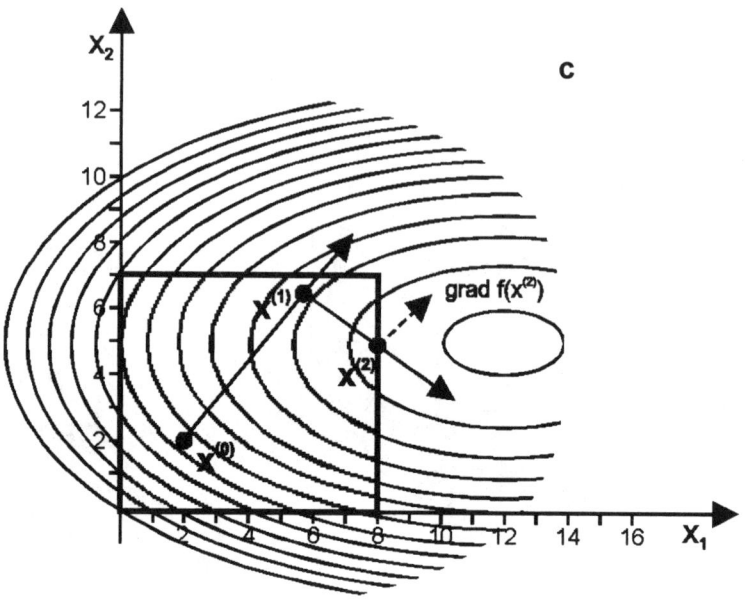

Abb. 6-27a-c. Unzulässige Fortschrittsrichtung in der dritten Iteration (dargestellt im Ellipsoid (**a**), im vergrößerten Ausschnitt des Ellipsoiden (**b**) und bei in die (x_1,x_2)-Ebene projizierten Höhenlinien (**c**))

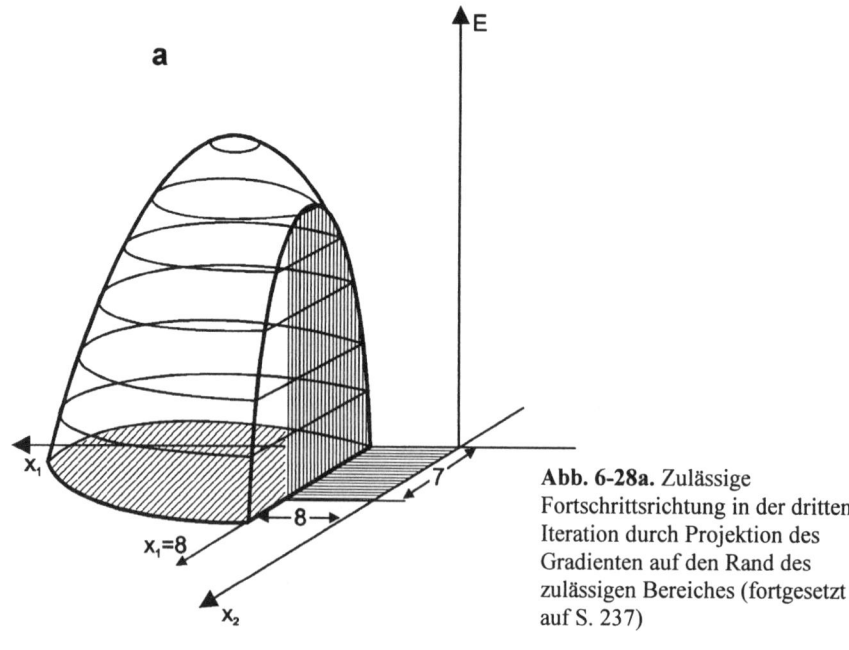

Abb. 6-28a. Zulässige Fortschrittsrichtung in der dritten Iteration durch Projektion des Gradienten auf den Rand des zulässigen Bereiches (fortgesetzt auf S. 237)

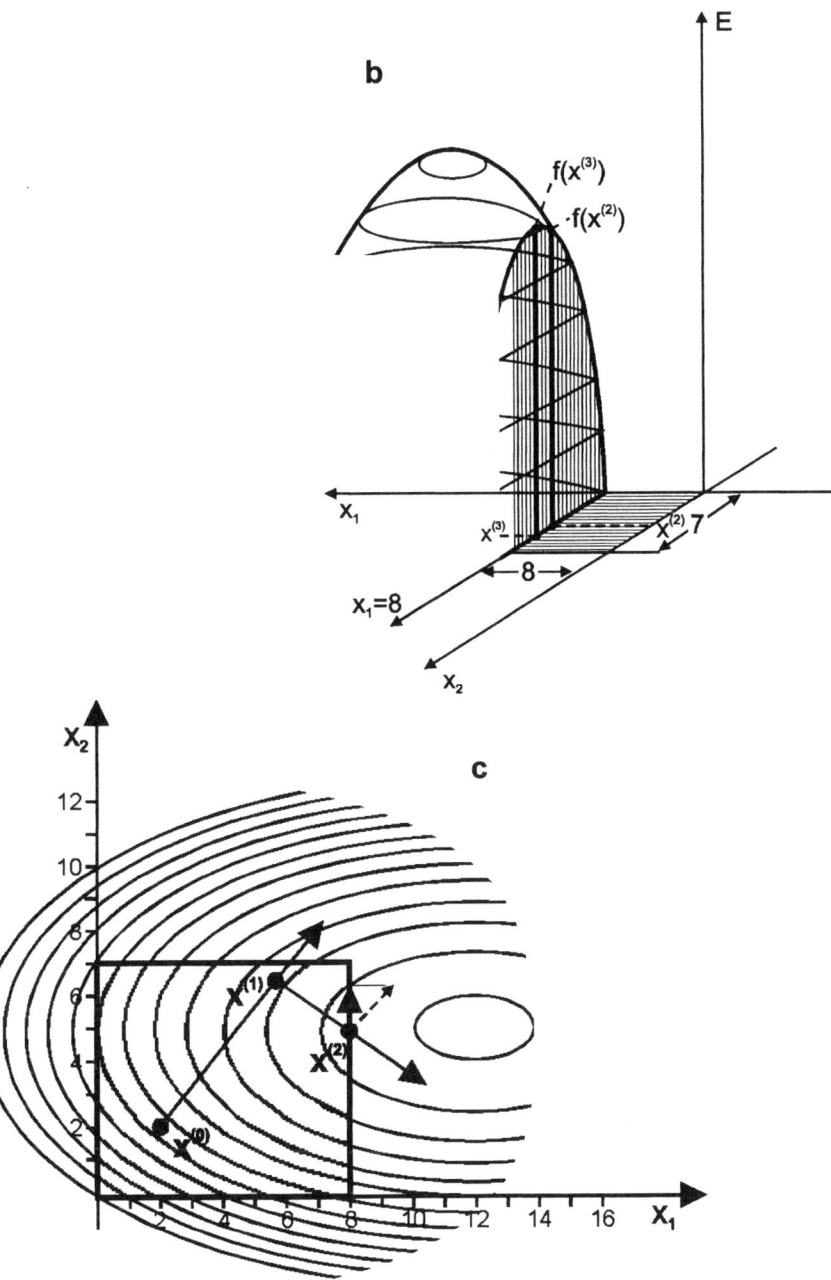

Abb. 6-28a-c. Zulässige Fortschrittsrichtung in der dritten Iteration durch Projektion des Gradienten auf den Rand des zulässigen Bereiches (dargestellt im Ellipsoid (**a**), im vergrößerten Ausschnitt des Ellipsoiden (**b**) und bei in die (x_1,x_2)-Ebene projizierten Höhenlinien (**c**))

In Richtung des Gradienten darf also nicht fortgeschritten werden. Dennoch ist $x^{(2)}$ noch nicht optimal, da es in $x^{(2)}$ Fortschrittsrichtungen gibt, die zu zulässigen Punkten führen und die mit grad $f(x^{(2)})$ einen spitzen Winkel bilden. Beim Verfahren von Rosen wird die neue Fortschrittsrichtung wieder in den zulässigen Bereich Z verlagert, indem der Richtungsvektor auf den Rand des Beschränkungsbereichs Z projiziert wird (deshalb: Verfahren der projizierten Gradienten). Als neue Fortschrittsrichtung s wird nun die Projektion von grad $f(x^{(2)})$ auf die beschränkende Gerade $x_1 = 8$ gewählt, also s = (0, 1.2) (denn man schreitet nur in Richtung wachsender x_2 fort, s. Abb. 6-28).

b) $f(x_1, x_2)$ ist dann auf der Strecke $x_1 = 8$ zu maximieren. Hier kann man keine Geradengleichung wie bisher ermitteln, da m = ∞ ist. Man löst das Problem, indem man $x_1 = 8$ in $f(x_1, x_2)$ einsetzt und in der daraus resultierenden Funktion $k(x_2)$ das Maximum für x_2 ermittelt. Es ist

$$k(x_2) = f(8, x_2) = -\frac{1}{4} \cdot 8^2 + 6 \cdot 8 - x_2^2 + 10x_2$$

$$k'(x_2) = -2x_2 + 10 = 0$$

$$x_2 = 5.$$

Als weiteren Iterationspunkt erhält man somit $x^{(3)} = (8, 5)$. Der Gradient im Punkt $x^{(3)}$ lautet: grad $f(x^{(3)}) = (2, 0)$. Der Gradient grad $f(x^{(3)})$ steht also senkrecht auf der beschränkenden Geraden $x_1 = 8$.

Bem.: Bei endlichen Steigungen m_G des Gradienten und m_R der Restriktionsgeraden stehen beide Geraden dann aufeinander senkrecht, wenn für das Produkt ihrer Steigungsmaße $m_G \cdot m_R = -1$ gilt.

Die Lösung $x^{(3)} = (8,5)$ ist optimal (Abb. 6-29):
Jede Richtung s, die mit grad $f(x^{(3)})$ einen spitzen Winkel bildet, führt aus dem zulässigen Bereich Z heraus. Es kann also keine Verbesserung mehr erzielt werden.

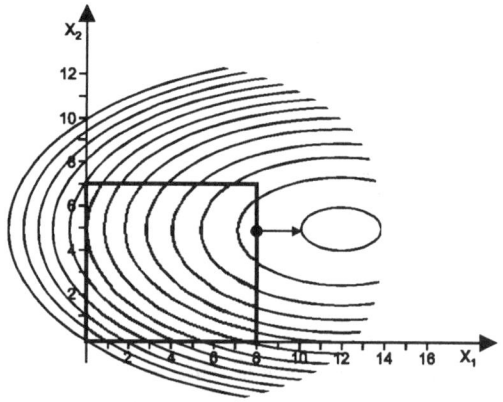

Abb. 6-29. Optimale Lösung beim Gradientenverfahren

Außer dem Verfahren von Rosen wurden weitere Gradientenverfahren vorgeschlagen. Die Methode der zulässigen Richtungen von Zoutendijk [1970] unterscheidet sich von Rosen's Verfahren dadurch, daß in jedem Iterationspunkt $x^{(k)}$ durch Lösen eines linearen oder nichtlinearen Hilfsprogrammes eine möglichst gute Fortschrittsrichtung ermittelt wird.

Rosen's und Zoutendijk's Verfahren lassen sich zwar grundsätzlich auch im Falle nichtlinearer Nebenbedingungen anwenden. Jedoch können dann erhebliche Schwierigkeiten bei der numerischen Durchführung auftreten. Das im nächsten Abschnitt dargestellte Verfahren ist hingegen auch für nichtlineare Nebenbedingungen geeignet.

6.3.4 Das Verfahren SUMT

Das Verfahren SUMT (Sequential Unconstrained Minimization Technique) von Fiacco und McCormick [1964a,b] gehört zur Klasse der Hilfsfunktionsverfahren, welche zur Lösung allgemeiner nichtlinearer Modelle geeignet sind.

Insbesondere bereiten nichtlineare Nebenbedingungen im Gegensatz zu den Gradientenverfahren bei den Hilfsfunktionsverfahren keine besonderen Schwierigkeiten.

Die Methodik dieser Verfahren besteht darin, ein beschränktes nichtlineares Problem in ein unbeschränktes nichtlineares Problem zu transformieren, indem eine Hilfsfunktion aus der Zielfunktion und den Restriktionen des ursprünglichen Problems gebildet wird. Die Hilfsfunktion besitzt spezifische Eigenschaften, welche die näherungsweise Lösung des ursprünglichen Problems ermöglichen. Allerdings treten bei der Behandlung des unbeschränkten Problems häufig erhebliche numerische Schwierigkeiten auf, die nicht unterschätzt werden sollten. Die exakte Ermittlung der Optimallösung ist mit SUMT also nicht durchweg möglich. Es ist ein Näherungsverfahren.

Beim SUMT-Verfahren wird von folgender (ursprünglicher) Problemstellung ausgegangen:

$$f(x_1,...,x_n) \to Max$$

unter

$$g_i(x_1,...,x_n) \le 0 \qquad i = 1,...,m,$$

wobei $f(x)$ und $g_i(x)$ stetige Funktionen sind (mit $x = x_1,...,x_n$)).

Bem.: Die Vorzeichenrestriktionen $x_j \ge 0$ werden als $-x_j \le 0$ in obige Restriktionen $g_i(x_1,...,x_n) \le 0$ mit einbezogen.

Die Hilfsfunktion, welche die Zielfunktion des neuen unbeschränkten Problems darstellt, lautet:

$$P(x_1,...,x_n;r) = f(x_1,...,x_n) + r \cdot b(x_1,...,x_n) \to Max.$$

Dabei soll $r \geq 0$ ein Parameter sein. Die Funktion $b(x_1,...,x_n)$ soll gewährleisten, daß man bei der Suche nach der Optimallösung des Hilfsproblems im zulässigen Bereich des Ausgangsproblems bleibt. Das wird erreicht, wenn $b(x_1,...,x_n)$ so gewählt wird, daß es bei Annäherung an den Rand des zulässigen Bereiches von innen her beliebig kleine Werte (bei Minimierung beliebig große Werte) annimmt, also dem Optimierungsziel Maximierung bzw. Minimierung genau entgegen läuft.

Durch gezielte Variation des Parameters r (und zwar $r \to 0$) entsteht eine Folge von unbeschränkten Optimierungsproblemen, durch deren Lösung schrittweise eine Annäherung mit zunehmendem Genauigkeitsgrad an die Optimallösung des ursprünglichen beschränkten Problems erfolgt. Die "Barrierefunktion" $b(x)$ ist deshalb so zu wählen, daß unter möglichst allgemeinen Voraussetzungen die optimale Lösung $(x_1(r),...,x_n(r))$ des unbeschränkten Problems $P(x_1,...,x_n;r) \to$ Max gegen die optimale Lösung $(x_1,...,x_n)$ des ursprünglichen Problems $f(x_1,...,x_n) \to$ Max konvergiert, wenn $r \to 0$ geht. Durch die Konstruktion von $P(x_1,...,x_n;r)$ ist sichergestellt, daß das Optimum des Hilfsproblems im Innern des zulässigen Bereichs des Ausgangsproblems liegt. (Am Rand des zulässigen Bereichs nimmt $P(x_1,...,x_n;r)$ den Wert $-\infty$ bei Maximierungsaufgaben bzw. $+\infty$ bei Minimierungsaufgaben an, so daß dort das Optimum des Hilfsproblems nicht liegen kann.)

Die einzelnen Verfahren unterscheiden sich in der Wahl der Barrierefunktion $b(x)$. Sehr häufig wird die folgende Funktion verwendet:

$$b(x_1,...,x_n) = \sum_{i=1}^{m} \ln(-g_i(x_1,...,x_n)) \text{ bei Maximierungsaufgaben}$$

bzw.

$$b(x_1,...,x_n) = -\sum_{i=1}^{m} \ln(-g_i(x_1,...,x_n)) \text{ bei Minimierungsaufgaben.}$$

Die Hilfsfunktion lautet dann:

$$P(x_1,...,x_n;r) = f(x_1,...,x_n) + r\sum_{i=1}^{m} \ln(-g_i(x_1,...,x_n))$$

bei Maximierungsaufgaben

bzw.

$$P(x_1,...,x_n;r) = f(x_1,...,x_n) - r\sum_{i=1}^{m} \ln(g_i(x_1,...,x_n))$$

bei Minimierungsaufgaben.

Die Begründung für diese Wahl von $b(x_1,...,x_n)$ wird im folgenden gegeben: Die Funktion $y = \ln x$ ist in Abb. 6-30 dargestellt.

Da $g_i(x_1,...,x_n) \leq 0$ bzw. $-g_i(x_1,...,x_n) \geq 0$ den zulässigen Bereich bildet, ist bei Annäherung an die Grenze des zulässigen Bereiches $-g_i(x_1,...,x_n)$ immer noch größer gleich Null, aber fast gleich Null (g_i ist als stetig vorausgesetzt). D. h. aber, daß die Funktion $\ln(-g_i(x_1,...,x_n))$ Werte annimmt, die ungefähr bei $\ln(0) = -\infty$ liegen, also sehr klein werden. Das entspricht genau den Anforderungen an die Funktion $b(x_1,...,x_n)$.

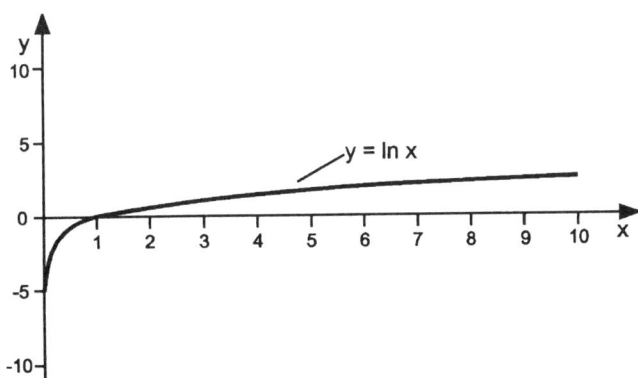

Abb. 6-30. $y = \ln x$

Beispiel 1: Aus der Nebenbedingung $g = -x \leq 0$, welche der Nichtnegativitäts-bedingung für x entspricht, wird in der Hilfsfunktion P die Komponente $\ln(-g(x)) = \ln(-(-x)) = \ln x$. Die Funktion $y = \ln x$ ist in Abb. 6-30 dargestellt. Der Einfluß des Parameters r auf die Barrierefunktion $r \cdot \ln(x)$ ist aus der Abb. 6-31 ersichtlich. Es zeigt sich, daß sich die Funktion $r \cdot \ln(x)$ mit kleiner werdendem r dem positiven Teil der Abszisse (für $x \geq 1$) sowie dem negativen Teil der Ordi-nate (für $0 < x \leq 1$) annähert. Am Rande des zulässigen Bereiches (hier bei $x = 0$) erkennt man, wie der Graben entsteht, der die Erfüllung der Nebenbedingung auch beim unbeschränkten Problem gewährleistet.

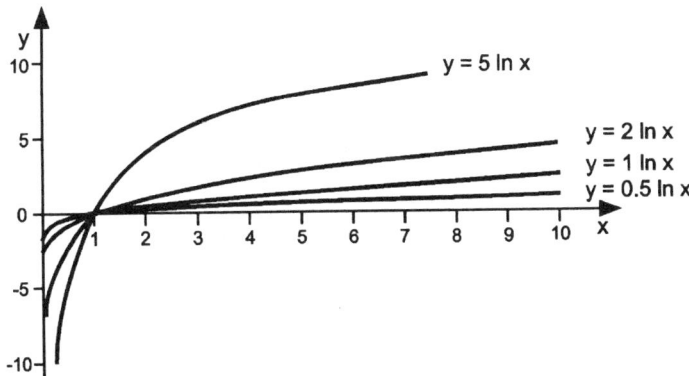

Abb. 6-31. Die Auswirkungen einer Variation von r auf $r \cdot \ln(x)$

Beispiel 2: Die Wirkung der Barrierefunktion $b(x)$ soll anhand von vier Nebenbedingungen graphisch dargestellt werden:

$$g_1(x_1, x_2) = 4x_1 + x_2 - 16 \leq 0$$
$$g_2(x_1, x_2) = x_1^2 + x_2^2 - 25 \leq 0$$
$$g_3(x_1, x_2) = -x_1 \leq 0$$
$$g_4(x_1, x_2) = -x_2 \leq 0$$

Der zulässige Bereich ist in Abb. 6-32 dargestellt.

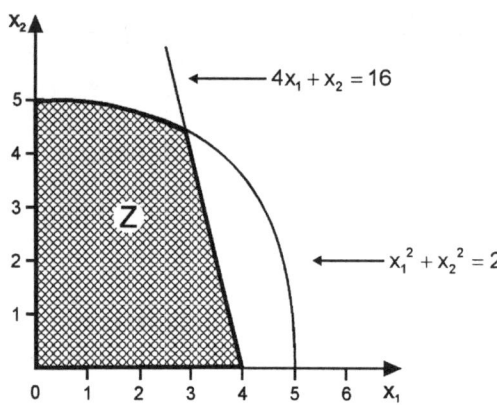

Abb. 6-32. Der Bereich
$x_1 + x_2 - 16 \leq 0$,
$x_1^2 + x_2^2 - 25 \leq 0$,
$x_1 \geq 0$ und $x_2 \geq 0$

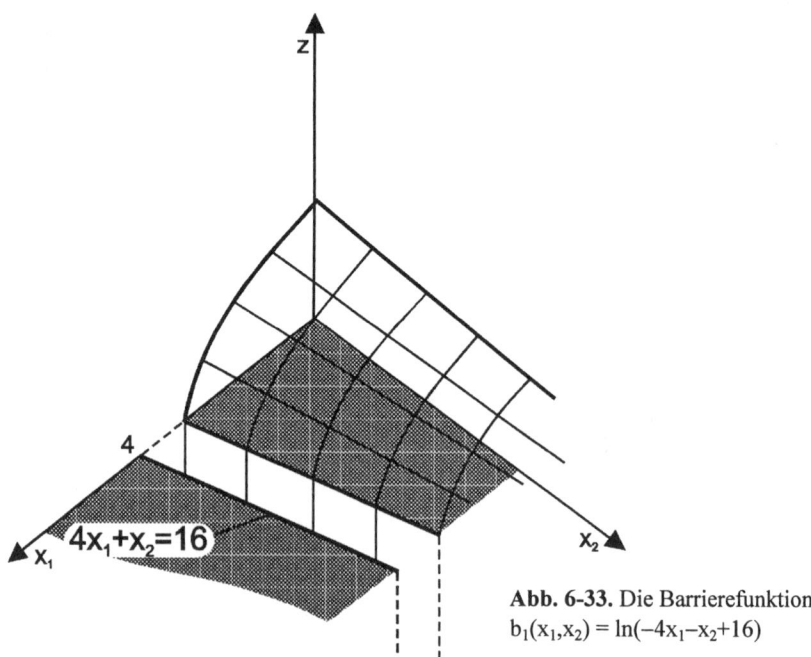

Abb. 6-33. Die Barrierefunktion
$b_1(x_1, x_2) = \ln(-4x_1 - x_2 + 16)$

Mit Hilfe der Barrierefunktion $b_i(x_1,...,x_n) = \ln(-g_i(x_1,...,x_n))$ (i=1,2) werden an den Grenzen des zulässigen Bereichs Gräben erzeugt.

Der Summand $b_1(x_1,x_2)$ für die Nebenbedingung g_1 in der Barrierefunktion lautet:

$$b_1(x_1,x_2) = \ln(-g_1(x_1,x_2)) = \ln(-4x_1 - x_2 + 16).$$

Den Verlauf der Funktion zeigt Abbildung 6-33.

Es ist zum Beispiel für festes $x_2 = 0$:

$$b_1(x_1,x_2 = 0) = \begin{cases} \ln\ 16 = 2.77 \\ \ln\ 12 = 2.49 \\ \ln\ 8 = 2.08 \\ \ln\ 4 = 1.39 \\ \ln\ 1 = \quad 0 \\ \ln\ 0 = -\infty \end{cases} \quad \text{für} \quad x_1 = \begin{cases} 0 \\ 1 \\ 2 \\ 3 \\ 3.75 \\ 4 \end{cases}$$

An der Grenze des zulässigen Bereichs ($x_1 = 4$, $x_2 = 0$) hat die Funktion den Wert $-\infty$; ein Überschreiten wird dadurch verhindert.

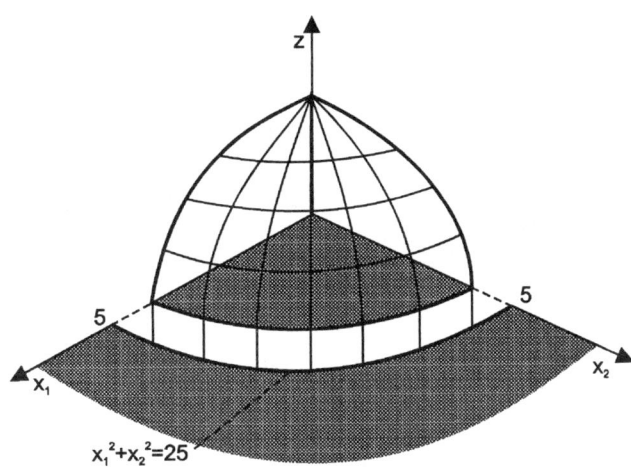

Abb. 6-34. Die Barrierefunktion $b_2(x_1,x_2) = \ln(-x_1^2 - x_2^2 + 25)$

Für die Nebenbedingung g_2 erhält man folgende Ergebnisse (Abb. 6-34):

$$b_2(x_1,x_2) = \ln(-g_2(x_1,x_2)) = \ln(-x_1^2 - x_2^2 + 25));$$

für $x_2 = 0$ z. B.:

$$b_2(x_1, x_2 = 0) = \begin{cases} \ln & 25 & = & 3.21 \\ \ln & 24 & = & 3.18 \\ \ln & 21 & = & 3.04 \\ \ln & 16 & = & 2.77 \\ \ln & 9 & = & 2.20 \\ \ln & 0 & = & -\infty \end{cases} \quad \text{für} \quad x_1 = \begin{cases} 0 \\ 1 \\ 2 \\ 3 \\ 4 \\ 5 \end{cases}$$

Ähnliches ergibt sich für die Vorzeichenrestriktionen g_3 und g_4, wobei die Gräben dann an der x_1- bzw. an der x_2-Achse entstehen.

Die Addition der 4 Funktionen $b_1, ..., b_4$ ergibt die Funktion b (Abb. 6-35). Man sieht, daß überall an der Grenze des zulässigen Bereichs ein Graben entsteht.

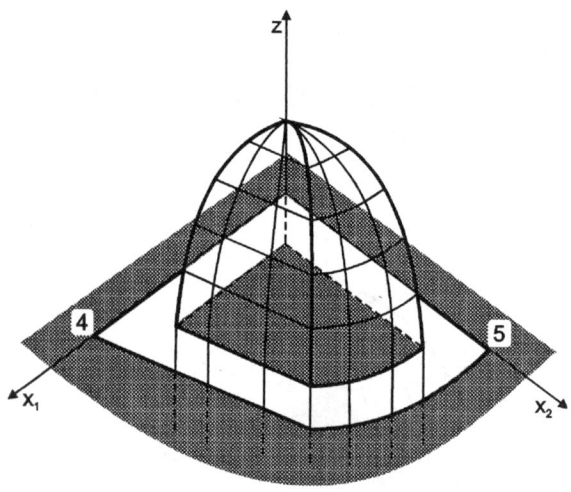

Abb. 6-35. Die Barrierefunktion $b = b_1 + b_2 + b_3 + b_4$

Mit SUMT wird nun das Beispiel aus Abschn. 6.1.3 gelöst:

$$f(x_1, x_2) = -\frac{1}{4}x_1^2 + 6x_1 - x_2^2 + 10x_2 \rightarrow \text{Max}$$

unter

$$g_1(x_1, x_2) = x_1 - 8 \leq 0$$
$$g_2(x_1, x_2) = x_2 - 7 \leq 0$$
$$g_3(x_1, x_2) = -x_1 \leq 0$$
$$g_4(x_1, x_2) = -x_2 \leq 0.$$

P lautet dann:

$$P(x_1, x_2; r) = -\frac{1}{4}x_1^2 + 6x_1 - x_2^2 + 10x_2$$

$$+ r\left(\ln(8 - x_1) + \ln(7 - x_2) + \ln(x_1) + \ln(x_2)\right)$$

$$= -\frac{1}{4}x_1^2 + 6x_1 - x_2^2 + 10x_2$$

$$+ r \cdot \ln(8 - x_1) + r \cdot \ln(7 - x_2) + r \cdot \ln(x_1) + r \cdot \ln(x_2).$$

Die Funktion $P(x_1, x_2; r)$ ist zu maximieren unter der Bedingung, daß r gegen Null strebt.

Legt man einen senkrechten Schnitt durch die Fläche $P(x_1, \overline{x}_2; r)$, wobei $\overline{x}_2 = 5$ konstant gehalten und r (mit $r = 5$ und $r = 1$) variiert wird, so erhält man die Darstellung in Abb. 6-36. Mit kleiner werdendem r nähert sich P der ursprünglichen Zielfunktion $f(x_1, x_2)$, wobei die Funktion P allerdings (wie verlangt) an den Grenzen des zulässigen Bereichs bei $x_1 = 0$ und $x_1 = 8$ gegen $-\infty$ strebt.

Um für festes $\overline{r}$ die Funktion $P(x_1, x_2; \overline{r})$ zu maximieren, muß man ihre partiellen Ableitungen nach x_1 und x_2 bilden:

$$\mathrm{grad}\, P(x_1, x_2; \overline{r}) = \left(\frac{\partial P}{\partial x_1}, \frac{\partial P}{\partial x_2}\right).$$

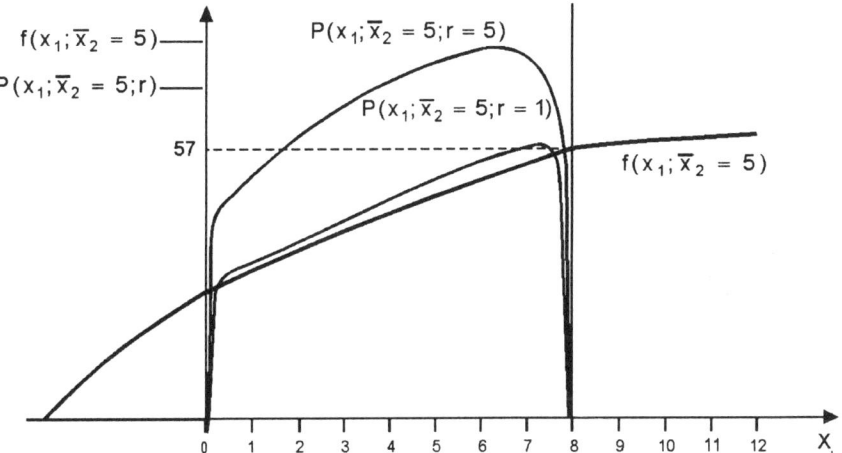

Abb. 6-36. Schnitt durch den zulässigen Bereich für $\overline{x}_2 = 5$

Das Maximum von P liegt im Innern des zulässigen Bereichs und deshalb dort, wo der Gradient in allen Komponenten gleich 0 ist, d.h. man muß die folgenden Gleichungen lösen:

$$\frac{\partial P}{\partial x_1} = -\frac{1}{2}x_1 + 6 + \bar{r}\frac{-1}{8-x_1} + \bar{r}\frac{1}{x_1} = 0$$

$$\frac{\partial P}{\partial x_2} = -2x_2 + 10 + \bar{r}\frac{-1}{7-x_2} + \bar{r}\frac{1}{x_2} = 0.$$

Versucht man nun, diese Gleichungen nach x_1 und x_2 aufzulösen, so ist dies nicht ohne weiteres möglich. Bereits bei diesem einfachen Beispiel ergeben sich Gleichungen dritten Grades, wenn man
$\frac{\partial P}{\partial x_1}$ mit $(8-x_1)\cdot x_1$ und $\frac{\partial P}{\partial x_2}$ mit $(7-x_2)\cdot x_2$ multipliziert:

$$-\frac{1}{2}x_1(8-x_1)x_1 + 6(8-x_1)x_1 - \bar{r}x_1 + \bar{r}(8-x_1) = 0$$

und $-2x_2(7-x_2)x_2 + 10(7-x_2)x_2 - \bar{r}x_2 + \bar{r}(7-x_2) = 0$

bzw.

$$\frac{1}{2}x_1^3 - 10x_1^2 + (48-2\bar{r})x_1 + 8\bar{r} = 0$$

und $2x_2^3 - 24x_2^2 + (70-2\bar{r}) + 7\bar{r} = 0.$

An dieser Stelle zeigt sich, daß bereits bei sehr einfachen Problemen erhebliche numerische Schwierigkeiten auftreten können, die eine Lösung wesentlich erschweren.

In diesem Fall können aus beiden Gleichungen unter Benutzung von Näherungsverfahren (z. B. Newton, vgl. Stoer [1999, S. 301ff.]) jeweils für verschiedene feste Werte von $\bar{r}$ Lösungswerte für $x_1(\bar{r})$ und $x_2(\bar{r})$ ermittelt werden:

$\bar{r}$	$x_1(\bar{r})$	$x_2(\bar{r})$
1000	4.031870494657	3.518152147918
100	4.305960925333	3.663379259451
10	5.894428059018	4.305588573844
1	7.573603630145	4.868167985620
0.1	7.950911128973	4.985213140640
0.01	7.995009347757	4.998502170541
0.001	7.999500093723	4.999850021746
0.0001	7.999950000937	4.999985000217
0.00001	7.999995000009	4.999998500002
0.000001	7.999999500000	4.999999850000
0.0000001	7.999999950000	4.999999985000
0.00000001	7.999999995000	4.999999998500
0.000000001	7.999999999500	4.999999999850
0.0000000001	7.999999999950	4.999999999985
0.00000000001	7.999999999995	4.999999999998
0.000000000001	7.999999999999	5.000000000000
0.0000000000001	8.000000000000	5.000000000000

Die optimale Lösung erhält man durch Grenzwertbildung. Man sieht in diesem Beispiel:

$$\lim_{r \to 0} x_1(r) = 8 \qquad \lim_{r \to 0} x_2(r) = 5$$

also: $x_1 = 8, \quad x_2 = 5.$

Das entspricht der auch mit dem Wolfe- und dem Rosen-Algorithmus ermittelten Lösung.

Während aber der Wolfe-Algorithmus nur *quadratische konvexe Probleme* lösen kann und das Rosen-Verfahren bei beliebigen *konvexen Problemen mit linearen Nebenbedingungen* angewendet wird, eignet sich SUMT zur (näherungsweisen) Lösung *beliebiger konvexer Optimierungsmodelle.*

7 Dynamische Optimierung

Wie die bisher vorgestellten Verfahren dient die Dynamische Optimierung (engl.: Dynamic Programming) der Optimierung einer Zielfunktion. Allerdings ist die Menge der zulässigen Lösungen durch eine bestimmte Struktur gekennzeichnet, die es ermöglicht, die Gesamtentscheidung in eine Folge von Teilentscheidungen zu zerlegen (Entscheidungssequenz).

Diese Teilentscheidungen können z. B. in gewissen aufeinanderfolgenden Zeitpunkten zu treffen sein. Die Möglichkeit, verschiedene Zeitpunkte in die Betrachtung einzubeziehen, gibt der Dynamischen Optimierung ihren Namen. Bei den in den vorangegangenen Kapiteln behandelten linearen Problemen konnte immer nur einmal eine Entscheidung getroffen werden (z. B. für ein Produktions- oder Investitionsprogramm). Diese Verfahren wiesen einen statischen Charakter auf.

Als Begründer der Dynamischen Optimierung gilt Richard Bellman [1954, 1957].

In diesem Kapitel werden zunächst im ersten Abschnitt die Grundbegriffe der Dynamischen Optimierung eingeführt. Dann wird die Methode der Dynamischen Optimierung anhand eines Anwendungsbeispiels erläutert (weitere Beispiele findet man etwa bei Schneeweiß [1974], Stahlknecht [1965, S. 47ff.], [1970, S. 148ff.] und Stahlknecht/Grimm [1965]). Schließlich wird noch kurz auf mögliche Erweiterungen des dynamischen Ansatzes in der Optimierung eingegangen.

7.1 Grundbegriffe der Dynamischen Optimierung

Zur Kennzeichnung der Grundbegriffe der Dynamischen Optimierung ist es zweckmäßig, von einem einfachen Beispiel auszugehen.

Angenommen, in dem folgenden Wegenetz sei die kostenminimale Verbindung von Punkt A nach Punkt O gesucht (s. Abb. 7-1, die Kosten für die einzelnen durchfahrbaren Teilstrecken sind jeweils angegeben). Diese Verbindung wird als *optimaler Pfad* bezeichnet.

Das Problem läßt sich durch Berechnung sämtlicher möglicher Pfade von A nach O lösen (vollständige Enumeration). Mit der Methode der Dynamischen Optimierung gelingt es jedoch, wesentliche Vereinfachungen im Ablauf zu erzielen.

In Abb. 7-1 ist das Wegenetz in Stufen aufgeteilt (z. B. gehören die Punkte D, E und F zur Stufe 3).

Die Punkte auf einer Stufe werden als Zustände bezeichnet (man befindet sich z. B. auf Stufe 3 entweder im Zustand D, im Zustand E oder im Zustand F). Ausgehend von einem Zustand einer Stufe kann man durch eine Entscheidung zu einem Zustand auf der nächsten Stufe gelangen (z. B. sind die möglichen Entscheidungen im Zustand E der Stufe 3, entweder in den Zustand G auf Stufe 4 oder in den Zustand H auf Stufe 4 zu gehen).

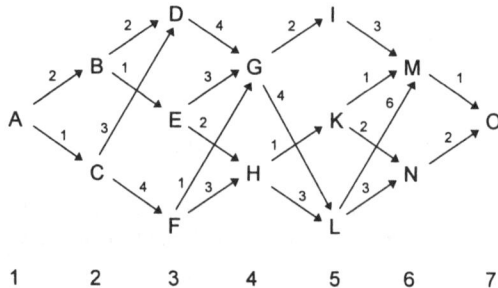

Abb. 7-1. Ein Wegeproblem als Beispiel zur Dynamischen Optimierung

1   2   3   4   5   6   7

Gesucht wird der kostenminimale Weg von A nach O (vom Anfangszustand auf Stufe 1 zum Endzustand auf Stufe 7), d. h., man sucht eine Entscheidungssequenz, die ausgehend vom Anfangszustand angibt, durch welche Zustände auf den Zwischenstufen der Endzustand optimal erreicht werden kann. Auf jeder Stufe muß dabei genau ein Zustand (Punkt) auf dem optimalen Pfad liegen.

Eine mögliche Entscheidungssequenz ist z. B.:

Stufe	Zustand auf Stufe i	Entscheidung im Zustand auf Stufe i	Kosten der Entscheidung
1	A	gehe nach C	1
2	C	gehe nach D	3
3	D	gehe nach G	4
4	G	gehe nach L	4
5	L	gehe nach N	3
6	N	gehe nach O	2
7	O		
		Gesamtkosten	17

Diese mögliche Entscheidungssequenz ist in Abb. 7-2 durch den fetten Kantenzug dargestellt.

Aus dem Beispiel lassen sich in allgemeiner Form Merkmale dynamischer Optimierungsmodelle herleiten:

Ein dynamisches Optimierungsproblem ist in mehrere (nämlich n + 1) Stufen gegliedert, wenn n die Anzahl der Entscheidungen ist. Auf jeder Stufe i (i = 1,...,n + 1) existieren mehrere Zustände z_i, von denen bei einer Lösung des Problems auf jeder Stufe genau ein Zustand durchlaufen werden muß.

Ausgehend von einem Zustand z_i auf der Stufe i (i = 1,...,n) muß eine Entscheidung x_i getroffen werden, um einen Zustand z_{i+1} auf der Stufe i + 1 zu erreichen. Die Gesamtentscheidung x besteht aus einer Entscheidungssequenz: $x = (x_1, x_2, ... x_n)$. Dabei ist x_i (i = 1,2,...,n) jeweils die Teilentscheidung auf der Stufe i.

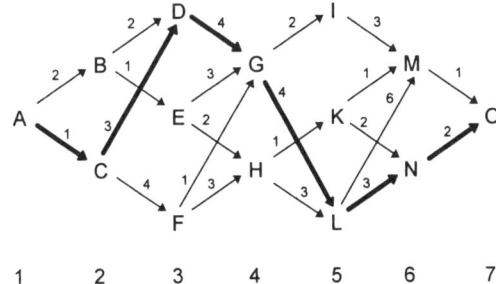

Abb. 7-2. Mögliche Entscheidungssequenz beim Wegeproblem

Dieser Zusammenhang läßt sich formal wie folgt erfassen:

$$z_{i+1} = f_i(z_i, x_i)$$

D. h. der Zustand z_{i+1} wird bestimmt durch den Zustand z_i und die Entscheidung x_i (sowie durch die Zustandsübergangsfunktion f_i, die z_i und x_i verknüpft).

Bem.: Wichtig ist hierbei die Tatsache, daß der Zustand z_{i+1} auf der Stufe $i + 1$ unmittelbar *nur* abhängig ist vom Zustand z_i auf der Stufe i und der Teilentscheidung x_i auf der Stufe i. Man benötigt also zur Beschreibung von z_{i+1} nur z_i und x_i (sowie f_i) und nicht (explizit) die Zustände oder Aktionen auf anderen Stufen.

Zu minimieren ist die Summe der Kosten, die durch die Entscheidungen x_i in den Zuständen z_i entstehen, d. h.:

$$
\begin{aligned}
K &= K_1(z_1,x_1) + K_2(z_2,x_2) + \ldots + K_{n-1}(z_{n-1},x_{n-1}) + K_n(z_n,x_n) \\
&= \sum_{i=1}^{n} K_i(z_i, x_i) \to \text{Min.}
\end{aligned}
$$

Diese Teilbarkeit der Zielfunktion, die die Darstellung der Gesamtkosten als Summe der einzelnen Kosten $K_i(z_i,x_i)$ möglich macht, wird als *Separabilität der Zielfunktion* bezeichnet. Sie bringt zum Ausdruck, daß die Kosten des Übergangs von einer Stufe i zur nächsten Stufe $i + 1$ ausschließlich vom Ausgangszustand z_i und der in diesem Zustand getroffenen Entscheidung x_i für die Benutzung eines bestimmten Teilpfads zum Erreichen eines Zustands z_{i+1} auf der Stufe $i + 1$ (sowie von der z_i und x_i verbindenden Kostenfunktion K_i) abhängig sind.

Die Methode der Dynamischen Programmierung besteht darin, schrittweise den optimalen Pfad aus optimalen Teilpfaden zu ermitteln. Dabei werden rekursiv, d. h. indem auf bereits berechnete Pfade zurückgegriffen wird, sämtliche optimalen Teilpfade bestimmt.

Die Rekursion baut auf dem grundlegenden Optimalitätsprinzip der Dynamischen Optimierung von Bellman [1957, S. 83] auf:

Optimalitätsprinzip von Bellman
Eine optimale Entscheidungssequenz hat die Eigenschaft, daß – unabhängig vom Anfangszustand und den ersten Entscheidungen (die zu einem bestimmten Zustand führten) – die übrigen Entscheidungen ab dem erreichten Zustand eine optimale (Teil-)Entscheidungssequenz von diesem Zustand zum Endzustand ergeben.

Für die Wegeplanung (Abb. 7-1) bedeutet dieses Prinzip:
   Wenn der optimale Pfad von A ausgehend z. B. auf Stufe 3 den Zustand D durchläuft, so muß der Restpfad von D nach O selbst die optimale Verbindung von D nach O sein, unabhängig davon, wie der optimale Pfad von A nach D verläuft.

Die Bestimmung des optimalen Pfades mit Hilfe des Optimalitätsprinzips wird nun am Beispiel zur Wegeplanung erläutert:
   Man geht dabei vom Ende des Weges (Stufe 7) aus und verfolgt den Weg von der vorletzten Stufe (6) zur letzten Stufe (7).
   Auf Stufe 6 kann der optimale Pfad nur die möglichen Punkte (Zustände) M oder N durchlaufen.
   Der optimale Restpfad von M bzw. N ist die direkte Verbindung zum Endzustand O auf Stufe 7, unabhängig davon, wie M oder N von A aus erreicht werden (wegen des Optimalitätsprinzips, vgl. Abb. 7-3a). Die Kosten für diese Verbindung betragen 1 GE (M–O) bzw. 2 (N–O) GE.
   Ersetzt man in dieser speziellen, auf das Beispiel bezogenen Analyse die Ausdrücke Stufe 7 durch Stufe n + 1 und Stufe 6 durch Stufe n sowie die möglichen Zustände M, N und O durch z_n^1, z_n^2 und z_{n+1}, so läßt sich der folgende allgemeine Zusammenhang erkennen:
   Von einem Zustand z_n (d. h. z_n^1 oder z_n^2) auf der vorletzten Stufe wird der Endzustand z_{n+1} auf der letzten Stufe erreicht durch die Entscheidung x_n, die die direkte Verbindung von z_n nach z_{n+1} vorschreibt (Abb. 7-3b). Die durch diese Entscheidung verursachten Kosten werden $K_n(z_n, x_n)$ bezeichnet (= die Kosten auf Stufe n, die von Zustand z_n auf Stufe n durch die Entscheidung x_n verursacht werden).

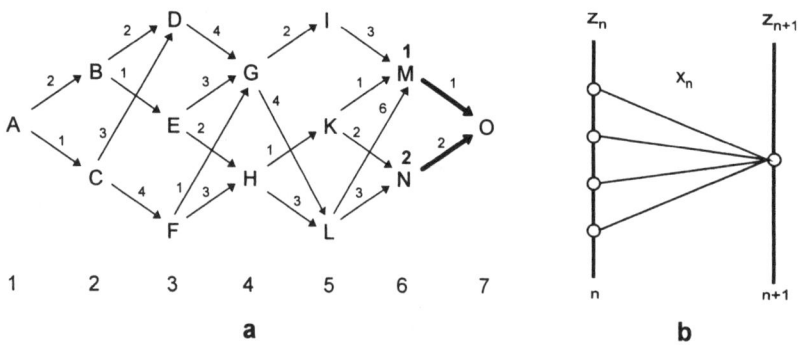

a   b

Abb. 7-3a,b. Die optimalen Teilpfade von Stufe 6 nach Stufe 7 (**a**) bzw. von Stufe n nach Stufe n+1 (**b**)

Geht man im Beispiel eine Stufe weiter zurück auf Stufe 5, so sind dort die Zustände I, K und L möglich, durch die der optimale Pfad von A nach O verlaufen kann. Man bestimmt nun von I, K und L den optimalen Restpfad bis nach O, denn nach dem Optimalitätsprinzip muß auch dieser Restpfad optimal sein, unabhängig davon, wie I, K bzw. L von A aus erreicht werden.

Von I aus kann man nur durch die Entscheidung I–M auf die folgende Stufe 6 gelangen. Die Kosten dieser Entscheidung betragen 3. Zu diesen 3 müssen nun die (bereits berechneten, minimalen) Kosten von M zum Ziel O addiert werden. Die Summe sind die Gesamtkosten von I nach O: 3 + 1 = 4 (vgl. Abb. 7-4).

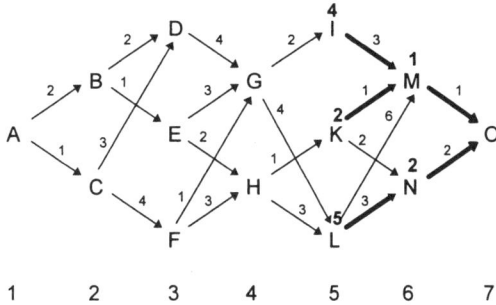

Abb. 7-4. Die optimalen Teilpfade von Stufe 5 nach Stufe 7

Geht man von K aus, so ist Stufe 6 durch die zwei Entscheidungen K–M (Kosten von 1) oder K–N (Kosten 2) erreichbar. Im ersten Fall betragen die Gesamtkosten 1 + 1 = 2 (Kosten der Entscheidung K–M plus minimale Kosten von M zum Ziel O), im zweiten dagegen 2 + 2 = 4 (Kosten der Entscheidung K–N plus minimale Kosten von N nach O). Von K aus kommt man folglich am besten über M nach O, der optimale (Rest-) Pfad von K nach O lautet somit K–M–O, die optimale Entscheidung in K ist also K–M. Dabei entstehen für den (Rest-)Pfad Kosten in Höhe von 2 (vgl. Abb. 7-4).

In L erhält man analog

für die Entscheidung L–M   Kosten in Höhe von 6 + 1 = 7,

für die Entscheidung L–N   Kosten in Höhe von 3 + 2 = 5.

Die Entscheidung L–N ist von L aus optimal und verursacht Kosten in Höhe von 5 GE (vgl. Abb. 7-4).

Damit ist die Ermittlung der optimalen Restpfade von Stufe 5 zu Stufe 7 abgeschlossen.

Nun werden die optimalen Restpfade von Stufe 4 (d. h. von der Stufe, die Stufe 5 vorangeht) zum Ziel auf Stufe 7 ermittelt.

Auf der Stufe 4 sind die Zustände G und H möglich. Man bestimmt jetzt den optimalen Restpfad von G bzw. H nach O (nach dem Optimalitätsprinzip ist dieser Restpfad optimal, unabhängig davon, wie G bzw. H von A aus erreicht wird).

Die möglichen Entscheidungen in G sind G–I oder G–L. Trifft man die erste Entscheidung, so entstehen dafür Kosten in Höhe von 2. Zusätzlich fallen die Kosten von I nach O an, die 4 betragen.

Die früher (auf den Stufen 5 und 6) getroffenen Teilentscheidungen müssen im weiteren Ablauf nicht mehr untersucht werden. Für die Entscheidungen auf Stufe 4 stellen die optimalen Teilpfade von den Zuständen der Stufe 5 zum Ziel ein festes Datum dar.

Insgesamt betragen die Kosten von G über I nach O also $2 + 4 = 6$. Bei der zweiten Entscheidung (G–L) fallen Kosten in Höhe von 4 (Kosten der Entscheidung) + 5 (Kosten von L nach O) = 9 an. Die optimale Entscheidung in G ist also G–I (vgl. Abb. 7-5a).

In H erhält man bei der Entscheidung H–K die Kosten $1 + 2 = 3$, bei der Entscheidung H–L die Kosten $3 + 5 = 8$. Die optimale Entscheidung in H ist folglich H–K (vgl. Abb. 7-5a).

Vollkommen analog ermittelt man die optimalen Restpfade von den Stufen 3 (Abb. 7-5b), 2 (Abb. 7-5c) und 1 (Abb. 7-5d). In Abbildung 7-5d ist der optimale Gesamtpfad von A nach O abgebildet, der sich bei der letzten Rekursion ergibt:

A–B–E–H–K–M–O

mit Kosten in Höhe von 8 GE.

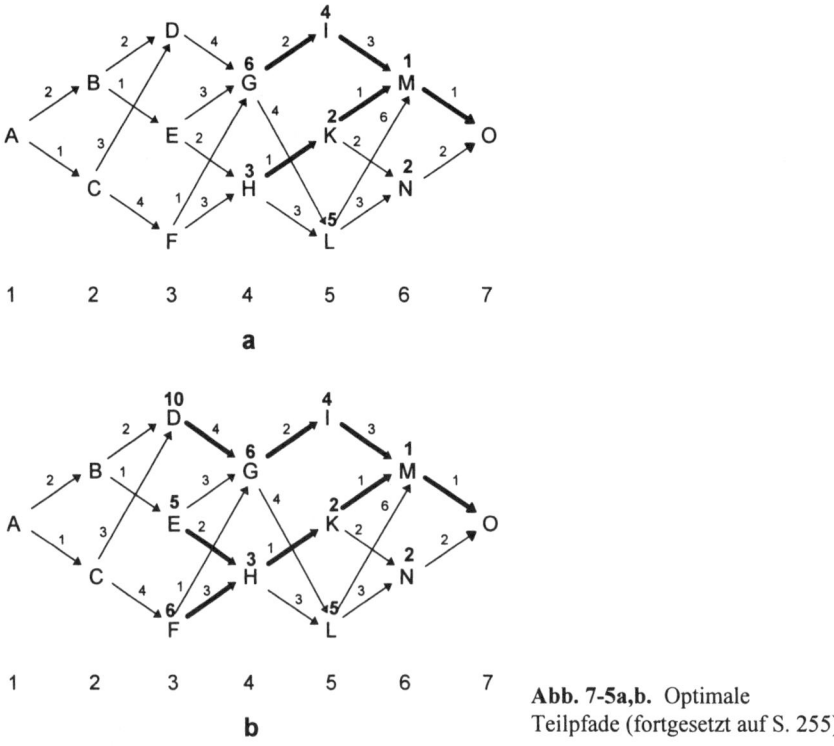

Abb. 7-5a,b. Optimale Teilpfade (fortgesetzt auf S. 255)

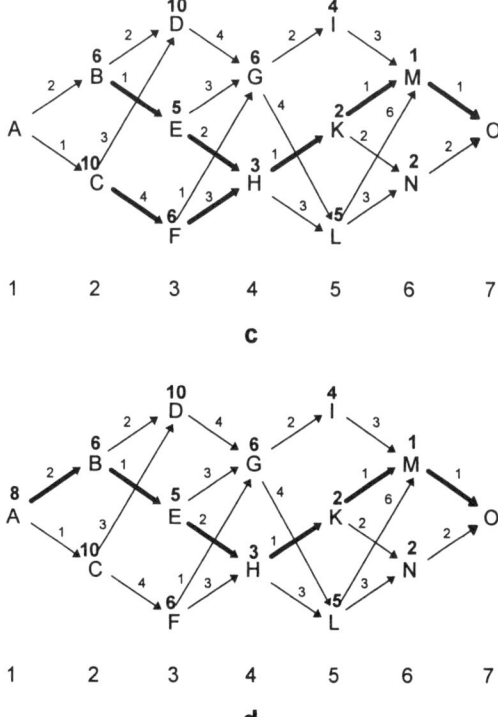

Abb. 7-5a-d. Optimale Teilpfade von Stufe 4 (**a**), von Stufe 3 (**b**), von Stufe 2 (**c**) und von Stufe 1 (**d**) nach Stufe 7

Bem.: Bei der Betrachtung des Übergangs von Stufe 3 nach Stufe 4 wird deutlich, daß von einem Zustand ausgehend (hier F) die kostengünstigste Entscheidung (hier F–G; Kosten in Höhe von 1) nicht auf dem optimalen Restpfad liegen muß. Das Ziel, das bei der Rechnung auf Stufe 4 verfolgt wird, ist die Minimierung der Kosten von jedem Zustand der Stufe 4 zum Endzustand O auf Stufe 7. Es muß also der Restpfad z. B. von F nach O minimiert werden. Dies erreicht man jedoch nicht durch die Suche nach der minimalen Verbindung von F nach Stufe 5 (hier F–G). Vielmehr muß die Optimierung bezüglich des gesamten Restpfades von F nach O vorgenommen werden.

Nachdem bei diesem Beispiel die Optimallösung mit Hilfe des Optimalitätsprinzips von Bellman rekursiv ermittelt worden ist, wird im folgenden das Vorgehen beim Übergang von Stufe i – 1 zur Stufe i formal dargestellt.

Es wird allgemein ein Teilproblem auf der Stufe i – 1 betrachtet. Ausgehend von Zuständen z_{i-1} auf der Stufe i – 1 (für die es zwei Möglichkeiten z_{i-1}^1 und z_{i-1}^2 gebe) kann man durch eine Entscheidung x_{i-1} einen Zustand $z_i = f_{i-1}(z_{i-1}, x_{i-1})$ der Stufe i erreichen.

Die Gesamtheit aller Entscheidungsmöglichkeiten x_{i-1} im Zustand z_{i-1} auf der Stufe i – 1 wird mit $X_{i-1}(z_{i-1})$ bezeichnet.

Beim Wegeproblem (s. o.) sind die Zustände die Orte und die Entscheidungen diejenigen, die den nächsten Ort auf der nächsten Stufe festlegen (vgl. Abb. 7-6).

Die optimalen (Teil-)Pfade von den einzelnen Zuständen z_i der Stufe i zum Endzustand z_{n+1} sind durch die Rückwärtsrechnung schon bekannt (vgl. Abb. 7-5). Die Abbildung 7-7 enthält daher von den Zuständen der Stufe i ab nur noch die optimalen Teilpfade zum Ziel z_{n+1} auf der Stufe n + 1 (die übrigen Pfade von Stufe i, Stufe i + 1,..., Stufe n nach Stufe n + 1 sind wegen des Optimalitätsprinzips für die weitere Problemlösung irrelevant).

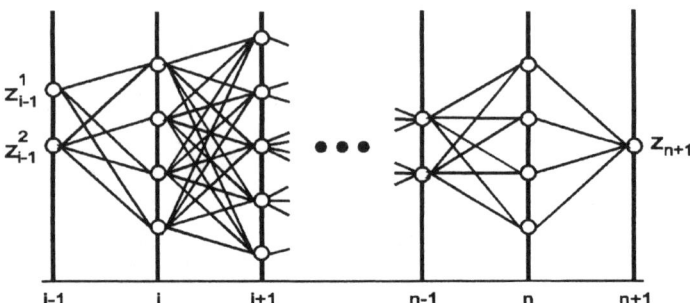

Abb. 7-6. Entscheidungsmöglichkeiten im Zustand z_{i-1}

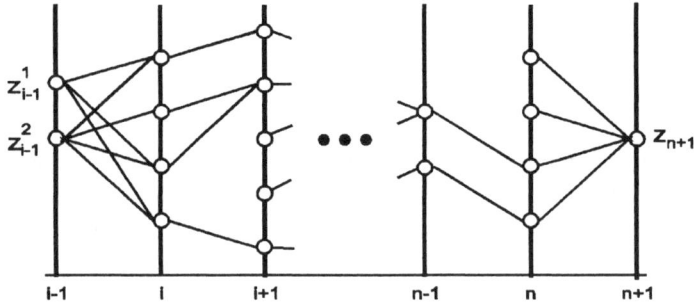

Abb. 7-7. Entscheidungsmöglichkeiten im Zustand i - 1 bei Kenntnis der optimalen Teilpfade von Stufe i bis Stufe n + 1

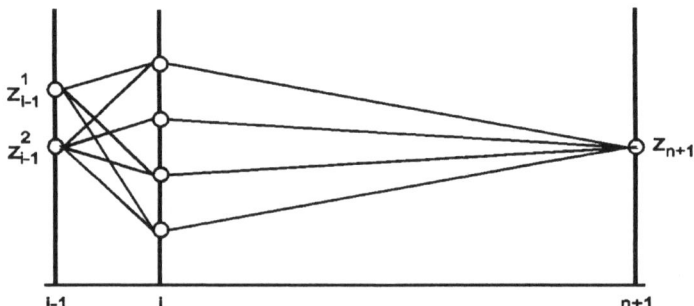

Abb. 7-8. Darstellung der relevanten Beziehungen auf der Stufe i - 1

Insgesamt kann man für die Betrachtungen auf Stufe $i - 1$ die Zwischenstufen $i + 1$ bis n vernachlässigen. Man erhält somit als vereinfachte Darstellung Abb. 7-8. Bezeichnet man die Kosten eines (optimalen) Restpfades von einem Zustand z_i auf der Stufe i zum Ziel (Zustand z_{n+1} auf Stufe $n + 1$) mit $F_i(z_i)$, so ergeben sich als Kosten für den Teilpfad von z_{i-1} nach z_{n+1} bei der Entscheidung x_{i-1} (die auf Stufe i zum Zustand z_i führe; vgl. Abb. 7-9):

$$K = K_{i-1}(z_{i-1},x_{i-1}) \qquad + \quad F_i(z_i)$$
$$(\quad = \text{Kosten von } z_{i-1} \text{ nach } z_i \quad + \quad \text{Kosten von } z_i \text{ zum Ziel})$$

Bem.: Diese Überlegungen müssen für alle möglichen Zustände auf der Stufe $i - 1$ durchgeführt werden, d. h. hier für $z_{i-1}{}^1$ und $z_{i-1}{}^2$.

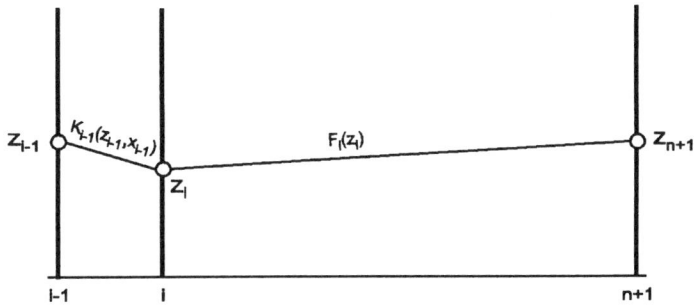

Abb. 7-9. Zusammensetzung der Kosten des Teilpfades von z_{i-1} nach z_{n+1} bei der Entscheidung x_{i-1}

Soll die Zielfunktion nun minimiert werden, so ist für z_{i-1} diejenige Entscheidung x_{i-1} aus der Menge der möglichen Entscheidungen $X_{i-1}(z_{i-1})$ zu bestimmen, für welche die Kosten von z_{i-1} zum Ziel, nämlich

$$F_{i-1}(z_{i-1}) = K_{i-1}(z_{i-1},x_{i-1}) + F_i(z_i)$$

minimal werden (dabei ist $z_i = f_{i-1}(z_{i-1},x_{i-1})$)

Faßt man den Prozeß noch einmal zusammen, so ist auf jeder Stufe $i - 1$ für alle möglichen Zustände z_{i-1} folgendes Problem zu lösen:

$$F_{i-1}(z_{i-1}) = \min_{x_{i-1} \in X_{i-1}(z_{i-1})} \left(K_{i-1}(z_{i-1},x_{i-1}) + F_i(f_{i-1}(z_{i-1},x_{i-1})) \right)$$

Diese Gleichung wird als *Bellman'sche Funktionalgleichung* bezeichnet. Der Minimalwert gibt dann die Kosten des optimalen Teilpfades von z_{i-1} bis zum Zielort z_{n+1} an.

Man muß nun diesen Wert für alle möglichen Zustände der Stufe i – 1 berechnen. Dann kann (im Optimierungsprozeß rückwärtsschreitend) die nächstniedrigere Stufe i - 2 behandelt werden.

Somit kann schließlich nach insgesamt n Optimierungsstufen der optimale Pfad von Stufe 1 (mit dem Anfangszustand z_1) zur Stufe n + 1 (mit dem Endzustand z_{n+1}) bestimmt werden.

Dieser Pfad ist zugleich die optimale Lösung des Gesamtproblems (vgl. hierzu die entsprechende Entwicklung am Beispiel in Abb. 7-1 bis Abb. 7-5).

Aus der Separabilität der Zielfunktion kann nicht gefolgert werden, daß bei der Festlegung des Teilpfades zur nächsten Stufe jeweils die kostenminimale Verbindungsstrecke zu wählen ist (dies entspräche ausschließlich einer Minimierung des Terms $K_{i-1}(z_{i-1},x_{i-1})$ in der Bellman'schen Funktionalgleichung). Vielmehr muß gewährleistet sein, daß mit der Auswahl des Teilpfades zur nächsten Stufe der gesamte Restpfad zum Ziel minimiert wird (Minimierung von $K_{i-1}(z_{i-1},x_{i-1}) + F_i(f_{i-1}(z_{i-1},x_{i-1}))$). Die Auswahl des Teilpfades in z_i erfolgt also unter der Zielsetzung, vom gegebenen Zustand z_i aus den optimalen Pfad nach z_{n+1} festzulegen. Dessen Kosten ergeben sich aus der Summe der Kosten von z_{i-1} nach z_i (verursacht durch die Entscheidung x_{i-1}) und der Kosten von z_i nach z_{n+1}.

Damit ist der allgemeine Ansatz der Dynamischen Optimierung beschrieben. Im nächsten Abschnitt wird ein konkretes Beispiel mit der hier dargestellten Methode behandelt.

7.2 Das Produktionsglättungsproblem als Anwendungsbeispiel zur Dynamischen Optimierung

Produktionsglättungsprobleme treten beispielsweise dann auf, wenn ein über mehrere Perioden schwankender Bedarf gegeben ist, an den sich die Produktion anzupassen hat, da die Lagerkapazitäten beschränkt sind.

Im folgenden wird zunächst das (Real-)Problem beschrieben, dann das zugehörige dynamische Optimierungsproblem formuliert und schließlich dieses Problem mit Hilfe des in Abschn. 7.1 erläuterten Verfahrens gelöst:

Eine Unternehmung plant die Produktion für vier aufeinanderfolgende Perioden. Die Gesamtnachfrage nach den produzierten Gütern von 90 ME verteilt sich wie folgt auf die Perioden 1 bis 4:

$$b_1 = 10 \text{ ME}; \quad b_2 = 20 \text{ ME}; \quad b_3 = 20 \text{ ME}; \quad b_4 = 40 \text{ ME}.$$

Da der Unternehmung nur beschränkte Produktionskapazitäten zur Verfügung stehen, können maximal 30 ME pro Periode gefertigt werden.

Die Produktion erfolgt in Losen von 10, 20 oder 30 ME. Die Unternehmung hat fixe Produktionskosten von 11 GE je Periode. Die variablen Produktionskosten pro Los sind in Abhängigkeit von der Losgröße x:

x	0	10	20	30
$K_v(x)$	0	5	11	26

Die gesamten Produktionskosten ergeben sich dann in Abhängigkeit von x als Summe von fixen und variablen Kosten zu:

x	0	10	20	30
$K(x)$	11	16	22	37

Lagerkapazität ist nur für 20 ME pro Periode vorhanden. Am Anfang und am Ende des Planungszeitraums sind keine Lagermengen zugelassen. Pro ME gelagerter Produkte entstehen in jeder Periode 0,2 GE Lagerkosten.

Es wird unterstellt, daß jeweils am Ende einer Periode aus dem Lagerbestand und der Produktionsmenge dieser Periode die Nachfrage dieser Periode schlagartig abgerufen wird. Während einer Periode treten für die Produktionsmenge dieser Periode keine Lagerkosten auf.

Gesucht sind die Produktions- (und die dadurch eindeutig festgelegten Lager-) Mengen der einzelnen Perioden, die die Summe aus Produktions- und Lagerkosten über den gesamten Planungszeitraum minimieren.

Im folgenden wird das entsprechende dynamische Optimierungsproblem formuliert.

Als Stufe i wird jeweils der Beginn einer Periode i gewählt (der mit dem Ende der vorangegangenen Periode identisch ist). Die Stufe 5 stellt das Ende der vierten Produktionsperiode dar.

Die Zustände in den jeweiligen Stufen sind durch die Lagerbestände l_i während dieser Perioden gekennzeichnet.

Für jede Periode i ist auf Stufe i über die zu produzierende Menge x_i zu entscheiden.

Der Raum der möglichen Entscheidungen soll nun kurz skizziert werden. Dieser Raum wird einmal dadurch begrenzt, daß mindestens die Nachfrage jeder Periode gedeckt werden muß (untere Begrenzung des Bereichs in Abb. 7-10). Die Produktionskapazität von 30 ME pro Periode wird als Einschränkung nicht wirksam, weil der Raum nach oben dadurch eingeschränkt wird, daß pro Periode nur so viel produziert werden kann, daß am Ende jeder Periode der Lagerbestand die Höhe von 20 ME nicht überschreitet.

Der Entscheidungsraum wird offensichtlich durch die Nachfrage b_i der einzelnen Periode i und die Lagerkapazität l_i eingeschränkt. Der sich ergebende Bereich, in dem der optimale Pfad verlaufen muß, ist in Abb. 7-10 schraffiert.

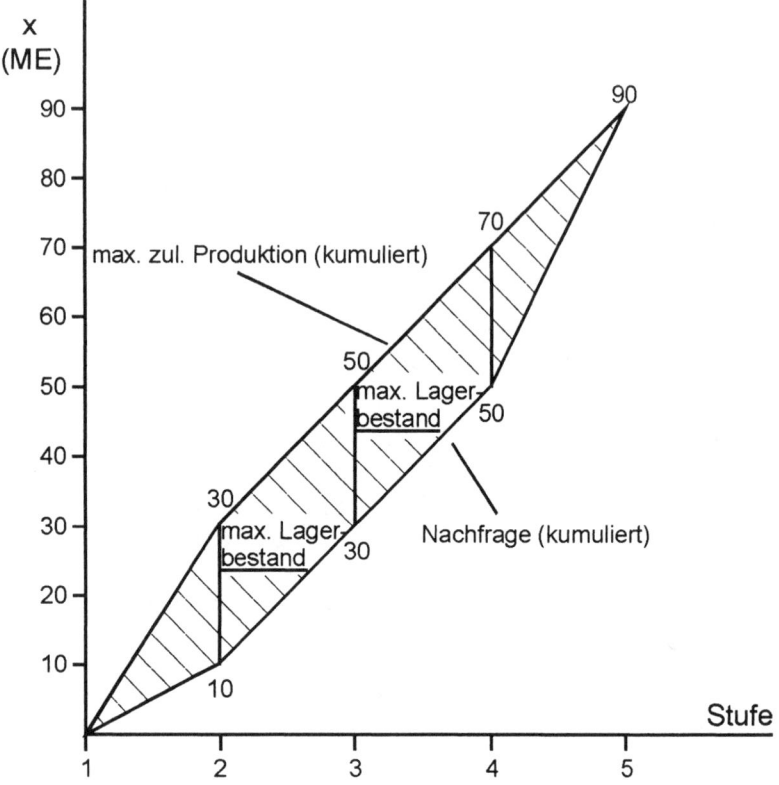

Abb. 7-10. Entscheidungsraum des Produktionsglättungsproblems

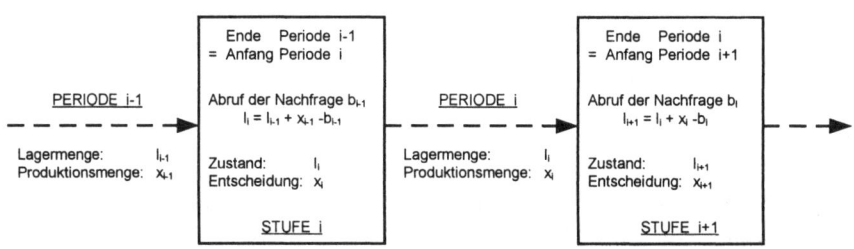

Abb. 7-11. Ablauf der Produktion und Lagerung beim Produktionsglättungsproblem

Da der Lagerbestand l_i während der Periode i nur abhängt vom Lagerbestand l_{i-1} und der in der Periode i – 1 produzierten Menge x_{i-1} (die Nachfrage b_{i-1} ist bekannt), läßt sich folgende Beziehung aufstellen:

$$l_i = l_{i-1} + x_{i-1} - b_{i-1}$$

Bei dieser Gleichung handelt es sich um die klassische Lagerbilanz- oder Mengen-bilanzgleichung der zeit-diskreten Produktionsplanung, die besagt, daß sich der Lagerbestand am Ende einer Periode (= Anfang der Folgeperiode) ergibt als Lagerbestand zu Beginn der Periode, erhöht um die Produktionsmenge der Periode und vermindert um den Abgang (die Nachfrage) der Periode. Im Kontext der Dynamischen Optimierung heißt das: Der Zustand l_i auf Stufe i ist nur abhängig vom Zustand l_{i-1} und der Entscheidung x_{i-1} auf Stufe i–1 (b_{i-1} ist als Datum extern dem Modell vorgegeben). Abbildung 7-11 veranschaulicht das Problem.

Die Kosten einer Periode i setzen sich zusammen aus den Produktionskosten und den Lagerkosten der in dieser Periode produzierten bzw. gelagerten Güter:

$$g_i\,(l_i,x_i) = K(x_i) + 0,2 \cdot l_i.$$

Die zu minimierenden Gesamtkosten ergeben sich dann zu

$$K(l_1,x_1,x_2,x_3,x_4) = \sum_{i=1}^{4} g_i(l_i,x_i).$$

Diese Zielfunktion erfüllt die Anforderung der Separabilität (vgl. Abschn. 7.1). Insgesamt sind somit alle Anforderungen an ein dynamisches Optimierungspro-blem erfüllt.

Nun wird die Rekursionsfunktion aufgestellt, indem man folgende Größe defi-niert:

$F_i(l_i) =$ die Kosten, die man mindestens aufwenden muß (Minimalkosten), um vom Lagerbestand (= Zustand) l_i zum Beginn der Periode (= Stufe) i aus-gehend den erstrebten Endzustand zu erreichen, ohne eine der Neben-bedingungen $0 \le x_i \le 30$, $0 \le l_i \le 20$ zu verletzen, wobei i = 5, 4, 3, 2, 1 sein soll.

Formalisiert man diese Größe und bringt die Abhängigkeit zwischen zwei auf-einanderfolgenden Stufen mit ein, so ergibt sich die Rekursionsformel:

$$F_{i-1}(l_{i-1}) = \min_{0 \le x_{i-1} \le 30} \big(g_{i-1}(l_{i-1},x_{i-1}) + F_i(l_i(l_{i-1},x_{i-1}))\big)$$

$$= \min_{0 \le x_{i-1} \le 30} \big(K(x_{i-1}) + 0,2\,l_{i-1} + F_i(l_{i-1} + x_{i-1} - b_{i-1})\big)$$

(Begründung: Vom Lagerbestand (=Zustand) l_{i-1} am Anfang der Periode (= Stufe) i – 1 erreicht man das Ziel kostenminimal, indem man die Summe aus den Pro-duktions- und Lagerkosten, um den nächsten Zustand l_i zu erreichen, und den Kosten, um von l_i das Ziel zu erreichen, minimiert.)

Bei der Berechnung der Lösung beginnt man mit der 5. Stufe, dem Ende von Periode 4. Der Zustand dieser Stufe ist $l_5 = 0$. Da auf dieser Stufe der Endzustand schon erreicht ist, kann formal $F_5(0) = 0$ gesetzt werden.

Für die 4. Stufe ergibt sich:
Am Ende von Periode 4 (= Stufe 5) muß der Bedarf $b_4 = 40$ gedeckt werden. In Abhängigkeit vom Lagerbestand l_4 zu Beginn der Periode 4 (= Stufe 4) wird der Endzustand $l_5 = 0$ durch die Entscheidung über die Produktion von x_4 herbeigeführt.
Es ergibt sich:

$$F_4(l_4) = \min_{0 \le x_4 \le 30}\left(K(x_4) + 0.2\,l_4 + F_5(0)\right)$$

$$= \min_{0 \le x_4 \le 30}\left(K(x_4) + 0.2\,l_4\right)$$

Wird berücksichtigt, daß $0 = l_5 = l_4 + x_4 - b_4 = l_4 + x_4 - 40$, also $l_4 + x_4 = 40$ ist, so erhält man die folgende Tabelle für $F_4(l_4)$:

l_4	0	10	20
x_4 (= 40 − l_4)	40	30	20
$F_4(l_4)$	– ($x_4 > 30$)	39	26

Jetzt geht man zu Stufe 3 über. Die Rekursionsformel lautet, wenn die Beziehung $l_4 = l_3 + x_3 - b_3$ berücksichtigt wird:

$$F_3(l_3) = \min_{0 \le x_3 \le 30}\left(K(x_3) + 0.2\,l_3 + F_4(l_4)\right)$$

$$= \min_{0 \le x_3 \le 30}\left(K(x_3) + 0.2\,l_3 + F_4(l_3 + x_3 - b_3)\right)$$

$$= \min_{0 \le x_3 \le 30}\left(K(x_3) + 0.2\,l_3 + F_4(l_3 + x_3 - 20)\right).$$

Bei Beachtung der Tatsache, daß $l_4 = l_3 + x_3 - b_3 = l_3 + x_3 - 20$ zwischen 10 und 20 liegen muß (s. Behandlung der Stufe 4), erhält man die folgenden Kombinationsmöglichkeiten für x_3 und l_3:

x_3 \ l_3	0	10	20
0	–	–	–
10	–	–	+
20	–	+	+
30	+	+	–

(Das "−" im Schnitt der Zeile $x_3 = 10$ und $l_3 = 0$ zeigt z. B., daß diese Kombination nicht möglich ist:
$l_4 = l_3 + x_3 - b_3 = 0 + 10 - 20 = -10$ ist unzulässig; dagegen ist $x_3 = 30$ und $l_3 = 10$ wegen $l_4 = 10 + 30 - 20 = 20$ zulässig ("+").)

Um $F_3(l_3)$ zu berechnen, ist nun in jeder Spalte der obigen Tabelle das Minimum der bei der jeweiligen Kombination von x_3 und l_3 entstehenden Kosten zu suchen.

In der folgenden Tabelle sind rechts die Kosten $K(x_3)$ für das jeweilige x_3 und unten die Lagerkosten $0,2l_3$ aufgetragen. Bei den zulässigen Kombinationen von x_3 und l_3 stehen die jeweiligen Werte von $F_4(l_4) = F_4(l_3 + x_3 - b_3) = F_4(l_3 + x_3 - 20)$, die aus der Tabelle bei der Behandlung der 4. Stufe abgelesen werden können.

x_3 \ L_3	0	10	20	$K(x_3)$
0	−	−	−	11
10	−	−	39	16
20	−	39	26	22
30	39	26	−	37
$0,2\,l_3$	0	2	4	

Man erhält nun die folgende Kostentabelle aller Möglichkeiten auf Stufe 3, indem man zum Wert des jeweiligen Paares (x_3, l_3) den Wert der rechten Seite der zugehörigen Zeile und denjenigen unter der jeweiligen Spalte addiert.

Beispiel: $l_3 = 10$, $x_3 = 30$
Kosten bei der Entscheidung $x_3 = 30$ im Zustand $l_3 = 10$ bis zum Ziel:
= 26 + 37 + 2 = 65

Um $F_3(l_3)$ jetzt zu ermitteln, ist das Spaltenminimum für das jeweilige l_3 zu bestimmen (in der folgenden Tabelle kursiv geschrieben):

x_3 \ l_3	0	10	20
0	−	−	−
10	−	−	59
20	−	*63*	*52*
30	*76*	65	−
$x_3(l_3)$	30	20	20
$F_3(l_3)$	76	63	52

Die optimale Entscheidung $x_3(l_3)$ im Zustand l_3 und die minimalen Kosten von l_3 zum Ziel, $F_3(l_3)$, werden in den beiden letzten Zeilen der Tabelle vermerkt.

Für Stufe 2 ergibt sich die Rekursionsformel zu:

$$F_2(l_2) = \min_{0 \le x_2 \le 30} \left(K(x_2) + 0{,}2\, l_2 + F_3(l_3) \right)$$

$$= \min_{0 \le x_2 \le 30} \left(K(x_2) + 0{,}2\, l_2 + F_3(l_2 + x_2 - b_2) \right)$$

$$= \min_{0 \le x_2 \le 30} \left(K(x_2) + 0{,}2\, l_2 + F_3(l_2 + x_2 - 20) \right).$$

$l_3 = l_2 + x_2 - 20$ muß zwischen 0 und 20 liegen und man erhält wie oben die folgenden Tabellen:

x_2 \ l_2	0	10	20
0	−	−	+
10	−	+	+
20	+	+	+
30	+	+	−

x_2 \ l_2	0	10	20	$K(x_2)$
0	−	−	76	11
10	−	76	63	16
20	76	63	52	22
30	63	52	−	37
$0{,}2\, l_2$	0	2	4	

x_2 \ l_2	0	10	20
0	−	−	91
10	−	94	83
20	98	87	78
30	100	91	−
$x_2(l_2)$	20	20	20
$F_2(l_2)$	98	87	78

Für Stufe 1 muß $l_1 = 0$ sein, da während der ersten Periode kein Lagerbestand vorhanden ist. Damit ergibt sich die Rekursionsformel:

$$F_1(l_1) = \min_{0 \le x_1 \le 30} \left(K(x_1) + 0{,}2\,l_1 + F_2(l_2) \right)$$

$$= \min_{0 \le x_1 \le 30} \left(K(x_1) + 0{,}2\,l_1 + F_2(l_1 + x_1 - b_1) \right)$$

$$= \min_{0 \le x_1 \le 30} \left(K(x_1) + 0{,}2\,l_1 + F_2(x_1 - 10) \right).$$

d. h. für die Tabellen, wenn wieder berücksichtigt wird, daß $l_2 = l_1 + x_1 - b_1 = x_1 - 10$ zwischen 0 und 20 liegen muß:

x_1＼l_1	0		x_1＼l_1	0	$K(x_1)$		x_1＼l_1	0
0	−		0	−	11		0	−
10	+		10	98	16		10	114
20	+		20	87	22		20	*109*
30	+		30	78	37		30	115
			$0{,}2\,l_1$	0			$x_1(l_1)$	20
							$F_1(l_1)$	109

Damit sind die minimalen Kosten für das gegebene Produktionsglättungsproblem zu $F_1 = 109$ bestimmt. Durch Vorwärtsrechnung kann nun ausgehend von $l_1 = 0$ das optimale Produktionsprogramm abgelesen werden:

In Stufe 1 (Beginn der Periode 1):

$l_1 = 0$:

optimale Entscheidung:

$\quad x_1(0) = 20$, also $l_2 = l_1 + x_1(l_1) - b_1 = 0 + 20 - 10 = 10$.

In Stufe 2 (Beginn der Periode 2):

$l_2 = 10$:

$\quad x_2(10) = 20$, also $l_3 = l_2 + x_2(l_2) - b_2 = 10 + 20 - 20 = 10$.

In Stufe 3 (Beginn der Periode 3):

$l_3 = 10$:

$\quad x_3(10) = 20$, also $l_4 = l_3 + x_3(l_3) - b_3 = 10 + 20 - 20 = 10$.

In Stufe 4 (Beginn der Periode 4):

$l_4 = 10$:

$\quad x_4(10) = 30$, also $l_5 = l_4 + x_4(l_4) - b_4 = 10 + 30 - 40 = 0$.

Abbildung 7-12 zeigt die optimale Lösung dick gezeichnet und die optimalen Teilpfade (Teillösungen) des Problems.

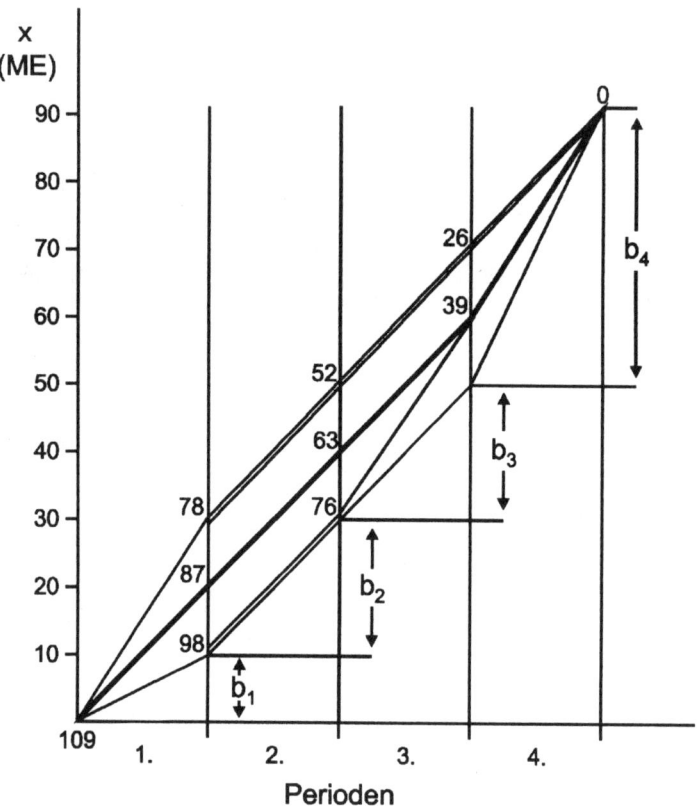

Abb. 7-12. Lösung des Produktionsglättungsproblems

Die optimale Lösung lautet in Tabellenform:

Stufe =	Beginn der Periode	l_i in der kommenden Periode		x_i in der kommenden Periode		b_i am Ende der kommenden Periode
1	1	0	+	20	–	10
2	2	10	+	20	–	20
3	3	10	+	20	–	20
4	4	10	+	30	–	40
5	5	0				
Probe-Rechnung:		$0,2\ l_i$	+	$K(x_i)$		
		6	+	103	=	109

7.3 Erweiterungen

Bei den bisher in diesem Kapitel behandelten Beispielen handelte es sich um
- deterministische,
- eindimensionale,
- endlich-stufige und
- diskrete

Probleme, die sich mit der Dynamischen Optimierung lösen ließen. Diese vier Kriterien geben auch die wesentlichen Erweiterungsmöglichkeiten an:

1. Wenn die Daten des Problems nicht sicher, sondern nur mit gewissen Wahrscheinlichkeiten bekannt sind, so spricht man von stochastischen Problemen. Im Produktionsglättungsproblem (Abschn. 7.2.3) kennt man beispielsweise im allgemeinen die Nachfrage nicht so genau, wie es dort vorausgesetzt worden ist. Nur mit Wahrscheinlichkeiten bekannte Nachfragewerte führen zu einem stochastischen Modell.

2. Sind die Zustände oder die Entscheidungen in einem Problem durch mehrere Komponenten bestimmt, so handelt es sich um ein mehrdimensionales Problem. So könnten z. B. beim Produktionsglättungsproblem (vgl. Abschn. 7.2.3) die Zustände nicht nur ausschließlich durch die jeweiligen Lagermengen, sondern zusätzlich auch durch verfügbare Maschinenkapazitäten, Arbeitskräfte, Rohstoffe usw. festgelegt sein. Es würden also zur Beschreibung eines Zustandes am Ende einer Periode die vier Zustandsparameter Lagermenge, Maschinenkapazität, Anzahl der verfügbaren Arbeitskräfte und Rohstoffmengen benötigt. Der Rechenvorgang bleibt dabei grundsätzlich derselbe, der Rechenumfang steigt jedoch beträchtlich. Kann z. B. jeder Parameter die diskreten Werte 0, 1, 2, ..., 100 durchlaufen, so werden sich auf jeder Stufe bei 4 Parametern bereits $100^4 = 10^8 = 100$ Millionen verschiedene Zustände ergeben. Entsprechend wachsen die Zahlen der Entscheidungsmöglichkeiten. Daraus folgt, daß dem Verfahren - selbst bei großen DV-Kapazitäten - in der Zahl der Parameter enge Grenzen gesetzt sind.

3. Die Anzahl der Stufen war in den Beispielen in Abschn. 7.2 immer endlich. Bei bestimmten Problemen kann es aber sinnvoll sein, unendlich viele Stufen zuzulassen (z. B. Ersatzprobleme in der Instandhaltung o. ä.).

4. Bisher wurden nur diskrete Modelle der Dynamischen Optimierung behandelt. Ein diskretes Modell ist dadurch gekennzeichnet, daß der Zustand des Modells nur an n verschiedenen diskreten Punkten, den Stufen $i = 1,2,...,n$ des Modells, beschrieben ist und auf diesen Stufen nur $m = m(i)$ verschiedene Zustände möglich sind. Es gibt aber auch kontinuierliche Modelle in der Dynamischen Optimierung. Bei ihnen sind die Zustände oder die Entscheidungen nicht diskret, sondern selber (stetige) Funktionen einer bestimmten Größe wie Zeit oder Ort. Kontinuierliche Probleme treten weniger im ökonomischen als vielmehr im technischen Bereich auf. Hauptanwendungsgebiete für die Kontinuierliche Dynamische Optimierung sind u. a. die Raumfahrt oder die Reaktortechnologie (Kontrollprobleme). Gessner/Wacker [1972, S. 37ff. und S.86 ff.] geben weitere Beispiele von kontinuierlichen Problemen an.

8 Literaturverzeichnis

Ackoff, R. L./Sasieni, M. W. [1970]: Operations Research, Stuttgart 1970

Adam, D. [1996]: Planung und Entscheidung, 4. Auflage, Wiesbaden 1996

Ahuja, R. K./Magnanti, T. L./Orlin, J. B. [1994]: Network Flows, in: Nemhauser, G. L./Rinnooy Kan, A. H. G./Todd, M. J. (Hrsg.): Handbooks in Operations Research and Management Science, Volume 1: Optimization, Nachdruck der 1. Auflage, Amsterdam u. a. 1994, S. 211-369

Altrogge, G. [1996]: Netzplantechnik, 3. Auflage, Oldenbourg, München-Wien 1996

Andler, K. [1929]: Rationalisierung der Fabrikation und optimale Losgröße, Diss., Stuttgart 1929

Angermann, A. [1963]: Industrielle Planungsrechnung, Band 1: Entscheidungsmodelle, Frankfurt/M. 1963

Bachem, A. [1980]: Komplexitätstheorie im Operations Research, in: Zeitschrift für Betriebswirtschaft 50 (1980), S. 812-844

Bamberg, G./Coenenberg, A. G. [2002]: Betriebswirtschaftliche Entscheidungslehre, 11. Auflage, München 2002

Barankin, E./Dorfman, R. [1956]: A Method for Quadratic Programming, in: Econometrica 24 (1956) 3, S. 340

Beale, E. M. L. [1959]: On Quadratic Programming, in: Naval Research Logistics Quarterly, 6 (1959) 3, S. 227-243

Beale, E. M. L. [1968]: Mathematical Programming in Practice, Belfast 1968

Beckmann, M. J. [1959]: Lineare Planungsrechnung. Linear Programming, Ludwigshafen am Rhein 1959

Beckmann, M. J./Künzi, H. P. [1969]: Mathematik für Ökonomen I, Berlin-Heidelberg-New York 1969

Beckmann, M. J./Künzi, H. P. [1973]: Mathematik für Ökonomen II, Berlin-Heidelberg-New York 1973

Bellman, R. [1954]: The Theory of Dynamic Programming, in: Bulletin of the American Mathematical Society, 60 (1954), S. 503-516

Bellman, R. [1957]: Dynamic Programming, Princeton, New Jersey 1957

Bergen, R./Bubolz, P. [1974]: Netzplantechnik. Studienbuch für Studierende der Wirtschafts- und Sozialwissenschaften sowie aller Ingenieur- und Naturwissenschaften ab 1. Semester, Frankfurt am Main 1974

Bittner, L. [1963]: Eine Verallgemeinerung des Verfahrens des logarithmischen Potentials von Frisch für nichtlineare Optimierungsprobleme, in: Prekopa, A. (Hrsg.): Colloquium on Applications of Mathematics to Economics, Budapest 1963, S. 43-53

Bol, G. [1980]: Lineare Optimierung. Theorie und Anwendungen, Königstein/Ts. 1980

Bosch, K. [2001]: Mathematik für Wirtschaftswissenschaftler. Einführung, 13. Auflage, München-Wien 2001

Brucker, P. [1975]: Ganzzahlige lineare Programmierung mit ökonomischen Anwendungen, Bodenheim 1975

Brucker, P. [2001]: Scheduling Algorithms, 3. Auflage, Berlin u. a. 2001

Brusberg, H. [1965]: Der Entwicklungsstand der Unternehmensforschung mit besonderer Berücksichtigung der Bundesrepublik Deutschland, Wiesbaden 1965

Buhr, W. [1967]: Dualvariable als Kriterien unternehmerischer Planung. Die Bedeutung der Dualitätsbeziehungen des mathematischen Programmierens für die entscheidungsbezogene Theorie der Unternehmung, Meisenheim am Glan 1967

Burger, E. [1966]: Einführung in die Theorie der Spiele, 2. Auflage, Berlin 1966

Burkard, R. E. [1972]: Methoden der ganzzahligen Optimierung, Wien-New York 1972

Charnes, A./Cooper, W. W. [1954]: The stepping stone method of explaining linear programming calculations in transportation problems, in: Management Science, 1(1954)1, S. 49-69

Charnes, A./Cooper, W. W./Henderson, A. [1953]: An Introduction to Linear Programming, New York 1953

Churchman, C. W./Ackoff, R. L./Arnoff, E. L. [1971]: Operations Research, 5. Auflage, Wien-München 1971

Corsten, H. [2000]: Produktionswirtschaft, 9. Auflage, München-Wien 2000

Dakin, R.J. [1965]: A Tree Search Algorithm for Mixed Integer Programming Problems, in: The Computer Journal, 8(1965)3, S. 250-255

Dantzig, G. B. [1951]: Application of the simplex method to a transportation problem, in: Koopmans, T.C.: Activity analysis of production and allocation, New York-London 1951, S. 359-373

Dantzig, G. B. [1966]: Lineare Programmierung und Erweiterungen, Berlin-Heidelberg 1966

Desbazeille, G. [1970]: Unternehmensforschung. Übungen und Aufgaben mit Lösungen, Stuttgart-Berlin-Köln-Mainz 1970

Dinkelbach, W. [1969]: Sensitivitätsanalysen und parametrische Programmierung, Berlin-Heidelberg-New York 1969

Dinkelbach, W. [1992]: Operations Research – Ein Kurzlehr- und Übungsbuch, Berlin u.a. 1992

Domschke, W. [1995]: Logistik: Transport, 4. Auflage, München-Wien 1995

Domschke, W. [1997]: Logistik: Rundreisen und Touren, 4. Auflage, München-Wien 1997

Domschke, W./Drexl, A. [1998]: Einführung in Operations Research, 4. Auflage, Berlin u.a. 1998

Domschke, W./Drexl, A. [1996]: Logistik: Standorte, 4. Auflage, München-Wien 1996

Domschke, W./Scholl, A./Voß, S. [1997]: Produktionsplanung - Ablauforganisatorische Aspekte, 2. Auflage, Berlin u. a. 1997

Dorfman, R./Samuelson, P. A./Solow, R. M. [1987]: Linear Programming and Economic Analysis, New York-Toronto-London 1987

Dorn, W. S. [1961]: On Lagrange Multipliers and Inequalities, in: Operations Research, 9(1961)1, S. 95 -104

Eisenführ, F./Weber, M. [1999]: Rationales Entscheiden, 3. Auflage, Springer, Berlin u.a. 1999

Ellinger, Th. [1981]: Der Einsatz von OR-Methoden im Bereich der industriellen Produktionsplanung, in: DGOR: Operations Research Proceedings 1980, Berlin-Heidelberg-New York 1981, S.307-321

Ellinger, Th./Asmussen, R./Blaschke, G./Schirmer, A. [1980]: Verbesserte Absatzplanung durch erhöhte Prognosesicherheit. in: Schriftenreihe: Kostensenkung durch erfolgreichen Einsatz von Operations Research, hrsg. v. Rationalisierungs- Kuratorium der Deutschen Wirtschaft, Eschborn 1980

Ellinger, Th./Asmussen, R./Schirmer, A. [1980a]: Materialeinsparung durch optimale Zuschnittplanung, in: Schriftenreihe: Kostensenkung durch erfolgreichen Einsatz von Operations Research, hrsg. v. Rationalisierungs-Kuratorium der Deutschen Wirtschaft, Eschborn 1980

Ellinger, Th./Asmussen, R./Schirmer, A. [1980b]: Materialkosten senken durch Mischungsoptimierung, in: Schriftenreihe: Kostensenkung durch erfolgreichen Einsatz von Operations Research, hrsg. v. Rationalisierungs-Kuratorium der Deutschen Wirtschaft, Eschborn 1980

Ellinger, Th./Krins, H./Neitzel, W. [1980]: Fuhrparkrationalisierung durch Tourenplanung, in: Schriftenreihe: Kostensenkung durch erfolgreichen Einsatz von Operations Research, hrsg. v. Rationalisierungs-Kuratorium der Deutschen Wirtschaft, Eschborn 1980

Ellinger, Th./Asmussen, R./Schirmer, A. [1981a]: Ergebnisverbesserung durch optimale Lagerbewirtschaftung, in: Schriftenreihe: Kostensenkung durch erfolgreichen Einsatz von Operations Research, hrsg. v. Rationalisierungs-Kuratorium der Deutschen Wirtschaft, Eschborn 1981

Ellinger, Th./Asmussen, R./Schirmer, A. [1981b]: Rationalisierung durch Verschnittoptimierung, in: Schriftenreihe: Kostensenkung durch erfolgreichen Einsatz von Operations Research, hrsg. v. Rationalisierungs-Kuratorium der Deutschen Wirtschaft, Eschborn 1981

Ellinger, Th./Asmussen, R./Schirmer, A. [1982a]: Transportoptimierung durch flexible Lieferplanung, in: Schriftenreihe: Kostensenkung durch erfolgreichen Einsatz von Operations Research, hrsg. v. Rationalisierungs-Kuratorium der Deutschen Wirtschaft. Eschborn 1982

Ellinger, Th./Asmussen, R./Schirmer, A. [1982b]: Kostensenkung durch mehrperiodische Produktionsplanung, in: Schriftenreihe: Kostensenkung durch erfolgreichen Einsatz von Operations Research, hrsg. v. Rationalisierungs-Kuratorium der Deutschen Wirtschaft, Eschborn 1982

Ellinger, Th./Asmussen, R./Schirmer, A. [1982c]: Verbesserte Produktionsplanung durch Simulation, in: Schriftenreihe: Kostensenkung durch erfolgreichen Einsatz von Operations Research, hrsg. v. Rationalisierungs-Kuratorium der Deutschen Wirtschaft, Eschborn 1982

Ellinger. Th./Asmussen R./Schirmer, A./Schmidt, K.-J. [1982]: Kostensenkung durch optimale Zuordnung (Layout-Planung), in: Schriftenreihe: Kostensenkung durch erfolgreichen Einsatz von Operations Research, hrsg. v. Rationalisierungs-Kuratorium der Deutschen Wirtschaft, Eschborn 1982

Erlang, A. K. [1909]: The Theory of Probabilities and Telephone Conversations, in: Nyt Tidsskrift for Matematik, 20 (1909), S. 33-39

Ferguson, R. O./Sargent, L. F. [1958]: Linear Programming: Fundamentals and Applications, New York-Toronto-London 1958

Fiacco, A. V./McCormick, G. P. [1964a]: The Sequential Unconstrained Minimization Technique for Nonlinear Programming, A Primal-Dual Method, in: Management Science, 10 (1964) 2, S.360-366

Fiacco, A.V./McCormick, G. P. [1964b]: Computational Algorithm for the Sequential Unconstrained Minimization Technique in Nonlinear Programming, in: Management Science, 10 (1964) 4, S. 601-617

Flood, M. M. [1956]: The traveling-salesman problem, in: Operations Research, 4 (1956) 1, S. 61-75

Ford Jr., L. R./Fulkerson, D. R. [1956]: Maximal Flow through a Network, in: Canadian J. of Mathematics, 8 (1956), S. 399-404

Ford Jr., L. R./Fulkerson, D. R. [1957]: A Simple Algorithm for Finding Maximal Network Flows and an Application to the Hitchcock Problem, in: Canadian J. of Mathematics, 9 (1957), S. 210-218

Frank, M./Wolfe, P. [1956]: An Algorithm for Quadratic Programming, in: Naval Research Logistics Quarterly, 3 (1956) 1 u. 2, S. 95-110

Frisch, R. [1957]: The Multiplex Method for Linear and Quadratic Programming, Oslo 1957

Fromm, A. [1975]: Nichtlineare Optimierungsmodelle. Ausgewählte Ansätze, Kritik und Anwendung. Frankfurt/M.-Zürich 1975

Gal, T. [1973]: Betriebliche Entscheidungsprobleme, Sensitivitätsanalyse und Parametrische Programmierung, Berlin-New York 1973

Gal, T./Gehring, H. [1981]: Betriebswirtschaftliche Planungs- und Entscheidungstechniken, Berlin-New York 1981

Gal, T. (Hrsg.) [1991]: Grundlagen des Operations Research 1, 3. Auflage, Berlin u. a. 1991

Gal, T. (Hrsg.) [1992a]: Grundlagen des Operations Research 2, 3. Auflage, Berlin u. a. 1992

Gal, T. (Hrsg.) [1992b]: Grundlagen des Operations Research 3, 3. Auflage, Berlin u. a. 1992

Gale, D./Kuhn, H. W./Tucker, A. W. [1951]: Linear Programming and the Theory of Games, In: Koopmans, T. C. (Hrsg.): Activity Analysis of Production and Allocation, New York-London 1951, S. 317-329

Gass, S. J. [1985]: Linear Programming. Methods and Applications, 5. Auflage, New York u.a. 1985

Gessner, P./Wacker, H. [1972]: Dynamische Optimierung. Einführung-Modelle-Computerprogramme, München 1972

Gomory, R. E. [1958]: Outline of an Algorithm for Integer Solutions to Linear Programs, in: Bulletin of the American Mathematical Society, 64(1958), S. 275-278

Goldfarb, D./Todd, M. J. [1994]: Linear Programming, in: Nemhauser, G. L./Rinnooy Kan, A. H. G./Todd, M. J. (Hrsg.): Handbooks in Operations Research and Management Science, Volume 1: Optimization, Nachdruck der 1. Auflage, Amsterdam u. a. 1994, S. 73-170

GOR [1998]: OR News, Mitgliederzeitschrift der Gesellschaft für Operations Research (GOR) e. V., März 1998, Umschlagseite 4.

Gould, F. J. [1969]: Extensions of Lagrange Multipliers in Nonlinear Programming, in: SIAM J. of Applied Mathematics, 17(1969), S. 1280-1297

Griffith, R. E./Stewart, R. A. [1961]: A Nonlinear Programming Technique for the Optimization of Continuous Processing Systems, in: Management Science, 7(1961)4, S. 379-392

Gutenberg, E. [1983]: Grundlagen der Betriebswirtschaftslehre, Band 1: Die Produktion, 24. Auflage, Berlin-Heidelberg-New York 1983

Hadley, G. [1978]: Linear Programming, 10th pr., Massachusetts 1978

Hadley, G. [1969]: Nichtlineare und dynamische Programmierung, Würzburg-Wien 1969

Haupt, P./Lohse, D. [1975]: Grundlagen und Anwendungen der Linearen Optimierung, Essen 1975

Hauptmann, H. [1995]: Mathematik für Betriebs- und Volkswirte, 3. Auflage, München-Wien 1995

Hax, H. [1974]: Entscheidungsmodelle in der Unternehmung/Einführung in Operations Research, Reinbek bei Hamburg 1974

Heinhold, M./Nitsche, C./Papadopoulos, G. [1978]: Empirische Schwerpunkte in der OR-Praxis in 525 Industriebetrieben der BRD, in: Zeitschrift für Operations Research, Bd. 22 (1978), S. B 185-218

Henn, R./Künzi, H. P. [1968]: Einführung in die Unternehmensforschung II, Berlin-Heidelberg-New York 1968

Hesse, R. [1973]: A Heuristic Search Procedure for Estimating a Global Solution of Non-convex Programming Problems, in: Operations Research, 21(1973)6, S. 1267-1280

Hestenes, M. R. [1969]: Multiplier and Gradient Methods, in: Zadeh, L. A./Neustadt, L. W./Balakrishnan, A. V. (Hrsg.): Computing Methods in Optimization Problems - 2, New York-London 1969, S. 143-164

Hestenes, M. R./Stiefel, E. [1952]: Methods of Conjugate Gradients for Solving Linear Systems, in J. of Research, National Bureau of Standards, 49(1952), S. 409-436

Hillier, F. S./Lieberman, G. J. [1996]: Operations Research, Einführung, 5. Auflage (unveränd. Nachdr. d. 4. Aufl.), München-Wien 1996

Himmelblau, D. M. [1972]: Applied Nonlinear Programming, New York 1972

Hitchcock, F. L. [1941]: The Distribution of a Product from Several Sources to Numerous Localities, in: Journal of Mathematics and Physics, 20(1941), S. 224-230

Hoitsch H.-J. [1993]: Produktionswirtschaft, 2. Auflage, München 1993

Huard, P. [1967]: Resolution of Mathematical Programming with Nonlinear Constraints by the Methods of Centres, in: Abadie, J. (Hrsg.): Nonlinear Programming, Amsterdam 1967, S. 207- 219

Johnson, K. L. [1974]: Grundlagen der Netzplantechnik, Düsseldorf 1974

Joksch, H. C. [1965]: Lineares Programmieren, 2. Auflage, Tübingen 1965

Kantorovich, L. V. [1960]: Mathematical Methods of Organizing and Planning Production, Leningrad State University 1939, in: Management Science, 6 (1960) 4, S. 366-422 (englische Übersetzung einer russischen Abhandlung an der Leningrader Staatsuniversität von 1939)

Kaufmann, A./Faure, R. [1973]: Methoden des Operations Research. Eine Einführung in Fallstudien, Berlin-New York 1973

Kelley Jr., J. E. [1960]: The Cutting-Plane Method for Solving Convex Programs, in: J. of the Society for Industrial and Applied Mathematics, 8 (1960) 4, S. 703-712

Kern, W. [1963]: Die Empfindlichkeit linear geplanter Programme, in: Angermann, A. (Hrsg.): Betriebsführung und Operations Research, Frankfurt am Main 1963

Kern, W. [1965]: Kalkulation mit Opportunitätskosten, in: Zeitschrift für Betriebswirtschaft, 35 (1965) 3, S. 133-147

Kern, W. [1987]: Operations Research, Einführung und Überblick, 6. Auflage, Stuttgart 1987

Kilger, W. [1992]: Einführung in die Kostenrechnung, Nachdruck der 3. Auflage, Wiesbaden 1992

Kistner, K.-P. [1993]: Optimierungsmethoden, 2. Auflage, Physica, Heidelberg 1993

Kleibohm, K. [1966]: Ein Verfahren zur approximativen Lösung von konvexen Programmen, Diss., Zürich 1966

Kleibohm, K. [1967]: Bemerkungen zum Problem der nichtkonvexen Programmierung, in: Unternehmensforschung, 11 (1967), S. 49-60

Klein, B. [1955]: Direct Use of Extremal Principles in Solving Certain Optimizing Problems Involving Inequalities, in: Operations Research, 3 (1955) 2, S. 168-175

Kloock, J./Sieben, G./Schildbach, Th. [1999]: Kosten- und Leistungsrechnung, 8. Auflage, Düsseldorf 1999

Köhler, R. [1975]: Modelle, in: Handwörterbuch der Betriebswirtschaft, hrsg. v. Prof. Dr. Erwin Grochla und Prof. Dr. Waldemar Wittmann, 4. Auflage, Stuttgart 1975, Sp.2701-2716

Komarnicki, J. (Hrsg.) [1980]: Simulationstechnik. Eine Einführung im Medienverbund Fernsehen-Seminare-Lehrbuch, Düsseldorf 1980

Koopmans, T. C. [1949]: Optimum utilization of the transportation system. Supplement to Econometrica, 17 (1949), S. 136-146

Koopmans, T. C. [1957]: Allocation of Resources and the Price System, in: Koopmans, T. C., Three Essays on the State of Economic Science, New York-Toronto-London 1957, S. 1-126

Kosiol, E. [1961]: Modellanalyse als Grundlage unternehmerischer Entscheidungen, in: Zeitschrift für handelswissenschaftliche Forschung, NF, 13 (1961), S. 318-334

Krampe, H./Kubat, J./Runge, W. [1974]: Bedienungsmodelle. Ein Leitfaden für die praktische Anwendung, Berlin (DDR) 1974

Kreko, B. [1973]: Lehrbuch der linearen Optimierung, 6. Auflage, Berlin 1973

Krüger, S. [1975]: Simulation. Grundlagen, Techniken, Anwendungen, Berlin-New York 1975

Künzi, H. P./Krelle, W./v. Randow, R. [1979]: Nichtlineare Programmierung, 2. Auflage, Berlin-Heidelberg-New York 1979

Künzi, H. P./Oettli, W. [1969]: Nichtlineare Optimierung: Neuere Verfahren. Bibliographie, Berlin-Heidelberg-New York 1969

Kuhn, H. W./Tucker, A. W. [1951]: Non-linear Programming, in: Neymann, J. (Hrsg.): Proceedings of the Second Berkeley Symposium in Mathematical Statistics and Probability, Berkeley 1951, S. 481-492

Lemke, C. E. [1962]: A Method of Solution for Quadratic Programming Problems, in: Management Science, 8 (1962) 4, S. 442-453

Levinson, H. C. [1953]: Experiences in Commercial Operations Research, in: Operations Research, 1(1953) 4, S. 220-239

Lommatzsch, K. [1966]: Ein Gradienten- und Schwerpunktverfahren in der linearen und nichtlinearen Optimierung, in: Aplikace matematiky, 11 (1966), S. 303-313

Luenberger, D. G. [1997]: Optimization by Vector Space Methods, Repr., New York 1997

Luptacik, M. [1981]: Nichtlineare Programmierung mit ökonomischen Anwendungen, Königstein (Taunus) 1981

McCormick, G. P. [1982]: Nonlinear Programming, Theory, Algorithms, and Applications, New York 1982

Meyer, M./Hansen, K. [1996]: Planungsverfahren des Operations Research, 4. Auflage, München 1996

Müller-Merbach, H. [1963]: Operations Research als Optimalplanung, in: Zeitschrift für handelswissenschaftliche Forschung, NF, 15 (1963) 4, S.191-206

Müller-Merbach, H. [1992]: Operations Research. Methoden und Modelle der Optimalplanung, 10. Nachdr. d. 3. durchges. Auflage, München 1992

Mugele, R. A. [1966]: The Probe and Edge Theorems for Non-linear Optimization, in: Lavi, A./Vogl, T. P. (Hrsg.): Recent Advances in Optimization Techniques, New York-London-Sydney 1966, S.131-143

Nemhauser, G. L./Rinnooy Kan, A. H. G./Todd, M. J. (Hrsg.) [1994]: Handbooks in Operations Research and Management Science, Volume 1: Optimization, Nachdruck der 1. Auflage, Amsterdam u. a. 1994

Nemhauser, G. L./Wolsey, L. A. [1994]: Integer Programming, in: Nemhauser, G. L./Rinnooy Kan, A. H. G./Todd, M. J. (Hrsg.): Handbooks in Operations Research and Management Science, Volume 1: Optimization, Nachdruck der 1. Auflage, Amsterdam u. a. 1994, S. 73-170

von Neumann, J./Morgenstern, O. [1973]: Spieltheorie und wirtschaftliches Verhalten, 3. Auflage, Würzburg 1973

Neumann, K. [1975]: Operations Research Verfahren, Band 1, München-Wien 1975

Neumann, K./Morlock, M. [2002]: Operations Research, 2. Auflage, München-Wien 2002

Niemeyer, G. [1972]: Die Simulation von Systemabläufen mit Hilfe von FORTRAN IV, GPSS auf FORTRAN-Basis, Berlin-New York 1972

Orden, A. [1956]: The Transhipment Problem, in: Management Science, 2 (1956) 3, S. 276-285

Ouyahia, A. [1962]: Programmes linéaires a variables discrètes, in: Revue Française de Recherche Operationnelle, 6 (1962), S. 55-75

Owen, G. [1971]: Spieltheorie, Berlin-Heidelberg-New York 1971

Pfranger, R. [1970]: Ein heuristisches Verfahren zur globalen Optimierung, in: Unternehmensforschung, 14 (1970) 1, S. 27-50

Pfuff, F. [2001]: Mathematik für Wirtschaftswissenschaftler 1, 4. Auflage, Wiesbaden 2001

Pfuff, F. [1999]: Mathematik für Wirtschaftswissenschaftler 2, Nachdruck der 2. Auflage, Wiesbaden 1999

Riebel, P. [1959]: Das Rechnen mit Einzelkosten und Deckungsbeiträgen, in: Zeitschrift für handelswissenschaftliche Forschung, NF, 11(1959), S. 213-238

Rosen, J. B. [1960]: The Gradient Projection Method for Nonlinear Programming. Part I. Linear Constraints, in: J. of the Society for Industrial and Applied Mathematics, 8 (1960) 1, S.181-217

Rosen, J. B. [1961]: The Gradient Projection Method for Nonlinear Programming. Part II. Nonlinear Constraints, in: J. of the Society for Industrial and Applied Mathematics, 9 (1961) 4, S.514-532

Saaty, Th. L. [1972]: Elements of Queueing Theory, New York-Toronto-London 1972

Schaible, S. [1978]: Analyse und Anwendungen von Quotientenprogrammen. Ein Beitrag zur Planung mit Hilfe der nichtlinearen Programmierung, Meisenheim am Glan 1978

Schick, K. [1977]: Lineares Optimieren, 3. Auflage, Frankfurt/M-Berlin-München 1977

Schmitz, P./Schönlein, A. [1978]: Lineare und linearisierbare Optimierungsmodelle sowie ihre ADV-gestützte Lösung, Braunschweig 1978

Schneeweiß, Ch. [1974]: Dynamisches Programmieren, Würzburg 1974

Schneeweiß, Ch. [1991]: Planung 1 – Systemanalytische und entscheidungstheoretische Grundlagen, Berlin u.a. 1991

Schneeweiß, Ch. [1992]: Planung 2 – Konzepte der Prozeß- und Modellgestaltung, Berlin u. a. 1992

Schneeweiß, Ch. [1999]: Einführung in die Produktionswirtschaft, 7. Auflage, Berlin u.a. 1999

Schwarze, J. [1994]: Netzplantechnik, 7. Auflage, Herne-Berlin 1994

Späth, H. [1978a]: Fallstudien Operations Research, Band 1, München-Wien 1978

Späth, H. [1978b]: Fallstudien Operations Research, Band 2, München-Wien 1978

Späth, H. [1980]: Fallstudien Operations Research, Band 3, München-Wien 1980

Stahlknecht, P. [1965]: Operations Research. Ein Leitfaden für Praktiker. Teil 1: Input-Output-Modelle/Optimierungsverfahren, Beiheft 6 zu: Elektronische Datenverarbeitung, Braunschweig 1965

Stahlknecht, P. [1970]: Operations Research, 2. Auflage, Braunschweig 1970

Stahlknecht, P./Grimm, G. [1965]: Anwendung der dynamischen Optimierung auf ein Sorten- und Schichtwechselproblem, in: Ablauf- und Planungsforschung, 6 (1965), S. 364-379

Stoer, J. [1999]: Numerische Mathematik 1, 8. Auflage, Berlin u. a. 1999

Taha, H. A. [1996]: Operations Research – An Introduction, 6. Auflage, MacMillan, New York-London 1996

Tempelmeier, H./Kuhn, H. [1992]: Flexible Fertigungssysteme – Entscheidungsunterstützung für Konfiguration und Betrieb, Springer, Berlin u.a. 1992

Uzawa, H. [1968]: Iterative Methods for Concave Programming, in: Arrow, K. J./Hurwicz, L./Uzawa, H. (Hrsg.): Studies in Linear and Non-linear Programming, Stanford 1968, S.154-165

Vajda, St. [1973]: Einführung in die Linearplanung und die Theorie der Spiele, 4. Auflage, München 1973

Veinott, A. F. [1967]: The Supporting Hyperplane Method for Unimodal Programming, in: Operations Research, 15 (1967) 1, S.147-152

Vorobjoff, N. N. [1972]: Grundlagen der Spieltheorie und ihre praktische Bedeutung, 2. Auflage, Würzburg-Wien 1972

Waschek, G./Weckerle, E. [1967]: Die Praxis der Netzplantechnik, Baden-Baden-Bad Homburg v.d.H. 1967

Weber, H. H. [1973]: Lineare Programmierung, Frankfurt am Main 1973

Wentzel, J. S. [1966]: Elemente der dynamischen Programmierung, München-Wien 1966

Witte, Th./Deppe, J. F./Born, A. [1975]: Lineare Programmierung. Eine Einführung für Wirtschaftswissenschaftler in 12 Lehreinheiten, Wiesbaden 1975

Wolfe, P. [1959]: The Simplex Method for Quadratic Programming, in: Econometrica, 27 (1959) 3, S.382-398

Zangwill, W. I. [1967]: Non-linear Programming via Penalty Functions, in: Management Science, 13 - Series A (1967) 5, S. 344-358

Zimmermann, H.-J. [1992]: Methoden und Modelle des Operations Research, 2. Auflage, Braunschweig-Wiesbaden 1992

Zimmermann, W./Stache, U. [2001]: Operations Research. Quantitative Methoden zur Entscheidungsvorbereitung, 10. Auflage, München-Wien 2001

Zoutendijk, G. [1970]: Methods of Feasible Directions. A Study in Linear and Non-linear Programming, Nachdruck, Amsterdam- London-New York-Princeton 1970

9 Sachverzeichnis

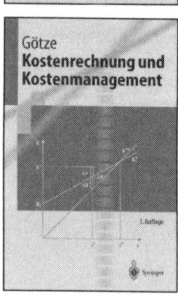

Druck und Bindung: Strauss Offsetdruck GmbH